中世東国の道と城館

齋藤慎一［著］

東京大学出版会

Roads and Castles of the Eastern Provinces
in Medieval Japan
Sin'ichi SAITOH
University of Tokyo Press, 2010
ISBN 978-4-13-020147-6

目次

第Ⅲ部　道と拠点

凡例

1 本書に引用・掲載した史料・図・表・写真は、必要に応じて各章毎に番号を付した。

2 本書に掲載した縄張図の描法は、本田昇「中世城郭の調査と図面表現」(『中世城郭研究』創刊号、一九八七)および千田嘉博・小島道裕・前川要『城館調査ハンドブック』(新人物往来社、一九九三)に準拠している。

3 本書に引用した出土陶磁器の分類については、以下の書籍に所収された分類に依拠した。

●舶載陶磁器……小野正敏「日本出土の貿易陶磁」(『国立歴史民俗博物館資料調査報告書』第5号、一九九四)。歴博分類と表記する。

●瀬戸美濃陶器……『愛知県史　別編　中世・近世　瀬戸系』(愛知県、二〇〇七)。藤沢編年と表記する。

●常滑陶器……中野晴久「常滑・渥美窯」(『陶磁器から見る静岡県の中世社会――東でもない西でもない〈発表要旨・論考編〉』(菊川シンポジウム実行委員会、二〇〇五)。中野編年と表記する。

4 本書において、使用した資料集は左記のものが主なものである。出典の記載についてはそれぞれの末に通例に随って省略し、その記載の方法を例示した。

●『伊東市史　史料編　古代・中世』(伊東市、二〇〇八)……………………『伊東市』五九一

●『茨城県史料　中世編Ⅰ』(茨城県、一九七〇)・『茨城県史料　中世編Ⅱ』(同、一九七四)・『茨城県史料　中世編Ⅲ』(同、一九九〇)・『茨城県史料　中世編Ⅳ』(同、一九九一)・『茨城県史料　中世編Ⅴ』(同、一九九四)・『茨城県史料　中世編Ⅵ』(同、一九九六)……………………『茨城県Ⅲ』一木文書八

●『磐田市史　史料編1　考古・古代・中世』（磐田市、一九九二）……『磐田市』二二五

●『小山市史　史料編・中世』（小山市、一九八〇）……『小山市』七六八

●『小山町史　第一巻　原始古代中世資料編』（小山町、一九九〇）……『小山町』五九八

●『神奈川県史　資料編3　古代・中世3上』（神奈川県、一九七五）・『神奈川県史　資料編3　古代・中世3下』（同、一九七九）……『神奈川県』五六八五

●『北区史　資料編　古代中世1』（東京都北区、一九九四）・『北区史　資料編　古代中世2』（同、一九九五）……『北区』五六二二・『北区』記録一

●『群馬県史　資料編5　中世1　古文書・記録』（群馬県、一九七八）・『群馬県史　資料編6　中世2　編年史料1』（同、一九八四）・『群馬県史　資料編7　中世3　編年史料2』（同、一九八六）……『群馬県』二二七〇

●『古河史市　資料　中世編』（古河市、一九八一）……『古河市』二一二

●稲村坦元編『武蔵史料銘記集』（東京堂出版、一九九六）……『武蔵銘記』六〇二

●『小田原市史　史料編　中世Ⅱ　小田原北条1』（小田原市、一九九一）・『小田原市史　史料編　中世Ⅲ　小田原北条2』（同、一九九三）……『小田原市』二二六五

●『鹿沼市史　資料編　古代・中世』（鹿沼市、一九九九）……『鹿沼市』三一五

●『甲府市史　史料編　第一巻　原始古代中世』（甲府市役所、一九八九）……『甲府市史』三七五

●『静岡県史　資料編7　中世三』（静岡県、一九九四）・『静岡県史　資料編8　中世四』（同、一九九六）……『静岡県三』九六九

●『新編　高崎市史　史料編4　中世Ⅱ』（高崎市、一九九四）……『高崎市』四四三

●『新編　埼玉県史　資料編5　中世1　古文書1』（埼玉県、一九八二）・『新編　埼玉県史　資料編6　中世2　古文書2』（同、一九八〇）・『新編　埼玉県史　資料編7　中世3　記録1』（同、一九八五）・『新編　埼玉県史　資料編8　中世4　記録2』（同、一九八六）……『埼玉県二』一二五

●『裾野市史 第二巻 史料編 古代・中世』（裾野市、一九九五）……『裾野市』四六一

●『戦国遺文 後北条氏編』第一巻～補遺編（東京堂出版、一九八九～二〇〇〇）……『戦国』二四七六

●『戦国遺文 古河公方編』東京堂出版、二〇〇六）……『戦国』古河公方六〇六

●『清水市史資料 中世』（吉川弘文館、一九七〇）……『清水市』一七七

●『都留市史 資料編 古代・中世・近世Ⅰ』（都留市、一九九二）……『都留市』一一五

●『戸田市史 資料編一 原始・古代・中世』（戸田市、一九八一）……『戸田市』

●『新潟県史 資料編３ 中世一』（新潟県、一九八二）・『新潟県史 資料編４ 中世二』（同、一九八三）・『新潟県史 資料編５ 中世三』（同、一九八四）……『新潟県』一〇五一（四）

●『栃木県史 史料編・中世一』（栃木県、一九七三）・『栃木県史 史料編・中世二』（同、一九七五）・『栃木県史 史料編・中世三』（同、一九七八）・『栃木県史 史料編・中世四』（同、一九七九）・『栃木県史 史料編・中世五』（同、一九七六）……『栃木県一』鑁阿寺文書一

●史料纂集『歴代古案』第一（続群書類従完成会、一九九三）・史料纂集『歴代古案』第二（同、一九九五）・史料纂集『歴代古案』第三（同、一九九八）・史料纂集『歴代古案』第四（同、二〇〇〇）・史料纂集『歴代古案』第五（同、二〇〇二）……『歴代古案』六三一

●『東松山市史 資料編 第二巻』（東松山市、一九八二）……『東松山市』五六六

●『東村山市史６ 資料編 古代・中世』（東京都東村山市、一九九六）……『東村山市』金石文一二四

●『平塚市史１ 資料編 古代・中世』（平塚市、一九八五）……『平塚市』四五

●『福生市史 資料編 中世・寺社』（福生市、一九八七）……『福生市』一二六

●『藤岡町史 資料編 古代・中世』（藤岡町、一九九九）……『藤岡町』一三

●『益子町史 第二巻 古代・中世資料編』（益子町、一九八五）……『益子町』二五

●『山梨県史 資料編４ 中世１ 県内文書』（山梨県、一九九九）・『山梨県史 資料編５ 中世２上 県外文書』（同、

二〇〇五）・『山梨県史　資料編5　中世2下　県外文書』（同、二〇〇五）・『山梨県史　資料編6　中世3上　県内記録』（同、二〇〇二）・『山梨県史　資料編6　中世3下　県外記録』（同、二〇〇二）…………『山梨県二』九七

●『和光市史　史料編一　自然 原始 古代 中世 近世（地誌・紀行）』（和光市、一九八一）…………………『和光市』

5　本文中および注において、敬称を省略させていただいた。

序——東国中世史の視角

本書は関東平野を中心とした東国社会に関する研究である。道、城館、都市、空間を主たるキーワードとして、東国社会を規定するこれらから、社会のなかで独立する単位と連結する要素を考えてみたい。

中世東国史研究の起点に永原慶二「東国における惣領制の解体過程」[1]を掲げる研究者は多い。その後、半世紀を越える研究史を東国史研究は培ってきたことになる。この間、峰岸純夫・市村高男・佐藤博信・山田邦明、近年では松本一夫・小国浩寿ほか多くの研究者が独自の著作・論文を世に問うている。

関東地方の中世史研究も文献史学の研究領域に留まっていない。考古学においても関東地方の中世史研究は独自の歩みをしてきた。都市鎌倉に加えて葛西城や八王子城の成果はよく知られたところである。当初は中世考古学の形成とともに歩みがあり、地域史の範疇を越えたところで始まっていた。現時点では、地域史の視点を重視して歴史像の捉え直しが行われている。

周知のことではあるが、文献・考古学・建築学・民俗学などによる学際的研究は近年の大きな研究動向である。主としてテーマを軸として研究がなされており、地域の枠を越えた広い視野で設定されることが多い。これを地域史の視点で行い、関東がいかなる地域であったかを検討することも、もはや可能であろう。新しい地域史像が描き出せるのではなかろうか。

従前よりの文献史学による中世東国史は、幕府・鎌倉府の向こうに国家論を捉える研究、政治史・制度史の研究が多く、地域の歴史像に迫る研究はまだかなりの余地を残している。鎌倉府や守護や一族などに関する研究がすぐに思いつくが、必ずしも地域の空間と密接な研究は多くない。また中世考古学については学史との関係について触れたが、地域史の蓄積については豊富とはいえない。例えば都市鎌倉の研究については京・平泉・博多などとの比較の視点は持つものの、関東の中で鎌倉と比較する視点は豊富ではなく、鎌倉の独自性だけがクローズアップされてはいないだろうか。簗瀬裕一の千葉氏の本拠に関する研究(2)はこの点にアプローチする重要な成果であろう。そこで、近年の学際的な視点を重視し、関東地方を地域史的な視点で捉え直してみる必要はあろう。関東地方にあって、学際的な研究と、そして形成される新たなる地域史像は模索されるべき課題なのである(3)。

ところで関東平野といえども一枚岩ではない。東国固有の位置や役割を重視する観点から、峰岸純夫は利根川を挟んだ南北を二地域にわけた。分析の視点は領主の存在形態であり、北側を伝統的豪族層が盤踞するA地域、南側を中小国人層が一揆の結合形態で存在するB地域とした。関東平野に性格の相違を踏まえた地域史研究の視角を生み出したのである(4)。なぜ利根川で二分されたのであろうか。どんな要因が二地域を分け、そして両地域を結んでいたのか、この点を追求する課題があることに気付く。

地域の相対性を論ずる視点は峰岸の提起に留まらない。南関東に対する北関東の位置についても相対的な関係は多くの点で論じられていた。例えば、治承・寿永の乱の際の新田義重と志田義広は源頼朝の挙兵に呼応せず、独自の道を選択した。鎌倉幕府崩壊に当たってその中心勢力となった足利氏と新田氏も北関東に基盤をもっていた。室町期にあっては足利庄が京都の出先機関として鎌倉府の監視の位置を担っていた(5)。時代は下るが織豊期の下野国佐野も徳川家康に対する監視の役割を担っていた(6)。

この南と北の対比的関係は政治的な様相だけではない。中世後期、北関東では在地産の甕や鉢が生産・流通する独自の流通圏が形成されることが浅野晴樹の指摘で明らかにされている(7)。これに対して南関東では常滑産及び瀬戸美濃産の甕や壺が流通する。また五輪塔に利用される安山岩は産出地を異にする。南関東では相模国西部が産出地であるが、北関東では上野国内の赤城山・榛名山に起源をもつ石材が利用され(8)、おおよそ東京都域が両者の境界地域になっている。

このように多様な視点で北関東と南関東との相対性を知ることができる。加えてさらに小さな地域圏の存在も見ることができる。武蔵型板碑の流通圏のなかにも小幡型板碑と呼ばれる点紋緑泥片岩を使用する地域が上野西部にある。また武蔵国西部で伊奈石と呼ばれる石材を使用する板碑が同様に地域的な生産・流通を示している(9)。新田庄北部で産出する白色の凝灰岩の五輪塔は周辺を中心として独自に流通していた(10)。また浅野晴樹が指摘した在地産陶器の世界も北武蔵・上野と常陸で鍋が相違するように、小さな流通圏をもっていた(11)。その上に峰岸が見た存在形態の相違する領主が誕生したはずである。そして、様々な地域世界が形成されたはずである。その階層的な地域史像を踏まえた地域論を模索する必要がある。

無論、関東平野やその内部で形成される小さな地域も、鎌倉や京都などの中央と没交渉になっていたわけではない。当然のことながら中央と地域の連関の中で地域を見る視点を欠くことはできない。この点は政治史研究に蓄積が厚いのであるが、近年では流通をめぐる考古学的な視点が充実しつつある。この視点を一層すすめ、列島内の相対的な関係で東国を捉え直す必要性はより増すに違いない。

例えば、戦国大名論である。過去の文献史学による戦国大名研究は、大名領国を一個の国に見なし、大名による人や土地の支配関係を研究の主軸とした独立的な存在とみなす傾向を帯びていた。その延長線上に幕藩制社会が成立するという展望があり、枠組みとしては大名領国制論が前提とされていた(12)。畿内幕府論も含め、独立した地域権力の存在は、程度に強弱の差はあるにせよ、念頭に置かれていたのではなかろうか。その枠組みのなかで検地論・村落論・貫高制論・戦国法論などは展開されていた。さらには近年の戦国時代社会論も大名と村落・民衆との対抗関係で戦国時代を描くというスタンスをとっている。この視点は大名による人や土地の支配関係という伝統的な視点であり、大名領国の内実をさぐることに重きを置いていた。戦国大名はいわば独立した存在として映じていたのではなかろうか。

他方、近年の戦国時代考古学の成果は、大名領国を越える社会像を提起している。陶磁器・カワラケなどの流通論は戦国大名領国に左右されない列島規模の流通を描いている。地域によって異なる陶磁器の組成などが指摘され、その背景の検討が進められている。また威信財に代表される考古学資料による権威論は、列島規模での規範性もしくは異質性（＝地域性）を論じており、個々の大名権力が営む儀礼を幕府などが行う国家儀礼との対比のなかで論じていた。これらの視点は過去の文献史学が課題として描き出してきた戦国大名像と枠組みの点で大きく相違していた。戦国大名論を学際的に組み替える必要性を感じる。

大名領国をどのように捉えるかという問題は、大名領国の内在的な課題のみを考えるのではなく、近隣の大名・遠方の大名・京都（幕府・朝廷）などの列島規模という相対的な視野で考え直し、その枠組みの中に一戦国大名を位置づけるという視角が必要とされているのではなかろうか。幕府・大名の政治的・経済的・文化的相関関係を重視し、全体的なまとまりを描き、戦国国家論へと近づける企てである。列島規模の連携のなかであらたな戦国大名論・戦国社会論の視角を模索する取り組みである。延長線上に列島の「日本国」の実像はいかにとらえられるであろうか。

この視点は研究史的には、石母田正以来の「礼の秩序」の視点があるほか、制度的に戦国大名論を解体しようとした戦国期守護・戦国領主論[13]、幕府―守護体制論[14]があった。近年では市村高男の提起[15]が意識的にこの国家像を語っている。この視点においては家永遵嗣の人的関係からの政治体制論[16]は注目すべき視角を切り開いている。これらはいずれも批判的に継承したい視点である。しかしその後に十分な議論が展開されるに至っていない。

列島のなかの関東平野に、浮かぶ島のような地域がある。その小さな地域が連結されてより大きな地域が形成されていた。反対に島のような地域が成立することは、その背後には政治及び経済的な制約があるのかもしれない。関東平野の世界を理解するために重要な視覚を提供するのかもしれない。基底的な条件の上に、峰岸が見た存在形態の相違する領主が誕生したはずである。そして、様々な地域世界が形成されたはずである。

本書では関東平野を中心とした東国社会のなかで、個々の小さな地域がどのような構造を成し、そして連結されて漠然としながらも東国というまとまりが形成されていたかを考える道筋を模索する。もとより、研究途上の一階梯である。歴史像の再構成する筋道を模索できればと考えている。

この視点は前著[17]の延長線上に当たる。本書においても、城館をキーワードとし、領域がどのように形成されていたかという視点は引き続き持っている。本書と前著の視角として大きく異なるのは、道からの視角が大きくなったことである。

道、とりわけ関東平野にあっては鎌倉街道の存在は大きい。啓発普及的な歴史書[18]においてはしばしば主題として取り上げられ、地域史研究の雑誌[19]など、概説的に地域史を論ずる際には必ずと言ってよいほどに触れられている。ところが研究史はさほど深くない。

まず注目したいのは、文化庁によって推進された〝歴史の道調査〟による調査事業であろう。鎌倉街道については埼玉県[20]や群馬県[21]から成果が公刊されている。その報告のなかで鎌倉街道は、一本の道として描かれることなく、複数の道が交錯して把握された。さらに伝承される「鎌倉街道」とは、〝古い道〟を指して表現されているという理解も示されている[22]。無論、本来の鎌倉街道も、さらには中世の主要道も含まれるであろう。しかし、伝承された「鎌倉街道」とはいかなる道であるかは、今後の課題に残された。

その解決の多くは考古学的調査に委ねられてきた。既に埼玉県の歴史の道調査事業においても部分的に調査が実施され、詳細は先の報告書で記されているが、引き続き大規模な調査が開発等で実施された。具体的ないくつかの事例は本論で触れるが、その代表的な事例として、堂山下遺跡[23]があげられよう。各地で考古学的に道の構造や宿の構造が分かり始め、その成果は後述する中世みちの研究会の活動に結び付いていく。

このような成果をもとに歴史啓発普及書でも鎌倉街道が多く取り上げられた。そのなかでも芳賀善次郎[24]による『旧鎌倉街道　探索の旅』は掲げておきたい。鎌倉街道の道筋に沿って、探訪形式で叙述をする。個々の地点での歴史の残像について具体的に触れている。とりわけ、従来の上道《かみみち》・中道《なかみち》・下道《しもみち》だけでなく、山ノ道を取り上げたことは大きく評価したい[25]。

近年の研究成果として、川合康の調査研究があげられよう[26]。文献に見られる鎌倉街道伝承を集成し、鎌倉街道上道の政治史的評価を行っている。その成果は本書に所載した鎌倉街道上道の初出論考とほぼ同時期に公表され、本論と同じく、鎌倉街道上道の政治性を主張している。街道の意義付けを行い、道研究を歴史研究の舞台に載せた。

そして、深澤靖幸によって企画された府中市郷土の森博物館（東京都府中市）の特別展『武蔵府中と鎌倉街道[27]』（二〇〇九年度開催）は現段階の鎌倉街道上道研究を概観し、文献資料及び考古資料を網羅した展覧会であった。開催に併せて刊行されたブックレット[28]は展覧会の内容を取り込んだ上に、研究史が一覧できる。今後の鎌倉街道研究の起点となる成果であろう。

鎌倉街道の研究は、当然のことながら街道研究全体を踏まえ、関連を持って行われるべきであろう。ところが、歴史学において道そのものを扱った研究も多くはない。

そもそも道研究は、流通論すなわち社会経済史の分野のなかにあった感が強い。例えば相田二郎[29]、新城常三[30]の研究があげられるのではなかろうか。相田にあっては関所の経済的な機能、新城にあっては荘園年貢等の搬送など経済的視点での追究が主であった。いずれも今日にあっても重要な研究成果であることに変わりはない。しかし、そこには具体的な建設された道の姿はなく、視点としても政治史的視点、軍事史的視点、文化史的視点などは脱落した状態にあった。

近年、文献史学から「大道」の語彙を分析する成果を得た。岡陽一郎[31]・江田郁夫[32]の研究である。両者ともに道そのものに視線を向けた。江田は下野国を舞台にして具体的に中世主要道を復元し、その機能を復元した。道の機能論を論じた視点は、道研究を一段引き上げた。先の川合の成果とともに、様々な分野で取り組まれる機能論の一つとして捉えることも可能であろう。

そして、中世みちの研究会が考古学的成果を吸収し、具体的に成果を上げた点も見逃せない[33]。この会の活動に限らないが、二〇〇〇年前後の道研究の活性化は荒井猫田遺跡（福島県郡山市）の発掘調査に端を発する営みであった。そしてこの勢いを確実に受け止めたのが中世みちの研究会だった。活動を通じて各地での調査事例が集積され、「舗装された幅広の路面で、かつ両側の側溝の直線道路」という中世道のイメージが形成された。従来、どちらかと言えば、自然発生的な道に近いと言えそうな地形に制約された緩やかに曲がる道や、掘り割り道という中世道のイメージがあった。そこから中世権力の介在が予想される街道が理解されることになったのである。考古学的にも新しい段階となったことが明らかであろう。

現段階の街道研究は、従前の社会経済論の範疇から、より多様な側面を持って研究される段階となった。その時に地図上での道筋把握が前提とされるようになっていることも重要である。他方で水上交通研究の活性化があったが、その影響を受けつつ、独自の視点を切り開きつつあるように考えられる。私見として現時点での課題をあげるとすれば、次のような点が掲げられる。

①主要道を広域的な視点で捉えることであろう。発掘調査地点を中心とした道研究ではなく、都市や様々な集落を連結する機能を持つ主要道という側面を再確認することである。

②平板な道筋から道筋の編年的な把握である。少なくとも関東平野を見る限り、江戸時代の五街道と中世主要道は異なる。道にも変遷がある。廃絶と普請の契機は政治的に重要な視点のはずであろう。

③例えば鎌倉街道上道・中道・下道の内容に差はないか。すべて同等であろうか。主要道そのものの機能は分析する必要がある。

④そもそも鎌倉街道とは何か。その名称付与は妥当だろうか。

このうち、④については現時点で解決する意図は持っていないが、[34]①から③の問題意識を持って、考察を行いたい。この課題は本書第Ⅰ部が主として持ち、第Ⅲ部において城館との関連から議論を深めたい。

そもそもなぜ鎌倉街道に着目したか。意図は既に明らかであろう。関東平野内に浮かぶ島々をつなげる役割を持ち、そして東国社会という大きな地域社会を形成し、媒介する役割を街道が担っていたと考えるからである。そして連結の役割を都市・城館が担ったと図式化したとき、いかなる東国社会という地域が、多分に権力側から見た領域が対象となるだろうが、どのように描けるだろうか。

前著において中心拠点と領域境に焦点をあて、領域の形成を説いた。その背景には本拠及び境界に対する観念の差を考えていた。そして観念が変化し、領域が変質する運動を描いたが、もとより単線的である。この運動にいかなる要素を加えるかにより、領域の内容も異なる。その要素のひとつとして道を選択した。本書は道と都市・城館という動的な対象の組合せにより、地域の空間を考えるという取り組みである。

注

（1）永原慶二「東国における惣領制の解体過程」（『日本封建制成立過程の研究』岩波書店、一九六一。初出は一九五二）

（2）簗瀬裕一「千葉氏の本拠の復原」（『戦国時代の考古学』高志書院、二〇〇三）

（3）浅野晴樹・齋藤慎一編『中世東国の世界1　北関東』（高志書院、二〇〇三）・『中世東国の世界2　南関東』（同、二〇〇四）・『中世東国の世界3　戦国大名北条氏』（同、二〇〇八）はその具体的な取り組みである。

（4）峰岸純夫『中世の東国——地域と権力』（東京大学出版会、一九八九）
（5）佐藤和彦「下野国足利荘の成立と展開——内乱と足利一族」（『中世東国史の研究』東京大学出版会、一九八八）
（6）齋藤慎一『中世東国の領域と城館』（吉川弘文館、二〇〇二）
（7）浅野晴樹「東国における中世在地系土器について」（『国立歴史民俗博物館研究報告』第三一集、一九九一）
（8）秋池武「利根川流域中世石造物石材の流通と変遷」（『群馬県立歴史博物館紀要』第一九号、一九九八）、『中世の石材流通』（高志書院、二〇〇五）
（9）『伊奈石　伊奈石の採石・加工と多摩川流域の流通についての研究』（伊奈石研究会、一九九六）
（10）國井洋子「中世東国における造塔・造仏用石材の産地とその供給圏——上野国新田荘天神山凝灰岩を中心に」（『歴史学研究』第七〇二号、一九九七）
（11）前掲注（7）論文
（12）永原慶二『戦国期の政治経済構造』（岩波書店、一九九七）ほか
（13）矢田俊文『日本中世戦国期権力構造の研究』（塙書房、一九九八）
（14）川岡勉『室町幕府と守護権力』（吉川弘文館、二〇〇二）
（15）市村高男「戦国期の地域権力と『国家』・『日本国』」（『日本史研究』第五一九号、二〇〇五）
（16）東京大学日本史学研究叢書一『室町幕府将軍権力の研究』（東京大学日本史学研究室、一九九五）ほか
（17）前掲注（6）書
（18）宮田太郎『鎌倉街道伝説』（ネット武蔵野、二〇〇一）
（19）例えば多摩中央信用金庫『多摩のあゆみ』では、「特集　多摩の道探訪」（第五五号、一九八九）・「鎌倉への道」（第九二号、一九九八）が組まれている。
（20）歴史の道調査報告書第一集『鎌倉街道上道』（埼玉県教育委員会、一九八三）
（21）群馬県歴史の道調査報告書第一七集『歴史の道調査報告書　鎌倉街道』（群馬県教育委員会、一九八三）

(22) 村本達郎「鎌倉街道の歴史地理的考察」(歴史の道調査報告書第一集『鎌倉街道上道』(埼玉県教育委員会、一九八三))
(23) 埼玉県埋蔵文化財調査事業団報告書第九九集『堂山下遺跡』(財団法人埼玉県埋蔵文化財調査事業団、一九九一)・毛呂山町埋蔵文化財調査報告書第二一集『堂山下遺跡・鎌倉街道B遺跡』(毛呂山町教育委員会、二〇〇一)
(24) 芳賀善次郎『旧鎌倉街道　探索の旅　上道編』(さきたま出版会、一九七八)・『旧鎌倉街道　探索の旅　中道編』(同、一九八二)・『旧鎌倉街道　探索の旅　下道編』(同、一九八二)・『旧鎌倉街道　探索の旅　山ノ道編』(同、一九八八)
(25) 山ノ道は、前掲注(22)論文において「山の辺の道」として考察されている。本書では発表年次から村本の呼称を採用した。
(26) 川合康「『鎌倉街道』の政治史的研究」(平成一五～一六年度科学研究費補助金　基礎研究(C)(2) 研究成果報告書 (二〇〇五)
(27) 特別展『武蔵府中と鎌倉街道』(府中市郷土の森博物館、二〇〇九)
(28) 深澤靖幸　府中市郷土の森博物館ブックレット一二『武蔵府中と鎌倉街道』(府中市郷土の森博物館、二〇〇九)
(29) 相田二郎『中世の関所』(畝傍書房、一九四三)
(30) 『戦国時代の交通』(畝傍書房、一九四三)・『鎌倉時代の交通』(吉川弘文館、一九六七)・『新稿　社寺参詣の社会経済史的研究』(塙書房、一九八二)
(31) 岡陽一郎「中世の大道とその周辺」(藤原良章・村井章介編『中世のみちと物流』山川出版社、一九九九)
(32) 江田郁夫「奥大道と下野——中世大道の特質について」(東北史学会『歴史』第九六輯、二〇〇一)
(33) 藤原良章編『中世のみちを探る』(高志書院、二〇〇四)・同編『中世のみちと橋』(同、二〇〇五)
(34) そもそも鎌倉街道の語は史料中の語彙ではなく、学術概念として使用されている。その経緯はすでに述べたとおりだが、それぞれの道の実態を再検討し、概念そのものも再定義する必要性があると感じている。本書ではいわゆる上道と中道の検討にとどまっているため、再検討は他日を期したい。

第Ⅰ部　中世東国の道

第一章　河川水量と渡河

「花」（滝廉太郎作曲）は川船が隅田川を行き交う光景を、穏やかに表現している。両国近辺では今においてもこの光景は続いており、多様な船が隅田川を航行している。衰退した河川舟運の往時を偲ばせている。

「花」にイメージされる河川舟運は中世においても存在した。東国中世における水運の発達について、近年の研究は大きな進展をみせた。その契機とも言える研究は品川の研究(1)であろうが、河川舟運の研究も水運研究の盛行のなかで峰岸純夫(2)がまとめるように確実な成果を生んでいる。

その結果、河川水運については中世における実在が強調されるあまり、あたかも関東各地に行きわたる鉄道の如きイメージを生んでいるように思える(3)。緑泥片岩の流通など、確かに考古学成果は河川水運の存在を示唆している。河川舟運の存在は肯定されるべきものである(4)。しかしその成果に対する評価を積極的に行うことに問題はないであろうか。例えば、列島規模で比較した場合、群馬県内では鎬蓮弁文青磁碗（歴博分類B１類）を除く青磁・白磁・染付等の輸入磁器や、古瀬戸や大窯の瀬戸美濃産の碗や皿は著しく出土量が低い。同様な傾向は栃木県内でも程度の差はあれ看取できる。遺物の広がりを水運と結び付けて考えることの多い考古学の立場からすれば、南関東と比較して北関東の河川水運が一様ではないことになるのではなかろうか。

すなわち、現在の中世東国の水運研究は当該期の限界がどこに所在していたかという視点を有していないという点に問題があるということになる。本章ではこの限界点のひとつを季節性に求めてみたい。

同様な視点は陸上交通にも当てはまるのではなかろうか。近年の陸上交通についての関心は、文献及び考古ともに「宿」に集中している(5)。陸上交通の限界については佐々木銀弥(6)が政治的な問題で交通の断絶を扱ったことはある。しかし、季節性による限界という視点は、従来の研究史においては欠落していた。とりわけ河川という自然条件に陸上交通はどのように規定されていたのだろうか。具体的には渡河がどのように行われ、河川の影響を受けていたかを考察する。

本章では中世東国における河川・陸上両交通の限界点を季節性にさぐり、さらにその点からどのような問題が派生するかということを課題とする。

なお、季節性を論じる際に問題となるのが暦の問題である。本章では参考のために適宜、グレゴリオ暦の年月日を記し、現代との対比を可能とした(7)。ただし、当然のことながら中世においてグレゴリオ暦が意識されたはずはなく、当時の暦が念頭に置かれ、季節感を抱いていたであろう。したがって、本章では史料に記載される年号月日表記を基準に論ずることとする。

1　河川の水量と季節性

ダムによる洪水対策が整った今日、河川水量の増減による日常生活への影響は極めて少ない状況となっている。このために河川の水量が季節により増減することすら忘れ去られつつある。

しかし、河川水量は季節により増減するのが自然現象であり、近代に至るまで一定の影響を日常生活にもたらしていたのは確実である。河川水量がどのように増減し、中世東国の交通にどのような影響を与えていたかをまず検証してみたい。

（1）融雪による増水

①天正二年四月一三日（グレゴリオ暦一五七四年五月一三日）　利根川増水

越後国より武蔵国羽生城の救援に来た上杉謙信は利根川を目前にして焦っていた。

> 幾日大輪之陣ニ有之も、大河与云、水増与云、為如何も其地江助成之儀依不成之、河ニ付押上、自朝至夕迄瀬々於為験候得共、瀬無之候条、無了簡、爰元ニ立馬候、（中略）南衆も無水増候て瀬も候者、如只今其地江之妨可有如何候哉、自元旁忠信於忘失申ニ雖無之与、陸路不続候へ者無申事候、[8]

と、羽生城に書き送っている。書状には利根川が増水し、渡ることができる瀬が無く、大輪（群馬県明和町）に在陣するのみであると述べている。一方、攻める北条側も同様に瀬が無く羽生城に十分に到達できずにいた。上杉謙信はこの状況を「陸路不続」と述べており、さらに追而書では「路次不自由」と述べている。利根川の増水が陸上交通の断絶を生んでいるという状況は注目すべきであろう。

この謙信の困窮状況に対して、北条氏側は、

> 指向所雪水満水人馬之渡依無之、川上へ押廻、無二可遂一戦由被存候処、越国境号沼田地へ引籠候者、此度不被遂一戦儀、無念之由被存候、[9]

と白河氏に報じている。この書状によれば、上杉謙信と同じく北条氏の軍勢も利根川を超えることができず、謙信との一戦が遂げられなかったことがわかる。そして渡河できないほどの増水の原因が「雪水満水」とし、春の融雪による増水であるとしている。

融雪による増水が陸上交通の断絶を生むのであるならば、この事態は天正二年のみの問題ではなく、連年の問題であり、かつ利根川だけの問題でもないことになる。

②天正一八年（一五九〇）　小田原攻めの際の北条側の認識

秀吉による小田原攻めが目前となった三月九日（グレゴリオ暦同年四月一三日）、北条氏政が上野国内の守りにあたっている猪俣邦憲に充てて状況を報じ、

利根も満水、其地堅固ニ候ヘハ川東者敵及間敷候、[10]

と述べる。利根川が満水であるので豊臣軍は利根川を渡れず、川の東側へ攻め込むことはないだろうと情勢を分析している。書状の月日から考えて、来る豊臣軍の来襲が融雪による増水の時期にあたると想定した上でのことであろう。また、進軍を留めることを想定するのであることから、融雪による増水は一時的なものではなく、ある程度の時間幅をもって起こる状況であることも予想される。自然現象をも想定して小田原勢の防備は進められていたのである。

③天正年間　武田勝頼の利根川調査

武田勝頼が上野国に軍を進めようとした折り、上野国箕輪城に在城する内藤昌豊に卯月一三日付の書状の追而書で、

又利根川橘瀬・田口之瀬巳下之渡浅深被見届、以早飛脚注進専一候、[11]

と命じる。橘瀬及び田口之瀬はいずれも前橋市内と推定されており、文意からも明らかなとおり、利根川の渡河点である。この渡河点が通行可能かどうか確認するよう求めていることになる。武田勝頼の脳裏には四月という時期の問題、すなわち融雪による増水の影響の確認があったことは間違いなかろう。利根川の融雪による増水は関東に隣接する武田氏にとっても調査しなければならないほど自明の問題であったと考えねばならない。

④永禄六年（一五六三）　武田信玄の弁明

上杉謙信に攻められた佐野昌綱に対して、武田信玄は四月一四日（グレゴリオ暦同年五月一六日）付の書状の中で「利根川無渡候上者」と弁明の書状を送り、さらに本来ならば背後の越後本国を攻めるべきところ、「犀川雪水故一切無瀬」と述べている。[12] 融雪の増水により犀川が渡れず、越後に攻め入ることができないと報じているのである。利根川に限らず、犀川でも増水による陸上交通の途絶が起きていることがわかる。

以上のように四月を中心とした時期、融雪による増水で渡河ができなくなり、陸上交通が途絶する時期が存在することが確認される。

ところで検証した事例は軍勢の移動の事例であり、この場合の渡河方法は、後述するが瀬渡りが主たる方法となる。しかし融雪増水による交通路の断絶は大勢の渡河、瀬渡りだけの問題ではなさそうである。

表1―1は後北条氏が発給した伝馬手形の一覧であるが、正月は年頭であるという影響と考えて除外して考えた際、四月・五月の発給が少ないことがまず注目される。とりわけ五月は一件が過去の案件の交渉であるので、確認される伝馬は一件のみとなる。四月も区間が比較的短く、利根川など融雪の影響を大きく受ける区間での伝馬利用となっている。融雪による陸上交通の途絶との連関が想定可能ではあるまいか。

表1―1のうち、グレゴリオ暦に換算が可能なデータのみを月日順にソートしたものが表1―2である。明らかに四月上旬・中旬が欠落している。融雪期は年によって変化はあるが、グレゴリオ暦四月から五月中旬まではその期間にあたる。グレゴリオ暦四月上旬・中旬が欠落するのは融雪の影響があるのではなかろうか。

また表1―1の五月が少ない点は表1―2のグレゴリオ暦六月・七月の発給量が少ない点と同じである。この時期は梅雨期と重なる。そして表1―1では一〇月、表1―2のグレゴリオ暦九月の発給量も少ない。これは台風による増水・洪水の時期であることが関係する可能性がある。

つまり、この四月を中心とした時期に融雪による水量の増加のために交通路の断絶は想定可能なのである。

（2）洪水と増水

融雪による増水が以上のように想定される場合、梅雨明け時や秋の台風の大雨による影響も考えられることになる。具体的には洪水という形となって史料には散見する。しかし堤が決壊する以前の、増水という事態までをも想定した

年　号	西暦	月　日	グレゴリオ暦		文　書　名	所　蔵　等	出　典	区　間
(天正一五年)	1587	八月一一日	1587	913	北条家伝馬手形写	香取郡小誌	戦国4759	小田原−佐倉
		八月一二日			北条家伝馬手形写	富岡家古文書	戦国3812	小田原−小泉(上野国)
(天正一一年)	1583	八月廿八日	1583	1013	北条家伝馬手形	設楽氏所蔵文書	戦国2569	小田原−前沢(武蔵国)
(天正一三年)	1585	閏八月六日	1585	929	北条家伝馬手形写	三島明神文書	戦国2850	小田原−西浦西土肥
(天正一三年)	1585	閏八月九日	1585	1002	北条氏邦判物	坂本宿本陣文書	戦国2851	足利−信州坂本
						8月　計5	8.3%	
(天正一五年)	1587	九月五日	1587	1006	北条家伝馬手形写	相州文書	戦国3172	鎌倉−小田原
(天正一三年)	1585	九月六日	1585	1028	北条家伝馬手形写	雑録追加	戦国3769	半田(上野国)−信州
(天正一五年カ)	1587	九月七日	1587	1008	北条家伝馬手形写	下総旧事	戦国3173	小田原−府川(下総国)
		九月一七日			北条家朱印状	成簣堂古文書	戦国3816	新田之町
(永禄五年カ)	1562	九月一一日	1562	1014	北条家朱印状	上原文書	戦国788	−江戸
(天正一一年)	1583	九月廿一日	1583	1105	上田憲直朱印状	鈴木清氏所蔵文書	戦国2573	−奈良梨−
(天正一四年)	1586	九月廿五日	1586	1106	北条家伝馬手形	神谷文書	戦国3003	新田−小田原
						9月　計7	11.7%	
(元亀三年)	1572	一〇月六日	1572	1121	北条家伝馬手形写	諸州古文書	戦国1617	小田原−竹下通−甲州
		一〇月一〇日			北条家伝馬手形	田代文書	戦国3775	小田原−金沢(武蔵国)
(天正一二年)	1584	一〇月一六日	1584	1118	北条家伝馬手形	大和文華館所蔵文書	戦国2724	小田原−湯本
						10月　計3	5%	
(天正一五年)	1587	一一月一〇日	1587	1209	北条家伝馬手形	須賀文書	戦国3217	西之庄(上野国)−小田原
		霜月一九日			北条家伝馬手形	渡辺利夫氏所蔵文書	戦国3765	鎌倉−江戸・小金
(天正一四年)	1586	一一月廿三日	1587	102	北条家朱印状写	武州文書	戦国3030	−江戸
(天正一二年カ)	1584	一一月廿九日	1584	1230	北条氏照書状写	楓軒文書纂	戦国2742	厩橋−
						11月　計4	6.7%	
(元亀二年カ)	1571	一二月一日	1572	1121	北条家伝馬手形写	本漸寺文書	戦国1561	小田原−東金
(天正一一年)	1583	一二月二日	1584	114	北条家伝馬手形	山田明氏所蔵文書	戦国2592	厚木−小田原
(天正一七年)	1589	一二月六日	1590	111	北条家伝馬手形	宇津木文書	戦国3560	小田原−新田
(天正一〇年)	1582	一二月九日	1583	102	北条家伝馬掟	鈴木文書	戦国2450	−奈良梨−西上州
		一二月一六日			北条家伝馬手形写	相州文書	戦国3759	煤ヶ谷(相模)−小田原
(天正一六年)	1588	一二月一八日	1589	203	北条家伝馬手形写	相州文書	戦国3402	小田原−鉢形
(天正一五年)	1587	一二月廿四日	1588	122	北条家伝馬手形	宇津木文書	戦国3236	小田原−上州
(天正一七年)	1589	一二月廿六日	1590	131	北条家伝馬手形	本間順治氏所蔵文書	戦国3586	小田原−沼田
(天正一三年)	1585	一二月廿五日	1586	213	北条家伝馬手形写	武州古文書	戦国2902	浅羽(武蔵)−小田原
(天正一三年カ)	1585	一二月			北条家伝馬手形	山田明氏所蔵文書	戦国2905	煤ヶ谷(相模)−小田原
(天正一〇年)	1582	閏一二月九日	1583	201	北条家伝馬掟書	堀口文書	戦国2468	−倉賀野−八幡山・和田・沼之上
						12月　計11	18.3%	
						合計60	100%	

注：%の数値は全体の文書数に対する各月の文書数の割合.

表1-1　北条家伝馬関係文書一覧（和暦順）

年　号	西暦	月　日	グレゴリオ暦		文　書　名	所　蔵　等	出　典	区　　間
（天正一六年）	1588	正月一八日	1588	214	北条家伝馬手形写	楓軒文書纂	戦国3275	小田原–鉢形
						1月　計1	1.7%	
（永禄一〇年）	1567	二月一日	1567	321	北条家伝馬手形写	秋田藩家蔵文書	戦国1007	小田原–館林–常陸国
（天正一四年カ）	1586	二月七日	1586	326	北条家伝馬手形写	相州文書	戦国2917	大磯–小田原
（天正一七年）	1589	二月八日	1589	324	北条家朱印状写	遠山文書	戦国3419	–
		二月一九日			北条家伝馬手形写	相州文書	戦国3756	熱海–小田原
（天正一〇年カ）	1582	二月廿二日	1582	316	北条家伝馬手形	最勝院文書	戦国2313	小田原–小浦
		二月廿八日			北条家伝馬手形写	武州文書	戦国3782	小田原–川越
						2月　計6	10%	
（天正一四年）	1586	三月八日	1586	426	北条家伝馬手形写	中林文書	戦国2928	総社（上野国）–小田原
（天正一七年カ）	1589	三月一五日	1589	429	北条家伝馬手形	関山文書	戦国3433	小泉（上野国）–当麻
（天正一四年）	1586	三月廿日	1586	508	北条家伝馬手形	倉林文書	戦国2941	小田原–西上州
（天正一二年）	1584	三月廿三日	1584	503	北条家伝馬手形写	模写古文書	戦国3766	小田原–安城
		三月廿七日			北条氏邦書状	関山文書	戦国3979	（当麻）–落合
（天正一五年）	1587	三月廿九日	1587	506	北条家伝馬手形写	集古文書	戦国3072	小田原–遠州
（天正八年）	1580	閏三月廿一日	1580	514	北条家伝馬手形写	真継文書	戦国2162	小田原–韮山
						3月　計7	11.7%	
（元亀元年）	1570	四月一〇日	1570	524	北条家伝馬手形	片平信弘氏所蔵青木文書	戦国1405	小田原–江戸
（天正五年）	1577	四月一五日	1577	512	北条氏照朱印状写	澤田文書	戦国1903	小山–栗橋
（永禄一二年）	1569	四月晦日	1569	427	北条氏康朱印状	片平信弘氏所蔵青木文書	戦国1209	小田原–足柄
						4月　計3	5%	
（天正一〇年）	1582	五月九日	1582	609	遠山直景伝馬手形写	武州文書	戦国2337	江戸・浅草・葛西 新宿–臼井
（永禄一二年）	1569	五月一九日	1569	613	北条氏政書状	長府毛利家所蔵文書	戦国1223	–（薩埵陣之刻）
						5月　計2	3.3%	
（天正一七年カ）	1589	六月一日	1589	713	北条家伝馬手形写	集古文書	静岡四–2033	小田原–駿州
（天正一一年）	1583	六月一二日	1583	730	北条家伝馬手形写	上杉文書	戦国2549	小田原–白井
（天正一六年）	1588	六月一五日	1588	807	北条家伝馬手形	関山文書	戦国3336	館林–小田原
（天正一二年）	1584	六月晦日	1584	708	北条家伝馬手形写	武州文書	戦国2684	岩付–沼津
		六月			北条家伝馬手形写	諸国文書	戦国3805	佐野–関宿
						6月　計5	8.3%	
		七月三日			北条氏邦判物写	雑録追加	戦国3987	–
（天正一一年）	1583	七月一一日	1583	828	北条家伝馬手形写	佐野家蔵文書	戦国2555	小田原–浮橋（伊豆国）
		七月一五日			北条家伝馬手形	陶山静彦氏所蔵文書	戦国3771	小田原–御陣
（天正一四年）	1586	七月一六日	1586	830	落合三河守陳状	関山文書	戦国2971	–
（天正一三年）	1585	七月廿四日	1585	819	北条家伝馬手形	矢嶋文書	戦国2838	小田原–熊ケ谷
（天正一一年）	1583	七月廿八日	1583	914	北条家伝馬手形	早大図書館所蔵文書	戦国2557	小田原–沼津
						7月　計6	10%	

所　蔵　等	出　典	区　　間
武州文書	戦国3030	-江戸
鈴木文書	戦国2450	-奈良梨-西上州
宇津木文書	戦国3560	小田原-新田
山田明氏所蔵文書	戦国2592	厚木-小田原
宇津木文書	戦国3236	小田原-上州
本間順治氏所蔵文書	戦国3586	小田原-沼田
堀口文書	戦国2468	-倉賀野-八幡山･和田･沼之上
相州文書	戦国3402	小田原-鉢形
武州古文書	戦国2902	浅羽(武蔵)-小田原
楓軒文書纂	戦国3275	小田原-鉢形
秋田藩家蔵文書	戦国1007	小田原-館林-常陸国
遠山文書	戦国3419	-
最勝院文書	戦国2313	小田原-小浦
相州文書	戦国2917	大磯-小田原
中林文書	戦国2928	総社(上野国)-小田原
関山文書	戦国3433	小泉(上野国)-当麻
模写古文書	戦国3766	小田原-安城
集古文書	戦国3072	小田原-遠州
倉林文書	戦国2941	小田原-西上州
澤田文書	戦国1903	小山-栗橋
真継文書	戦国2162	小田原-韮山
片平信弘氏所蔵青木文書	戦国1405	小田原-江戸
片平信弘氏所蔵青木文書	戦国1209	小田原-足柄
武州文書	戦国2337	江戸・浅草・葛西新宿-臼井
長府毛利家所蔵文書	戦国1223	-(薩埵陣之刻)
集古文書	静岡四-2033	小田原-駿州
上杉文書	戦国2549	小田原-白井
武州文書	戦国2684	岩付-沼津
関山文書	戦国3336	館林-小田原
矢嶋文書	戦国2838	小田原-熊ケ谷
佐野家蔵文書	戦国2555	小田原-浮橋(伊豆国)
関山文書	戦国2971	-
香取郡小誌	戦国4759	小田原-佐倉
早大図書館所蔵文書	戦国2557	小田原-沼津
三島明神文書	戦国2850	小田原-西浦西土肥
坂本宿本陣文書	戦国2851	足利-信州坂本
相州文書	戦国3172	鎌倉-小田原
下総旧事	戦国3173	小田原-府川(下総国)
設楽氏所蔵文書	戦国2569	小田原-前沢(武蔵国)
上原文書	戦国 788	-江戸
雑録追加	戦国3769	半田(上野国)-信州
鈴木清氏所蔵文書	戦国2573	-奈良梨-
神谷文書	戦国3003	新田-小田原
大和文華館所蔵文書	戦国2724	小田原-湯本
諸州古文書	戦国1617	小田原-竹下通-甲州
本漸寺文書	戦国1561	小田原-東金
須賀文書	戦国3217	西之庄(上野国)-小田原
楓軒文書纂	戦国2742	厩橋-

表1-2　北条家伝馬関係文書一覧（グレゴリオ暦順，表1-1より抜粋）

年　号	西暦	月　日	グレゴリオ暦		文　書　名
(天正一四年)	1586	一一月廿三日	1587	102	北条家朱印状写
(天正一〇年)	1582	一二月九日	1583	102	北条家伝馬掟
(天正一七年)	1589	一二月六日	1590	111	北条家伝馬手形
(天正一一年)	1583	一二月二日	1584	114	北条家伝馬手形
(天正一五年)	1587	一二月廿四日	1588	122	北条家伝馬手形
(天正一七年)	1589	一二月廿六日	1590	131	北条家伝馬手形
(天正一〇年)	1582	閏一二月九日	1583	201	北条家伝馬掟書
(天正一六年)	1588	一二月一八日	1589	203	北条家伝馬手形写
(天正一三年)	1585	一二月廿五日	1586	213	北条家伝馬手形写
(天正一六年)	1588	正月一八日	1588	214	北条家伝馬手形写
(永禄一〇年)	1567	二月一日	1567	321	北条家伝馬手形写
(天正一七年)	1589	二月八日	1589	324	北条家朱印状写
(天正一〇年カ)	1582	二月廿二日	1582	326	北条家伝馬手形
(天正一四年カ)	1586	二月七日	1586	326	北条家伝馬手形写
(天正一四年)	1586	三月八日	1586	426	北条家伝馬手形写
(天正一七年カ)	1589	三月一五日	1589	429	北条家伝馬手形
(天正一二年)	1584	三月廿三日	1584	503	北条家伝馬手形写
(天正一五年)	1587	三月廿九日	1587	506	北条家伝馬手形写
(天正一四年)	1586	三月廿日	1586	508	北条家伝馬手形
(天正五年)	1577	四月一五日	1577	512	北条氏照朱印状写
(天正八年)	1580	閏三月廿一日	1580	514	北条家伝馬手形写
(元亀元年)	1570	四月一〇日	1570	524	北条家伝馬手形
(永禄一二年)	1569	四月晦日	1569	526	北条氏康朱印状
(天正一〇年)	1582	五月九日	1582	609	遠山直景伝馬手形写
(永禄一二年)	1569	五月一九日	1569	613	北条氏政書状
(天正一七年カ)	1589	六月一日	1589	713	北条家伝馬手形写
(天正一一年)	1583	六月一二日	1583	730	北条家伝馬手形写
(天正一二年)	1584	六月晦日	1584	805	北条家伝馬手形写
(天正一六年)	1588	六月一五日	1588	807	北条家伝馬手形
(天正一三年)	1585	七月廿四日	1585	819	北条家伝馬手形
(天正一一年)	1583	七月一一日	1583	828	北条家伝馬手形写
(天正一四年)	1586	七月一六日	1586	830	落合三河守陳状
(天正一五年)	1587	八月一一日	1587	913	北条家伝馬手形写
(天正一一年)	1583	七月廿八日	1583	914	北条家伝馬手形
(天正一三年)	1585	閏八月六日	1585	929	北条家伝馬手形写
(天正一三年)	1585	閏八月九日	1585	1001	北条氏邦判物
(天正一五年)	1587	九月五日	1587	1006	北条家伝馬手形写
(天正一五年カ)	1587	九月七日	1587	1008	北条家伝馬手形写
(天正一一年)	1583	八月廿八日	1583	1013	北条家伝馬手形
(永禄五年カ)	1562	九月一一日	1562	1018	北条家朱印状
(天正一三年)	1585	九月六日	1585	1028	北条家伝馬手形写
(天正一一年)	1583	九月廿一日	1583	1105	上田憲直朱印状
(天正一四年)	1586	九月廿五日	1586	1106	北条家伝馬手形
(天正一二年)	1584	一〇月一六日	1584	1118	北条家伝馬手形
(元亀三年)	1572	一〇月六日	1572	1121	北条家伝馬手形写
(元亀二年カ)	1571	一二月一日	1572	1127	北条家伝馬手形写
(天正一五年)	1587	一一月一〇日	1587	1209	北条家伝馬手形
(天正一二年カ)	1584	一一月廿九日	1584	1230	北条氏照書状写

注：表1-1のデータより，グレゴリオ暦に換算が可能なものを収録した．

場合、夏から秋にかけての増水による影響は、旱魃の年は除き、連年のことと考えられる。史料上は八月付の史料に洪水による被害の事態を見ることができる。

①応永三四年（一四二七）夏の大洪水

応永三四年の夏、東国では厳しい水害が発生した。次の史料は『鶏足寺世代血脈』の一節である。

応永卅四年丁未此年初夏四月ヨリ疾風暴雨悪龍嗔怒スル歟ト覚ヘタリ、雖然ト五穀菓実在之、爾ルニ六月廿三日ニ洪水入ル、同七月十日大水出ッ、又九月二日夜寅時許リ、明レハ三日大水入ル、人馬流死ス、大山大木崩流レ、五穀種ヲ亡ス、人民逃散セリ、多分古老ノ人々云ケルハ、四百歳以前ニ如此アリケル歟ト云々、就中足利町辺ニハ四百八十人流死ス、此ノ中ニ児法師・若僧数十人坊舎多ク流レテ下野州直木社ニ流止ル、人ハ溺死ス、尋親子兄弟ヲ、各失手ヲ畢、次年中改元正長元年、飢饉洪水如去年ノ、対秋檜ニ飢饉ス、引他国ニ、有　利米穀不饒ナラ、(13)

史料より四月から雨が多く、六月二三日（グレゴリオ暦同年七月二六日）・七月一〇日（グレゴリオ暦同年八月一一日）と洪水があり、九月三日には最大の洪水があったことがわかる。足利の町の被害を中心に記載していることから渡良瀬川の洪水と推測される。この九月三日を最大とする洪水はこのほかに『喜連川判鑑』『赤城神社年代記』『会津塔寺八幡宮長帳』にも記載が見えることから、利根川ほかの関東平野の河川、さらには東北地方にまで及ぶ東国の広い地域で発生していた。

②鬼怒川・那珂川の洪水

東国を旅していた宗長が北関東を目指していた永正六年（一五〇九）八月末から閏八月初旬（閏八月一日はグレゴリオ暦同年九月二四日）に洪水の影響を受けていた。

日比の雨も猶かしらさし出べくもあらず降そひて、きぬ川中川などいふ大河ども洪水のよしいへば、こゝにいつとなくやすらんはんも益なし、草津湯治おそく成ぬべし、さらばたち帰りねとさだまる、(14)

宗長は鬼怒川と那珂川の洪水のため、時間がかかることを嫌い、行程を断念している。洪水による足止め、すなわち交通路の断絶が生じていたことが窺える。

③永禄七年（一五六四）八月の洪水

永禄七年八月に、近況を白川氏に報じた同月六日（グレゴリオ暦同年九月一一日）付の小田氏治書状[15]に北条氏康が洪水のために足止めを受けた記事がある。

去月廿六日氏康者、号大神所迄出陣、洪水故、于今進陣無之間、（中略）漸水も落足ニ候間、可為進陣候、

と洪水のために現神奈川県平塚市の大神[16]で足止めとなったと報じている。利根川渡河が政治課題となっている時期のため、洪水を起こしている河川は荒川もしくは利根川筋の河川となろう。洪水の事態を受けて、氏康は水が引くのを待っているという様子も史料から推測することができる。氏康は洪水のため数日の間、進陣を阻まれたのである。

④永禄九年（一五六六）閏八月の洪水

永禄九年閏八月二五日（グレゴリオ暦同年一〇月一八日）、北条氏照は正木時忠に充てて、情勢を伝え、洪水の影響を述べている。

先月以来打続大雨故、洪水万方通路不自由之間、以大軍之動難成候間、延引差行無之候[17]、

と軍事行動の遅れを弁明している。長雨による洪水で「通路不自由」の状態が惹起され、大軍による行動が困難となり、軍事行動が延引したと論じている。洪水による「通路不自由」の状態があったことを確認しておきたい。

⑤永禄年間九月、利根川の洪水

永禄年間の九月九日付の北条綱成書状写に利根川の洪水の記事がある[18]。

仍此方当秋之弓矢、既駿・甲相談可被打出砌、七月下旬洪水以外候、以此妨于今延引不及是非候、至十月中旬者、利根川浅瀬可為出来間、必駿・甲一同可為越河候、

このように、七月下旬にあった予想外の洪水による影響で、九月に至ってもなお軍事行動が起こせないと報じている。洪水による出陣への影響が如実に描写されている。

⑥天正一一年（一五八三）八月の大洪水

天正一一年八月には、大規模な洪水が発生しており、洪水の状況が数点の文書に残されている。とりわけ古河近辺ではかなりの水害がもたらされたようで、古河公方家の奉行人の八月八日（グレゴリオ暦同年九月二三日）付の書状に様子が窺える。

急度以脚力令啓候、然者、御輿之儀、近日之洪水故、御日限御遅々由承及候、無心元令存候、御模様承度存候、一、此度洪水、当口廿ケ年已来無之由候、栗橋嶋之御事、御堅固候、満水已前向栗橋へ、御姫様被移御座候、大奇特之御仕合、布美被走廻候、嶋之御事、指水立増先年之由、布美被申事候、御当城之儀、堤涯分雖相拘候、大水之間、不及了簡、新堤押切申候、御城内之儀者、堅固候、可御心安候、近辺之堤共始、関宿・高柳・柏戸、其外悉切候、不大形洪水、郷損不及是非為體候、幸嶋之事、野水近年無之大水之間、同前之由申来候、至于今日往行断絶之體ニ候、定而在番衆可被申入候、一、近日者、尚境目無事ニ候、可御心安候、一、某元御祝言以前ニも御手透次第、時節被御覧合、一両輩参府之儀、御一左右待入候、一、遙々御隠居へ不申達之間、以一札啓上候、御取合任入候、委細期来信候、恐々、

八月八日　　　　各々

奥州(19)

この連署状によれば、今回の洪水が二〇年来の大洪水であるとしている。古河城のほか近隣の関宿（千葉県関宿町）・高柳（埼玉県栗橋町）・柏戸（埼玉県北川辺町）ほかで堤が決壊し、猿島の「野水」も近年にない規模であると報じ、周辺の郷村では極めて重大な被害がもたらされたことを伝えている。加えて、「至于今日往行断絶之體ニ候」

と数日間にわたって、交通が途絶している様相が述べられており、軍勢の移動というレベルではなく、日常的なレベルでの交通路への影響が出ていることは注目したい。すなわち洪水によって陸上交通は途絶することが確認される。さらに満水以前に足利氏姫が「向栗橋」に移ったことを「奇特之御仕合」と述べていることは、逆に満水になった以後には「向栗橋」へ移れなかったことを示唆している。すなわち、融雪による増水と同じく大雨による河川の増水によっても陸上交通は影響を受けるのである。

以上の僅かな事例であるが、夏から秋にかけても河川の満水もしくは洪水によって交通が途絶する時期があったことを確認した。この事態は融雪による増水の時期と期間がほぼ毎年推測されるのに対して、期間内の不特定の時期に不特定の規模でもたらされる事態であることに、対応の難しさがある。

（3）河川水量の低下

河川の水量が増す時期を検証してきたが、逆に水量が減少する時期も一年の中で存在する。

①一〇月中旬の利根川水量の低下

先の（2）―⑤にみた九月九日付の北条綱成書状写において、

至十月中旬者、利根川浅瀬可為出来間、必駿・甲一同可為越河候、[20]

と報じた部分があった。この書状によれば、凡そ一ヶ月余の後には利根川に浅瀬ができるので、軍事行動ができると考えていることが窺える。

②一一月の「無水」期

大永四年（一五二四）一一月二三日（グレゴリオ暦同年一二月二八日）に北条氏綱は長尾為景に対して書状を送り、上杉憲房が毛呂要害を攻略したことについて「無水時節被成調儀候」と述べている。[21]軍事行動が「無水」の時期を選んで行われたことが窺われる。

すなわち、冬場には河川の水量が低下することが認識されており、この時期を選んで軍事行動が行われていたことを知ることができるのである。

河川の水量が低下し、瀬をわたることが可能になれば、陸上交通にとっては有利な条件を得ることになる。加えて、時期的に洪水の心配が無くなることから、冬場の関東平野は陸上交通が活発化していた可能性があったことになる。先の表1－1にも一二月に伝馬手形の数量が多いことが確認できる。このことは陸上交通の活発化の反映と考えることも可能であろう。

（4）河川交通の季節性

年間の中で四月と八月を中心とした時期は河川の増水があり、陸上交通は水量の影響を蒙っていた。逆に水量の低い冬場は陸上交通が活発化していた可能性を指摘した。

この季節性の問題は陸上交通のみの問題ではなく、河川舟運にも関わる問題であると推定される。すなわち、融雪による増水がある時期は河川舟運にも大きな影響があったことは確実であろう。また、夏から秋の時期は不定時の洪水や増水が見込まれることから、遡上するにあたっては極めてリスクが高い時期となる。このリスクが運行の頻度に反映するのか、もしくはコストに反映されるのかは史料の残存から不明とせざるを得ないが、一定の影響があったことは間違いなかろう。

また、河川水量の低い冬場の河川交通はどのようであったろうか。現在のところ中世の段階で河川の浚渫などの低水工事は確認されていない。従って川底が浅くなる冬場は関東平野の奥までは河川交通は届かなくなることが推測される。近現代の河川舟運が河口の東京湾近辺と関東平野の中央部を結ぶ舟運であったことを前提にするならば、中世において関東平野中央部にまで河川舟運が届くかということが問題になる。具体的に論ずるだけの史料を得ていないが、夏場に比して冬場の河川舟運の運行距離は短くなることは確かであろう。

そして、関東平野の奥にまで行き届く河川舟運には一定の水量が必要であるため、融雪による増水が始まった時期の初頭から水量が低下する以前までの間で、かつ増水による危険性のない時期、この時期が関東平野の河川水運が安定的かつ長距離の就航ができる時期となる。具体的には、三月上旬・五月下旬・六・七月及び九月という時期が安定期となるのではなかろうか。一年の中では決して長い期間ではない。

2　渡河の様相

(1)　渡河点

前節で検証した水量の増減する河川は、主として利根川を中心としたいわゆる大河川を対象としている。これらの大河川の場合、水量の増減によって、渡河も影響を受けたと推測される。具体的にどのように渡河が成されていたのかを検証したい。

大河川の渡河の方法は具体的には、瀬渡り・渡船の利用・橋の利用等の方法がある。これら個々の方法は超時代的な方法で中世的な特色は特にはない。しかし、渡河手段の選択と架橋の技術に中世的な特色が得られるようである。具体的に河川に即して主要な街道沿いの渡河点を検出し、渡河方法を検討することとする。

①相模川

a　相模川橋

中世東国の橋としてもっとも著名な橋が相模川に架かった橋ではなかろうか[22]。この橋の完成供養の帰途に源頼朝は落馬し、後に死に至ったという。

○廿八日乙巳、相模国相模河橋数ヶ所朽損、可被加修理之由、義村申之、如相州・広元朝臣・善信有群議、去建久九年重成法師新造之、遂供養之日、為結縁之、故　将軍家渡御、及還路有御落馬、不経幾程薨給畢、重成法師又逢殃、旁非吉事、今更強雖不有再興、何事之有哉之趣一同之旨、申御前之処、仰云、故　将軍薨御者、執武家権柄二十年、令極官位給後御事也、重成法師者、依己之不義、蒙天譴歟、全非橋建立之過、此上一切不可称不吉、有彼橋、為二所御参詣要路、無民庶往反之煩、其利非一、不顚倒以前、早可加修復之旨、被仰出云々、[23]

『吾妻鏡』の記述によると、相模川橋は稲毛重成が建久九年（一一九八）に新造したものであったが、一四年後の建暦二年（一二一二）には破損しており、幕府が修復を命じている。相模川橋は東海道の要所に架けられていたと見え、「二所御参詣」のためや庶民の相模川の通行に多大な益をもたらしていた。このことを幕府も認識していた点は注目する必要がある。

しかし、建暦二年の時点で相模川橋が修復された明証はない。また時代的にはほぼ同時期の建保元年（一二一三）成立の「金塊和歌集」には、

相模川といふ川あり、月さし出てのち舟にのりてわたるとて、[24]

として、詩を載せている。実朝の段階で明らかに渡船を使用していることが窺える。

また、戦国期にも相模川の渡河は渡船であった模様で、「東国紀行」に、

さがみ川の船わたりしてゆけば大なる原あり、とかみが原とぞ、[25]

と記される。

すなわち、鎌倉時代初頭にあっては橋が架けられたものの、中世を通じては相模川の渡河は渡船であったと推定される。[26]

b　当麻の渡

相模川の中流での渡河が当麻（神奈川県相模原市）にあったことが史料に確認される。

明後日当麻之渡瀬可被打越間、須賀之船十艘、当麻之舟庭へ廻、御通之一日可致奉公候、能舟方乗組、可罷上候、仍如件、

（印文「禄寿応穏」）
三月廿七日　山角紀伊守　奉之

須賀　小代官
　舟持中(27)

この史料によれば、当麻の渡瀬を越えるために相模川河口の須賀（神奈川県平塚市須賀）から事前に船を回送させていたことがわかる。前後の事情が明らかではないが何らかの軍事行動のための措置であろう。「当麻之渡瀬」という名称から推測して本来は瀬渡りの渡河点であったと思われるが、三月二七日という日付から推測して、融雪による増水で瀬渡りが不可能であったと考えられ、その対策として船を回送させたと推測される。中流域を渡河するためにわざわざ河口域の船をもって行っているのである。

②多摩川

a　関戸の渡

鎌倉街道上道が多摩川を渡る地点の一つが関戸の渡（東京都府中市・多摩市）となる。関戸の渡の北側は府中となり、政治的及び軍事的に重要な渡河点となるが、中世での関戸の渡の様相を示す史料は管見の限りない。従って、関戸の渡の名称も以後の名称に拠っている。

昭和一二年（一九三七）の関戸橋の開通まで関戸の渡に渡船場が存在したことから[28]、渡河の方法に渡船があったろうことは推測される。また一般に多摩川は河床が浅いとされることから瀬渡りを行っていた可能性もある。渡河の記載が見られないのは瀬渡りが主であったための可能性もある。

いずれにせよ渡河点の存在は推定できるが、主たる渡河方法は不明である。

b　矢口の渡

鎌倉街道下道は多摩川の河口を渡河する。この渡河点が中世では矢口の渡（東京都大田区）であった。矢口の渡は『太平記』の中で新田義興の謀殺の場として登場する。延文三年（一三五六）一〇月に新田義興が「ノミヲ差タル船ニコミ乗テ、矢口渡ニ押出」し、「渡シ守リ已ニ櫓ヲ押テ河ノ半バヲ渡ル時」、浸水した船中で自決したとしている[29]。『太平記』は矢口の渡について「此矢口ノ渡ト申ハ、面四町ニ余リテ浪嶮ク底深シ[30]」と描写している。渡船での渡河が行われていたことが窺われる。

③入間川

a　岩淵橋

古河・小山方面に通ずる鎌倉街道中道が入間川を渡る地点に岩淵橋は架けられている。

当社御修理要脚之事、以武州岩淵郷橋賃、自明年造畢之間、御寄附目出候、恐々謹言

五月六日　　　　行崇判

稲荷社神主左近将監殿[31]

岩淵郷は現在の東京都北区岩淵町付近であり、中世においては岩淵宿があり交通上の要地であった。史料に見える橋が入間川に架かる橋であったと推測され、渡橋するのに橋賃が課されていることがわかる[32]。橋の具体的な構造は不明であるが、舟橋であったとする説が有力である[33]。

④利根川

a　河口の様相

史料の状況から、利根川の河口に限らず、太日川等の河川を含む東京湾岸の様相を一括して概観する。

河口近くの渡河として、著名な事例は源頼朝の隅田川の渡河であろう。頼朝は政治状況を勘案しつつ、隅田川の舟橋を渡ったことが『平家物語』『源平闘諍録』『源平盛衰記』[34]に見える。このうち『源平闘諍録』『源平盛衰記』は臨時に「浮橋」を組んだとしている。

また鎌倉期の渡河の様相として注目されるのは「とはずがたり」の記事である。

さても、隅田川原近きほどにやと思ふも、いと大なる橋の、清水・祇園の橋の体なるを渡るに、きたなげなき男二人会ひたり、このわたりに、隅田川といふ川の侍なるは、いづくぞと問へば、これなん、その川なり、この橋をば須田の橋と申侍、昔は橋なくして、渡し舟にて人を渡しけるも、わづらはしくとて、橋出で来て侍、隅田川などは、やさしき事に申置きけるにや、賤が言わざには、須田川の橋とぞ申侍[35]、

隅田川は以前は船渡りによる渡河が行われていた。作者二条が正応三年（一二九〇）に浅草近辺を訪れた際には、清水や祇園の橋に似た「須田の橋」という大きな橋が架けられ、以前に比べて渡河が容易になったことが記載されている。

「清水・祇園の橋の体なる」という文言から、鎌倉時代後期に隅田川に桁橋が架けられていたと考えて良いと思われる。しかしこの橋の存在を示す史料は他になく、存続期間がどれほどであったかは定かではない。

戦国期の河口域に舟橋が架けられた史料も存在する。

一、諸軍勢取越候者、則船橋を切、以夜継日浅草へ廻、毎度之船橋庭ニ可掛之候、自上総之注進次第、可為出馬間、無油断可掛渡旨、可被申付事、

一、葛西之船橋、如毎度可被申付事、
一、其方をハ、甲山之陣より先へ可遣間、於江城支度、尤候、
上総表之儀候間、此度者、無足之者迄召連、先之儀可被走廻事、
已上、

（印文「禄寿応穏」）
三月四日
遠山右衛門大夫殿(36)

北条勢が上総への軍事行動のために舟橋を使用していることが窺える。最初に通過した舟橋を切り、浅草へ舟橋の資材を回送するよう命じているのであるが、舟橋の構造から考えて回送を必要とする資材は舟が主であり、舟を運ぶことから考えて、当初の橋も隅田川筋に架かっていたと考えられる。

戦国期の舟橋は軍事目的に臨時に架橋される事例が多く見られる。しかしこの史料に見られる舟橋は、浅草の舟橋が「毎度之船橋庭」とされ、「葛西之舟橋」が内容不明ながら「如毎度」とあるように、臨時に急造で架橋されるものではなく、少なくともある決まった場所で、領主によって管理される舟橋であったことが窺える。日常的に架けられていたかは不明であるが、一過性の橋ではないことは明らかであろう。

江戸領においては、舟橋の維持管理のために役が課せられていたことも次の史料より窺える。

（天正二年ヵ）三月一八日　北条家印判状写(37)
（天正四年）九月一二日　北条家印判状(38)
（天正五年）八月一〇日　北条家印判状(39)

（天正一三年）一〇月一六日　北条家印判状写[40]
（天正一四年）一一月二三日　北条家印判状写[41]
（天正一六年）三月一四日　北条家印判状写[42]
（天正一七年）二月　八日　北条家印判状写[43]

これらの史料では舟橋の資材である大縄・竹・舟・菰・簀の子などの納入が命じられている。消耗材が中心であり、舟橋のメンテナンスが絶えず行われていた可能性を示唆する。従って、先に見た東京湾岸部の舟橋は戦国期にはある程度恒常的に架けられていた橋であると見なすことができよう。

b　御厩瀬

岩淵橋を越えた鎌倉街道中道が荒川（元荒川）を超える地点[44]にあったと考えられているのが「御厩瀬之渡」である[45]。

遍照院僧正坊申、慈恩寺領武蔵国太田庄花積郷内御厩瀬弁船事、渋江加賀入道背上裁致押領云□、太難其咎、所詮布施主計允相共莅彼所、縦雖□申不可許容、可沙汰渡船渡等於彼代之状如件、

永徳三年四月十一日　（花押影）

壱岐弾正大夫入道殿[46]

御厩瀬の権益を巡る裁判に対して足利氏満が裁許を下した文書である。花積郷が埼玉県さいたま市花積に当たることから御厩瀬は元荒川に存在したと推定される。北側には坂東三十三所の一二番札所の慈恩寺があり、対岸には岩付城が存在した。史料に「渡船」と明らかなごとく、この御厩瀬の渡河方法の一つも渡船によるものとなる。

c　高野の渡・古河の渡

利根川中流域の代表的な渡河点が高野の渡・古河の渡であった。両者は対になることが多いことから、高野の渡が利根川の渡りで、古河の渡は思川・渡良瀬川の渡河点であろう。

古くは『吾妻鏡』養和元年閏二月二三日条に見え、志田義広の乱に際して、下川辺氏が「古我・高野等渡」を固めたことを見ることができる。渡河の方法は必ずしも明らかではないが「渡」とあることから渡船であったと推測される。

その後、元亨四年（一三二四）八月二五日に鎌倉幕府が金沢称名寺に対して天龍川とともに高野川に橋を架けるように命じている[47]。この橋は高野の渡に架けられる橋と考えられる。政策として橋が架けられようとしていることから、鎌倉時代後期にあって、高野の渡を通る道筋は重要な街道であったと推測される。

しかし実際に橋が架けられたかどうかは明らかではない。また、後述する長井の渡付近の利用度に比べ、この道筋を利用した政治的な通行や大規模な行動は管見の限り見あたらない。架けられたとしても橋は長くは維持されず、街道としての重要性も長井の渡付近の通過に比べて低下していた可能性がある。従ってこの渡河は渡船による渡河が主ではなかったろうか。

一方、文明一八年（一四八六）、道興准后は東国の巡歴の折り、古河の渡の渡船を利用し、

　河舟をこかのわたりの夕浪にさしてむかひの里やとはまし[48]、

と詠んでいる。古河の渡が渡船による渡河であることが描写されている。

d　長井の渡と赤岩

鎌倉街道の主要な道筋として熊谷（埼玉県熊谷市）から太田（群馬県太田市）を経て足利（栃木県足利市）に至る街道がある（次章に詳述）。この街道は熊谷を経た地点で利根川を渡河する。この渡河点が長井の渡であり、戦国期は赤岩（群馬県千代田町）となる。

長井の渡の存在は「平家物語」[49]に所在が確認され、中世初頭より存在した渡であった。南北朝期には建武二年（一三三五）八月一〇日に下野国小野寺保の御家人小野寺顕通が長井の渡に着到したとする史料がある[50]。

長井の渡の名称は長井庄という庄名に由来するとされ、埼玉県熊谷市妻沼と群馬県太田市古戸を結ぶ渡河点であったとされる。現在の国道四〇七号線の刀水橋の近辺になる。後に赤岩に渡河点が移ることを踏まえると、群馬県側の「古戸（フット）」という地名は「古い渡」が語源であったと考えられ[51]、まさに長井の渡の故地とできよう。

この長井の渡河が渡船であったことは次の「東路の津登」の一節で明らかである。

翌日たけて、長井の誰やらんの宿所へと送らる、夜に入ておちつきぬ、明る朝、利根川の舟渡りをして、上野の国新田の庄に礼部尚純隠遁ありて、今は静喜かの閑居に五六日、連歌たび〳〵におよべり[52]、

永正六年八月、長井に宿泊した宗長は新田庄の岩松尚純を訪れるため利根川を渡る。その際に舟渡りしたと記されており、長井からの出発であり、目的地が新田庄であるという地理的関係からも、舟渡りした場所は長井の渡であった。このように一六世紀初頭まで確実に長井の渡は渡河点であった。

一六世紀後半に、熊谷―太田間の渡河点は長井の渡から赤岩へと移動した模様である。永禄一〇年（一五六七）に北条氏政が佐野攻めを敢行する。この時期の下野国佐野は上杉謙信と北条氏の争奪の的となっており、両者がしばしば佐野攻めを行う。北条氏は佐野への行程を効率化することを企図したらしく、赤岩に舟橋を架けている[53]。

赤岩に架けられた舟橋が以後存続し続けたかどうか明らかではないが、天正一二・一三年（一五八四・一五八五）に同所に明らかに舟橋が存在したことが確認される。

川北其方領分赤岩・さかまき船越、河東在陣之間者、堅可被停止候、船橋以一ヶ所申付候間、早々奉行を被指越、在陣中者、船を引上而可被置候、仍如件、

己酉
正月十四日　（印文「禄寿応穏」）　安房守 奉之
長井新五郎殿[54]

天正一二年冬、北条氏は敵対した新田金山城の由良氏と館林城の長尾氏攻めを敢行し、両者を降伏させている。この史料はその直後の戦後処理に際して出された文書である。

この史料によれば、赤岩と対岸の酒巻（埼玉県行田市）の間が船で結ばれていたことが確認される。同時に赤岩には船橋が架かっており、当時は舟橋と渡船の併用の渡河点であったことが窺える。

またこの史料から赤岩の舟橋では、一定の制約下ではあるが舟橋の利用は軍勢のみではなく、日常的には渡船を利用する通行人も含んでいたことが読みとれる。

ところで詳細は次章で論ずるが、熊谷から太田を経て足利に至る鎌倉街道は中世後期にあっては関東の幹線道路であったと推測される。例えば、小山義政の乱の折り、足利氏満は高野の渡のルートを経ず、長井の渡を通る道筋を辿り、距離的には遠い道筋を選択している。[55]

また近世初頭の元和三年（一六一七）三月、家康の柩を日光に運ぶ行列は忍（埼玉県行田市）から館林を経て佐野（栃木県佐野市）に向かっている。利根川と渡良瀬川の渡河手段は舟であったことも記載されている。[56] 忍から館林に向かったのは、近世初頭のこの付近の拠点が新田金山城から館林城へと移ったためで、[57] これに伴って交通路の付け替えが行われていたと推測されるためである。従って高野の渡のルートを経ず、若干の変更はあるものの大きくは中世前期以来の長井の渡を通過する道筋に近い道を選択しているのである。

このように熊谷から太田を経て足利に至る鎌倉街道は中世後期の基幹道路であった。この街道の利根川を渡る地点が長井の渡であり、赤岩であったのである。この基幹道路の利根川の渡河方法が桁橋ではなく、渡船や舟橋であったことは注意を払っておきたい。中世の渡河のあり方を象徴的に示していると言えるのではなかろうか。

e　佐野の舟橋

高崎市佐野と山名を結ぶ地は、「万葉集」の歌枕の佐野舟橋の故地として著名な地であった。烏川を渡河する地点と推定され、上野国から武蔵国に至る古代東山道に関連する渡河点と思われる。この地点に古代以来舟橋が架けられていた[58]。中世には越後や信濃に向かう鎌倉街道がこの地点を通過している。

十一月五日には佐野舟橋にいたりぬ、藤原忠信をしるべとせり、彼所を見るに、西の方に一筋たいらなる岡あり、うへに白雲山ならびにあら舟御社のやま有、其北にあさまのたけ崔嵬たり、舟ばしはむかしの東西の岸とおぼしき間、田面はるかに平々たり、両岸に二所の長者ありしとなり、此あたりの老人出てむかしの跡をおしふるに、水もなくほそき江のかたち有て、二三尺ばかりなる石を打ちわたせり、かれたる原にみわたされて、そこともへる所なし、

　跡もなくむかしをつなく舟橋は
　たゝことのはのさのの冬原[59]

歌枕の地を尋ねた「北国紀行」の作者堯恵は、佐野の舟橋の地を訪れ、舟橋の架かる寂れた地をこのように描写している。中世においても烏川の渡河は舟橋によっていたことがうかがえる。

f　吾妻川の渡河

吾妻川が利根川と合流する直前に、南北に貫く街道があった。川を北に渡った断崖の上は、近世初頭まで続いた白井城（群馬県子持村）の地である。この吾妻川の渡河には舟橋が利用されていたことが「梅花無尽蔵」に見える。

同二十八日、喫角淵之晨炊赴白井、途中隔一村、馬上望拝上野之惣社、見黒髪山上野之日光山或号黒髪山、及五老峰上野之赤木山在五老峯、

枉路渡吾妻川、有危橋編舟為橋日目、歴観白井城中遂作四詩自角淵至白井凡六里程、[60]

万里集九は長享二年（一四八八）九月、武蔵国から北へ向かっており、鉢形（埼玉県寄居町）から白井迄の行程にあたる記事が引用の個所である。その中で吾妻川に架かる舟橋を渡っているのである。万里集九は舟橋を「危橋」と評しており、構造は「編舟為橋」と書きとどめている。

この集九の渡った舟橋は近年に至るまで架橋されており、白井城の城下町でもあった白井宿の南の入口にあたり、現在の吾妻橋に相当する。現地には舟橋の構造を示した解説板が掲げられている。

（2）渡河の実態

以上、関東平野内の管見の限りではあるが主要な渡河点を概観した。その結果、中世東国の渡河について次のようなことが言えるのではなかろうか。

まず第一に、桁橋による渡河は極めて少なく、存在したとしても一時的であったことである。

近年、中世の橋の研究が進み、橋のあり方が解明されつつある[61]。主に絵画史料に描かれた橋を分析する方法が採られ、構造的な分析が行われている。藤原良章は板橋など描かれた橋の簡略さに注目し、構造のしっかりした橋の存在に否定的な見解を持っている[62]。

桁橋の存在については確認された事例では相模川橋が注目される。しかしながらこの相模川橋も既に確認したように存続は恐らくは十数年であったと思われる。畿内では勢多の唐橋を筆頭に大河川にも桁橋は存在していたが、鎌倉に近くかつ東海道の重要な渡河点である相模川にあっても、勢多の唐橋のように中世を通じて常には架橋されていなかった。東国の大河川では桁橋が常に架橋されている事例は見られないということは言える。

次に、一般的な渡河は渡船に拠っていたことが注目される。利根川中流域より下流では圧倒的に渡船の事例は多い。

本章では文献史料に見える街道沿いについて確認してきたが、近世以降の渡船の事例を勘案すると史料で確認できない小規模な渡船場はまだあったと考えねばならない。

そして渡船による場合は大勢での渡河には向かず、比較的小規模な渡河に限定されていたと考えた方がよいと思われる。合戦の際に臨時的な舟橋が架けられたり、各所から舟が徴発されるのは、軍勢という大規模な集団による渡河が行われる必要があるからである。舟であるが故の限界である。

三番目は舟橋による渡河は比較的多かった可能性がある点である。関東平野内では中流域より上流及び河口に戦国時代を中心に確認できたが、天龍川では次のような事例がある。

六日壬午、霽、今暁、諸人乗替以下、御出以前進発、挿王覇之忠、不及狐疑、欲競渡天龍河之間、浮橋可破損歟、雖加制敢不拘之由、奉行人横地太郎兵衛尉長直等馳申、仍左京兆鶏鳴之程、出懸川宿、到于河辺、着座敷皮、雖不令発一言給、諸人成礼猶余、自然令静謐訖、将軍家御通之後、乗馬供奉云々、此河水俄落、供奉人所従等者、不能渡浮橋、無乗船沙汰、大半渡河、水僅及馬下原云々、酉刻入池田宿、(63)

天龍川を渡河するにあたり、舟橋が破損して困惑した様相が記載されている。結果として水量が落ちたので瀬渡りができたと記されているが、注目したいのは「無乗船沙汰」とし、渡船がなかったとしている点である。すなわち、天龍川では渡河手段は舟橋が主で瀬渡りがこれを補う関係になっていたことになる。

古代社会においては地方の官道の渡河手段は渡船と舟橋であり、(64)近世においても舟橋は有効な渡河手段であったことを踏まえるならば、(65)中世社会にあっても史料的には散見されるのみであるが、舟橋も比較的多く活用されており、重要な渡河手段であったと推定される。

注意しておきたい点として、瀬渡りが行われていた可能性がある点である。史料上は既に散見してきたが、戦時と平時を問わず瀬渡りは行われていた。しかし、瀬渡りはどこでも行われていたものではない。河床が浅い個所に限られ、さらに水量との関係もあり、瀬渡りの場所も限定されていたと考えねばならない。相論の対象となった御厩瀬や武田勝頼が渡ろうとした利根川橋瀬・田口之瀬は、「瀬」の語の使用からも瀬渡りの場所の具体例であろう[66]。地形的に考えれば利根川のような大河川においては中流及び下流では瀬渡りの可能性は低く、上流域しか該当地がないと思われる。すなわち中世東国における渡河の手段としては渡船と舟橋がまず考えられることになろう。

（3）渡河の季節性と陸上交通

中世東国の大河川の渡河は一般に渡船と舟橋によっていたのであり、桁橋は基本的に存在しなかったのである。なぜ桁橋は存在しなかったか。近年の洪水でも橋が流されている点を考慮すれば、融雪等による増水や洪水の際の水圧に堪えられるだけの架橋技術が確立されていなかったためと考えられる。水圧による破損、さらにはその修理に対応が万全でなかった点が桁橋を普及させなかった原因であろう。

しかし、渡船や舟橋による渡河も万全ではない。先に増水期に陸上交通が途絶するとしたが、このことはすなわち増水期には渡船は困難となり、舟橋は外されることを意味する。河川の水量は陸上交通も制約しているのである。また、渡船は先に述べたように大勢での渡河には向かないものである。従って陸上交通は自ずと大規模な集団での移動が制約されていたことになる。問題はどの程度の物流規模であるならば渡船による渡河ができるのかという点になろう。

河川水量の低下でも想定したが、上流での瀬渡りの制約が緩和される冬場は、渡河地点が増加することから陸上交通の活発化が予想されることになる。

すなわち陸上交通も季節性を帯びている可能性が高いのである。

3　渡河地点の性格

中世東国の渡河が季節性を帯びており、渡河方法が船渡りや舟橋によることを明らかにしてきた。これにより、各渡河点には渡河に関わる専従者が存在したことも明らかになったのではなかろうか。

例えば船渡りには船頭が存在する。『太平記』には「渡シ守リ」がいたことが明記されていた。橋についても、橋賃が課せられていた事例があることから、徴収のために作業者が存在したと推定される。とりわけ舟橋の場合、河川舟運の船が舟橋の地点を通過する際には、橋を外す必要が生まれる。この作業の専従者が存在したことが当然のことながら予想されるのである。

そして渡河地点に専従者や施設が存在することは、「橋賃」に代表される様々な徴収が発生したことを推測させる。渡船については船賃があったろうことはまず間違いないだろう。

このことは瀬についても想定可能である。先の御厩瀬の相論は事書で「御厩瀬弁船」となっていた。渡船のみが問題とされていたのではなく、瀬も相論の対象とされていた。瀬の場所が限定されていたのであることから、瀬を利用するに当たっても負担が生じた可能性は十分にある。それ故に相論が惹起したと読み取れる。従って瀬にも管理者が存在し、利用料を徴収したことが窺える。

とりわけ、舟橋については複雑な徴収が想定される。利用に当たっては「橋賃」が課せられたであろうが、加えて河川を航行する船にも何らかの徴収は発生していたと考えられる。舟橋は存在形態が河川交通にとっては障害物であり、就航に際しては舟橋を外す必要がある。実際に近代では船の通行時は舟橋の架け外しが行われていた。すなわち、架け外しに伴う作業料が徴収されていたことが想定されるのである。(67)

渡河点で各種の徴収が行われていたことを確認したとき、その徴収の性格が関銭とどのように関連するのかということが問題となろう。具体的に論ずることはできないが、渡河点と関所の関係は極めて密接であるということは言えるのではなかろうか(68)。

さて、このような渡河に関わる専従者の存在については従来は余り注意が払われることはなかった。しかし、井上鋭夫の「ワタリ」(69)は、あるいはこのような渡河に関わる専従者を指していたのではなかろうか。井上は「ワタリ」を河川交通に携わる者と想定した。そして、河川交通に従事し、広く活動する側面から、情報の伝達に関わり、一向一揆の基底を支える役割が想定されていた(70)。しかし、河川交通に従事していたと考えるのみでなく、「ワタリ」の音が「渡り」に通じると考えることに不自然さはないであろう。つまり、「ワタリ」の職掌のなかに渡河地点の専従者という側面があったと考えたい。先に引用した「とはずがたり」の一節に「きたなげなき男二人」「賤が言わざ」とあったのは、まさに「ワタリ」の身分的特徴に合致するものであろう。

戦国時代以前の事例においては、既に確認してきたように橋や渡船の上部権力として寺社権門が存在していた。また橋のもつ境界性については網野善彦が主張している(71)。そのような渡河地点の現場を支える専従者が「ワタリ」であるとした時、中世の渡河地点の性格がより明らかになるのではなかろうか。

小　結

中世東国の交通の限界はいかなるものであったか。このことについてアプローチするのが本章の課題であった。以下に論じた点をまとめておきたい。

①四月と八月を中心とした時期は河川の増水があり、陸上交通は水量の影響を蒙っていた。

②冬場は河川水量が減少し、瀬渡りが可能になる地点が増え、陸上交通は活発化していた可能性が高い。
③関東平野の河川水運において、安定的かつ長距離の就航が可能であるのは三月上旬・五月下旬・六・七月及び九月となる。
④関東平野の大河川では桁橋による渡河は極めて少なく、存在したとしても一時的であった。
⑤基本的な渡河手段は渡船と舟橋であった。
⑥各渡河点には渡河に関わる専従者がおり、様々な徴収を行っていた。彼等は「ワタリ」の側面を有していた。

概括すると中世東国の陸上交通及び河川舟運は季節性を帯びており、そのための限界があったということになる。推論の繰り返しで論証するに到っていない点も多々残すが、抽象的ながら中世東国の交通の限界は見通せたのではなかろうか。

この中世的な限界は近世以降の社会の中で克服されて行く。例えば河川の改修である。複数の河川を合流させかつ川浚いを行って川床の深化と水量の維持をはかり、河川舟運の距離を延ばし、より関東平野の奥まで舟を到達させ、通年の運航に近づける。中世的な限界は克服されていくのであろう。

しかし果たして近世社会で取り組まれた様々な施策は中世社会の中では全く行われていなかったのであろうか。季節性の規定条件は近世においても変わることはない(72)。本章は中世全般を通して把握することを意図したために、中世の中で季節性の限界に対していかなる改善策が採られたかという視点を有していなかった。今後、この点についてはあらためて考えていきたい。

注

（1）綿貫友子「『武蔵国品川湊船帳』をめぐって――中世関東における隔地間取引の一側面」（『史艸』第三〇号、一九八九）、

柘植信行「中世品川の信仰空間――東国における都市寺院の形成と展開」（『品川歴史館紀要』第六号、一九九一）ほか

（2）峰岸純夫「中世東国水運史研究の現状と問題点」（峰岸純夫・村井章介編『中世東国の物流と都市』〔山川出版社、一九九五〕。後、峰岸純夫『中世荘園公領制と流通』〔岩田書院、二〇〇九〕に所収）

（3）東国の河川舟運を強調するものとして、峰岸純夫「中世東国の水運について」（『国史学』第一四一号、一九九〇、岡野友彦「中世東国の水運と江戸の位置付け――家康はなぜ江戸を選んだのか」（『東京都江戸東京博物館研究報告』第二号、一九九七）などがあげられる。

（4）近年の重要な成果として柴田徹「関東地方主要河川流路と武蔵型板碑の流通1」（『松戸市立博物館紀要』第一五号、二〇〇九）をあげておきたい。

（5）文献史学の近年の成果としては、阿部浩一「戦国期東国の問屋と水陸交通」（『年報都市史研究』第四号、一九九六）、澤井優子「中世東国の地域社会における宿と道――鎌倉街道　周辺の宿の成立と背景」（『年報都市史研究』第五号、一九九七）、また考古学の成果としては、宮瀧交二ほか『堂山下遺跡』（財団法人埼玉県埋蔵文化財調査事業団、一九九一）、柴田龍司「鎌倉道と市――袖ヶ浦市山谷遺跡の成果から」（『研究連絡誌』第四一号、財団法人千葉県文化財センター、一九九四）ほかがある。

（6）佐々木銀弥「戦国大名の荷留について」（『中央大学文学部紀要』史学科　第三二号、一九八七、後に佐々木銀弥『日本中世の流通と対外関係』〔吉川弘文館、一九九四〕に所収）

（7）暦の変換に際しては、内田正男編著『日本暦日原典〔第四版〕』（雄山閣出版、一九九四）に拠った。

（8）『群馬県』二七六五

（9）『群馬県』二七七〇

（10）『群馬県』三五九五

（11）『群馬県』二八一四

（12）『群馬県』二一九四

(13)『群馬県』二〇八六
(14)『群馬県』一八八七
(15)『群馬県』二二五九
(16)旧稿では東京都昭島市の大神を想定したが、平塚市に改める。
(17)『群馬県』二三二二
(18)『静岡県三』三三三一
(19)『古河市』一四六九。なお、当該史料に関連する洪水の関連文書が『古河市』一四七〇にもある。
(20)前掲注(18)参照
(21)『群馬県』一九四六
(22)この橋を本章では相模川橋と仮称する。この相模川橋の架橋地点は必ずしも明らかではないが、橋脚の遺構が地震の折りに茅ヶ崎市で発見され、中世の相模川橋の橋脚として国指定史跡にされている。
(23)国史大系『吾妻鏡』建暦二年二月廿八日条
(24)『平塚市』記録二六八
(25)『平塚市』記録三七五
(26)承和二年（八三五）六月廿九日太政官符（『類従三代格十六』〔『平塚市』一〇〕）は、急流であるために渡船での渡河が困難であることから、鮎川（相模川）に浮橋（舟橋）を架けることを命じている。
(27)『平塚市』一三九
(28)『角川日本地名辞典一三　東京都』（一九七八年、角川書店）の「関戸の渡し」項に拠る。
(29)『群馬県』九八四
(30)前掲注(29)参照
(31)『北区』一一四

(32)『北区』一一三には、「岩淵関所」の記載が見られ、橋と関所の関連が注目される。
(33) 埼玉県『荒川　人文1——荒川総合調査報告書2』(一九八七、三一四頁) および『北区』一一四の解説。ただし両者とも根拠が明確ではない。
(34)『北区』軍記四(二)・九・一〇
(35)『北区』記録一五「とはずがたり」
(36)『埼玉県二』一六二〇
(37)『北区』四四〇
(38)『北区』四五六
(39)『北区』四六二
(40)『北区』四九八
(41)『北区』五〇九
(42)『北区』五二〇
(43)『北区』五二七
(44) 埼玉県『荒川　人文1——荒川総合調査報告書2』(一九八七、三一五頁)
(45) 旧稿では鎌倉街道下道が古利根川を渡河する地点の可能性を指摘したが、前号注の見解を是とし、訂正した。
(46)『埼玉県一』五四三
(47)『古河市』二一五
(48)『古河市』記録・戦記物類一五三三
(49)『埼玉県三』「『平家物語』巻第四　橋合戦」
(50)『栃木県二』小野寺文書一
(51) 遠山成一「中世房総水運史に関する一考察——舟戸・船津地名をめぐって」(『千葉城郭研究』第四号、一九九六) は「舟戸」「船津」地名を検出し、河川舟運の活発化を論じたものである。しかし、本章の立場からすれば、少なくとも「フナト」は「舟津」が転訛したものではなく、「舟渡」そのものであり、河川舟運の存在と解釈するには誤解があると考える。河川舟運の全面否定は素より意図するところではないが、河川交通の過剰な解釈は問題無しとしない。

(52)『群馬県』一八八七

(53)『群馬県』二四〇四

(54)『群馬県』三三五三、なお関連する史料が『群馬県』三三五四・『戦国』二七六九にある。

(55)『小山市史』二六九・二八五

(56)『東武実録』および『東照宮御鎮座記』(『大日本史料　第十二編之二十六　元和三年三月十五日条』)

(57)市村高男「関東における徳川領国の形成と上野支配の特質」(『群馬県史研究』第三〇号、一九九〇年)

(58)宗長「東路の津登」(『古河市』一五三四)や道興准后「廻国雑記」(『群馬県』一七八三)は佐野舟橋を栃木県佐野市に比定し、その地を訪れている。厳密にいうならば、佐野の舟橋の地については、群馬県高崎市佐野であるか栃木県佐野市であるか定説はない。戦国期にはすでに場所について混乱が生じているようである。本章は、中世の舟橋が確認される事例として高崎市佐野を取り上げた。

(59)『群馬県』一七八二

(60)『群馬県』一七六一

(61)小笠原好彦編『勢多の唐橋』(六興出版、一九九〇)、阿蘇品保夫「中世における橋の諸相と架橋」(熊本県立美術館『研究紀要』第七号、一九九五)、黒田日出男「絵画に中世の静岡を読む」(『静岡県史研究』第一四号、一九九七)、藤原良章「絵巻の中の橋」(『帝京大学山梨文化財研究所研究報告』第八集、一九九七)等

(62)板橋は架橋が簡単であり、補修も桁橋ほどではなかったと考えられる。水圧に抵抗することなく流されれば架け直すというスタイルの橋ではなかったろうか。しかし文献資料では確認できなかった。

(63)国史大系『吾妻鏡』暦仁元年(一二三八)二月六日条

(64) 前掲注(26)参照
(65) 例えば『和漢三才図会』
(66) 前掲注(11)および(44)参照
(67) 付言するならば舟橋と河川舟運の関係は恐らくは単純なものではないだろう。河川舟運及び舟橋ともに一定の水量があってこそ、存在が可能となる。河川舟運は一定の水量があってこそ就航が可能であり、舟橋は水位があることにより架橋が可能となる。したがって、両者は競合関係にあることになる。舟橋が実際に存在した場合、河川舟運にとっては障害物であると同時に経済的な負担を強いる存在であることから、河川舟運に対して制限を加える存在と見ることが可能なのである。逆に河川舟運側からみれば舟橋の存続を否定的にとらえる可能性があることも推定されるのである。渡河点の複雑な様相が予想されることになる。
(68) 前掲注(32)参照
(69) 井上鋭夫『一向一揆の研究』(吉川弘文館、一九六八、八三〜四頁)
(70) 前掲注(69)書および藤木久志『日本の歴史一五　織田・豊臣政権』(小学館、一九七五)
(71) 網野善彦『無縁・公界・楽』(平凡社、一九七八年)、「境界領域と国家」(『日本の社会史　第二巻　境界領域と交通』岩波書店、一九八七)
(72) 例えば、橋が設けられなかったことについては教科書的に「江戸の防衛のため」と語られているが、水圧と架橋技術を視角とした考察はない。

第二章　鎌倉街道上道と北関東

前章の考察を受け、本章以下では東国とりわけ関東平野の中で、主要道はどのように存在し、機能したのか考察する。その際のキーワードは鎌倉街道となろう。

ところで、東国固有の位置や役割を重視する観点から、峰岸純夫は利根川を挟んだ南北を二地域に分けた。分析の視点は領主の存在形態であり、北側を伝統的豪族層が盤踞するA地域、南側を中小国人層が一揆の結合形態で存在するB地域とした(1)。領主の存在形態という観点から地域を見通したのであるが、性格の相違を踏まえて関東平野内を区分し、地域的に歴史像を描くという先駆けをなした。研究史におけるこの影響は大きい(2)。

この二地域論に立ち戻って考えた時、なぜ利根川で二分されたのか、そしてこの二地域はどのように連結していたのかという問題が設定できると考える。基底的な条件の上に、峰岸の見る存在形態が相違する領主が生まれたのであろう。前章での渡河の条件は深く関連していることが予想されよう。

中世東国の交通を廻る研究は、近年、とみに成果をあげている。海運と河川水運の研究の隆盛に端を発し、考古学調査の進展に刺激を受けた陸上交通の研究が実に華やかである(3)。研究史の詳細はその成果に譲るが、とりわけ注意しておきたいことは、近年の「みち論」が考古学調査成果の影響を受けた都市論の延長線上に位置付くことである。この視角による研究成果は遺跡・都市という〝点〟を中心にして分析することに優れるが、地域間相互の視点を組み入れ難い状況を生みやすい。このような枠組みがあるように思える。そこで本章では、研究状況をさらに展開させることを意図し、道から地域社会を再構成するという視点で陸上交通の検討を行ってみることとしたい。

論を進めるにあたって、まず鎌倉街道を確認しておきたい。

そもそも鎌倉街道は鎌倉を中心に各地を結ぶ街道の総称とされている。その概念の是非については本書の序注(34)で述べたように本論では問わない。通説では、各地の御家人が鎌倉に参上するために整備されたという。大きくは上道《かみみち》・中道《なかみち》・下道《しもみち》があったとされている。上道は武蔵道と呼ばれ、武蔵府中・堀兼・笛吹峠・児玉を越えて上野国に至り、信濃国に向かう道である。おおよそは古代の東山道と平行している。下道は関東平野の東側を貫く道で、鎌倉から東京湾岸を北上し、浅草から松戸、そして常陸国方面へと至る道である。中道はこの中間に位置し、中野・王子・岩槻を経て、高野の渡を越え、古河・小山・宇都宮、そして陸奥国に至る奥大道に繋がる。

なお、鎌倉街道上道は埼玉県比企郡で分岐する。便宜的に上野・信濃国方面に向かう街道を鎌倉街道上道上野線、足利方面に向かう街道を鎌倉街道上道下野線と呼称したい。

現在理解されている鎌倉街道は道筋のおおよその経路であり、具体的な道路は確定されていない。考古学的に調査された遺跡もまだ数例にとどまる。近年では国庫補助金により各地で道の調査が行われており、鎌倉街道も追究されている。しかし、現代の高速道路のように、一本の大規模な街道として確認されることはない。場所によっては数本の道が平行して確認されることもある。おそらく鎌倉街道も中世の時間の中で付け替えがなされ、変遷を余儀なくされていたのであろう。その意味で遺跡に則して鎌倉街道を語ることは容易ではない。

鎌倉街道の難しさはそれだけではない。上道・中道・下道が中世において、それぞれ何時の時代に、どのように機能していたか。このことが明らかではないこともある。この点は第Ⅰ部本章以下の課題である。

中世の主要道に関連して、江田郁夫は文献資料中に見える「大道」を博捜し、下野国内の鎌倉街道を含む主要陸上交通を検討した[4]。その結果、主要幹線である奥大道は小山—薬師寺—児山（横田）—宇都宮—氏家—喜連川—福原—

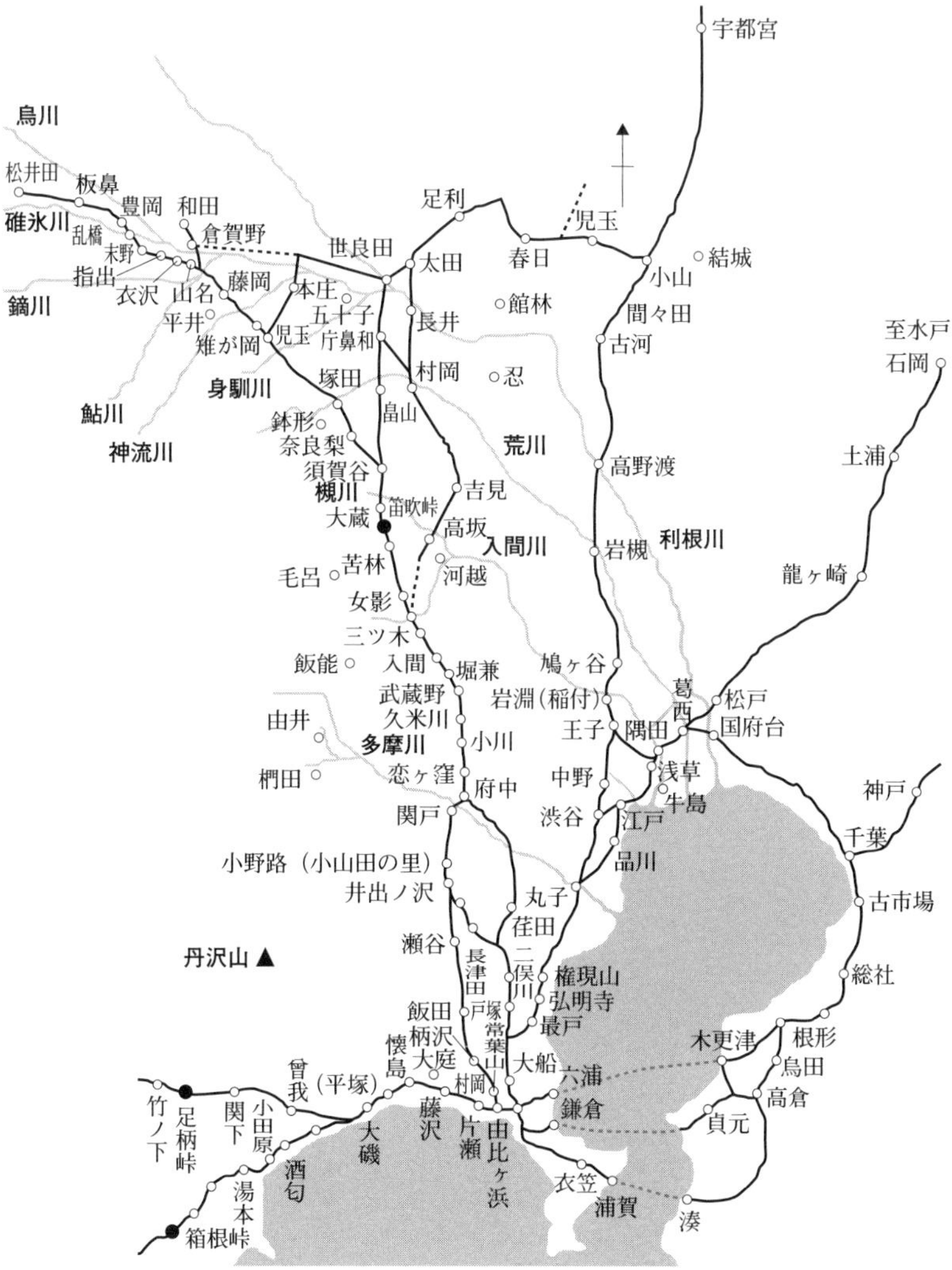
宇都宮
烏川
松井田
板鼻
豊岡
和田
碓氷川
乱橋
倉賀野
末野
指出
衣沢
山名
藤岡
鏑川
平井
雉が岡
児玉
本庄
世良田
足利
児玉
春日
小山
結城
太田
五十子
長井
館林
間々田
庁鼻和
古河
至水戸
石岡
村岡
忍
塚田
畠山
身馴川
鮎川
鉢形
奈良梨
荒川
神流川
須賀谷
高野渡
土浦
槻川
笛吹峠
吉見
大蔵
高坂
入間川
岩槻
利根川
苦林
河越
毛呂
龍ヶ崎
女影
三ツ木
飯能
入間
堀兼
鳩ヶ谷
武蔵野
岩淵（稲付）
葛西
松戸
久米川
王子
隅田
国府台
由井
多摩川
小川
浅草
中野
椚田
恋ヶ窪
府中
神戸
牛島
渋谷
江戸
関戸
千葉
品川
小野路（小山田の里）
井出ノ沢
丸子
古市場
荏田
瀬谷
丹沢山
長津田
二俣川
権現山
総社
弘明寺
飯田
戸塚
最戸
根形
柄沢
常葉山
木更津
懐島
大庭
大船
鳥田
曾我（平塚）
村岡
六浦
竹ノ下
足柄峠
関下
小田原
大磯
藤沢
片瀬
由比ヶ浜
鎌倉
高倉
貞元
酒匂
衣笠
湯本
浦賀
湊
箱根峠

図2-1　鎌倉街道要図

黒羽—芦野とし、支線的な大道として宇都宮—結城間に宇都宮大道、小山—足利間に小山大道が存在したことを指摘している。具体的に中世道を復元し、その機能を復元した江田の視点は明らかであり、異論はない。ただし鎌倉街道の視点から考えると、関東平野という地域のなかでは検討すべき余地があると考える。すなわち江田の考察は下野国内の分析が中心であり、その延長に奥羽と繋がる奥大道があるとする。そして鎌倉との接続については、通説に準拠し、「大まかに関東では鎌倉から現在の東京湾岸を北上し、伊古宇（東京都足立区）あたりから北へ武蔵・下野を経て、陸奥白河に至る」と図を示しつつ鎌倉街道中道との接続を説いた。この接続については課題を残すように思える。従って視野を関東平野に広げ、北関東という地域で再検討した際、江田大道論を発展的に継承でき、中世における関東平野街道の意義を再考できるのではなかろうか。

1　軍勢の往還

まずは中世北関東における通行実態を史料に探ってみたい。事例検討にあたっては、多勢である軍勢と少人数である旅人に分けて検討することとする。

（1）北畠顕家の上洛

【史料1】国魂行泰軍忠状(5)

陸奥国岩城郡国魂太郎兵衛尉行泰中合戦事、

一、去年十二月十三日、上野国富根河合戦致忠畢、

一、同十六日、武州安保原合戦抽軍忠者也、

一、同廿四日五日、鎌倉・飯島・椙本合戦、捨身命致忠畢、
（中略）
所詮自動乱最前至于今、抽忠節之条、大将軍御見知之上者、預御証判、為施弓箭面目、恐々言上如件、
延元三年（建武五年）三月日

建武四年（一三三七）八月一一日、奥州に拠点を構えていた北畠顕家は、結城宗広・伊達行朝・南部政長等の名だたる南朝方の武将を率いて上洛の途についた。総勢六〇〇〇〇余騎といわれる。九月には宇都宮に拠点を構え、北関東を固めていた。そのため下野国や常陸国・下総国では散発的に合戦が起こっている。北畠勢が本格的に動いたのは一一月に入ってからで、北朝方の拠点小山城に向けて進軍し、横田（栃木県宇都宮市）・毛原（栃木県宇都宮市茂原）で合戦になった(6)。この後、小山朝氏が生け捕りにされるなど激しい合戦があったと推定されるが、顚末ははっきりしない。しかし北畠勢は上洛の途につくので、小山城の足利方は敗北したのであろう。

合戦の経過から北畠顕家の軍勢は陸奥国から奥大道を通過して小山に至ったと考えられる。この後に鎌倉を目指すのであるから、古河から高野の渡を通過する鎌倉街道中道を選択することが最短の道となる。ところが北畠勢はこの道を通過しない。

【史料1】によれば、建武四年一二月一三日、北畠軍は上野国利根川で合戦する。具体的な場所はわからないが、上野国と記載されているのは重要で、上野国南東部の利根川端で合戦が起きたことがわかる。恐らくは渡河点をめぐる合戦であろう。三日後の一六日、武蔵国安保原で合戦となる。安保原は安保が埼玉県神川町・上里町に当たることから、この付近での合戦と思われる。従って北畠軍は群馬県伊勢崎市から高崎市あたりで利根川を渡河したと推測される(7)。その後、北畠勢は鎌倉に向かう。つまり、奥大道から鎌倉街道上道に乗り換えて鎌倉に向かったことがわかる。

（2）小山義政の乱

【史料2】烟田重幹軍忠状案[8]

目安

鹿嶋烟田刑部大（ママ）郎輔重幹申軍忠事、

右、為小山下野守義政対治御発向間、去六月十八日最前馳参、武蔵府中・村岡・天明、惣致在々所々宿直警固、属鹿嶋兵庫大夫幹重手、八月十二日大聖寺御陣取之合戦、随分致忠節、同廿九日義政屋敷西木戸口合戦之時、進先陣致至極合戦之処、家人小高根三郎左衛門尉・塙衛門二郎被疵事、無其隠者也、然者早賜御証判、為備後代亀鏡、目安言上如件、

康暦二年十月　日

承了、在判

【史料3】高麗師員軍忠状写[9]

着到　高麗兵衛三郎師員軍忠次第事、

右、小山下野守義政為御対治御進発之間、属当御手、去六月十八日馳参武州国府以来、於村岡・□（足）利・天明・岩船、其外在々所々御陣、致宿所警□（固）、同八月九日小山祇薗城北口、被召御陣之時、御敵出張之間、抽忠節追入城内畢、

（中略）

然早賜御証判、為備後証、恐々言上如件、

康暦二年十月　日

承了、（花押）

【史料4】塩谷行蓮着到状(10)

着到　武州白旗一揆

塩谷九郎入道行蓮申軍忠事、

右、為小山下野守義政御退治、上方御発向之間、去年四月廿六日馳参天明御陣以来、於岩船山・小玉塚・本沢河原取陣、同六月廿六日千町谷御合戦之時、致戦功、同八月十二日鷲城陣取之時、抽忠節、就中近壁戸張口夜番・築山以下重役令勤仕之、凡於在々所々警固上者、早賜御証判、為備亀鏡、着到如件、

永徳二年二月　日

(異筆)「承了(上杉朝宗)(花押)」

【史料5】烟田重幹着到状(11)

着到　常陸国

鹿嶋烟田刑部大輔重幹申軍忠事、

右、為小山下野守義政御対治御進発之間、去年永徳元年五月廿七日、令随逐鹿嶋兵庫大夫幹重、馳参児玉塚御陣以来、属于当御手、於在々所々宿直警固仕訖、

六月十二日、本沢河原日々合戦、同廿六日、千町谷合戦抽戦功畢、

七月十八日、中河原合戦、同廿九日、粟宮口日々夜々野臥合戦、子細同前、

(中略)

如此致忠節、至于義政出家若犬丸降参期、在陣越年之上者、早賜御証判、為備亀鏡、仍着到如件、

永徳二年二月　日

(異筆)「承了(木戸法季)(花押)」

【史料6】島津政忠軍忠状[12]

着到

島津左京亮政忠申軍忠事、

右、小山若犬丸為退治、御発向之間、六月五日羽田御陣、同十四日阿曽沼之御陣、同十六日古枝山御陣、同十八日御合戦、自身散々太刀打仕、七月二日古河御陣、同四月（日）赤塚御陣、同八日千太塚御陣、十日弓手節謝（射）貫畢、於右口、同十二日夜祇園城放落以後、宿直警固之上者、御証判給、為亀鏡備、恐々言上如件、

至徳四年八月　日

（異筆）「承候畢（花押）」

南北朝時代の後半、小山家当主の小山義政は鎌倉公方足利氏満に反旗を翻す。ことの発端は康暦二年（一三八〇）五月に宇都宮基綱を攻め滅ぼしたことであった。この報を受け、室町幕府の許可を得て足利氏満は関東各地に軍勢動員命令を出す。そして足利氏満自らが上杉憲方・上杉朝宗・木戸法季を率いて、翌月一五日に出陣する。【史料2・3】は第一次合戦である。[13]六月一八日に武蔵国府中（東京都府中市）が集合場所であったらしい。ここから、村岡（埼玉県熊谷市）・天明・岩船（栃木県岩船町）を経て、八月九日に小山祇園城北口に到達したとしている。足利氏満の軍勢は鎌倉街道中道を進まず、上道下野線をとおった。村岡から北上し、長井の渡（埼玉県熊谷市・群馬県太田市）付近で利根川を渡河し、ここから東に進んだということになる。そして合戦終了後、帰還する足利氏満は九月二九日に足利に至っている。[14]往路と同じ道での帰還ということになる。

【史料4・5】は第二次合戦時のものである。翌康暦三年二月、足方氏満の軍勢に従った下野国の塩谷行蓮は四月二六日に天明御陣に馳せ参じ、その後、岩船山・小玉塚（栃木県大平町西水代字小玉）を経て、六月一二日に本沢河原（栃木県小山市上泉字本沢、巴波川の河原）、六月二六日に千町谷御合戦（比定地不明。谷とあることから、思川

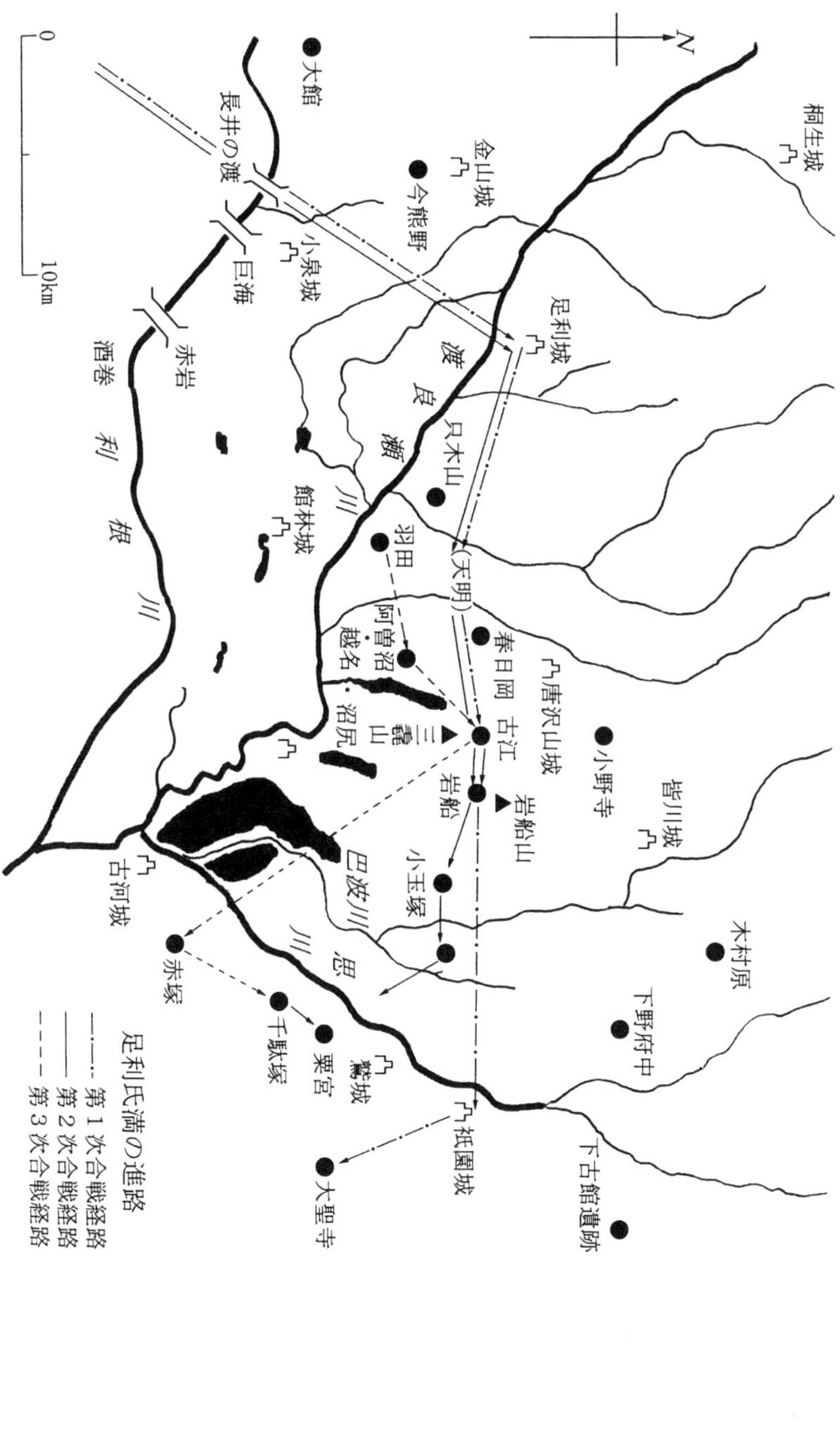

図2-2　小山義政の乱および北関東交通関係図

の渡河点であろうか）に至る。おおよそ現在の国道五〇号線に沿った道での行軍ということができる。この年も前年と同じ経路で進軍が行われたのである。

小山義政自害の後、遺児若犬丸が再度、至徳四年（一三八七）に挙兵する。第三次合戦である。この時の行軍路は【史料6】によると、武蔵府中を発した後、六月五日に羽田（栃木県佐野市上羽田町・下羽田町）、一四日に阿曽沼（栃木県佐野市浅沼町）、一六日に古江山（栃木県岩舟町古江）へと軍勢を進めている。一八日の合戦で足利軍は敗退した模様で、進路を南に変え、七月二日に古河（茨城県古河市）、四日に赤塚（栃木県野木町赤塚）、八日に千駄塚（栃木県小山市千駄塚）と鎌倉街道中道を北上している。部分的にしか確認できないが、行軍の大筋は前二回と同じ経路を通過していると考えてよかろう。

以上のように、三回の足利軍の経路は、鎌倉を発ち、武蔵府中を基点として鎌倉街道上道を通過し、埼玉県比企郡で分岐して村岡を通過して、長井の渡で利根川を渡河する。その後、新田庄、足利庄を経て、天明、岩船、小玉塚を通過して小山へと向かう。すなわち鎌倉街道上道下野線が選択されていたことがわかる。特に、初回の帰路も同じ経路であったことは、この選択が単に軍事作戦上の問題ではなかったことを意味してはいないだろうか。

（3）足利成氏と五十子の陣

次は享徳の乱時の事例である。北関東での領域確保のため、足利成氏と山内上杉氏が下野国から上野国東部で合戦を展開する。

【史料7】赤堀政綱軍忠状写(15)

（足利成氏）（花押影）

赤堀孫太郎政綱申軍忠事、

右、去享徳四年二月十七日夜、善信濃入道・同三河守庶子等在所悉焼落、同十八日亡父下野守（赤堀）時綱、武州村岡御陣馳参在陣仕、同三月三日古河へ供奉仕、同十四日一揆悉馳□御陣、□致御敵、於時綱相残御方、在々所々致宿直警固、同六月廿四日足利御陣御共仕、同七月九日至小山御陣供奉仕、同在陣、同十月十五日宇都宮御敵出張之間、小出下野守（小山下野守）同心へ、於木村原合戦仕、親類家人数輩蒙疵、同十七日小野寺へ馳越、令在陣、同十二月十一日只木山御敵没落候後者、薗田・足利所々令在陣、致宿直警固、翌年正月七日夜那波郡福嶋橋切落警固、御敵等数輩討捕畢、同正月廿四日殖木・赤石へ御敵出張之間、馳合致合致合（衍）戦、数輩討捕、同二月廿六日於深巣合戦、長尾兵庫頭（助）弁沼田上野守手へ懸合、下野守時綱・同孫三郎兄弟討死仕、其外親類家人数輩（後欠）

【史料8】松陰私語(16)

○　先年五十子張陣之上、小山下野守招越長（長尾）左衛門尉景信・子息景春・武州之守護同名景忠（長尾景忠）・武上之諸一揆以下、弁当陣引率五千余騎、①下野国児玉塚ニ張陣、東方ノ降人以下都合七千余騎張陣、数日之上兵談未定之陣塁也、然処佐野以下之面々招越而、公方之御勢於一戦之上、可致裏切内談治定之由巷説満岐、（中略）②其日者打越只木山天命ノ前後取陣、児玉塚ヘ注進、彼陣衆各得力者歟、③翌日春日岡ヘ打上而、児玉塚之招陣衆越処、其夜中佐野一党児玉陣ヲ引分而、天命之上之山佐野城ニ取籠、児玉陣衆為始、長尾左衛門尉父子、同長尾忠景五千騎計、④本海道ヲ直ニ只木山ヘ取除カル、諸将者其日後殿《シンガリ》也、当手者引分而、今朝致心替、佐野城際《キワ》ニ打寄而、数刻相扣見合而、悠々与取除ク、横瀬信濃守国繁其日之動《ハタラキ》、敵御方各褒美感動ス、⑤長尾景信以下足利庄勧農城中入馬、諸一揆皆以城外前後取陣、五十子諸将者金山麓今熊野山前後張陣、（中略）

⑥先年児玉塚退陣以後、公方足利庄ヘ御発向、供奉之御勢、常陸・上総・下総・安房・下野・結城・小山・那須・宇都宮・佐野・佐貫、都合八千余騎、大手・搦手争前後馳参上、⑦大手者当庄之中大館河原郷八幡河原、搦手者左（佐）貫庄岡山原、大手・搦手其間二十五里也、戦陣四方《ヨモ》ニ打廻而不及眼力ニ、野獣逃走而迷地、群鳥翔飛而倦《ウ》ム雲ニ、

加之烟塵乱而晝昏《クラク》、烽火上而夜光《ヨルヒカル》、寔闘諍堅固之堺也、陣塁之形勢者八陣払口鳥雲合ス天、目下ニ見之不知其限、⑧然所当方之金山一城為突岐魏然不動、可謂金城刀山与《ト》、城主者当家代々忠臣小野篁十有九代之後胤、横瀬前信濃守国繁・嫡子雅楽助成繁・其一門数百余人、傍輩等当方四天之仁等、伊丹・金井・沼尻・武正・岡部・田嶋・小野澤以下当家之門葉、新野出羽守・渋河能登守・綿打左近将監・西右馬助・田中民部少輔・高林入道以下、殊死一味之勇○(士)一千余楯籠、以人力不可被侵之、恐者悪神天魔モ不可出此右《ミギ》ヲ、如銀山鉄壁指固《カタメ》タリ、寔一夫当関、則万卒返ル者乎、⑨公方陣与五十子陣与其間十里也、但利根河隔之、関東無双之大河也、河水漫々而底深、白浪騰天而漲流、人馬之往復不輙、然処愚老因難黙思(恩カ)命、日夜忍渡テ水波之《ノ》嶮難ヲ、自五十陣下金山ヘ通用、○(令)告知諸将、帷幄中之籌、依之城衆之動弥以厳重也、⑩或朝懸或夜懸、或絶糧道、或打不虞、自遠国当陣下往復之勢衆夫雑人等討留、指塞陣下之通路、或伏草陣下之往復打之、或帯雲雨而陣中旅泊之武具・乗馬以下却取之、或此城衆之動七十余○(日)、雖大軍不遂一戦之功、⑪公方下野国足利庄被廻御旗旱、

享徳三年（一四五四）に関東管領上杉憲忠を殺害して鎌倉を離れ、後に下総国古河を拠点とする。古河を拠点とする以前に北関東で合戦が起きる。その合戦に従った赤堀政綱と足利成氏・上杉両軍の行動は先の北畠顕家・足利氏満の行動と比してとても興味深い。

【史料7】によれば、享徳四年（一四五五）六月二四日に足利御陣。七月二一日より小山に在陣。一〇月一五日に木村原（栃木県都賀町）にて宇都宮氏と合戦。同一七日より小野寺（栃木県岩舟町）に在陣。一二月一一日に只木山（栃木県佐野市）の敵が没落。それにより薗田御厨（群馬県太田市）・足利庄（栃木県足利市）に在陣。翌年正月七日に那波郡福嶋橋（群馬県玉村町）を切り落とし、同所を警固。以後利根川を挟んで合戦数度。概略であるが以上のような転戦を遂げていると赤堀政綱は報告している。

【史料7】と同じ地域で行われた文明三年（一四七一）の合戦の状況が【史料8】に見られる。(17)

まず先に陣を敷いたのは足利成氏方だった。「児玉塚」（栃木県大平町西水代）に陣を敷く（傍線部①）。「児玉塚」は先の小山義政の乱の際の【史料4】にも「小玉塚」として登場する。小山—足利間の要所であった[18]。これに対して、越後守護上杉房定・山内上杉房顕勢は只木山（足利市只木町）・天明を拠点とする（傍線部②）[19]。この時、上杉方の先陣は春日山（栃木県佐野市内城山公園）にまで達した（傍線部③）。両者は三毳山を挟んでの対陣となっていた。

対陣の中央である三毳山は小山—足利間の難所であった。東西に延びる街道に対して南北に開かれた屏風のように三毳山の山塊は聳える。北側の山裾は「古枝山」の語が【史料6】などに見えることから、古江（栃木県岩舟町）を通過していた。道は岩船から壬生へと続く。三毳山西側には南北に平行して越名沼が細長く広がる。沼からの河川はそのまま渡良瀬川に至っていた。南山麓を通過する街道は沼の南端の越名（栃木県佐野市）付近で川を渡り、都賀（栃木県藤岡町）に至る。もしくは越名沼北端から三毳山西側の山裾を迂回して、西浦町（栃木県佐野市）から山の鞍部を越え、大田和（栃木県藤岡町）に至る。この二本が三毳山の南側を通る道筋となる。二本の道は沼尻付近で合流し、東南に進むと藤岡を経て古河に至る。もしくは北上して三毳山の東側山麓を通り、古江を通過する北山麓の道と合流し、小山・壬生へと繋がる[20]。

その後、対陣は上杉勢の撤退（傍線部④）で、舞台を足利庄と新田庄へと変える（傍線部⑤・⑥）。撤退は【史料7】の一二月一一日に、足利庄への進陣は「薗田・足利所々令在陣、致宿直警固」に対応する。この時、長尾景信は足利庄勧農城（栃木県足利市勧農町）に入城し、山内上杉方は新田庄内金山城を拠点として（傍線部⑧）、諸一揆は金山城南の今熊野山に陣を敷いた。足利成氏方の大手は新田庄内大館河原郷八幡河原（群馬県尾島町の八幡神社付近か）に、搦手は佐貫庄（群馬県館林市）に大軍勢で布陣する（傍線部⑦）。対陣の中では厳しい交通路の遮断が行われている（傍線部⑩）。最終的に足利成氏は陣を開き、足利庄へと撤退していく（傍線部⑪）。

以上のように享徳四年の合戦は、【史料7】により木村原—小野寺—小玉塚・只木山—足利庄・新田庄金山—福嶋橋へ、および文明三年の合戦は小玉塚・春日岡・天明・只木山—足利庄勧農・新田庄金山城へと鎌倉街道上道下野線に沿って、戦地が西に移っていく。武蔵国・上野国を拠点にしていた山内上杉家が下野国を確保できず、上野国の東半分も失っていくという様相といえようか。

上野国東部と下野国南部を東西に横断する道に沿って押し引きするかのように先陣が動いていく。享徳四年の合戦の際はそのような戦況の中で上杉方の拠点は五十子（埼玉県本庄市）へと定まっていく。南関東を抑える上杉方にすれば、鎌倉街道中道を軸にして攻め入れば、関東平野の中央部を進むことになり、そして古河・小山を抑えれば北関東の喉元を把握できると推測できようが、その選択はしていない。大筋では鎌倉街道上道下野線の街道上を推移し、最終的には利根川を挟んでの対陣という構図になる。なぜ五十子と古河で対陣なのか。空間的な隔たりが理解を難しくするが、その両所の中間は課題としていた新田庄付近から小山までの地域ということになる。

2　旅人の往還

次に旅人の往還の事例を掲げたい。軍勢と旅人をわけたのは人数の多少による変化、および平時と戦時の相違を予想したためである。

(1)　塩谷朝業の帰郷

鎌倉御家人の塩谷朝業は一三世紀初頭の日記を残している。東海道の旅・善光寺詣でなど文化的な内容の濃い紀行文である。旅の中には鎌倉街道上道を通過していることが確認できる記述も含まれている。以下にその部分を掲げてみたい。

【史料9】『信生法師日記』[21]

武蔵野に下り居て、馬に草飼ふとて、

武蔵野の野をなつかしみ若草の草のゆかりに一夜寝ぬべし

堀兼の井を見侍るに、昔にも変わらぬなり。我が身ばかりあらずなりにたることも哀れにて、

昔のみ堀兼の井の思ひでてもと見しよりも濡るる袖かな

入間川の宿にて書き付け侍る。

家を出ててまことの道に入間川流るる水の心もとがな

（中略）

鎌倉にも、いつもとなう侍るべきやうもなければ、故郷の方へ修行し侍るに、武蔵野を過ぐるに、女郎花の見え侍れば、

武蔵野の野中に立てる女郎花妻これもれりと人や見るらむ

引用の（中略）より後半は、日記の終わり近くにあたり、鎌倉から故郷塩谷（栃木県矢板市）に帰る時の記載である。途中、「武蔵野」を通過している。同日記中では善光寺詣での際にも「武蔵野」を通過している。引用中では（中略）より前の部分である。その際には武蔵野の後に堀兼の井（埼玉県狭山市）と入間川の宿（同市）を通る。そのため、武蔵野は武蔵府中（東京都府中市）から久米川（東京都東村山市）の間と考えるのが妥当であろう。[22]とするならば後段の帰郷の際にも鎌倉街道上道を下っていることになる。ここから下野国塩谷に帰るには恐らく鎌倉街道上道下野線を通過したと考えることになる。随分と遠回りということになるのだが、なぜだろうか。

（2）『東路のつと』[23]

駿河国丸子に住居を定めていた連歌師宗長は、永正六年（一五〇九）七月一六日、白河の関を訪ねる旅にでる。東海道を相模国にはいった宗長は、藤沢（神奈川県藤沢市）から勝沼（東京都青梅市）を経て、鉢形（埼玉県寄居町）・長井の渡・新田庄岩松・足利・佐野・壬生・鹿沼と道を進める。帰路もおおよそ同じ道筋をたどり、宇都宮・壬生・大平・佐野・足利・新田庄を経て草津に立ち寄る。文人の風雅を訪ねての旅であるので、遠回りの道筋が選択されている可能性はあるが[24]、鎌倉街道上道下野線がまたも選択されているところは注目できよう。

3　利根川の渡河

南関東と上野国東南部・下野国を結ぶ街道は鎌倉街道上道下野線が、利根川を上野国東南部と武蔵国の間で渡河し、新田庄から岩船へと進む道が、頻繁に使われていたのである。東北自動車道やＪＲ宇都宮線を利用する現代的な感覚からすれば、いささか不思議に思える。しかし史料に見える使用頻度は確実にこの路線であった。そして小山へもこの道を利用し、小玉塚（栃木県大平町）を通過して至っていた。小玉塚は中泉庄の中心地、西水代にある。新田庄から小山に至る道は関東の重要幹線だった。したがって、鎌倉街道上道の村岡からの支線は、単なる支線程度ではなく、関東平野を南北に貫く大動脈ということになる。松陰が【史料8】傍線部④でこの街道を「本海道」と称したの極めて重要な記載であり、その呼称の背景にはこのような実態があったからではなかろうか。

このように上道の重要度が高まると、三本の鎌倉街道はそれぞれ同等の意義を持っていたのではなく、上野線・下野線の二本の道が合流する上道が非常に重要で、中道は副次的な意味ということになりそうである。

ではなぜこの経路が重要幹線であったのか。それは利根川の渡河点と関係する。【史料8】の傍線部⑨にも確認できるが、利根川のような河川の渡河は容易ではなかった。関東平野内の渡河については前章で論じたが、表2―1に関東平野内の大河川の渡河点を示しておいた。河川毎に渡河点とその比定地を掲げ、渡河方法を示した。文書の残存状況などの問題点があるためにすべてではないが、確実に存在するものを抽出したため、大きな傾向は示しているであろう。

利根川は比較的史料も多く、渡河点は多い。問題となるのは中道から上道に至る間の利根川の渡河点ということになる。

中道は利根川および荒川中流部を通過し、御厩瀬と高野の渡・古河の渡を渡河する。ただし、御厩瀬は瀬であり、歩いて渡れるほどの深さとなることから、さほど深くないだろう。つまり中道の難所は船でしか渡河できない高野の渡と古河の渡となる。

中間の巨海と赤岩・酒巻であるが、この二地点は戦国時代に北条氏が架橋した舟橋が基本的な渡河方法となるため、とりあえずは除外する。

長井の渡・中渡・堀口の渡瀬・福嶋橋・佐野の舟橋が鎌倉街道上道に関連する渡河点となる。このうち、長井の渡は上道下野線で最も著名な渡河点であり、北には金山城が立地する。また中渡は中瀬の渡（群馬県太田市・埼玉県深谷市間）にあたると考えられ、世良田宿とセットとなる。

これら渡河点では舟による渡河が基本的な渡河方法となるが、上流に向かうと橋や瀬も見えるようになる。橋は舟橋であろうと推測されるが、舟橋は構造上、両岸を綱で結ぶことになるため、川幅が広いことを嫌う。そして、瀬の存在は歩いて渡れる程度の深さを意味する。つまり、利根川の川幅が狭まり、深さもそれほど深くないということになる。より安全に渡河できる場所が長井の渡から佐野の舟橋に至る間ということになろう。また船による渡河は軍勢のような大軍の移動を嫌う。少人数しか運べない船による渡河は相当の準備をしない限り大勢を一斉に渡すことはで

表2-1　関東平野の中世渡河点

河川	渡河点	現在地	渡河方法			
相模川	相模川橋	神奈川県平塚市	船	橋	（舟橋）	
	当麻の渡	神奈川県相模原市	船			
鶴見川	鶴見橋	神奈川県横浜市		橋		
多摩川	関戸の渡	東京都府中市・多摩市				
	矢口の渡	東京都大田区	船			
隅田川	橋場・隅田の渡	東京都台東区・墨田区		（橋）	舟橋	
入間川	岩淵郷橋	東京都北区		橋		
	羽根蔵	さいたま市下大久保・富士見市上南畑・同下南畑	（船）	橋		
	上戸の渡	埼玉県川越市	（船）			
荒川	村岡の渡	埼玉県熊谷市	（船）	（橋）		
	御厩瀬	埼玉県春日部市	（船）			瀬
利根川	市川	千葉県市川市			舟橋	
	高野の渡	埼玉県杉戸町	（船）	橋		
	間口	埼玉県北埼玉郡大利根町	船		舟橋	
	古河の渡	茨城県古河市	船			
	長井（古戸）の渡	埼玉県妻沼町・群馬県太田市	船			
	赤岩・酒巻	群馬県千代田町・埼玉県行田市	船		舟橋	
	堀口渡瀬	群馬県伊勢崎市	船			瀬
	中渡	群馬県尾島町・埼玉県深谷市	（船）			
	福嶋橋	群馬県玉村		橋		（瀬）
	佐野の舟橋	群馬県高崎市			舟橋	
	橋瀬	群馬県前橋市				瀬
	田口之瀬	群馬県前橋市				瀬
	*瀬之案内者	（不明）				瀬
吾妻川	白井	群馬県子持村			舟橋	
鬼怒川	並木の渡	茨城県結城市	（船）			
	折立の渡	結城市・関城町	（船）			
	上瀬中沼	（不明）	（船）			（瀬）

注：（　）は推定.

きない。しばしば合戦で舟の調達が話題となっているのはこのことを示唆する。北畠顕家軍や足利氏満軍がわざわざ鎌倉街道上道下野線を選択したのはこの点にあったと考えられる。特に遠征軍の北畠軍は歩行による渡河を選択せざるを得ないため、安保原付近まで利根川を上っている。古河と五十子の関係が対陣であったのも、軍勢が利根川の右左岸を移動できる地点はまさに五十子の北の利根川端だったためであろう。つまりこの付近を軍事的に掌握することは関東平野の南北を押さえることに繋がることになる。五十子布陣の背景にはこのような自然条件があった。

しかし河川は増水することもあり、常に同じ川幅や深さではない。逆に瀬のみで渡船の運行ができないと、水深が深くなった時には渡れない場合もある。日常的な渡河にとっては船の渡河も重要であることは勿論である。瀬（もしくは舟橋）と渡船がセットである渡河点が、交通の上では重要ということになる。

このように考えると、先に問題とした利根川の新田庄付近（長井の渡）より上流の渡河点は、比較的安全性があり、かつ方法が多様で、季節変化にも対応可能な渡河地帯ということができる。他方、鎌倉街道中道の渡河点は船渡が基本である。したがって大勢の移動には向かない。加えて利根川のみではなく、渡良瀬川水系・思川水系による水量増加も影響する。川幅も広がり、水量増減の影響を受けやすい渡河点となる。相対的にはどちらの渡河点が政治的・経済的な理由で優れているか明らかであろう。つまり、渡河点の問題が根底にあり、村岡から下野国方面を結ぶ鎌倉街道上道は関東平野の重要幹線であった。そして同街道は江田が指摘するように東北地方を結んでいた。鎌倉街道上道下野線は東日本の陸上交通においては大動脈ということがいえよう。

以上のように考察すると、峰岸が明らかにした元弘三年（一三三三）五月の討幕蜂起の二段階説[(25)]についても一つの解釈が得られる。新田義貞は五月八日に生品神社で蜂起し、東山道を西進し、上野国中央部にある八幡庄から武蔵に進撃した。二段階目は四日後の五月一二日で、足利千寿王が世良田で蜂起し、南進して利根川を渡河して武蔵に進んだ。峰岸は二段階の蜂起が新田・足利両氏の連携作戦であったと説いている。

ではなぜ同時に蜂起しなかったのか。この点の解明は残されたままだった。その解答の一つは利根川渡河にあったのではなかろうか。峰岸によれば、新田義貞の軍勢は生品神社で一五〇騎、上野国西部の八幡庄では越後・甲斐・信濃の軍勢が合流して総勢五〇〇〇騎だったとする。これに対して足利千寿王勢は二〇〇騎だったという。桁の異なる二つの軍勢が新田庄に集まり、一斉に利根川を越えることは容易ではない。長井の渡付近は船による渡河が一般的であった。大勢の軍勢が渡河するには、先に北畠顕家軍がたどったように、現在の伊勢崎市付近より上流の瀬を歩行で渡らなければならなかった。ましてや季節は五月。融雪の増水はまだ残っていたのではなかろうか。討幕軍の主力である新田勢はより安全にかつ速やかに利根川を渡河できる場所を選択し、鎌倉街道上道上野線を制圧しながら進んだというのが実態ではなかったろうか。

小結

検討を通じて明らかにしたことは、鎌倉街道上道下野線が東日本の陸上交通においては大動脈であったこと[26]、そして、利根川の両岸をつなぐ中世渡河点は上野国東南部の利根川中流域であったということである。この渡河点の限定が鎌倉街道上道下野線と主とし、鎌倉街道中道を従という関係に規定したと考える。

東京湾に注いだ中世利根川という長い流路の中で、交通上の要衝は指摘したとおりの限定された場所であった。下野・上野両国を中心とした北関東と南関東とは極めて限られた地帯のみを窓口としただけであった。利根川の自然条件が北関東と南関東という地域性を生んだ基底にあると考える。本章が道を通じて得た地域性の基底条件である。

蛇足であるが、鎌倉街道上道下野線に関連して以下に二点だけ指摘しておきたい。

まずは鎌倉街道上道下野線の路線変更の可能性である。これについては下野府中が関連する。下野府中は小川信の研究に詳しい[27]。小川によれば下野府中は現在の栃木県栃木市田村町付近とする。この地点を府中とするならば、鎌倉街道上道下野線は古江から岩船山・大平山の南東山麓を進み、現在の栃木市を越えていたことになる。主として論じてきた鎌倉街道上道下野線、祇園城に至る国道五〇号線沿いよりも北を走っていたことになる。この点は明らかに小山氏の本拠地との関連であり、第Ⅲ部第一一章で詳しく論じる。

二点目は鎌倉街道中道の問題である。本章では陸上交通の機能面から、同道が副次的になると見通した。しかしこの点は鎌倉とを繋ぐ陸上交通での観点である。筆者は鎌倉街道中道は利根川及び常陸川水系との連結の視点が重要ではないかと考えている。その具体的様相を語る一事例は浅野晴樹が分析する在地産土堝の流通である[28]。浅野は関東の在地産土堝を上野・北武蔵と常陸に二分して考察する。下野国の在地産土堝については形状では上野の製品に比較的類似するが、常陸の製品と類似する点もあり、中間的な様相であると説いている。つまり上野方面からの影響を主として受けるが、常陸方面の影響も受けるとしている[29]。この影響を与える交通体系は何であろうか。上野方面からの影響は当然、鎌倉街道上道下野線である。常陸方面は何か。やはり常陸川水系の水運と考えねばならないのではなかろうか。

また時代は下るが、醍醐寺の堯雅僧正が天正四年（一五七六）に関東へ下向した。堯雅は七月に品川から栗橋まで船で行き、その後、水海（茨城県総和町）・古河（茨城県古河市）・山川（茨城県結城市）・宇都宮（栃木県宇都宮市）を訪れている[30]。水運で栗橋まで行き、その後に鎌倉街道中道に接続する。堯雅の交通は関東平野中央部における中世交通路の一般的な使い方ではなかろうか[31]。

すなわち鎌倉から古河に至るまでの鎌倉街道中道の区間は河川水運が中心的な役割を担っていたのではなかろうか。ゆえに鎌倉街道中道は鎌倉街道上道下野線に比して副次的な位置にあったとするべきなのであろう。この要因は何か。それはおそらく渡河点の確保が関係するというのが本章の主張となる[32]。

注

（1）峰岸純夫『中世の東国――地域と権力』（東京大学出版会、一九八九）

（2）近年、松本一夫は東国守護と鎌倉府の関係からこの地域論を検討し、修正を提唱している（松本一夫『東国守護の歴史的特質』岩田書院、二〇〇一）。

（3）峰岸純夫・村井章介編『中世東国の物流と都市』（山川出版社、一九九五）、藤原良章・村井章介編『中世のみちと物流』（同、一九九九）などが代表的な成果として掲げられる。

（4）江田郁夫「奥大道と下野――中世大道の特質について」（東北史学会『歴史』第九六輯、二〇〇一）

（5）『群馬県』七七九

（6）『小山市』一七八

（7）北畠顕家が小山から上野国・武蔵国を経て鎌倉に向かったことは、結城顕朝に宛てた御教書（『群馬県』七七六）でも確認できる。

（8）『藤岡町』二二

（9）『藤岡町』二四

（10）『藤岡町』二四

（11）『藤岡町』二五

（12）『小山市』三一七

（13）近年の天明については江田郁夫の研究がある（「中世の下野国安蘇郡天命について」〔『栃木県立文書館研究紀要』第四号、二〇〇〇〕）。しかし、研究史が指摘する天明宿は慶長期に行われた佐野城普請にともなう町割りによってできた天明町を指している傾向がある。考古学的には天明鋳物師にかかわる遺跡との峻別もされていない。史料の不足により中世天明宿の所在地の具体的な検討にはまだ至っていないと認識している。

（14）『小山市』二七一

(15)『群馬県』一六二一
(16)『群馬県』『松蔭私語』八一八〜八二〇頁
(17)年次は峰岸純夫「享徳の乱における城郭と陣所」(千葉城郭研究会編『城郭と中世の東国』高志書院、二〇〇五)の指摘による。
(18)「鎌倉大日記」貞治二年(一三六三)八月二六日条(『埼玉県三』八六一頁)に「野州夫玉宿」及び「桜雲記」同日条『東松山市』五六六)に「野州夫玉ノ宿」が見える。市村高男によれば、これらは小山の「天王宿」の誤写であるという(「下野国府中と守護所」(下野中世史研究会編『鷲城跡をめぐる諸問題』鷲城跡の保存をすすめる会、一九九〇))。誤写を認めるのであれば、「子玉宿」の可能性も生まれる。今後の検討が待たれる。
(19)(康正二年(一四五六)四月四日付足利成氏書状写(『群馬県』一六二八)には「一、天命只木山ニ数月令纏集敵軍等、塞要路」とある。
(20)この三毳山南山麓を通過した人物の一人に上杉謙信がいる。天正二年(一五七四)一一月二二日、上杉謙信は「佐野・藤岡之間、沼尻へ二二打着」と報じている(『藤岡町』八三)。この地で上杉謙信は小山秀綱と簗田晴助と相談し、小山に行くと決定している。状況は関宿城陥落の寸前であり、関宿に向かうならば、沼尻から藤岡方面の道を採る。関宿城をあきらめ次の拠点となる小山を固めるために軍勢を動かすならば沼尻から三毳山を東山麓を北上して岩船そして小山へという街道を選択する。その判断のために両者が参じているのであろう。結果は北の道であった。
(21)小学館日本古典文学全集四八『中世日記紀行集』
(22)武蔵野については、小野一之「中世『武蔵野』開発と歌枕の変貌」(『多摩のあゆみ』第九二号、一九九八)が詳しい。
(23)長文のため引用は避けるが、小学館日本古典文学全集四八『中世日記紀行集』を参考とした。
(24)鶴崎裕雄は宗長が勝沼の三田氏のもとを訪問したのは、禁裏御料上総国畔蒜庄の年貢催促交渉のためであったとする(鶴崎裕雄「連歌師」(『文学』二〇〇二年九・一〇月号))。
(25)峰岸純夫「元弘三年五月、上野国新田庄における二つの討幕蜂起」(『日本中世政治社会の研究』続群書類従完成会、一九

九一）

(26) 結論として、新田庄から足利庄を経て小山に至り奥大道に接続する道を、南関東から下野国方面に至る主たる街道と想定している。ただし、鎌倉街道上道下野線は岩船付近で分岐し、小山に向かう道とは別に栃木・壬生・宇都宮方面に続く道もある。この方面には「室の八島」（栃木市惣社町下野総社大神神社内に比定）という歌枕の地がある。また古代東山道との関連もより古くはこの道が主であった可能性もある。この点は後述する下野府中の問題とも兼ね合わせ課題としたい。

(27) 小川信『中世都市「府中」の展開』（思文閣史学叢書、二〇〇一）

(28) 浅野晴樹「東国における中世在地系土器について」（『国立歴史民俗博物館研究報告』第三一集、一九九一）

(29) その後、上高津貝塚ふるさと歴史の広場（『焼き物にみる中世の世界』展図録、一九九九）およびかみつけの里博物館（『鍋について考える』展図録、二〇〇〇）が分布域を図化している。両者とも古河市から小山市にかけて微妙な線引きを行っている。

(30) 『群馬県史』二〇八九

(31) 『廻国雑記』に見る道后にも水海から船で利根川を下っていた可能性が指摘できる。

(32) 従って、北関東を概観した時、交通体系の相違から上野・下野と連なる地域、そして常陸・下総から下野にかけての地域に二分されると考えている。

第三章　南関東の都市と道

鎌倉街道上道は関東平野を貫く重要幹線であった。北関東の事例から前章においてこのように分析した。このことを踏まえ、南関東において鎌倉街道上道はどのような位置にあったか。本章の第一の論点である。

南関東における街道の問題は、確かに鎌倉街道を議論の中心に据える必要がある。しかし鎌倉を結節点とする主要道は都市鎌倉が存在してこそ機能し得たはずであり、都市鎌倉が衰退した時、南関東の交通体系はどのようになったであろうか。変化を必然としたであろうか。それとも従前の交通体系を維持し得たであろうか。換言するならば、鎌倉幕府・鎌倉府・相模国守護扇谷上杉氏・戦国大名北条氏と権力が交代するなかで、主要道がどのように変遷するのか。中世における主要道の変遷はどのようであったか。第二の論点である。

本章ではこの二つの問題意識で南関東の主要道の意義と変遷を論じることを課題とする。まずは鎌倉街道上道の活用事例を検証してみたい。

1　鎌倉街道上道の政治性

(1)「宴曲抄」

中世の鎌倉街道上道の使用事例を確認するにあたり、その経路を「宴曲抄」(1)の「南無飛龍権現千手千眼日本第一大霊験善光寺修行」で確認してみたい。この史料は名称が示すとおり信濃国善光寺参詣に関わる史料で、鎌倉から善光寺までの行程を描いている。すでに多くの自治体史が触れているが、峰岸純夫が関東分についてはまとめて検討を加え、鎌倉期の鎌倉街道上道上野線の経路を示している(2)。峰岸の指摘する経路は表3－1および前章の図2－1のようである。表3－1は上から下に経路を示している。この表3－1の経路が鎌倉街道上道の経路として知られている(3)。ただし、史料の性格上、この街道は信濃に至る道を描き出しており、鎌倉街道上道のすべてではない。

表3-1　「宴曲抄」にみる鎌倉街道の地名

「宴曲抄」地名	比　定　地	
由井の浜	神奈川県	鎌倉市由比ヶ浜
常葉山		鎌倉市常葉
村岡		藤沢市宮前周辺
柄沢		藤沢市柄沢
飯田		横浜市戸塚区
井出の沢	東京都	町田市本町田
霞の関		多摩市関戸
恋ヶ窪		国分寺市恋ヶ窪
久米河		東村山市久米川
武蔵野	埼玉県	所沢市から入間市にかけて
入間		入間市周辺
堀兼		狭山市堀兼
三ツ木		狭山市三ツ木
入間川		狭山市内の入間川渡河点
苦林		毛呂山町苦林
大蔵		嵐山町大蔵
槻河		嵐山町内の都幾川渡河点
比企が原		嵐山町菅谷周辺
奈良梨		小川町奈良梨
荒河		寄居町内の荒川渡河点
身馴川・身馴の渡		別称，小山川
朝市の里		不明．八幡山か
児玉		児玉町児玉
雉が丘		児玉町八幡山
鏑川	群馬県	藤岡市内の鏑川の渡河点
山名		高崎市山名町
倉賀野		高崎市倉賀野町
衣沢		高崎市寺尾町内の衣沢川
末野		不明．高崎市寺尾付近
指出		高崎市石原町
豊岡		高崎市上・中・下豊岡町
乱橋		不明．碓氷川の渡河点
板鼻		安中市板鼻
松井田		安中市松井田

（2）倒幕軍の南下

鎌倉幕府を倒す新田義貞の軍勢は鎌倉街道上道を南下した。国指定重要文化財「元弘の板碑」（東京都東村山市徳蔵寺所蔵）はその事実を語る。

【史料1】種子不明板碑（国指定文化財「元弘の板碑」[4]）

飽間斉籐三郎藤原盛貞生年廿六
於武州府中五月十五日令討死、　勧進玖阿弥陀仏
（光明真言五行二三字）　元弘三年癸酉五月十五日敬白
同孫七行家廿三同死、飽間三郎
宗長卅五於相州村岡十八日討死、　執筆遍阿弥陀仏

新田勢の行路は『太平記』によれば、五月六日に新田庄生品神社、一一日に小手指原（埼玉県所沢市）での合戦、入間川の新田陣と久米河の幕府陣、一五日の分倍河原（東京都府中市）の合戦、堀兼（埼玉県狭山市）の新田陣、一六日の分倍河原・関戸（東京都多摩市）の合戦、村岡・藤沢・片瀬（以上、神奈川県藤沢市）・腰越・十間坂（以上、同鎌倉市）、と軍勢を進めて鎌倉に至っている。

（3）北畠顕家の上洛

前章1―（1）で検討した事例である。建武四年（一三三七）八月一一日、奥州に拠点を構えていた北畠顕家は、結城宗広・伊達行朝・南部政長の名だたる南朝方の武将を率いて上洛の途についた。総勢六〇〇〇余騎といわれる。建武四年一二月一六日、合戦の経過から北畠顕家の軍勢は陸奥国から奥大道を通過して小山に至ったと考えられる。

武蔵国安保原で合戦となる。安保原は安保が埼玉県神川町・上里町に当たることから、この付近での合戦と思われる。その後、北畠勢は鎌倉に向かう。つまり、鎌倉街道上道上野線を南下して、鎌倉に向かった。

（4）高師直の常陸攻め

小田城に拠点を置く北畠親房等の南朝勢を攻めるため、高師直は暦応二年（一三三九）八月頃に鎌倉を発つ。途中で軍勢を集めつつ、鎌倉街道上道を北上した。

【史料2】矢部定藤軍忠状写(5)

矢部八郎左衛門尉定藤軍忠之事

右、去年四月六日、自京都御下向之時御供仕畢、次常州御発向之時、同九月八日、馳参武州村岡宿、所々御陣御供仕、十月廿二日、馳向並木渡、同廿三日、越折立渡、追散凶徒、焼払在家、同駒館・野口之合戦之時、致軍忠之条、矢野弥次郎・大田民部見知了、次同廿五日当城御発向之時、越一堀橋致軍忠条、山河判官見知了、同廿六日夜、構向矢倉、廿七日夜、御敵打出堀口之間、走向追帰彼等於掘内之条、矢野彦九郎・賀楊五郎三郎見知了、次十一月七日、越内構矢倉軍忠之条、陳責簇（マヽ）一族見知了、同八日、高矢倉前付壁切破鹿垣之条、山河判官・結城一族等、同所合戦之内見知了、次廿九日夜、御敵打出堀口之間、惣領矢部左衛門尉相共捨身命（人脱カ）追帰彼等之条、為（以）御前合戦見知了、将又今年五月廿六日、為二番手分、付壁致合戦忠之条、矢野壱岐蔵見知了、次去年十月次来、当参当陣之間、攻口役所以下果（課）役勤仕之、然早賜御判為備後証、仍言上如件、

暦応三年五月日

「（花押影）」（証判）（高師冬）

矢野定藤は九月八日に「武州村岡宿」に馳せ参じたと軍忠状に記している。村岡は荒川の南岸で、鎌倉街道上道下野線の要所にあたる対岸は熊谷である。高師直軍は鎌倉街道上道下野線を通過して南朝方の拠点である常陸国の駒館

（下妻市）に向かったことになる。鎌倉からの経路を考えれば、かなりの迂回をしたことになる。

（5）武蔵野合戦と入間川御陣

観応の擾乱に際して、足利尊氏は関東に下向する。足利直義を毒殺した後、尊氏は関東の直義派を一掃すべく、武蔵国内を転戦する。正平七年（一三五二）閏二月一九日に矢口（東京都稲城市）、二〇日に人見原（同府中市）・金井原（同小金井市）へと鎌倉街道上道に沿って北上し、ここで新田義宗・上杉憲顕と交戦する。一度は石浜（東京都台東区）に逃れるが、二八日に小手指原・入間原（埼玉県所沢市）で仁木頼章が勝利し、高麗原（同日高市）、苦林宿（同毛呂山町）、笛吹峠（同鳩山町・嵐山町）と尊氏勢が追撃し、新田・上杉勢は越後国・信濃国へと没落した。鎌倉街道上道を舞台に戦況が次第に北上して推移していったことが『太平記』ほかの史料にうかがえる。

翌文和二年七月、足利基氏が鎌倉府に下向し、「入間川御陣」を構えた。薩埵山体制と呼ばれる新しい体制が確立する。尊氏派が主導する鎌倉府は北関東に勢力を張る直義派勢力に対抗する必要があった。そのための選地であったと考えられている。以後、貞治元年（一三六二）まで「入間川御所」と称して、鎌倉府の所在地となった。海津一朗は「入間川公方府」と呼ぶ(7)。この「入間川御所」の位置は鎌倉街道上道と関係したと考えられ、同街道の入間川渡河点の南側に位置していた。同所には烟田時幹・江戸房重代官ら関東各地から警固の武士が集まっている(8)。

（6）苦林野の合戦

貞治二年（一三六三）八月、上杉憲顕の復帰に反発した芳賀禅可は鎌倉街道を南下し、苦林野で足利基氏勢と合戦となった。戦場は鎌倉街道上道の苦林宿の付近であったと考えられる。この合戦で基氏は勝利し、そのまま鎌倉街道上道下野線を北上し、宇都宮氏綱も攻める(9)。ここでも鎌倉街道上道が主要舞台となっている。

（7）小山義政の乱

前章1―（2）で検討した事例である。

第一次の乱の際、康暦二年六月一八日に武蔵国府中（東京都府中市）が集合場所であったらしい。史料には「武蔵府中」(10)・「武州国府」(11)と記載がある。ここから、武蔵国北部の村岡（埼玉県熊谷市）ほか、天明・岩船（栃木県岩船町）を経由して、八月九日に小山祇園城北口に到達した。足利氏満の軍勢は鎌倉街道中道を進まず、上道下野線を通過している。

翌年に小山義政は再度挙兵し、第二次の小山義政の乱を起こす。この合戦は小山義政自害で終結するが、その後、遺児若犬丸が再度、至徳三年（一三八六）に挙兵する。第三次合戦である。この時は七月初旬に武蔵府中を発する。(12)翌四年の第三次の発向に際しては、六月五日に羽田（栃木県佐野市上羽田町・下羽田町）、一四日に阿曽沼（同佐野市浅沼町）、一六日に古江山（同岩舟町古江）へと軍を進めている。(13)

第二次合戦も上野・下野国付近では第一次・第三次とほぼ同様な経路を進んでいる。永徳二年二月、足利氏満の軍勢に従った下野国の塩谷行蓮は四月二六日に天明御陣に馳せ参じ、その後、岩船山・小玉塚（同大平町西水代字小玉）を経て、六月一二日に本沢河原（同小山市上泉字本沢、巴波川の河原）、六月二六日に千町谷御合戦（比定地不明。谷とあることから、思川の渡河点であろうか）に至る。おおよそ現在の国道五〇号線に沿った道での行軍ということができる。この年も前年と同じ経路で進軍が行われた。(14)このように考えると、第二次の乱に際しての天明以前の経路も、武蔵府中から鎌倉街道上道を進んだと思われる。

すなわち小山義政の乱に際して、三回にわたる足利軍の経路は、鎌倉を発ち、武蔵府中を基点として鎌倉街道上道を埼玉県比企郡から村岡・長井の渡・新田庄・足利庄方面へと向かう。前章でも指摘したが、初回の帰路が同じ経路を使用していたことは、この街道の選択が単に軍事作戦上の問題ではなかったことを意味している。そして、武蔵府中が起点となっていることは注目しておきたい。

(8) 大内義弘の乱

応永六年（一三九九）に勃発した大内義弘の乱に際して、鎌倉公方足利満兼は大内氏に与同する動きを示して、武蔵府中に出陣した。

【史料3】鎌倉大日記(15)

五月八日大内義広泉州打出、十二月廿一日、義広被討了、十一月廿一日満兼武州府中御発向、同足利庄関東御発向、翌年三月五日還御鎌倉、

関東における大内義広の乱にともなう動向を微妙に記す。概観としては鎌倉と下野国足利庄間の鎌倉街道上道を往復しただけである。このうち、わざわざ「武州府中御発向」と象徴的に記載していることは注意したい。

(9) 上杉禅秀の乱

関東管領山内上杉憲基は、禅秀の乱勃発に際して、一度は鎌倉を脱出する。その後、鎌倉を回復するべく、鎌倉街道上道を攻め上る。

【史料4】別府尾張入道代田村勝文着到状(16)

着到　武州北白旗一揆

別府尾張入道代田村四郎左衛門尉勝久申

右、去二日馳参廳鼻和御陣、同四日村岡御陣、同五日高坂御陣、同六日入間河御陣、同八日久米河御陣、同九日関戸御陣、同十日飯田御陣、同十一日鎌倉江令供奉、就中、至于上方還御之期、於在々所々御陣、致宿直警固上

者、下給御証判、為備向後亀鏡、粗言上如件、

応永廿四年正月　日

「承候了、（花押）」（証判）（上杉憲基）

【史料5】豊島範泰着到状(17)

着到

豊嶋三郎左衛門尉範泰申軍忠事、

右、去年十二月廿五日夜、於武州入間河、二階堂下総入道仁令同心、御敵伊与守追落畢、其以後、今年応永廿四　正月五日於瀬谷原合戦仁、散々太刀打仕、被乗馬切家人数輩被疵畢、同八日為大将御迎、馳参久米河御陣江、令供奉、到于鎌倉御入之期、致宿直警固上者、下給御証判於、為備向後亀鏡、恐々言上如件、

応永廿四年正月　日

「承候了、（花押）」（証判）（上杉憲基）

軍勢に従った武州北白旗一揆に属する別府尾張入道の代官田村勝久は、【史料4】に見えるように応永二四年正月二日に庁鼻和御陣（埼玉県深谷市）に馳せ参じ、四日は鎌倉街道上道下野線の要所である村岡御陣（同熊谷市）に、その後、下野線を鎌倉に向かって五日高坂御陣（同東松山市）、六日入間河御陣、八日久米河御陣、九日関戸御陣、一〇日飯田御陣と進み、一一日には鎌倉に入る。武蔵国内「入間河」・「瀬谷原」（神奈川県横浜市）と転戦していた豊島範泰も【史料5】に見えるように正月八日「久米河」でこの軍勢に合流しており、管領上杉憲基が鎌倉街道上道を南下しつつ、各地の軍勢を吸収していることが予想される。

（10）永享の乱

鎌倉公方足利持氏は上杉憲実討伐の軍を起こす。永享の乱である。この軍勢には筑波潤朝も従っている。

【史料6】筑波潤朝軍忠状写(18)

築波太夫潤朝謹申、亡父法眼玄朝并親類等軍忠次第事、

一、去永享十年七月廿四日、亡父玄朝罷出在所、同八月十五日、武州府中御発向、従府中属一色刑部少輔手、上州神奈川(神流川)在陣仕、

（中略）

一、享徳三年十一月廿八日、属惣領中務太輔手、当年仕従十二月廿八日今年正月廿一日武州立河之御合戦、翌日廿二日府中之御合戦仁涯分致忠節、家人数輩被疵訖、

（中略）

享徳四年

二月　　築波別当太夫潤朝謹状

進上　御奉行所

軍忠状には鎌倉公方足利持氏の「武蔵府中御発向」に赴いていること、鎌倉街道上道上野線を下り、上武国境の神流川に赴いたことが確認できる。

(11) 享徳の乱

鎌倉公方足利成氏と管領上杉氏の対立が頂点を迎え、享徳の乱が勃発する。これにより足利成氏は本拠地を下総国古河に移し、合戦場は主に北関東となるが、緒戦においては南関東での合戦があった。先の【史料6】では筑波潤朝が軍忠を申告し、立川および武蔵府中近辺での合戦を語っている。

【史料7】足利成氏書状写(19)

（享徳四年（一四五五））
同正月廿一日・翌日廿二日、上杉右馬助入道・同名太夫三郎弁長尾左衛門入道等、上州・武州一揆以下同類輩、引率数万騎武州国府辺競来間、於高幡分陪河原、両日数箇度交兵刃、終日攻戦、為始上椙両人討取数人候、至于今残党者、束手令降参候了、

この時の合戦について足利成氏はこのように状況を活写している。とりわけ、「武州国府辺競来」という表現は、合戦に際して武蔵府中が重要な地であったことを語ってはいないだろうか。

その後、足利成氏は鎌倉街道上道を下り、「村岡御陣」（埼玉県熊谷市）で軍勢を調え(20)、利根川を渡河する。享徳の乱においても鎌倉街道上道が舞台となっているのである。

以上のように鎌倉府期を中心に鎌倉街道上道を概観してきたが、いくつかの点が指摘できるのではなかろうか。まずは鎌倉街道上道が常に政治的舞台となっていたことである。あらゆる政治的局面で鎌倉街道上道で合戦が行われ、かつあたかもパレードのように軍勢が進んだ。この街道をどの程度まで制圧することができたか、このことは事態の帰趨にかかっていたのであろう。ゆえに何時も同街道が政治的・軍事的な舞台となったのではなかろうか。

山田邦明は鎌倉街道の府中・久米河・入間河・高坂・村岡について、「確証はないが、府中・村岡といった重要な軍事拠点には、常時から陣所としての一定の設備がなされていたのではないかと思われる」と指摘している(21)。鎌倉街道上道の政治性を主張する本章と問題意識を共有している。

そして、今一点注目したいのは、武蔵府中の政治的位置である。同所がたびたび鎌倉公方発向の起点になっていた。小山義政の乱・大内義弘の乱・享徳の乱の際に、武蔵府中が起点となっていた。さらに次の事例を付け加えれば、平一揆の乱に際しても武蔵府中は重要な位置にあったことが確認できる。

【史料8】南部法言軍忠状写(22)

南部右馬助入道法言申軍忠事、

右、為凶徒退治、去六月十五日自甲州御発向之間、属御手、同十九日馳参武蔵苻中畢、同廿九日令発向当国牛島之処、御敵等令退参之間、帰参苻中御在所畢、後六月廿五日令供奉足利、同八月五日宇都宮御発向之間、令御共在々所々御陣、同九月六日於石井城之合戦致忠節畢、其子細直御見知之上、賜御証判、向後為備□《（亀）》鏡、恐々言上如件、

応安元年十月　日

「承了《（証判）》、（花押）《（武田信成カ）》」

この史料では明らかに武蔵府中が鎌倉公方の拠点で、出陣・帰陣の基点になっている。同様な状況は市河文書[23]にも窺える。

加えて、「鎌倉年中行事」[24]では、「一、公方様御発向ノ事」として、鎌倉・鼬河（神奈川県横浜市）に続いて、「武州府中高安寺へ御着陣ノ時、又御具足ヲ召ル」という儀礼を掲げている。武蔵府中が鎌倉府の軍事的な基地とでも言い得るような場であり、この地に鎌倉公方が陣することは権威の誇示の意味があったと考えられる。

武蔵府中は鎌倉街道上道の一地点であり、ここから道を下った事例が多いこと、そして儀礼の存在を踏まえた時、鎌倉街道上道の政治的な意味の大きさはあらためて確認できるのではなかろうか[25]。

しかし、この武蔵府中の優位性は享徳の乱を境に急激に減じていく。小野一之は「いわば『最後の分倍河原合戦』が起きた享徳四年・康正元年（一四五五）という年は、国府・府中の機能とこれを一部継承した室町期の守護所機能が停止し、都市『府中』の政治的・軍事的優越性が幕を閉じるメルクマールの年代として考えてもいいのではないか」と指摘し、これ以降の多摩地域における政治的・軍事的な機能は移転すると主張している[26]。とするならば、鎌倉街道上道の重要性も減じたと考えるべきと思われるが、果たしてどのようになったのか。この点が次の課題である。

2　扇谷上杉氏と南関東

享徳の乱以降、関東平野内の基幹陸上交通路はどのようになったのか。この点を解明するために政治的拠点を確認することを手始めとしたい。政治的拠点を確認することにより、当時の主要道を復原することが可能になると予想するためである。時期は伊勢宗瑞以前とし、扇谷上杉氏段階を中心とした。北条領国段階では上杉段階と異なった交通体系が存在すると予想されるために時期を区切った。鎌倉街道が機能していたかどうかを再確認しつつ、以下で相模国（西郡・三浦半島を除く）・武蔵国を概観する。(27)

(1)　相模国

①糟屋（神奈川県伊勢原市）

扇谷上杉氏の本拠として名高い地が糟屋である。そして扇谷上杉氏は相模国守護であるとされることから、糟屋は相模府中に位置づけられる地でもある。(28)しかし、扇谷上杉氏がいつ頃から糟屋に権益を持つようになったかは不明である。(29)

扇谷上杉氏の相模国守護は、文安四年（一四四七）四月に徴証が確認される。それに先立つ永享の乱の功績により、修理大夫に任官したとされ、守護職補任が可能な「大名」になったと指摘されている。(30)従って扇谷上杉氏の相模守護補任は永享一一年（一四三九）二月から文安四年四月の間となる。(31)府中として評価できるのもこの時期からということになろう。

糟屋では当該期に関わる発掘調査も実施されている。現在、産業能率大学校地である御伊勢森遺跡（産業能率大学一九七九）では大溝・掘立柱建物跡などを検出し、青磁・白磁などが出土している。常滑窯の捏鉢（口縁部）が四片出土[32]しており、年代的に興味深い。報告書では「居館の中心部は、今次の調査をへた台地西部ではなく、むしろ生活地としてより適した未調査の東部地区ではなかったかとも考えられる」とまとめている。また近年ではこの遺跡がある上糟屋ではなく、丸山城付近の下糟屋を守護所の比定地とする見解も現れている。しかしながら相模国府中糟屋が理解できる状況にはまだなく、今後の進展が期待される。

そして糟屋の終見であるが、この点について従来は明確な議論がなかった。太田道灌暗殺がこの地であることから、文明年間までは存続していると考えられているが、それ以前に相模府中ではなくなっていた可能性も残る。

【史料9】足利成氏書状写[33]

去月廿日夜移居江島候、翌日廿一日為長尾・太田出張、引率多勢、寄来腰越浦、致合戦之間、小山下野守(持政)家人数輩令討死候、其後彼等出由比浦江候処仁、千葉新助(胤将)・小田讃岐守(持家)・宇都宮(等綱)以下為御方、数刻攻戦間、凶徒等被打散、相州糟屋江引退、致合戦張行候、長棟舎弟道悦僧、為無異計略、自駿州罷越、執申降参訴訟候間、以寛宥之儀、父子共令優免旨、申付候処、参上令難渋、結局七澤山仁構要害之由、其聞候、

ここでは鎌倉から糟屋に長尾・太田軍が撤退した状況が描かれている。その後、長尾・太田軍は七沢山に要害を築いた。平野部の糟屋での交戦を避け、山間部の七沢に拠点を設けたことが位置関係から読みとれる。後述するように、その後、七沢は拠点となっている。

この時に糟屋の拠点が残されたどうかが問題となるが、明確にならない。しかし、相模府中糟屋を示す史料が見当たらないことから、移転されたかもしくは徐々に七沢に拠点が移されていったと推測される。

②七沢（神奈川県厚木市）

七沢は糟屋の北方の谷間に所在する。七沢を通る道は宮ケ瀬から津久井方面に至る。甲斐国から相模国に至る道で、

平野部に達する直前に位置している。

先の【史料9】を初見として、扇谷上杉氏の拠点として七沢が見える。長享二年（一四八八）二月、同年六月一日の上杉房定常泰書状(34)に、「先度於七沢要害、度々合戦被得勝利、剰彼城没落」とあり、山内上杉氏に攻められ陥落した。

次の系図にも七沢と関わる上杉氏の記述がある。

【史料10】上杉系図(35)

――朝昌 刑部少輔 三浦時高養子、相州七沢居住、号玄東日永、初随応院
　　├果永 建長寺伝灯庵普用弟子
　　├朝寧 七郎 法名浄安 ――― 憲勝 七沢七郎 実朝寧弟、松山籠城人也、
　　└女史 憲房室

系図中、朝昌は上杉持朝の子で、上杉定正の弟にあたる。割注に「三浦時高養子」とあるのは、兄高救との混乱であろう。その記述に続いて「相州七沢居住」と記載されている。上杉朝昌が七沢を拠点にしていたことになる。また憲勝について、「松山籠城人也」とあるのは太田資武状(36)に記載がある天文四年（一五三五）の「扇谷管領之舎弟七沢七郎、奥州辺ニ流牢候を尋出引取、彼七郎を取立、岩付ヨリよき者弐百騎付、松山之城主ニ仕候処」に対応する。既に七沢に居住していないにも拘わらず、系図・太田資武状ともに七沢の名字を使用する。この系統と七沢が関係深いことを推測せしめる。仮に朝昌を祖とする系統を七沢上杉氏と呼びたい。

七沢では七沢城と関連する七沢神出遺跡が調査されている(37)。およそ一〇〇〇㎡の調査であったが、文献資料が語る年代とほぼ同じ時期の遺物や火災を被った建物を含む三棟の掘立柱建物跡を検出しており、考古学的に扇谷上杉氏の拠点七沢の一断面を確認している。

扇谷上杉氏が七沢に拠点を設定したのは、享徳の乱を目前にした政治的危機状態の中で、より要害地を選んだ結果と推定される。そして糟屋が文書に見られなくなることを勘案すると、七沢は最終的には糟屋の機能を吸収・継承し、

相模国中郡の拠点となったと思われる。長く評価して、宝徳二年（一四五〇）四〜五月以降、長享二年二月に至るまでの扇谷上杉氏の相模国における拠点は七沢であったことは間違いなかろう。

③大庭（神奈川県藤沢市）

扇谷上杉氏の相模国東郡の拠点と考えられるのが大庭城である。築城の起源は明らかでないが、機能していた時期については次の史料が示唆する。

【史料11】「玉隠和尚語録」(38)

今見在之三子、一人吾道砥砝、曾居正覚場、清泉茂樹、不亦盛乎、若如来以慈悲普済群品也、一人分派脉、支他大拄、珠還合浦、剣去呉都、虎負子而過江、鳳呈祥而入境、珠剣本属於無情、猶能感知恩、況於人乎、一人大庭堅其塁、大庭氏館、此去不遠、

この史料を解釈した湯山学は、三人の子を建長寺一六五世叔彭梵寿・三浦高救・上杉朝昌とし、大庭城主を朝昌とした(39)。この「玉隠和尚語録」は上杉持朝の三十三回忌仏事のものであり、年次は明応八年（一四九九）となる。七沢陥落後の史料となり、七沢についての記載がないのは必然である。従って、七沢陥落後、七沢上杉朝昌は大庭城を拠点としていたことになる。相模国における扇谷上杉氏の重要拠点の一つとして大庭城が確認される。

また年未詳とされている称名寺造方同陣勘定状(40)に、「五十文　大庭御陣へ路銭」という文言がある。本史料には「力石方」・「尻高方」の山内上杉氏家臣の名前、「一貫伍百文　制札礼以下　自三浦殿御動」・「百三十文　三浦殿へ茶」などと三浦氏の軍事活動や制札発給に関する記載、さらには「越後衆刷」・「越後衆立苻」という越後上杉氏の軍勢を示す文言の記載がある。これらから三浦氏・越後上杉氏の軍事活動が見え、制札を手配することから南関東で合戦が行われたことがうかがえる。さらに「造方同陣之勘定状　宗義」という端裏書がある。この宗義については永正二年（一五〇五）七月　日付の称名寺用途勘定状(41)に「宗義（花押）」の署名を見ることができる。したがって、本文

書は永正元年から同二年にかけて行われた越後上杉氏の軍事行動に関連して作成された、称名寺の収支決算と推測される。この年代から考えて、「大庭御陣」とは大庭城を指すことは間違いなかろう。

永正八年（一五一一）から一三年（一五一六）にかけて、伊勢宗瑞は三浦半島先端の三浦城を攻め、落城させる(42)。ところがこの間に大庭城が活動した形跡はない。この三浦城攻めの段階では既に機能を停止していた可能性が高い。

大庭城では昭和四三年（一九六八）二月以降、数度の発掘調査が実施されている。そのうち、昭和四三年に第一次と第二次の調査概要が公刊されている(43)。概要ゆえに情報は詳細ではないが、一面の遺構面に掘立柱建物ほかを確認している。掘立柱建物は桁行八間×梁行四間と桁行四間×梁行二間の二棟を検出している。隣接するものの軸及び間尺が異なることから時期差があろう。またⅠ郭とⅡ郭間の空堀も調査されている。掘り直しがあるようで、少なくとも二期認められる。遺物の出土量は多くはなく、かつ文献資料から想定する年代よりも古い遺物となる古瀬戸中期瓶子片（菊花文）と青磁(44)ほか、古瀬戸後期腰折皿かと思われる破片が報告されている。

大庭城は南北に連なる台地を選地し、南端を主郭としている。従来は北に向かい長い堀切を数本普請する構造と考えられていた(45)。報告書所載の空中写真（公園化以前）および城址平面図（大庭城測量図）を観察すると、主郭に向かって台地の中央を南北に走る道が確認される。また発掘調査によるとこの道に平行となる横堀も検出されている。この状況を踏まえれば、従来予想した構造とは異なり、大庭城は根城（青森県八戸市）に類似する群郭の構造であったと思われる。求心的な縄張り構造をとらず、群郭の構造をとる城館であるならば、年代的に北条氏以前の可能性が高くなる。

七沢と大庭の両地を七沢上杉氏が掌握していた点、および扇谷上杉氏が武蔵にあって古河公方家および山内上杉家と対峙していた実態を踏まえれば、七沢上杉氏が相模国中郡と東郡を抑え、相模国支配の実質を委ねられていた様相が浮かび上がって来る。当初の本拠は系図に記されていたことを重視して、相模国七沢であった。しかし長享二年二月に七沢が陥落し、それ以後に拠点を大庭に移すことになった。このように考えると大庭は相模国西郡・中郡に対する防衛拠点としての意味が強かったであろう[46]。一五世紀末段階での山内上杉氏、一六世紀初頭段階での北条氏という敵対関係が影響していた。

④実（真）田（神奈川県平塚市）

相模国中郡にあって、扇谷上杉氏の重臣上田氏が拠点としていた地が実田である[47]。明応五年（一四九六）七月、山内上杉顕定は相模国西部に大規模な侵攻を行う。これにより扇谷上杉氏の西郡における拠点である小田原城が「自落」し、「西郡一変」となる。さらに山内上杉軍は「至于東郡、上田左衛門尉要害実田進陣処」と扇谷上杉氏の中郡における拠点である「実田要害」を包囲している[48]。「実田要害」には上田正忠が詰めていた。同要害は永正元年（一五〇四）一二月二六日に、山内上杉氏を支援する越後国守護代長尾能景に攻められており、この際に落城した[49]。

実田と上田氏の関係は文明年間にまで遡り、『本土寺過去帳』には文明一八年（一四八六）六月一八日に「上田行尊霊相州サナタニテ」没するという記事を載せている[50]。したがって、ある程度の年代幅を持つ拠点をいうことが言えよう。

一五世紀末から一六世紀初頭にかけて実田城は扇谷上杉家重臣の上田氏の拠点だった。しかし、山内上杉氏が実田を標的にしていた明応～永正期に相模府中である糟屋・七沢は記録に現れない。実田と両地はほど近い。実田に拠点を持つことは、相模国守護代という地位と関連があるのかもしれない。

⑤岡崎（神奈川県平塚市・伊勢原市）

三浦氏が関連する地で、伊勢宗瑞に標的とされた地で、相模国中郡に所在する[51]。岡崎が確認されるのは、永正九年（一五一二）八月一二日、扇谷上杉氏に敵対した伊勢宗瑞が岡崎城を攻めた記事となる[52]。この後、城主三浦道寸は三浦半島に退却する。[53] これにより相模中郡は北条領国に編入される。

以上のように相模国内を確認したが、中郡の拠点の変遷が激しい。糟屋・七沢・実田・岡崎と比較的近い空間の中で頻繁に中心地が移っていることが確認できる。所領の変遷や対外的な関係が背後にあることは明らかであるが、鎌倉街道上道との関連で見た際、同街道を意識しない地点に拠点が設定されていることに気づく。そしてこれらの地点には足柄峠からの矢倉沢往還が近くを通過しており、同街道との関連が問題とされることになる。

また東郡の大庭城については東西方向の交通を意識していることを指摘した。

従って、扇谷上杉氏の相模国領国では鎌倉街道上道を基本としない、異なった交通体系が構築されていたことを予想させる。

(2) 武蔵国

①権現山（神奈川県横浜市）

永正七年（一五一〇）、上田蔵人入道は、伊勢宗瑞の誘いに乗り、扇谷上杉氏を見限って、権現山城で蜂起する。[54] 上田氏は実田の上田氏と同族と考えられており、扇谷上杉家では重きを置かれた人物と思われる。地理的にも権現山城は江戸城の南を固める位置であり、扇谷上杉氏の重要拠点であったと推測される。[55]

権現山城の立地は江戸時代の東海道も面しており、江戸と大庭をつなぐ街道の要衝であったと考えられる。

②茅ヶ崎城（神奈川県横浜市）

従前は北条氏の城館であると評価されていた茅ヶ崎城が平成二年（一九九〇）以降数次にわたって調査された。[56] 調査の結果、「一五世紀後半には最大規模に構築され、相模・南武蔵を支配する扇谷上杉氏の中継地点であった」という結論を導き出している。

同城の北側に沿う道は神奈川から荏田に通じる主要街道であり、この街道を東に一㎞で矢倉沢往還に接続する。同街道は足柄峠から糟屋の付近を経て江戸に到る街道であり、茅ヶ崎城は糟屋・江戸のほぼ中間に位置する。それゆえに報告書の結論が導かれているのである。調査の結果の年代観は、まさに江戸と糟屋もしくは七沢が扇谷上杉氏のもとで活動していた時代であり、矢倉沢往還が当該期に重要な街道であったことを示唆するものであろう。中継地点であったかどうかは明らかにできないが、同街道の存在を前提として、茅ヶ崎城の存在価値が理解できる。

③江戸（東京都千代田区）

享徳四年三月、足利成氏は下総国古河（茨城県古河市）を拠点とする。これにともない扇谷上杉家は河越と江戸の両城を取り立てる。江戸の取り立ては、『鎌倉大日記』[57]に長禄元年（一四五七）「四月十八日太田道灌築武州江戸城、于時廿五歳」と記載される。

長享の乱の結末により、扇谷上杉朝良は家督及び河越城を朝興に譲り、自らは法名建芳と称して、江戸城に隠居した。しかし実権は掌握したままであり、以後は江戸城が扇谷上杉領国の実質的な拠点となっている。

その後、大永四年（一五二四）江戸城は北条方の城館となる。『年代記配合抄』[58]は「正月十三日江戸落居、太田源次三郎謀叛企、氏綱ニ一同ス」と記している[59]。この事態について扇谷上杉氏の家臣三戸義宣は越後国の長尾為景に（大永五年）三月二三日付の書状で「去々年（大永三年）以来、山内殿（上杉憲房）へ一和被申候処、太田大和入道（資高）無覚悟故、江戸落居」[60]と江戸城陥落を報じている。この結果、上杉朝興は重要拠点である江戸城を失い、河越城へと退去する。

したがって、扇谷上杉氏下の江戸城は、長禄元年から大永四年の六七年間の長期に亘る[61]。なお、戦国期江戸の空間構造については第Ⅲ部第一五章で詳論する。

④稲付（東京都北区）

長享の乱の最中、扇谷上杉氏が山内上杉氏の南下に備えて、松山城（埼玉県東松山市）と並び稲付城を防衛拠点としていたことが『松陰私語』[62]に記載されている。

稲付城は荒川を前面に備えた交通上の要地にあった。城館の東側には鎌倉街道が通過していたとされており、付近には鎌倉時代より岩淵宿があったほか、岩淵関所が設けられていた[63]。この街道は北に向かい岩付に至る。

文明一〇年（一四七八）に登場する平塚城（東京都北区）もこの街道と関連する[64]。同城は太田道灌と対峙する豊島氏方の城館で、稲付城にほど近い位置に築かれる。「対城」と述べていることから、江戸―岩付間の街道を前提としたものであろう[65]。

⑤中野（東京都中野区）

永正二年、「於武中野陣ニ太田六郎右衛門被誅、備中守立遺跡」という家督交代があったことを『年代記配合抄』[66]は伝える。この中野陣について、後に三戸義宣は「取分中野陣砌、御先考亡父懇切候キ、定可為御存知前候」[67]と長尾為景に書き送っている。扇谷上杉家臣の三戸義宣の父と越後守護代長尾能景が中野陣において対面したと記している。中野陣での月日は不明であるが、永正二年という年は山内・扇谷両上杉氏が和睦した年であり、この年に両人が中野陣で対面しているとすれば、和睦にともなう会談、おそらくは和平交渉の際の面談と思われる。その結果での太田家の家督交代なのであろう。

この中野陣に関わるのであろうか、近年、城山居館遺跡で中世城館が確認されている[68]。堀・土塁・掘立柱建物・轆などの遺構が確認され、銭やかわらけ・常滑鉢（中野編年11段階）が出土する。「中野陣」がこの城館であった可能性は高い。

政治的な会談が行われ、城館が存在したのであるから、当然ながら街道が想定されねばなるまい。考えられるのは近世甲州街道に先行する国府路であろう。

⑥椚田（東京都八王子市）

高尾山の麓に椚田城という山城がある。この山城は扇谷上杉氏に与する長井氏の拠点であった[69]。

【史料12】上杉顕定可諄書状写[70]

抑伊勢宗瑞至于武州出張、既椚田自落、無人数之間、不可拘之段、兼日議定故、普請等及五六年止之間、城主由井移候歟、然間彼地翌日指懸之処、出合遂矢師、数多討捕由令注進候旨、雖不始事、石井帯刀左衛門働神妙候、定而可為同意候事、

書状によるとこの椚田城に永正年間になって廃城となり、拠点が由井[71]に移っていた。その地を伊勢宗瑞が拠点として確保したことが確認される。

椚田城は永正元年一二月一日に越後軍の攻撃を受けて陥落しており[72]、この時より山内上杉氏の持ち城となった。しかし【史料12】に見えるような状況となっていたのであろう。

さて、ここで確認しておきたいのは、東京都西部の扇谷上杉氏の拠点が鎌倉街道上道から西に隔たった椚田であったことである。この付近には後に北条氏が幹線とする街道が当麻（神奈川県相模原市）から南北に走っており、扇谷上杉氏の段階で既にこの街道が重視されていたと考えられる。この南北街道も第Ⅲ部第一四章で詳論するが、戦国期のなかで道筋を変更する。椚田城の段階ではこの城館の存在から、同城の東山麓を通過していたと考えられる。東京都と神奈川県境の七国峠を北上し八王子市椚田町の開けた谷間を西進し、椚田城に向かう。同城より北進し、現在の高尾駅を通過して梶原八幡宮に至り、さらには由井城に向かう。このような道筋であったと考えられる。また、小仏峠を通過する江戸時代の甲州街道の道筋も念頭に置く必要があろう。おそらくこの東西道と南北道との交差点が椚田城の城下集落であり、交通の要所を椚田城が確保していたのであろう。このように考えた時、鎌倉街道上道より隔たった場所に椚田城が位置することが理解できる。

⑦河越（埼玉県川越市）

河越城は扇谷上杉氏の本拠とされる城館で、同城の取り立てとともに、扇谷上杉持朝は本拠を相模国から河越に移し、以後、「河越」と呼称される(73)。

河越城の築城は、『鎌倉大日記(74)』の長禄元年条に「四月十八日太田道灌築武州江戸城、于時廿五歳、同月広零院殿築同国河越城、于時四十歳」と記載があり、この時点と考えられる。「広零院」であるが、「玉隠和尚語録(75)」には、上杉持朝の法名を「広感院殿旭嶺大禅城門」と記す。年齢が若干齟齬するが、扇谷上杉氏の本拠となる河越城の築城者でもあることから、上杉持朝に比定して間違いあるまい(76)。

天文六年（一五三七）七月一五日、北条氏綱は扇谷上杉氏の本拠である河越城を攻め落とす。『赤城神社年代記録(77)』には「（天文）六丁酉七月十五日夜河越城没落、太田駿河守、同名大夫為始ト有名侍七十余人討死云々」と記載がある。また「快元僧都記(78)」の同日条にも「然ハ河越没落之由註進」と記されている。

したがって、扇谷上杉氏下の河越城は、長禄元年から天文六年の八〇年間の長期間に亘っている。

⑧松山（埼玉県吉見町）

扇谷上杉氏の重臣上田氏の拠点として著名。しかし、何時の時点で上田氏が松山城と関連を持つようになったかなど、詳細は不明である。

実田要害が当初の拠点であったことを考えると、同要害が落城した永正元年一二月二六日以降に重要性を帯びてきたと考えることができる。『東松山市の歴史(79)』は遡って文明八年（一四七六）の長尾景春の乱頃にポイントを置き、重要性が高まったと評価している。『松陰私語』には先に確認したように稲付城とともに山内上杉氏を防ぐ拠点として松山の地利が見えるほか、「武州上戸・高見・松山・立川原所々陣労」との記載があり、長享の乱に際して松山で合戦があったことを記している。天文六年には河越城を追われた扇谷上杉朝定は松山城に逃れており(80)、扇谷上杉氏段階で松山城が築かれていたのは間違いない。

松山城は荒川に沿った江戸・河越の延長線上に位置付き、扇谷上杉氏の北の拠点であった。

以上のように武蔵国を概観した[81]。河越と江戸は扇谷上杉氏の拠点として極めて重要な拠点であるが、この両地がいずれも鎌倉街道上道からは離れた地点にある。そして、南武蔵を見る限り、矢倉沢往還や江戸から権現山・大庭と結ぶ道が重要幹線であったことが窺える。後述するが、江戸と河越を結ぶ川越街道も当然のことながら想定しなければならない。すなわち、扇谷上杉氏の段階の武蔵・相模両国には、江戸を中央に据えて松山と足柄峠を両端に配する弧状の交通体系が整えられていたことになるだろう。

一五世紀後半の権力配置について、『神奈川県史』は、

長禄三年十一月より翌寛正元年にかけて、成氏は下野、政知は伊豆、上杉山内房顕は五十子、上杉扇谷持朝は武蔵河越、渋川義鏡の縁者と思われる渋川伊予守は武蔵浅草、渋川被官板倉（頼資《よりすけ》であろう）は相模一宮、鎌倉には今川範忠の駿河軍が在陣していた（『香蔵院珍祐記録』）。ところが、長禄三年一一月二八日渋川伊代守が浅草で病死したため、その被官たちは、あるいは伊豆に帰り、あるいは鎌倉に入るという状態に分散してしまった。そして又、翌年正月には、伊豆の狩野の兵を残して、今川軍もまた鎌倉から撤兵帰国している（同上記録）。

と説明する[82]。そして、近年の『北区史』では、

この頃、山内上杉氏でも深谷城（深谷市）を取り立て、本陣として五十子陣（本庄市）を構築している。こうした動向は上杉方・成氏方の勢力圏がそれぞれ確立しつつあったことを示すものであり、ほぼ荒川（現在の元荒川）を堺として西側が上杉氏、東側が成氏の勢力圏であったといえよう。

と、荒川を国境とした様相を指摘している[83]。政治的・軍事的関係から拠点が決められ、それに伴って幹線道路が変更された。政治情勢の変化が交通体系を変更した。このように考えられるのではなかろうか。

3　扇谷上杉氏と江戸

江戸を中心とする交通体系が扇谷上杉氏段階で整えられた。このように考えられるとすれば、扇谷上杉氏段階の江戸はいかなる様相であったか。この点について概観し、江戸の重要性を確認してみたい。

中世の浅草寺から橋場・隅田に至る隅田川一帯は、水陸交通の要衝・軍事的な重要地点・経済的な要地として、都市的な様相の濃い地域だった。このことはつとに指摘されている。それだけに留まらず、『伊勢物語』ゆかりの地として、中世にあっても文化的に著名な場所であったらしい。

天台僧堯恵は、文明一八年に隅田川を訪れた。このことは『北国紀行』[84]に記されている。堯恵は鳥越に宿をとり、この地に半年ほど滞在している。遠く筑波山や武蔵野を愛で、忍岡・浅茅原・湯島を廻っている。また隅田川に船を浮かべて歌を詠んでいる。

また聖護院門跡道興准后も堯恵と同じ頃に、関東各地を遍歴する途次に隅田川にやって来たことが、『廻国雑記』[85]に見られる。道興の下向は政治的な目的があったことは指摘されているが[86]、『廻国雑記』には隅田川付近の様々な場所を訪れたことが記載されている。浅草寺に参拝し、待乳山や浅茅原で歌を詠み、隅田川では都鳥に思いをはせる。〝名所を訪ねる〟として忍岡・小石川・鳥越にも足をのばしている。道興や堯恵の行動は、江戸近郊の名所が一五世紀後半には京都の人物にまで認知されており、江戸時代流行する行楽のスタイルは一五世紀後半にまで遡ることを示している。

政治的・経済的、そして文化的に重要な地点であった隅田川河口部にほど近い場所に江戸城は築かれる。江戸城完成後、江戸城には様々な人が訪問している。その中の代表的な人物が禅僧であった万里集九である。万里集九は文明一七年（一四八五）に初めて江戸城を訪問し、隅田川・筑波山・富士山などの景観を鑑賞し、江戸城やその周辺の様子を『梅花無尽蔵』（『五山文学新集』）に書き記している。その後、長享二年まで滞在したようで、道灌三回忌の後に江戸城を後にしている。

当時の江戸城には楼館が建てられていた。中心となる楼館を「静勝軒」といい、付属の楼館が二軒あり、それぞれ「泊船亭（江亭）」と「含雪斎」と言った。道灌は静勝軒や泊船亭（江亭）に漢詩を掲げることを望み、万里集九や建仁寺の正宗龍統に依頼した。この詩文は「江戸城静勝軒詩序並江亭記等写」や『梅花無尽蔵』所載の「静勝軒銘詩并序」[87]として伝えられている。詩文には江戸城やその周辺のみごとな景観があふれるばかりに盛り込まれている。当時の京都の文化人による漢詩の銘文が掲げられる楼閣が江戸城内に存在した。

そして、この静勝軒では文化的な集いも行われていた。関東管領上杉家の家臣である木戸孝範は自らの自撰歌集である「孝範記」の中では、梅の盛りに歌会が催されたことを記載している。江戸城の歌会は何度か行われたようで、文明六年（一四七四）六月一七日に行われた歌合が「武州江戸城歌合」[88]として写本が伝えられている。この歌合は太田家一族のほか、木戸孝範、増上寺長老音誉ら一六名が参加していた。

このほかにも江戸を訪れる様相は確認できる。「題釣雪斎銘并序」[89]には遠江国から繁田宗治という人物が、多年にわたって東国をまわり、江戸城に滞在したことが記載されている。連歌師で著名な飯尾宗祇は死の直前の文亀二年[90]（一五〇二）に、その弟子の宗長は永正六年（一五〇九）に江戸城を訪れて、上杉建芳と連歌の会を催している。[91]特に宗長は旅の途中で江戸を起点として下総国浜野（千葉市）まで往復している。

北条氏の時代になっても江戸を訪れる人がいた。連歌師宗牧は天文一三年（一五四四）九月に京を立ち、翌年三月四日に江戸城に到着している。[92]上総攻めの準備が進められる中、宗牧は江戸城内の櫓からの周囲の景色を楽しんでいる。

このように一五世紀後半の江戸は文化的にも東国の中心的な位置を担っていた。

江戸は文化的な求心地だけではなかった。「江戸城静勝軒詩序並江亭記等写」には、江戸城下の平川に架かる高橋付近の賑わいが記載されている。それによれば、平川の河口には大小の商船が高橋にまでやってきて停泊し、市をなしていた。そこには安房国からの米、常陸国からの茶、信濃国からの銅、越国からの竹箭、相模国の軍勢、和泉国から珠・犀角・異香などの渡来品ほか、様々なものが集まっていたと記載されている。関東各地の物産が運ばれる上に、和泉国からも恐らくは太平洋海運を通じて珍しいものがもたらされていたことになろう。詩文中の記載のためにどこまで真実を伝えているか慎重になる必要があろうが、城下に町場が形成されていた事実は読みとってよいのではなかろうか。

ただし、この時の城下の広がりについては一考を要す。城下平川のみにこの景観を求めることも可能であろうが、先述した隅田川河口の浅草周辺の問題も残る。浅草の重要性は渋川義鏡の行動からも窺える。堀越公方が下った際、渋川義鏡が関東に同じく下された。義鏡は蕨城を本拠地としたとされるが、拠点のひとつを浅草に確保し(93)、蕨と浅草を抑えて体制を構築していた。したがって江戸についても平川を「上宿」とし、港湾機能を有した浅草を「下宿」に位置づけた空間構造が考えられる。

既に確認してきたように享徳の乱以前、南関東を横断する第一の幹線は鎌倉から武蔵府中を通過する鎌倉街道上道であった。しかしこの道も鎌倉の衰退に比例し、通過の事例が見られなくなることは、先に小野の見解を紹介した通りである。この動向に反比例するように、太田道灌期以降は江戸を起点に各方面に延びる街道が見られるようになる。

飯尾宗祇は武蔵国内を流れる入間川の渡河点である上戸（埼玉県川越市）から三芳野の里河越（川越）を経て江戸へ至っている。また「太田道灌状(94)」には「一、江戸近所豊島勘解由左衛門尉・同弟平右衛門尉両所構対城《石神井・練馬》候之間、江戸・河越通路依不自由」とあり、江戸・河越を結ぶ中間に練馬・石神井両城（東京都練馬区）を築いたことにより、交通が不自由になったと述べる。そして文明一〇年正月二五日には「正月廿四日河越江一日懸打着、翌日道灌、豊島勘解由左衛門尉向江戸要害平塚と申所誘対城、栖籠候之間、彼地為可寄馬膝折宿着陣仕候処、其暁令没落候」とあり、太田道灌が平塚城（同北区）を攻めるため、河越から「膝折宿」（埼玉県朝霞市）に至ったことが見られる。これら事例は江戸と河越を結ぶ街道、現在の川越街道が中世において存在していたと考えることにより理解できる。

江戸から権現山を経由して鎌倉方面へは湾岸に沿って下る、江戸時代の東海道と平行する街道がみられた。後の時代であるが宗牧は鎌倉で鶴岡八幡宮の参拝をしたあと、神奈川を経て江戸に至っている(95)。宗長は壬生（栃木県壬生町）から須賀谷（埼玉県嵐山町）を経て江戸に至る。江戸から浜野往復の後、品川を経て鎌倉に向かっている(96)。

そして、江戸から武蔵国南部・相模国北部へは矢倉沢往還が機能していた。それは相模国中郡の諸拠点や茅ヶ崎城の調査から検証された。この街道は足柄峠を越えており、軽視できない街道であろう。

また江戸周辺に築かれた稲付城・城山居館遺跡（＝「中野陣」）の存在は、江戸から岩付に至る街道や国府路の存在を示していた。

後の時代であるが、江戸が北条氏の支城になってからは、江戸がターミナルとなって人や物資が動いていた。戦陣などに際して江戸から岩付・河越・勝沼（青梅）のほか、葛西・佐倉・小金・関宿などの房総方面へと人や物資が動いて行った。このことは江戸を起点として街道が整備されていたことを示している。この街道整備は北条以前の扇谷上杉氏の時代にまで遡ることは確実である。

享徳の乱以後、交通体系が大きく変更された。太田道灌期以降、江戸は軍事的にはもちろんであるが、経済的・文化的にも重要な地となっていた。そして、隅田川界隈は名所としての地位が与えられていた。都市を構成する要素が享徳の乱の勃発・道灌の江戸城築城を起点として調えられていったのである。

小結

中世南関東の主要道は享徳の乱を境に大きく変わった。このことが本章のポイントである。享徳の乱以前、とりわけ鎌倉府期においては鎌倉街道上道が政治的には極めて重要な位置にあった。その中でも武蔵府中は政治的・軍事的に重要視された都市といえよう。しかし、享徳の乱後、鎌倉街道上道はその利用が見られなくなり、湾岸沿いの鎌倉街道・矢倉沢往還・川越街道など、江戸を中心とする交通体系が整備されている。本章では触れなかったが、隅田の渡を越えて房総半島と連絡する街道も前代以来存在した。近世都市江戸を支える交通体系の一端がこの時期に整備されたと評価することも可能であろう。この交通体系の変化は享徳の乱を契機としていたのである。

南関東の交通体系は戦国時代にさらに変わるようである。北条領国の街道は当麻から北上する〝山の辺の道〟が主要幹線であった。この道については次章で検討を加える。

注

（1）「宴曲抄」（正安三年〔一三〇一〕成立・『続群書類従』所収）

（2）峰岸純夫「鎌倉街道上道——『宴曲抄』を中心に」（『多摩のあゆみ』第九二号、一九九八。後に、峰岸純夫『中世東国の荘園公領と宗教』〔吉川弘文館、二〇〇六〕に所収）

（3）鎌倉から武蔵府中に至る経路は横浜市内を通過する経路もあった。「鎌倉年中行事」（『日本庶民生活史料集成　第二三巻　年中行事』〔三一書房、一九八一〕）は飄川（横浜市戸塚区）を儀礼の場としている。

（4）『東村山市』金石文一二四

（5）『神奈川県』三四八一
（6）峰岸純夫「南北朝内乱と東国武士――『薩埵山体制』の成立と崩壊を中心に」（『豊島氏とその時代――東京の中世を考える』新人物往来社、一九九八）
（7）『北区史　通史編　中世』（東京都北区、一九九六）
（8）『北区』六〇・六二
（9）『太平記』
（10）『藤岡町』二二
（11）『藤岡町』二三
（12）『小山市』三一五
（13）『小山市』三一七
（14）『藤岡町』二四
（15）増補続史料大成『鎌倉大日記』応永六年条
（16）『群馬県』一三五五
（17）『北区』九九
（18）『群馬県』一五九三
（19）『神奈川県』六二二九
（20）『群馬県』一六〇四・一六二二
（21）山田邦明『鎌倉府と関東――中世の政治秩序と在地社会』（校倉書房、一九九五）二七八頁
（22）『北区』七二
（23）『北区』七〇
（24）『日本庶民生活史料集成　第二三巻　年中行事』（三一書房、一九八一）

(25) 鎌倉街道上道の経済的な意味については深澤靖幸「武蔵府中と鎌倉街道上道」(『多摩のあゆみ』第九二号) が述べる。武蔵府中を起点とした鎌倉街道上道の流通を指摘している。阿弥陀種子を刻んだ板碑の分布から石材が武蔵府中に搬入され、板碑が生産されたこと、また埼玉県比企地方で生産される「上向き剣頭文」軒平瓦 (一三世紀末から一四世紀末) が多摩川中・上流域で散見され、鎌倉街道上道を通じてもたらされたと説いている。
(26) 小野一之「古代・中世の多磨郡と武蔵国府」(『中央史学』第二六号、二〇〇三)
(27) 当該期における西郡の拠点は小田原であった。西郡の問題は箱根峠・足柄峠を越える東海道の問題が大きい。本章では関東平野内部に視点を置くため、東海道の問題は意識的に除外した。他日を期したい。
(28) 例えば『神奈川県史　通史編1　原始・古代・中世』(神奈川県、一九八一) では「上杉扇谷氏は、この享徳四年にも相模守護であったかと思われる。そして相模での本拠は糟屋 (伊勢原市) であったのではなかろうか。江の島合戦で上杉軍が退却したとき、糟屋へ引いたというし、後に持朝の子定正が居館とするのも糟屋だからである」(九一五頁) と説明されている。
(29) 『北区史　通史編　中世』(東京都北区、一九九六) は足利直義御教書 (『神奈川県』四一一〇) が根拠と思われるが、「観応二年 (一三五一)、上杉藤成が『糟屋庄政所職』にあった。藤成は扇谷上杉顕定の実父であることから、同職が扇谷上杉家に相伝されたであろう」と指摘している。しかし当該文書は使節遵行にかかわる文書であり、宛所の上杉宮内大輔 (藤成) をもって、「糟屋庄政所」とはできない。
(30) 『北区史　通史編　中世』(東京都北区、一九九六) 一六一～一六二頁
(31) 前掲注(30)書は嘉吉元年 (一四四一) に集結した結城合戦の勲功と推定している。
(32) 図面からの判断で判然としないが、中野編年7～9段階と思われる。
(33) 『群馬県』一五六一。ただし本史料は「鎌倉大草紙」所載文書のため、やや不安が残る。しかし、(宝徳二年) 五月二十七日武田右馬助入道宛徳本畠山持国書状には「□《(去)》月廿日夜、俄移居江島候処、翌日廿一日為□《(長尾・)》太田《(出カ)》骨張、引率多勢、於輿越致合戦間、小山下野《(持政)》守家人数輩令討死候、其後彼等打出由比濱候処、千葉介《(胤将)》・小田《(持家)》讃岐守・宇都宮《(等綱)》右馬頭以下、為御方数刻防戦之間、凶徒等悉被打散、相残軍兵引退相州糟屋畢」とあり、ほぼ同文である。「鎌倉大草紙」の所載文書の内容を裏付けてお

り、典拠とした。
(34)『伊東市』五九一
(35)『続群書類従』巻一五三所収「上杉系図」
(36)『北区』第三編四九
(37)『神奈川県厚木市七沢神出遺跡発掘調査報告書』(七沢神出遺跡発掘調査団、一九九四)
(38)『北区』第三編五二
(39)湯山学「大江姓長井氏の最後」(『多摩のあゆみ』第七号、一九七七)
(40)『神奈川県』六四五六
(41)『神奈川県』六四五四
(42)『北区』二七九。説では三浦道寸の拠点は三浦城とされている。しかし、本状には「三崎落居」とあり、三崎城の記載がある。この点は今後の検討課題である。
(43)『第一次大庭城址発掘調査概報』(藤沢市西部開発事務局、一九六八)・『第二次大庭城址発掘調査概報』(同、一九六八)
(44)蓮弁文碗の破片と思われる。第一次で口縁、第二次で底部が出土している。
(45)例えば児玉幸多ほか『日本城郭体系6　千葉・神奈川』(新人物往来社、一九八〇)
(46)地理的に考えると、鎌倉街道上道からやや離れるが、鎌倉から相模府中糟屋に向かう道と鎌倉街道上道の分岐に位置し、鎌倉の入口を抑えていた可能性も残る。
(47)近年、真田城付近では大規模な開発にともなう発掘調査が実施され、実田要害に関わる遺構も検出されているが、構造的な解明にまでは至っていない(『平塚市史11　別編考古(2)』(平塚市、二〇〇三))。
(48)『北区』二四九
(49)『神奈川県』六四四九・『群馬県』『松蔭私語』
(50)『千葉県史料　中世編　本土寺過去帳』

(51) 岡崎城については伊勢原市教委と平塚市教委が合同で相模岡崎城跡総合調査会を立ち上げ、さまざまな調査を実施している（『相模岡崎城跡総合調査報告書』伊勢原市教育委員会、一九八五）。大きな成果をあげているが、考古学的には文献で得られた年代を確認するまでには到っていない。その後、宮東遺跡・山王久保遺跡・御所ヶ谷遺跡・桜畑遺跡などが調査される（『平塚市史11　別編考古(2)』〔平塚市、二〇〇三〕）。岡崎要害の中心地や構造も含め今後に課題を残している。

(52)『神奈川県』六五〇三・六五〇四

(53) 三浦氏の拠点城館は三浦半島先端にあった新井城とされる。史料では伊勢宗瑞が攻略する永正八年（一五一一）から一三年（一五一六）にかけて登場する。なお、新井城では発掘調査が行われ、概要が報告されている（『新井城跡　理学部附属臨海実験所新研究棟地点発掘調査概要報告』〔東京大学埋蔵文化財調査室、一九九七〕）。大型掘立柱建物二棟・大型竪穴状遺構一基ほかの遺構、古瀬戸縁釉皿・古瀬戸擂鉢（後Ⅳ新）・白磁端反皿・青磁稜花皿・青磁盤・青磁酒会壺・染付皿（玉取獅子文）などが出土し、当該期における三浦氏の拠点と判断し得る結果をもたらしている。

(54)『北区』二七三

(55) 江戸と大庭を繋ぐ街道についての具体的な解明は今後の課題である。

(56)『茅ヶ崎城Ⅰ』（横浜市埋蔵文化財センター、一九九一）・『茅ヶ崎城Ⅱ』（横浜市ふるさと歴史財団、一九九四）・『茅ヶ崎城Ⅲ』（同、二〇〇〇）

(57) 増補続史料大成『鎌倉大日記』長禄元年条

(58)『北区』六四

(59)『赤城神社年代記録』（『北区』六五）には「（大永）四庚申正月三日江戸城自落、二月二日岩付没落」と記載する。

(60)『新潟県』三四

(61) なお、扇谷上杉氏江戸城が存在した詳細な場所であるが、考古学的には確認されていない。しかし、北の丸での調査が当該期の遺物を検出しており（国立近代美術館遺跡調査委員会『竹橋門　江戸城址北丸竹橋門地区発掘調査報告』〔一九九一〕）、『梅花無尽蔵』の記載を踏まえ、本丸北側を中心とする場所と考えて良いだろう。

(62)『群馬県』『松蔭私語』八四四頁
(63)『北区』第三編一五および『北区』一一二・一一三
(64)「太田道灌状」(『埼玉県』一〇〇三)
(65)江戸から岩付方面に至る道は、一五世紀前半には既に存在したことが確認される(『北区』一一二～一一四)。恐らくは道灌の段階で確認できる他の道も新規に取り立てられたものではなく、既存の道の利用頻度が高くなったと思われる。なお、岩淵付近より北は鎌倉街道中道に合流したと考えられる。
(66)『北区』六四
(67)『新潟県』三四
(68)『中野城山居館跡発掘調査報告書』(中野区教育委員会、一九九一)・『中野区　城山居館跡Ⅱ　発掘調査報告書〔CD版〕』(同、二〇〇三)
(69)湯山学「大江姓長井氏の最後」(『多摩のあゆみ』第七号、一九七七)
(70)『北区』二七二
(71)由井については、本書第Ⅲ部第一三章を参照されたい。
(72)『新潟県』一六三四
(73)『北区』三一
(74)増補続史料大成『鎌倉大日記』長禄元年条
(75)『北区』第三編五二
(76)扇谷上杉氏が河越で得た所領は築城に遅れて見える。寛正三年(一四六二)一二月七日、足利義政は「武州河越庄事、預置候、可有知行也」(『北区』一八〇)と、上杉持朝に河越庄を預け置いている。
(77)『北区』第三編六五
(78)『埼玉県四』第Ⅱ編一一

(79)『東松山市の歴史』(東松山市、一九八五)
(80)『常在寺衆年代記』天文六年条(『都留市』勝山記・妙法寺記)
(81)従前は扇谷上杉氏の拠点として、岩付が掲げられていたが、近年、黒田基樹により岩付は古河公方の拠点であり、扇谷上杉氏の関与は永正年間末であったとされている(黒田基樹「扇谷上杉氏と渋江氏——岩付城との関係を中心に」(『北区史研究』第二号、一九九四))。築城の経緯及び関与の年代が遅れるため今回の検討からは除外している。
(82)『神奈川県史　通史編一　原始・古代・中世』(神奈川県、一九八一)九三五頁
(83)『北区史　通史編　中世』(東京都北区、一九九六)一六七頁
(84)新日本古典文学大系五一『中世日記紀行集』(岩波書店、一九九〇)
(85)『和光市』
(86)鶴崎裕雄「連歌師」(『文学』二〇〇二年九・一〇月号)
(87)『埼玉県四』第Ⅲ編
(88)前掲注(87)書
(89)『静岡県二』一七八
(90)『宗祇終焉記』(前掲注(84)書)
(91)『東路のつと』(新編日本古典文学全集四八『中世日記紀行集』(小学館、一九九四))
(92)『東国紀行』(『群書類従』第一八輯)
(93)『香蔵院珍祐記録』(『戸田市』)
(94)『埼玉県一』一〇〇三
(95)前掲注(92)書
(96)前掲注(91)書

第四章　道の機能と変遷

海運と河川水運の研究の隆盛に端を発し、考古学調査の進展に刺激を受け、陸上交通の研究が活況を呈している。(1)研究史の詳細についてはここでは触れないが、注意を払っておきたいことは、近年の「みち論」が考古学調査成果の影響を受けた都市論の延長線上に位置付くことである。本書においても第Ⅰ部前章に至るまで、河川渡河を糸口として拙論を展開してきた。その際の基本的な視点は、道とりわけ鎌倉街道の分析から地域社会を再構成するということであった。

ところで従前の研究史を概観すると、中世の主要道を問題とする際に、とりわけ鎌倉街道研究において顕著であるが、道筋の復元に主眼がおかれ、年代観を踏まえない傾向が強い。背景には考古学的情報の不足、伝承に依拠せざるを得ない状況など、方法論上の障害が多々あったことは否定できない。

しかし主要道はさまざまな要因で変遷するはずである。したがって変遷を把握することにより、その歴史的要因が理解でき、さらには地域社会の変化を浮き彫りにできると考える。前章では鎌倉幕府・鎌倉府から戦国時代へと移り変わるなかで、南関東では主要道がどのように変遷したかを見通した。本章においてはこの視点を引き継ぎ、北武蔵を中心に主要道変遷の問題をさらに深めることを課題とする。

1　鎌倉街道上道

前章において、鎌倉街道上道の重要性を指摘した。この街道は東国の重要幹線であるばかりでなく、政治的な舞台となっていた。同道が通過した場所は『宴曲抄』・『曽我物語』ほかの史料に散見することができる。例えば、『曽我物語』には武蔵国関戸の宿―入間の久米野―入間川の宿―大倉・児玉の宿―上野国松井田の宿の経路を見ることができる。

一四世紀初頭に武蔵国小代の領主であった小代伊重が認めたとされる小代行平置文(2)には信濃国三原での狩りに向かう源頼朝の軍勢が記される。途中、武蔵国大蔵宿に着き、小代行平の御堂供養を知った頼朝は近隣の者を法会に参向させる。法会を終えた小代行平ほか参列した人々は頼朝の勢に上野国山名宿で追いつく。この大蔵宿・山名宿ともに鎌倉街道上道上野線の通過点であり、頼朝が同道を下っていることが記される。

これら史料に記載される地名を拾い上げ、復元した道が第Ⅰ部第二章の図2－1になる。

また鎌倉街道上道を扱う時、従来は上野線のみを指していたことが多い。第Ⅰ部第二章では下野線の重要性を説いた。それ以前にも村岡宿の存在に注意を払った研究は、熊谷氏関連の研究を始め、少なくはなかった(3)。ただし、従前の鎌倉街道図では上野線と下野線の分岐点を菅谷（須賀谷）・塚田などへ接続するように図化するなど、武蔵国内における下野線の具体的な経路は明らかにされている状態ではなかった。

そのような研究史状況のなかで埼玉県教育委員会『鎌倉街道上道』(4)は、鎌倉街道として次の史料に注意を払っていた。

【史料1】別府尾張入道代田村勝文着到状(5)（東松山市史六三六）

着到
　別府尾張入道代田村四郎左衛門尉勝久申
右、去二日馳参庁鼻和御陣、同四日村岡御陣、同五日高坂御陣、同六日入間河御陣、同八日久米河御陣、同九日関戸御陣、同十日飯田御陣、同十一日鎌倉江令供奉、就中至于上方還御之期、於在々所々御陣、致宿直警固上者、下給御証判、為備向後亀鏡、粗言上如件、
　応永廿四年正月　日
　　「承候了、（花押）」

既に前章で検討した村岡—高坂—入間河の経路である。入間川より南は久米川に向かうことから、鎌倉街道上道を南下していることはまちがいない。従って同道は入間川付近で分岐していることになる。この村岡に向かう経路について具体的に触れた文書は多くはないが、次の史料に書かれる地名もこの経路を反映したものであろう。

【史料2】長谷河親資軍忠状[6]

　着到
　長谷河兵衛太郎親資軍忠事、
右、為小山下野守義政御対治、御進発間、去々年康暦二・六武州国府・村岡御陣、去年永徳元・二村岡御陣、同四月足利御陣令供奉候訖、而於武州依新田方蜂起、同五月十三日、長井・吉見御陣令宿直、於岩付（岩殿カ）御陣追落敵候畢、同廿五日太田庄御発向之間、於在々所々御陣、致宿直警固候了、太田庄凶徒等御対治之後、向于小山鷲城、至于今年四月抽忠節候訖、然早賜御証判、為備末代亀鏡、粗着到如件、
　永徳二年四月廿日
　　「（後筆）承了、（花押）」

武州国府・村岡・足利などの鎌倉街道上道下野線の要衝の地名が散見するが、ともに「長井・吉見」が登場する。[7]長井は長井の渡の武蔵国側の地点であり、吉見は現在の吉見町である。両所は下野線の通過点と考えられる。

この道の重要性を示すかのように、吉見には御所という地名がある。同所には息障院が所在する。[8]同寺は伝承では応永年間に現在地へ移転してきたとされる。本尊は木造不動明王坐像（寄木造・彫像、鎌倉期）である。また同所には源範頼館跡の地という伝承もある。さらに付近には中世遺跡の御所遺跡もある。

南北朝時代、能登国守護となり北陸で活躍した吉見頼綱・氏頼はこの武蔵国吉見を名字の地とし、鎌倉時代は同地を領していた。彼らは源範頼の後裔であった。したがって、範頼館伝承や御所の地名があることはそれなりに意味があることになる。そして吉見氏がこの地を領した点に注目すると、源氏一族が鎌倉街道上道下野線に沿って、吉見・新田・足利と居を定めていたことが確認できる。新田・足利は鎌倉幕府以前より領していたわけであるが、吉見氏の吉見は少なくとも頼朝挙兵以後の拝領である。源範頼一族が吉見を領することは街道上に源氏が並ぶという配置を創出し、政治的意味が込められていたようにも思える。

さらに吉見には坂東三十三所の一一番札所の安楽寺がある。[9]中世においても多くの参詣者を集めていたことは間違いない。今後も興味深い場所であることは間違いない。

以上、この二点の文書から長井―村岡―吉見―高坂―入間河という鎌倉街道上道下野線の具体的な経路が復元できる。この経路は現在の国道四〇七号線に沿っており、古代の東山道とも関連する。なお、上野線と下野線の分岐点が必ずしも厳密にならないが、「入間河御陣」以北であることは間違いないことから、入間川を北に渡河した地点を分岐点に想定した。

2　山の辺の道

鎌倉街道上道上野線は、通説では中世を通じて存在していた。このように考えられているのではなかろうか。その際の根拠になるのが次の史料である。

【史料3】北条家伝馬掟書[10]

掟　　奈良梨

一、西上州表へ伝馬之事、奈良梨より高見へ可次、此方者、須賀谷へ可次事、
一、近年、境目ニ付而、郷村不弁之由候間、只今より来未・申三ヶ年者、常者一日ニ参疋定置候、例式者、更伝馬之用所も有間敷候へ共、先大体之定、一日ニ可為三疋、出馬之時者、一日ニ拾疋可立事、
一、常ニ者一日ニ三疋之外、何与申付候共、伝馬来重候共、先次第ニ三疋之外不可立、日送ニ可致之事、
一、出馬之時拾疋、是又先次第ニ何与付懸候共、拾疋之外不可立事、
一、文言を好々可見届、可除一里一銭与有之伝馬をハ可除、扨又可除文言無之者、公方荷ニ候共、其外者不及沙汰、速従口付之前一里一銭請取而、其上可立之事、
一、日付之文言好々見届、先次第之所分明ニ可致之、自然入筆等、為紛事有之者、不相立而、其印判を可致披露事、
一、万一、或常三疋之外、或動之時十疋之外有之者、縦公方荷ニ候共、倩賃を可出間、其賃を従口付前請取、可成儀を者可弁済事、

已上

右七ヶ条、当郷可存其旨、然ニ文言も不見届、或恐権門、或随時之強儀、法度之外伝馬を立ニ付者、当郷自滅迄候間、不及是非候、仍定所如件、

（一五八二）
天正十年壬午
十二月九日　（虎朱印）

従来注目されているとおり、冒頭の一ヵ条目から須賀谷—奈良梨—高見へという街道が存在することがわかる。まさに従前の鎌倉街道上道上野線である。しかし当時の社会にあって機能している街道であるならば、なぜわざわざ厳密に地名を記載する必要があったのだろうか。

比較対照となる史料として、（永禄五年（一五六二））六月四日付で武蔵国多摩郡平井郷に出された伝馬定がある。(11)この掟は三ヵ条の朱印状で伝馬の数を指示するなど、内容的には奈良梨の掟と類似のものとなっている。しかし、この掟では経路の明示はない。奈良梨の掟では冒頭の箇条に経路の表示があることと比べ、違和感を覚える。

また同じ天正一〇年閏一二月二六日付で上野国倉賀野に出された伝馬掟も参考になる。(12)この掟では書き立てられた最後の箇条に経路の表示がある。ただし、倉賀野伝馬掟の発給は同所が北条領国に編入された直後にあたる。従って伝馬も新規に定められたことになり、経路を表示する必然性がある。しかし、七ヵ条にわたって書き立てられた項目の最後の箇条であることには注意を払いたい。奈良梨の掟と時期が近いにもかかわらず経路表示が最後に書き立てられていることは、両掟の作成背景が異なることを示唆しているのではなかろうか。とりわけ奈良梨は倉賀野とは異なり、従前より領国内であった。冒頭の箇条に経路が明示されることはやはり何らかの特殊性を認めて良いだろう。

時期的に【史料3】や倉賀野の伝馬掟は、若神子の合戦終結（一〇月二九日開陣、北条勢の帰陣は霜月一二日）の直後で、乱勃発当初に北条家へ属した真田昌幸が、徳川家康の勧誘を受けてその関係を絶ち、独自に上信国境から小

諸に向けて軍事行動している時期にあたる。一ヵ条目の冒頭に「西上州表へ伝馬之事」とあるのはこの事態を指しており、政治的な臨時性を表現している。やや読み込み過ぎかもしれないが、一ヵ条目の規定は新たに街道を設定したために生じた規定と読めないだろうか。背景に政治情勢があり、相模―西上野間の短縮を図るため、通路変更が行われた可能性が考えられないだろうか。

近年、鎌倉街道上道に関する考古学成果が公表されている。とりわけ次の2ヵ所については注目する必要がある。ひとつは赤浜天神沢遺跡である。この遺跡は寄居町大字赤浜にある遺跡で、鎌倉街道上道上野線の塚田宿に関連すると推測されている。報告者は報告後の考察で、「あえてもう少し年代を絞ろうとすれば、一三世紀後半〜一五世紀前半に位置づけられる可能性があるかもしれない[13]」と慎重に述べている[14]。

2ヵ所目は堂山下遺跡（埼玉県毛呂山町）で埼玉県埋蔵文化財事業団および毛呂山町教育委員会[15]によって調査され、鎌倉街道上道苦林宿の一角に比定されている。年代は一四世紀前半から一六世紀初頭と報告している[16]。

両遺跡とも一五世紀後半前後を終末期としている。このことから比企を通過する鎌倉街道上道上野線がこの時期をもって、ある画期を迎えていたと考えることができる。また鎌倉街道上道に隣接する杉山城（埼玉県嵐山町）では、近年の調査が行われた[17]。城の存続と鎌倉街道上道の終末には関連が考えられる。

両遺跡や杉山城の知見を踏まえた際、戦国時代にこの地域の中心的な城館であった鉢形城からは、街道についてどのようなことが言えるであろうか。鉢形城は鎌倉街道上道から離れた位置にある。領国の重要支城が幹線道路と隔絶した位置には存在することはあり得ない。このことをどのように考えたらよいのであろうか。

鉢形城の構造は大手を南に構え、その城外は立原小路・下小路へと連なる。その先は、南へ安戸・小川方面へと至る。現在の県道坂本・寄居線の道筋である[18]。この道筋を鉢形城へと至る道は、城内の連雀小路・真小路・殿原小路・内宿を通り、下船渡・立ケ瀬で荒川を渡河し、児玉方面へと続く。鉢形城はこの街道と空間的な関係を持って設計されていたことは間違いない。そして鎌倉街道上道上野線とのアクセスは城の東北方向になり、城の搦め手の方向にあたる。すなわち鉢形城と街道との関係において、鎌倉街道上道上野線は基底的な条件となっていないことになる。(19)

以上のように、奈良梨に関する伝馬掟の読解、考古学調査の成果、鉢形城の位置などを鑑みると、戦国期における鎌倉街道上道の存続については再検討する必要性が生じる。

先に述べたように鉢形城大手筋の南続きは安戸・小川を経ると考えられる。この道筋沿いには腰越城（埼玉県小川町）や青山城（埼玉県小川町）などの普請のしっかりした山城を見ることができ、街道との関連を考えさせる。あるいはこの二城に小倉城（埼玉県玉川村）も含め、群で地域の空間を考える必要があるのかもしれない。

小川を経た後、街道は現在の八高線に沿って南下したと思われる。その点を考えさせるのは毛呂の位置である。大永四年（一五二四）に毛呂に関わる北条氏が発給した二通の文書がある。

【史料4】北条家制札(20)

制札　たいま《当麻》の宿、

右、玉縄・小田原よりいしと《石戸》〻、もろ《毛呂》へわうふく《往復》のもの、とら《虎》の印判をもたさる者ニ、てん《伝》馬おしたて《押立》いたすへからす、もしおさへてとるものあらは、きつとめしつれ《召連》、おたわらへ成共、玉なわへ成共、こすへき者也、仍如件、

大永四年　四月十日　（虎朱印）

但、印判なり共、日付三日すきハ、もちいへからす、

【史料5】北条氏綱書状(21)

岩堀罷帰之刻、以口上御懇蒙仰候、畏入候、其已後雖可申入候、路次断絶之間遅延候、就爰元様体、進出羽山伏

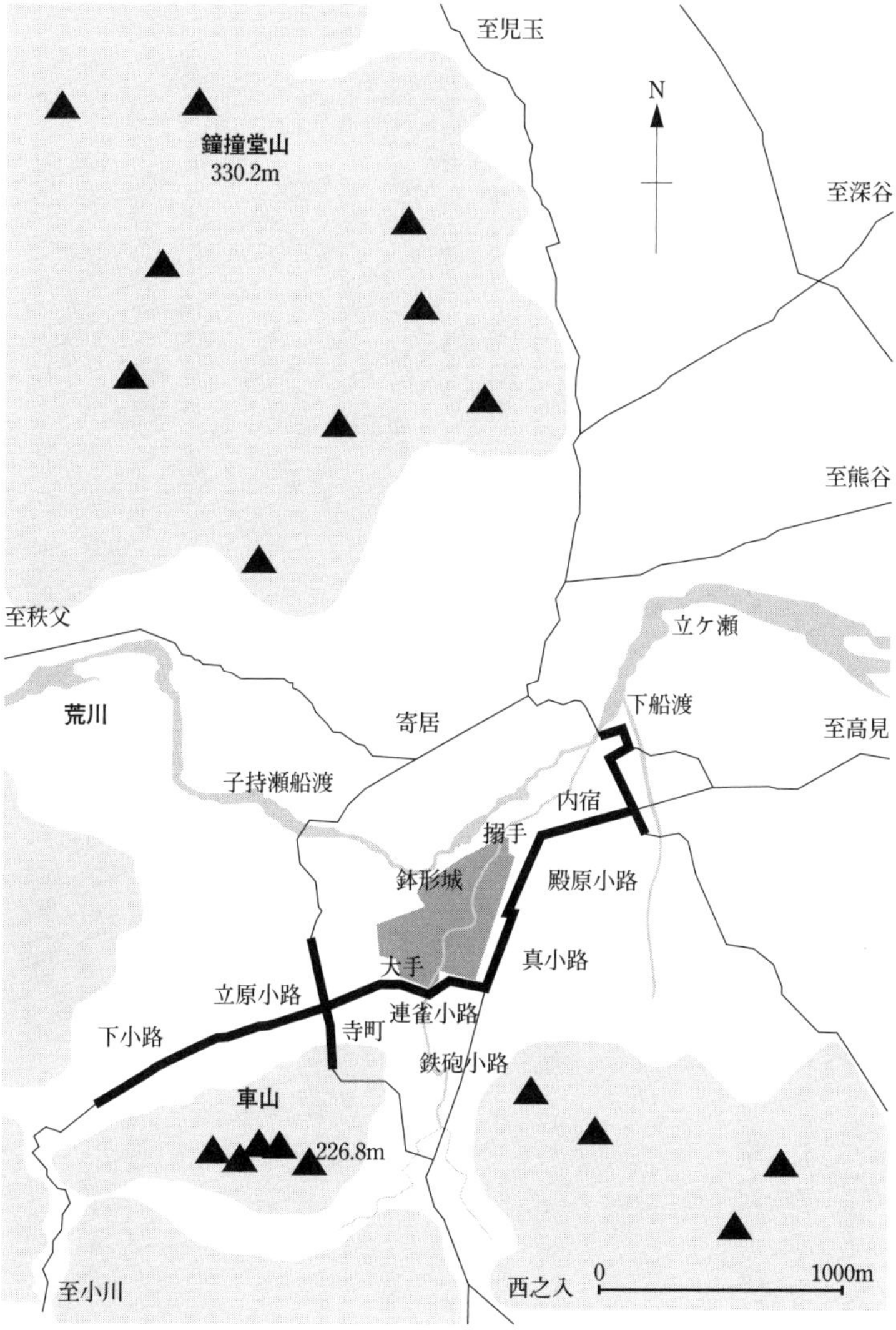

至児玉
N
鐘撞堂山
330.2m
至深谷
至熊谷
至秩父
立ケ瀬
荒川
下船渡
寄居
至高見
子持瀬船渡
内宿
搦手
鉢形城
殿原小路
大手
真小路
立原小路
連雀小路
下小路
寺町
鉄砲小路
車山
226.8m
至小川
西之入
0
1000m

図4-1　鉢形城周辺図

候、去月十日比、憲房上州衆被引立、毛呂要害へ被取懸候、時分柄有案内者、無水時節被成調儀候、於彼地可致一戦以覚悟、十月十六日、当地江戸罷立、中途へ打出候処、御同名新五郎方・藤田右衛門佐・小幡其外和談取刷由申来候間、勝沼（東京都青梅市）ニ令滞留、承合候処、不日ニ遠山秩父次郎陣所へ、彼面々被越、遂対談候間、定当座之刷計儀与存之候処、先以各へ令面談候上者、兎角為不申及、和談之形ニ落着候間、毛呂城衆引除、翌日則上州衆被入馬候、定色々可有其聞候間、凡時宜を申宣候、（中略）巨細重可申達候、恐々謹言、

十一月廿三日　　北条　氏綱（花押）

謹上　長尾（為景）信濃守殿

【史料4】は四月一〇日付で相模国當麻宿に出された制札で、毛呂が伝馬の目的地となっている。北条氏の拠点である小田原城や玉縄城から相模川中流の交通上の要衝當麻宿を経て、毛呂に至る道があったことが確認できる。現在の県道飯能・寄居線および国道一六号線などに平行する道である。【史料5】は毛呂城の毛呂氏の帰属をめぐり山内上杉憲房と北条氏綱が争った際の史料である。憲房は上野国より南下して毛呂城を攻め、氏綱は江戸から毛呂城の救援に向かうべく出陣し、勝沼（東京都青梅市）に至っている。

そして毛呂の北西には龍穏寺（埼玉県越生町）がある。太田道真・道灌父子縁の寺であったことは周知であり、街道を考える上でも無視できない。

鉢形城の構造や史料から、鉢形・毛呂・勝沼・當麻を結ぶ道、山の辺の道の存在が浮かび上がってくる。[22]この道は一六世紀初頭には重要な街道となっていたようで、鉢形城を拠点とする山内上杉氏がしばしば使用した事実がある。そして、この道は南続きで東京都八王子市付近を通過する。この付近では山の辺の道に関連する戦国期の地名として、勝沼・由井・椚田などを見ることができる。

【史料6】上杉顕定書状[23]

就向其口敵相動、注進只今戌刻限到来、火手見候迄無心元候間、長尾修理亮其外至于高倉（埼玉県入間市）差越候処、敵入馬候由、告来候間、至于酉刻帰陣、今日刷之次第、被露紙面候、無是非候、椚田事大切候、彼地へ動候者、即被馳籠、堅固之備、肝要候、恐々謹言、

（永正二年（一五〇五）カ）三月晦日　顕定（花押）

三田弾正忠（氏宗）殿

【史料7】上杉顕定可諄書状写[24]

去三日之書状、同七日到来、再三披見、抑伊勢宗瑞至于武州出張、既椚田自落、無人数之間、不可拘之段、兼日議定故、普請等及五六年止之間、城主由井移候歟、然間彼地翌日指懸之処、出合遂矢師、数多討捕由令注進候旨、雖不始事、石井帯刀左衛門尉働神妙候、定而可為同意候事、

（中略）

恐々謹言、

永正七年（一五一〇）六月十二日　可諄（上杉顕定）

「長尾但馬守（景長）殿」

【史料8】武田信玄書状写[25]

如来意、今度上蔵落居（長野県飯山市）、此次而向越府雖可成動候、賀州・越中両国之大坂門徒衆、当月十六・七之間、越後へ乱入之由候条、其砌当手も為可成動、此度延引、

一、敵三田（東京都青梅市）之内築新地之由候、然者、氏康由井在陣、敵味方之間、隔三十里之様ニ聞届候処ニ、無行徒ニ在陣、如何様之備候哉、幸其方滞留候条、風聞之分可有注進候、

一、其方于今由井在陣、如何様之仕合候哉、不審之条々、以早飛脚、可被申越候、恐々謹言、

（永禄四年〔一五六一〕）七月十日　　信玄（花押影）

加藤丹後守（信景）殿

【史料6】は、勝沼の三田氏宗に対して椚田を維持するように書き送っている。椚田は現在の八王子市市街地西方、高尾山東側にあたり、扇谷上杉氏に属する長井氏の本拠の地であった。永正元年（一五〇四）に山内上杉氏が越後国守護代長尾能景の助力を得て、攻め落としている。椚田を落とした越後勢はさらに相模国にまで進入し、扇谷上杉氏の重臣上田氏が籠もる真田城を攻め落とす(26)。【史料6】はその直後の情勢を示したもので、山内上杉顕定が勝沼の三田氏宗を通じて椚田を確保しようとしていることがうかがえる。勝沼と椚田が地理的に近い場所であるという認識が史料からも読めよう。勝沼が北に位置する毛呂と対置する場所であることは【史料5】にも確認したが、勝沼は南の椚田に対しても重要な場所であったということになる。また、【史料7】には、山内上杉方が維持出来なくなった椚田を引き払い、由井（東京都八王子市）まで撤退していたと記されている。その空き家状態の椚田を伊勢宗瑞の軍勢が拠点化していたのである。山内上杉家と伊勢家の勢力が八王子付近を境界としてせめぎあっていたのである。

由井についての詳細は第Ⅲ部第一三章に譲り、【史料8】で三田（勝沼）と由井の地理的関係に注目しておきたい。上杉方が三田に新城を築いて拠点化するのに対し、北条方は由井に在陣し、三〇里を隔てて対陣しているという認識が示されている。現在でこそ五日市の山並みが両地を隔てるが、対陣と表現する以上、何らかの交通上のつながりをもって両地は対置していたことを示す。まさに山の辺の道でのつながりを示唆している(27)。

以上のように、鉢形・毛呂・勝沼・由井・椚田・當麻を経る山の辺の道が存在し、戦国時代には政治的に重要な街道となっていた。この状況は【史料8】に見るように永禄年間でも変わらず(28)、上杉謙信も勝沼の重要性を確認し、対北条の拠点を構える(29)。とりわけ、北条領国段階にあっては小田原・玉縄からの通行があることが確認できた。この道

は八王子・鉢形の二大支城を通過する点からも、北条領国において軍事的のみならず政治的・経済的に重要な幹線であった。

そして、鉢形から北方面は児玉付近で鎌倉街道上道上野線に接続する。また別途に本庄へも繋がっていたらしい。本庄付近は歴史的に軍勢が利根川を渡河する場所であり、東上野・下野・常陸方面への入口に当たる場所である。軍事目的の道は鉢形城の北で分岐していたことになり、鉢形城の軍事的重要性が再認識される。

3　川越街道と下野線

前章では、享徳の乱を境に南関東では江戸を起点とした道が重要になると指摘した。北武蔵の問題としては、とりわけ扇谷上杉氏が拠点を据えた河越と江戸を結ぶ、現在の川越街道におおよそ平行する道（川越街道と仮称）の存在が注目できた。

河越より先の川越街道は鎌倉街道上道下野線に接続したと考えられる。松山城が扇谷上杉氏の重要拠点であり、両所は結ばれていたと考えられるためであるが、早い時点では文明一〇年（一四七八）に接続していた状況が見られる。

【史料9】足利成氏書状写(30)

就可被進一勢事、及数ヶ度雖御催促候、于今遅々候、甚不可然候、上杉定正河越江打透候、以後者、吉見口其外敵日々相動候、下武蔵事者、御方者共小机要害江馳籠候之処、去月廿八日、太田道灌差寄取進陣候、可相抱有無可為如何候哉、仍長尾右衛門尉(景春)一昨日板屋江致出陣候、千葉介(孝胤)事も四五日之間可進陣候間、当御陣事之外御無勢候、陣労雖御察候、不移時片見以下申付被立候者、可為御悦喜候、爰元様体凡之様可覚悟之間、被召網戸宮内少輔具被仰遣候、謹言、

（文明一〇年〔一四七八〕）二月九日　成氏（花押）

小山梅犬丸（成長）殿

【史料10】上杉定正書状[31]

就箕田江着陣示預候、篠崎江被進御陣、如斯預　御書候間、此渡ニ懸橋為迎、村岡口へ可令出陣候、其方御用心被仰付、此口ヘ御家風一騎も被立候者、可然候、案文写進之候、幷両通可被御披見候、恐々謹言、

八月廿七日　修理大夫定正（花押）

謹上　（岩松尚純カ）治部大輔殿

【史料9】には扇谷上杉定正が河越を拠点とし、「吉見口」などに軍事行動を行っていることが報じられている。また【史料10】にも、定正が村岡に出陣していることが見え、扇谷上杉氏と下野線の関係を確認することができる。これら二点の史料は河越から下野線に繋がっていたことを示唆する。

とりわけ【史料9】において「吉見口」の語が使用されることは注目すべきである。吉見は鎌倉街道上道下野線に沿った地名であり、文明年間段階でも比企丘陵東裾を通過する鎌倉街道上道下野線は機能していたことになる。さらに踏み込んで考えると、下野線の利用するということは松山城が未築城もしくは重要性が低かったことを示している。松山城は吉見から比企の丘陵を挟み西方約二・五㎞の位置にあたる。したがって同一の主要道が両所を通過することはない。

しかし、下野線は次第にその経路を西側に移動させ、結果的には松山城と関連するようになる。

【史料11】太田道灌状[32]

一、武相国御方相催、（扇谷上杉定正）修理大夫為御迎、七月上旬比、河越立井草与申所着陣、同十三日青鳥江寄陣、十七日越荒河、鉢形与成田間張陣候之処、

この史料は太田道灌が扇谷上杉定正を迎えるために河越から軍勢を動かした記事であるが、河越のほか井草・青鳥・大谷などの地名を見ることができる。井草は現在の川島町伊草にあたり、青鳥は東松山市青鳥の青鳥城を指す。大谷は青鳥から丘陵を北に横断した位置の東松山市大谷にあたる。松山城西方に河越から北に向けて延びる道を見ることができる。『東松山市の歴史』(33)は、「青鳥城跡の虎御石の所から小林下・雉子尾・氷川裏を経て都幾川を渡河し、天神・上宿・下新田・鈴留川・大塚原・駒堀」に至る古道が鎌倉街道の伝承を持つと記載する。この古道は青鳥城付近から関越高速道路に沿って南下し、高坂サービスエリア付近までの道を指す。【史料11】に見る道筋を考えさせる。

僅かな史料からであるが、戦国期には川越街道と鎌倉街道上道下野線が連結していたこと、そして比企丘陵付近では丘陵東裾を通過する旧道から西に移動し、比企丘陵を南北に横断していたと考えたい(34)。

なお、この道と松山城に関しては次のような記載に注目したい。

【史料12】『松陰私語』(35)

其後山内武州国中進発、武・上・相之一揆四五千騎供奉、五日十日打過、及数月数年、方々陣塁不相定、河越者松山・稲付方々地利遮塞御方行、(明応三年(一四九四))其上豆州押妨之、早雲入道自河越被招越、山内者向松山張陣、被相攻、

山内上杉氏に対抗するため、扇谷上杉氏が稲付城(東京都北区)とともに、松山築城を行ったという記載が見られる。稲付城が江戸城の、松山城が河越城の北を固める場所である。そして松山城は鉢形城に対置した城館であったことになる。とするならば比企丘陵の東裾では地理的条件が悪い。松山城の築城が吉見を通過する下野線を西側に移す決定的な要因となった可能性もある。

戦国期、下野線は一五世紀末から一六世紀初頭の頃に、街道筋を松山城東方より西方に移動していた。そして、川越街道と連結し、江戸から太田・足利に至る南北の道となっていた。

4　北武蔵と中世東国の道

以上の考察をもとに、図4－2に戦国時代の街道を復元した。第Ⅰ部第二章の図2－1と比較すると鎌倉街道上道を主軸とした道から、山の辺の道と川越街道―下野線の二本の街道に交通体系が変化したことが想定できる。その際に注目したいのは塚田宿―須賀谷間の鎌倉街道上道上野線と須賀谷から河越に至る間の問題である。

そもそも、主要道の変遷の大きな要因は、前章で指摘したように享徳の乱に端を発する関東政治地図の変化である。鎌倉の政治的地位の減退と中心拠点の分散化が大きな契機である。

加えて長享の乱・永正の乱による両上杉氏の抗争は北武蔵の情勢を一気に不安定化させた。長享二年（一四八八）の須賀谷原の合戦(36)および高見原の合戦(37)はその代表的な原因である。

【史料13】『松陰私語』(38)

諸一揆陣労之上、外国之新手数万人関東中乱入、先被乗執相州河越、乗勝江戸・河越、払両城被打出、山内藤田・小舞田被入馬、敵者　武州越荒河者、可有合戦僉議、向河辺引渡而張陣、早雲衆武州塚田前後張陣、然処河越之治部少輔殿（扇谷上杉定正カ）頓死（明応六年（一四九七））、江戸・河越早雲衆悉退散城、天道之令然処歟、其後山内河越押而張陣、雖然城中堅守而不動、其後武州上戸張陣、

塚田から河越の対岸の上戸に至る戦況が記載される。

そしてこの戦乱の地域には須賀谷ほかの拠点が構えられた。このことは次の史料に見える。

【史料14】『松陰私語』(39)

今日之御進発少被指延、向河越、須賀谷旧城再興、当鉢形普請堅固取極、御当方之面々、所々地利断而相誘、其

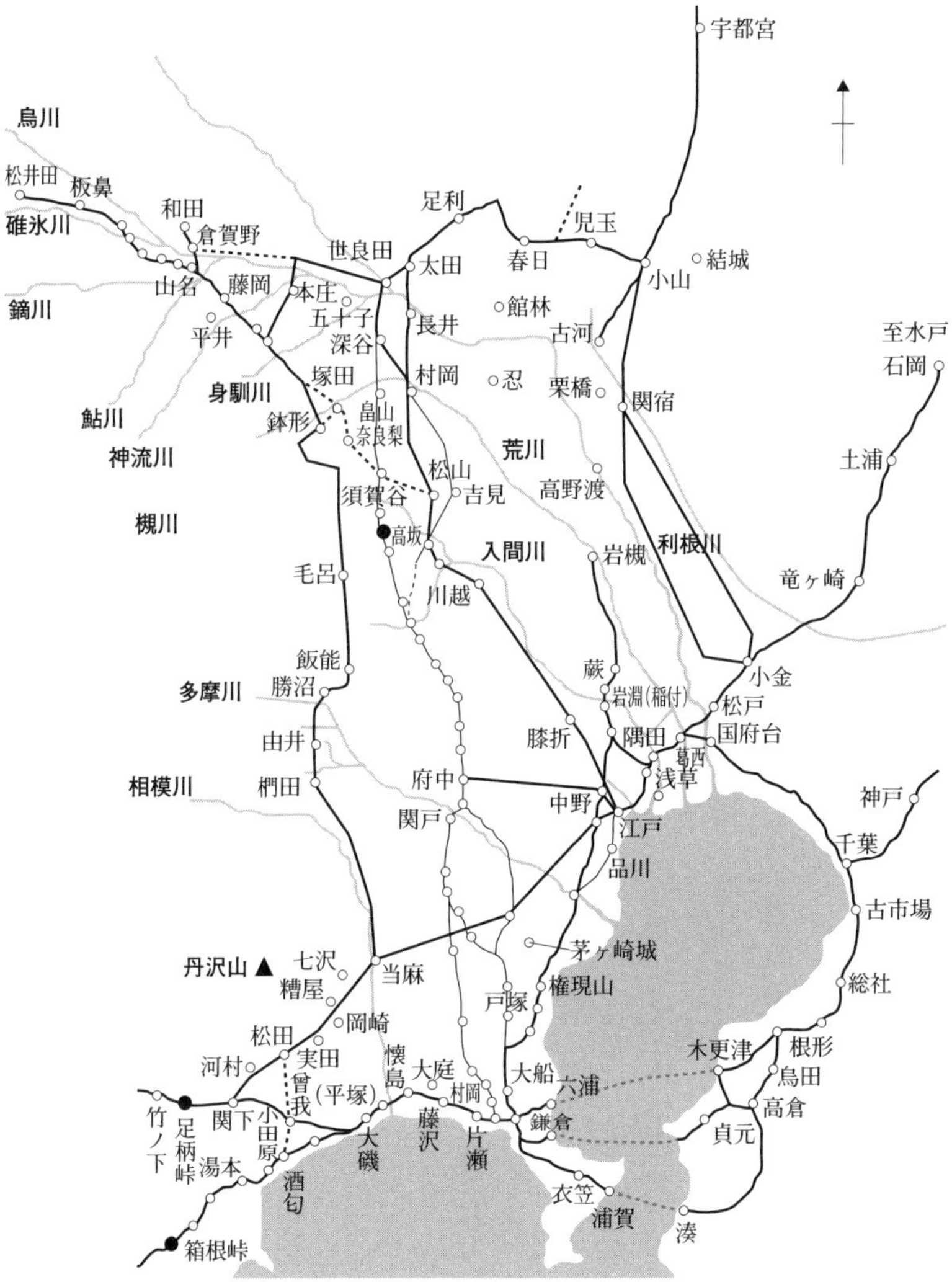
宇都宮
烏川
松井田
板鼻
和田
碓氷川
倉賀野
足利
児玉
世良田
結城
太田
春日
小山
山名
藤岡
本庄
鏑川
館林
五十子
長井
至水戸
平井
深谷
古河
石岡
塚田
村岡
忍
身馴川
栗橋
関宿
鮎川
畠山
鉢形
奈良梨
荒川
土浦
神流川
松山
高野渡
須賀谷
吉見
槻川
高坂
入間川
利根川
岩槻
毛呂
竜ヶ崎
川越
飯能
蕨
小金
多摩川
勝沼
岩淵(稲付)
松戸
膝折
隅田
国府台
由井
葛西
府中
浅草
相模川
椚田
神戸
中野
関戸
江戸
千葉
品川
古市場
茅ヶ崎城
丹沢山
七沢
当麻
糟屋
権現山
総社
戸塚
岡崎
松田
根形
実田
懐島
木更津
河村
大庭
大船
島田
曽我
(平塚)
村岡
六浦
竹ノ下
足柄峠
関下
小田原
藤沢
高倉
鎌倉
片瀬
貞元
大磯
湯本
酒匂
衣笠
浦賀
湊
箱根峠

図4-2　戦国期街道要図

上可然地見立、々々地利、取寄々々被押詰者、果而可被降和也、

【史料15】長尾忠景書状[40]

須賀谷へ可越申人数、以註文申候処、何も領承由承候、忝存候、但上坐（聖月省但）之事尤候、皆々乗馬等事、自是可申付候、今月大ニ候哉、然者廿七日ニ当所へ各御着候之様、可有御用意由、可被仰候、仍自長寿院返事、慥到来了、足下御事者、瑞祥院へ可有御越候、歓待者幷省恵喝食事も給次ニ可憑入候、自院主雖可被仰候、此次為御心得、先以内々申届候、恐々敬白、

十一月廿二日　忠景（花押）

長蔵主（久甫淳長）

【史料16】上杉顕定書状[41]

去十五日簡札、一昨日到着、具披閲、抑旧冬招越後州衆進発、然間武・相両州敵城或自落、或攻落候故、速静謐、依之、懇切承候、快悦之至候、仍治部少輔朝良令隠遁、名代事、彼家老者歎候間、言上之処、可被相任之段、被成御書候、如斯之上、号当所須賀谷地へ移候、爰元事、先以可御心安候、余者、期後信候、恐々謹言、

四月廿三日　藤原顕定（花押）

謹上　佐竹右京大夫（義舜）殿

【史料14】では松陰が扇谷上杉氏の拠点河越城に向けて山内上杉氏の拠点として須賀谷城を再興するように意見していることが見える。同時に鉢形城も普請するほか、各所に城館を構え、要所を接収するよう進言していることも窺える。鉢形―河越間で山内上杉氏による体制固めを構想していることが確認できる[42]。【史料15】は長享二年から長尾忠景が没する文亀元年（一五〇一）の間に位置付く。雲頂庵に対して、須賀谷まで、僧であろうか派遣されることに了解があったことに感謝している。【史料16】では山内上杉顕定が須賀谷に入城したことを記す。これらの史料から

山内上杉氏が須賀谷を拠点としていたことが窺える。同城の存続は文献史料ではこれらの史料から一五世紀末および一六世紀初頭に確認できるのみである。

また菅谷城出土遺物の再整理(43)も重要な視点を提供している。同城が居住空間として機能していた時期は一五世紀後半〜一六世紀前半及び一七世紀とし、「一六世紀後半に比定できる遺物を確認することができなかった」と報告する。考古学的にも文献史料と一致を見せている。

須賀谷城は従来、後北条氏に関わる城館とされてきた(44)。しかし文献資料および過去の発掘調査による情報の限り、その存続は幅広く見て一五世紀後半〜一六世紀前半に限定される。地域が戦乱である時期に戦乱の空間の真ん中に須賀谷城は生み出されたのである。

北武蔵、具体的には須賀谷を中心とした上戸―塚田宿間の戦乱が、鎌倉街道上道の機能を低下させ、代替の主要道をその両側に創出せしめた。主要道変遷の一要因をこのように捉えておきたい。

小結

関東平野西部を二股にわかれる一筋の鎌倉街道上道から、平行する二本の主要道へ。この変化の分岐点が一五世紀後半頃にあった。その際の論点として、

○変遷の要因の一つは、享徳の乱にともなう拠点の変更があった。鎌倉の地位低下。両上杉氏による江戸・河越・鉢形、さらには松山・八王子の地位上昇。

○長享の乱・永正の乱による山内上杉氏と扇谷上杉氏間の抗争の影響があり、上戸から塚田に至る周辺は、政治的に不安定な地域となった。

以上のような点が考えられる。

そして、北条氏は関東平野西部を南北に貫通する二本の主要道を基本的に踏襲する。(45)冒頭に掲げた奈良梨の掟書発給の背景には、このような主要道の変遷があった。

このように主要道の変遷を描くと、杉山城や須賀谷城、青鳥城の存続年代が後北条段階とした通説と考古学的調査による成果が異なったことについても理解ができるのではなかろうか。従前は表面観察のみで縄張から年代を判定しようとしていた。この方法論が破綻した現在、縄張論も新しい手法を模索しなければならない。考古学的調査にも限界があるのは明らかで、縄張論への期待は決して低くはない。個々の城館についてその構造の優劣だけにとらわれるのではなく、周辺の歴史環境を復元し、その歴史空間に個々の城館を位置づけてこそ、縄張論は新しい存在意義を見出せるのではなかろうか。

注

（1）峰岸純夫・村井章介編『中世東国の物流と都市』（山川出版社、一九九五）・藤原良章・村井章介編『中世のみちと物流』（同、一九九九）などが代表的な成果として掲げられる。
（2）『東松山市』二〇九
（3）山田邦明『鎌倉府と関東――中世の政治秩序と在地社会』（校倉書房、一九九五）ほか
（4）歴史の道調査報告書第一集『鎌倉街道上道』（埼玉県教育委員会、一九八三）
（5）『東松山市史』六三六
（6）『東松山市』六〇五
（7）史料中に「岩付」の地名が見られる。『小山市史』では「岩村」と読むが、写真版で確認する限り、「岩付」が正しい。しかし、地理的な状況およびこの当時の「岩付」の重要性を考えると誤記の可能性がある。その場合、「岩殿」であることが考

えられる。今後の研究に委ねたい。

（8）『埼玉の中世寺院跡』（埼玉県教育委員会、一九九二）

（9）中世坂東三十三所については、拙稿「東国武士と中世坂東三十三所」（『東国武士と中世寺院』高志書院、二〇〇八）で触れた。

（10）『東松山市』九八八

（11）『戦国』七六八

（12）『群馬県』三二一二

（13）小林高「推定鎌倉街道上道跡」（藤原良章編『中世のみちを探る』高志書院、二〇〇四）

（14）埼玉県埋蔵文化財調査事業団報告書第九九集「堂山下遺跡」（財団法人埼玉県埋蔵文化財調査事業団、一九九一）

（15）毛呂山町埋蔵文化財調査報告書二一集『堂山下遺跡・鎌倉街道B遺跡』（毛呂山町教育委員会、二〇〇一）

（16）報告書掲載の遺物を見る限り、瀬戸製品では藤沢編年古瀬戸後期Ⅳ新段階が最末期の様相であり、瀬戸大窯を含まない。舶載品では青磁細書蓮弁文碗があるが染付を含まない。常滑は中野編年9～10段階（一五世紀代。報告書は一五世紀後半とする）。したがって、おおよそ一五世紀後半が終末と考えられる。

（17）『埼玉県指定史跡杉山城跡第1・2次発掘調査報告』（嵐山町教育委員会、二〇〇五）・『埼玉県指定史跡杉山城跡第3～5次発掘調査報告』（同、二〇〇八）によって「一五世紀末に近い後半から一六世紀初頭に近い前半」という年代が報告された。この年代観に一部の縄張研究者から異議の発言（具体的には『戦国の城』〔高志書院、二〇〇五〕参照）があったが、縄張り論から史料を提示した年代観は提示されていない。その後、竹井英文「戦国前期東国の戦争と城郭――『杉山城問題』に寄せて」（『千葉史学』第五二号、二〇〇七）、拙稿「戦国大名北条家と城館」（『中世東国の世界3　戦国大名北条氏』〔高志書院、二〇〇八〕本書第Ⅱ部第九章）が発表となり、文献資料から一六世紀前半の年代観が提示された。これらにより年代観の問題についてはおおよその決着を見た。

（18）また大手から連雀小路を経て、西之入・小川に向かう道筋も想定される。両者の内、どちらが主であったかという問題が残る。下小路を経由する道がより、古河公方や上杉謙信などの敵の手が及ばない地域を通過することや西之入の道筋には腰越城などの道に関連する城館が見られないことから、現時点では下小路を経由する道を主たる道と考えておきたい。

(19) この見解について、梅沢太久夫〔「北条氏邦の鉢形城入城をめぐって」〔さいたま川の博物館『紀要』六号、二〇〇六〕〕から「『山の辺道』コース設定は重要な視点であるが、鉢形からの秩父道が忘れられ、東秩父を経由するルートが設定されたことには賛成できない」とご批判を頂戴した。梅沢の指摘する秩父道は秩父盆地を繋ぐ道でいわば鉢形領内の道である。本章において意図した点は領国全体を繋ぐ幹線を問題としたもので、設定された道の位置づけが異なる。したがって梅沢の批判はあたらない。

(20)『小田原市』五四

(21)『新潟県』七九

(22) 初出の論文においては「山の辺の道（仮称）」と表記したが、本書においては村本達郎「鎌倉街道の歴史地理的考察」〔歴史の道調査報告書第一集『鎌倉街道上道』〔埼玉県教育委員会、一九八三〕〕の叙述を踏まえ、「山の辺の道」に統一した。なお、芳賀善次郎は同街道について「山ノ道」と呼称している〔『旧鎌倉街道　探索の旅　山ノ道編』〔さきたま出版会、一九八八〕〕。

(23)『東村山市』四二三

(24)『北区』二七二

(25)『都留市』一一五

(26)『東松山市』七三三ほか

(27) 勝沼と由井の中間点に関わる場所が平井郷であり、同所には〔永禄五年〔一五六二〕〕六月四日付で伝馬定が出されている〔『戦国』七六八〕。

(28) 由井・椚田を通過する主要道は滝山を経由しない。北条領国の重要幹線が滝山城を経由しないとは考えにくく、氏照が滝山城を拠点とした段階では主要道の変更があったことになる。この点からも由井城から滝山城への移転があるとした自説〔本書第Ⅲ部第一三章）は裏付けられることになる。
(29)『新潟県』三一八七
(30)『北区』二一五
(31)『北区』二四一
(32)『埼玉県一』一〇〇三
(33)『東松山の歴史』上巻（東松山市、一九八五）
(34)森林公園内にも鎌倉街道と呼称される古道があり、山田城が関連する。ともに具体的な時期は不明であるが、城館の存在から、年代は戦国期であることは間違いない。この道も松山西方を南北に通過する道になる。
(35)『群馬県』『松蔭私語』八四四頁
(36)『鎌倉大日記』・『年代記配合抄』
(37)『東松山市』七〇一・七〇二
(38)『群馬県』『松蔭私語』八四四頁
(39)『群馬県』『松蔭私語』八四三頁
(40)『東松山市』七二四
(41)『東松山市』七三五
(42)杉山城や小倉城の築城もこの一環であった可能性は高い。
(43)水口由紀子・栗岡眞理子「菅谷館跡出土遺物の再検討」（『埼玉県立歴史資料館研究紀要』第二五号、二〇〇三）
(44)近年の代表的な見解は松岡進（村田修三編『図説中世城郭事典』第一巻〔新人物往来社、一九八七〕および松岡進『戦国期城館群の景観』〔校倉書房、二〇〇二〕）・梅沢太久夫（同『城郭資料集成　中世北武蔵の城』〔岩田書院、二〇〇三〕）らによる。しかし、後北条氏が須賀谷（菅谷）城に関与したことを積極的に語る史料を現状では持ち得ていない。
(45)詳細は触れられないが、この二本の内では山の辺の道を軸とする。このことは支城の配置から間違いない。

第Ⅱ部　地域のなかの城館

第五章　御家人と拠点

第Ⅱ部では武家とその地域支配の拠点を考察する。第Ⅲ部において第Ⅰ部を踏まえて道と城館の関連を考察するため、その前提となる拠点について論じる。本章では遠江国の御家人横地氏をとりあげ、その活動と拠点との関係について模索する。

中世遠江国の名族である横地氏とその本城横地城について、従来の研究蓄積はそれほど多いわけではない。そのなかで重要なものとしては松本芳徳「史実横地一族」[1]があげられる。横地氏の関係文書を博捜し、その活動を編年で叙述し、横地城についても解説を加えている。さらに藤谷神社所蔵「横地系図」も部分的に収録する。横地氏研究の基本的な文献と言ってよいであろう。

近年の横地氏の研究は主に系図を中心とした系譜に興味が集中していた。横地勝則が自らの系譜を探求する目的で編纂した『横地家譜史料集』[2]は各地に残る横地氏の系図を集成している。津川文一郎『考証のバラード』[3]は藤谷神社所蔵「横地系図」の影印を掲載し、諸系図より系譜の検討を加えている。

横地城の観点からは『日本城郭全集5　山梨県・長野県・静岡県』[4]・『日本城郭体系9　静岡・愛知・岐阜』[5]・『静岡県の中世城館』[6]・『図説　遠江の城』[7]等の広域的に城館を把握した書籍の内に概説的な記述が見られる。しかし本格的な検討には至っていない。

以上の叙述の背景には鈴木建治や静岡古城研究会の踏査による調査があった。このことは引用や掲載図面に窺える。

彼らは中世城館の研究を志した方々で、遺構からの歴史の掘り起こしを実践していた。地道な活動の成果が近年の成果の根底にあることは注目しておきたい。

概観したとおり、横地氏や横地城に関する研究はまだ緒についたばかりであり、本格的な研究は今後に待たれる状況にあると言っても過言ではない。

1　出自

従来、通説では横地氏は源姓であるとされていた。先述の松本芳徳「史実横地一族」[8]は藤谷神社所蔵「横地系図」の記述を典拠とされたと推測されるが、源義家の末流であると解説している。この説が通説となり、近年では「遠江の国内でもっとも有力とされるのは②横地氏・③勝田氏で、源義家と在地豪族の娘の間に生まれた子が土着した、その子孫と称し、国府の機構とも深い関係をもって国の東部に発展した」[9]という叙述に至っている。

しかし近年この通説に疑義が出始めている[10]。まずはこの点の検討から行うこととする。

既述のように通説は横地氏を源義家の後胤としている。典拠は藤谷神社所蔵「横地系図」[11]であると思われる。同系図は全文一筆で書かれ、寛延二年（一七四九）を記載の最後とすることから、それよりさほど下らない時期、一八世紀中頃に成立した系図と推定される。冒頭に「奉納遠江藤谷大明神宝庫」と記されることから、当初より一族の名字の地である横地の藤谷神社に奉納することを目的としていたと思われる。基本的には戦国大名武田氏に仕えたとする横地元次を祖とする旗本の横地一族の系図である。内容の多くは後述する『寛政重修諸家譜』の系譜と同じである。この『寛政重修諸家譜』の系図に中世部分を足したのが本系図となる。横地氏の祖を家永とし、この人物が源義家の子であると位置付けている。

この藤谷神社所蔵「横地系図」のほかに源姓であるとする系図が今一本ある。『断家譜』[12]所載の横地系図である。この系図は寛文一一年（一六七一）迄の記載となっている。記載された横地氏はすべて実名を記さず某と表記するが、仮名および承応三年（一六五四）没の記載から藤谷神社所蔵「横地系図」に所載される「横地長久」と『断家譜』に所載される「某　横地次郎右衛門」が、そして続く「某　同数馬　次郎右衛門」については父子関係および仮名、寛文六年（一六六六）六月五日死罪の記事が一致する。従って同じ系譜の横地氏となる。加えて、『断家譜』の編纂の背景[13]から考えると同書所載の横地系図は実名の記載はないものの藤谷神社所蔵「横地系図」系の系図と関連あるものと考えるのが妥当であろう。

管見の限り源姓を主張する横地系図は、この二本の系図と藤谷神社所蔵「横地系図」の写本である静嘉堂文庫所蔵「野口　芝山　松尾　横地　系図」であり、すべて同一系統本と整理される。

ところが、この旗本の横地氏については藤原姓であったとする系図が確認される。幕府編纂の「『寛永諸家系図伝』[14]横地譜」と同じく「『寛政重修諸家譜』横地系図[15]」である。この系図はいずれも横地氏を「藤原支流」に分類して掲載している。

とりわけ「『寛政重修諸家譜』横地系図」の中で、以下に掲げる横地政吉流系図の冒頭に記載された記事は重要である。

今の呈譜に、清和源氏にして義家の流なり。先祖遠江国横地村に住せしにより其地をもつて称号とす。其後裔渋谷助元次の長男を義次とし、二男を太左衛門はじめ弥兵衛元貞とせり。これによれば寛永系図第一の横地譜今左門忠澄が家と祖をおなじうす。しかれども今さ、ぐるところの譜くはしきに過て疑ふべきものあり。よりて一に旧にしたがひてあらためず。

すなわち、『寛政重修諸家譜』に際して横地家では新たに系図を提出した。その系図には源義家流とあったとする。

しかし検討したところ、『寛永諸家系図伝』にある系譜と同一の系譜であった。さらに詳細に新しい系図を見ると記事が非常に詳しいので疑わしいものであった。そのために旧のまま藤原姓として記載する、という記事があるのである。

編纂年次から考えても新たに提出された系図とは、藤谷神社所蔵「横地系図」系の系図と考えて間違いない。したがって、旗本の横地一族は『寛政重修諸家譜』編纂の直前に藤谷神社所蔵「横地系図」系の『横地系図』を新たに編纂し、姓を藤原姓から源姓に改めたことが確認されるのである。

このほか各地に残る藩の文庫に納められた系図にも以下のように藤原姓横地氏が散見される。

柳川公文書館所蔵　「横地金兵衛系図」
「横地家譜略」（文政七年八月）
「家世旧事録」（天保一〇年）
「系図略」（内題『譜諜　横地』江戸中期カ）[16]
「系図案」（江戸後期カ）[17]

会津若松市立会津図書館所蔵　「会津藩『諸士系譜』」（江戸後期）
山口県古文書館蔵　「萩藩『譜録略系並伝書御判物奉書写』」
金沢市立図書館蔵　「由緒一類附帳」（明治三年）
「先祖由緒并一類附帳」（明治三年、二本）[18]

これらのうち、柳川藩士及び会津藩士の横地氏は遠江出身である記載があり、同族と判断できる。

以上の近世史料に加えて中世史料にも横地氏が藤原姓であったことが確認できる。「相国寺供養記」[19]には、明徳三年（一三九二）八月二八日、相国寺の落慶供養に向かう足利義満の行列が記されており、その「五番」の随兵に「横地尾張守藤原長連」が見える。この藤原姓の事実は極めて大きい。

すなわち中世から遠江横地氏は藤原姓であることは明らかなのである。

横地氏が藤原姓であることが確認できたことで注目しておきたいのは、駿河・遠江国の在地領主は藤原姓が多く、中でも藤原南家入江氏流の一族が多いとする点[20]との関連である。

具体的に横地氏が藤原氏のどの系譜に連なるかは確定できない。しかし、柳川公文書館所蔵の「系図略」（内題『譜諜　横地』江戸中期カ）と「系図案」（江戸後期カ）は重要な視点を提供する。同系図は横地氏を藤原南家貞嗣の系統としているからである。すなわち駿河・遠江両国においては藤原南家入江氏流が多いとする傾向に、藤原南家まては一致することになる。

さらに同系図では横地氏の先祖に遠江守の藤原信通[21]を位置付け、その子長通を横地氏祖とし、次子を勝間田氏祖の成長とする。『尊卑分脈』には長通は「永通」で確認できる。成長はおそらく「重通」が当たるのであろう。

信憑性はともかく本系図が横地氏の祖を藤原南家にまで繋げようとした視点は重要で、今後の出自及び中世初期の地域史の分析に重要な視点を提供することになる。

2　通字と勝間田氏との関係

一般に横地氏と勝間田氏は同族であるとされている。確かにこの説を裏付けるように両氏はセットで史料に散見する。この通説はどうであろうか。系図のすべてが近世の所産であることから、このことを明確に確認することは極めて困難といわねばならない。しかし、左記の表は両者が同族である可能性を示唆している。

この表は古文書及び記録に散見する横地氏及び勝間田氏の実名を掲げたものである。一見して両氏とも「長」を通字とする一族であることが確認できよう。通字は同族としてのアイデンティティを象徴的に示すものであり、このことから両氏が血縁的（もしくは擬制的）に同族であるとするのは間違いない。

さらに子細に見てみると興味深いことがわかる。通字の「長」の文字の使い方であるが、勝間田氏は一貫して実名の二字目に通字を使用するのに対して、横地氏は一字目に使用する事例の方が多い。

一般に国人クラスの家では、通字を嫡流では二字目に用い、庶流や擬制的な関係者は惣領に敬意を払って一字目に使用する。この原則に従えば、勝間田氏が嫡流で横地氏は庶流という関係にあったことになる。

しかし残念ながら横地氏・勝間田氏の惣庶関係は確証の限りではなく、可能性の指摘に止まる。ただし、両氏が「長」を通字とする一族であり、同族であることは確認してよいであろう。

表5-1　横地氏・勝間田氏実名表

	横地氏	出典	勝間田氏	出典
鎌倉期	太郎**長**重	吾妻鏡	平三成**長**	吾妻鏡
	太郎兵衛尉**長**直	吾妻鏡	三郎成**長**	吾妻鏡
	左衛門次郎**長**重	吾妻鏡	玄蕃助成**長**	吾妻鏡
	左衛門次郎師重	吾妻鏡		
南北朝期	但馬守直宣	奉加状	能登守佐**長**	後鑑
	周防守秀**長**	奉加状	能登守助**長**	太平記
	左京亮**長**連	天野文書		
	（因幡守カ）為**長**	天野文書		
	尾張守藤原**長**連	相国寺供養記		
室町期			兵庫助陸**長**	長享番帳
			太郎左衛門尉定**長**	八幡社参記
			越前守之**長**	天野文書

3　活動と性格

横地氏の性格を解明するために、史料に散見する状況を編年に確認してみたい。なお、横地氏の性格は一五世紀中頃に変化すると考えられるため、まず一五世紀前半までを概観する。

（1）鎌倉期以前

①保元元年（一一五六）七月一〇日『保元

物語』[22]
横地氏、保元の乱に際して、勝間田氏・井伊氏とともに源義朝に従い、出陣する。
②養和元年（一一八一）閏二月一七日　『吾妻鏡』[23]
横地長重・勝間田成長他、遠江守護安田義定に従い、浜松庄橋本に陣して平氏の襲来に備える。
③文治二年（一一八六）二月六日　『吾妻鏡』
一条能保の帰洛にともない、横地長重・勝田成長ほかの御家人が供を命じられる。
④文治二年（一一八六）八月一五日　『吾妻鏡』
鶴岡八幡宮放生会の流鏑馬において、横地長重が的立ちをする。
⑤建久元年（一一九〇）一一月七日　『吾妻鏡』
横地長重、源頼朝の上洛に際して、入京行列の後陣随兵の三四番に連なる。
⑥建久六年（一一九五）三月一〇日　『吾妻鏡』
横地長重、源頼朝の東大寺供養のために南都に向かい、勝間田成長とともに供奉行列に加わる。
⑦暦仁元年（一二三八）二月五日　『吾妻鏡』
将軍藤原頼経の掛川宿泊に際して、横地長直が奉行となり、遠江御家人が御所を造営する。
⑧暦仁元年（一二三八）二月六日　『吾妻鏡』
横地長直、鎌倉幕府将軍藤原頼経の掛川出立に際して、天龍川の舟橋の破損を注進する。
⑨暦仁二年（一二三九）正月一日　『吾妻鏡』
横地長直、椀飯の儀に際して馬を引く。
⑩建長二年（一二五〇）三月一日　『吾妻鏡』

閑院殿造営のために横地氏他に配分がなされる。

⑪正嘉二年（一二五八）正月六日『吾妻鏡』
幕府御的始めの射手に横地長重が選ばれる。(24)

⑫正嘉二年（一二五八）正月一五日『吾妻鏡』
幕府御的始めの射手を横地長重が務める。

⑬弘長元年（一二六一）正月九日『吾妻鏡』
横地長重、幕府御的始めの試しを前浜で行う。

⑭弘長元年（一二六一）正月一四日『吾妻鏡』
幕府御的始めの射手を横地長重が務める。

⑮弘長三年（一二六三）正月八日『吾妻鏡』
幕府御的始めの射手の選出に横地師重が参加する。

⑯弘長三年（一二六三）正月一二日『吾妻鏡』
幕府御弓始めの射手を横地師重が務める。

⑰文永二年（一二六五）正月一二日『吾妻鏡』
幕府御弓始めの射手を横地師重が務める。

⑱文永三年（一二六六）正月一一日『吾妻鏡』
幕府御弓始めの射手を横地師重が務める。

⑲延慶三年（一三一〇）『他阿上人家集』(25)
横地九郎左衛門新西、他阿真教と歌会を行う。

鎌倉期以前の様相は大半が『吾妻鏡』が典拠史料となる。しかし、概観すると横地氏の御家人としての活動がよく見えてくる。将軍等の要人の随兵としての活躍（③・⑤・⑥）、課役への対応（⑦・⑧・⑩）、幕府儀礼への参画（④・⑨・⑪・⑫・⑬・⑭・⑮・⑯・⑰・⑱）、戦争への参戦（①・②）、などと概観することができようか。

概して史料の性格もあるが、遠江国の在所での活躍よりも鎌倉などを中心とする幕府近辺での活躍が多いことが指摘できる。

内容的には的始めへの参画の史料は多い。これを横地氏の武芸の力量の高さを示すものとしてとらえるならば、将軍等の要人の随兵としての活躍や戦争への参戦なども同種の活躍として括ることができそうである。鎌倉期以前の横地氏のあり方として武芸の観点は重要と思われる。

これらの視点は典拠とする史料の性格のためとも考えられる。しかし、南北朝・室町期の横地氏を概観すると一概に否定することができなくなる。

（2）南北朝・室町期

①建武三年（一三三六）二月『参考太平記』(26)

横地氏・勝間田氏ほか足利尊氏の九州下向に従う。

②建武三年（一三三六）八月二〇日『鶴岡社務記録』(27)

横地養子小栗十郎、鶴岡八幡宮に乱入した悪党と戦い、死去する。

③建武三年（一三三六）九月「内田文書」(28)

横地・勝間田氏等、横地城等で南朝方と戦う。

④建武四年（一三三七）七月五日「蠹簡集残編」(29)

横地治部丞、松井助宗の三方原の合戦における軍功の証人となる。
⑤観応二年（一三五一）一一月　『参考太平記』(30)
鎌倉に向かう足利尊氏の軍勢に横地遠江守・勝間田三河守が属す。
⑥延文三年（一三五八）一二月二二日　『宝篋院殿将軍宣下記』(31)
足利義詮の将軍宣下に際して、参内の行列に横地山城守が加わる。(32)
⑦貞治二年（一三六三）三月　日　「六波羅蜜寺文書」(33)
六波羅蜜寺への将軍近習連署奉加状に横地直宣と横地秀長が名を連ねる。
⑧貞治六年（一三六七）三月　「太平記」(34)
足利義詮、中殿御会に赴く。その随行の兵に横地山城守が属す。
⑨応安三年（一三七〇）四月九日　「花営三代記」(35)
足利義満、六条新八幡宮・北野社・祇園社へ参る。横地為長が随行する。
⑩応安三年（一三七〇）一〇月　『今川記』(36)・『今川家譜』(37)
今川貞世、鎮西下向のために上洛する。鎮西派遣の軍勢に横地一族が加わる。
⑪応安五年（一三七二）二月一〇日　『花営三代記』
足利義満、六条新八幡宮・北野社・祇園社へ参る。横地為長・勝間田三河太郎が随行する。
⑫永和元年（一三七五）三月二七日　『花営三代記』
足利義満、石清水八幡宮へ参る。横地因幡守（為長ヵ）・勝間田修理亮が近習として随行する。
⑬永和元年（一三七五）四月二五日　『花営三代記』
足利義満、社参。横地因幡守（為長ヵ）・勝間田修理亮が近習として随行する。

⑭至徳三年（一三八六）六月二七日「富田仙助氏所蔵文書[38]」

横地長連、天野景隆との遠江国大峰・平山・犬居村地頭職をめぐる相論に負ける。

⑮明徳三年（一三九二）八月二八日「相国寺供養記[39]」

相国寺の落慶供養に向かう足利義満の行列の「五番」に横地長連が属す。

⑯永享一〇年（一四三八）九月『永享記[40]』・『今川記[41]』

永享の乱に際して、京都よりの派遣軍に横地・勝間田両氏が属し、横地某が箱根で討ち死にする。

⑰文安年間「文安年中御番帳[42]」

番帳の二番に横地太郎が記載される。

⑱宝徳・享禄年間「永享以来御番帳[43]」

番帳の二番に横地孫太郎が記載される。

南北朝・室町期の横地氏を概観すると、横地氏が幕府にとっての武力装置として活躍していることが鮮明になるのではなかろうか。足利義詮・義満期においては「近習[44]」として散見し、一五世紀中頃にあっては「奉公衆[45]」として御番帳に記載されるに至る。将軍の直属の武力装置であったことは明白である[46]。

このように鎌倉期から一五世紀中頃までの横地氏を概観すると、横地氏は鎌倉及び京都において武芸を以て直接に将軍に奉公する武士であった。しかしこの間における遠江国横地における活動は、文献史料では極めて確認しにくい。

4　所　領

都市で活動する横地氏を支えるのは、各地に所在したと思われる横地氏の所領であることはいうまでもない。しかし、その所領構成は明らかではない。遠江国外にも所在した可能性はあるが、その存在を確認するまでには至っていない。以下では横地氏の所領構成を明らかにすべく遠江国内に所在した所領を摘出し、構成内容を素描してみたい。

名字の地

現在の静岡県菊川町には「奥横地」「東横地」「西横地」の大字が谷に沿って東西一列に並んで所在する。言うまでもなくこの地は横地氏の本貫の地である。ただし残念ながらこの地を相伝するという譲状・安堵状などの明確な史料は発見できなかった。しかし地名から考えて本拠地であることは動かない。

問題はこの名字の地を中心とした広がりがどうなっていたのかである。

東は谷奥までと考えておきたい。山を隔てた東は現在の小笠町であることから、恐らくは別の領主の所領であろう。反対の西は菊川の河川を境とするものと思われる。それより西は内田庄となり、横地氏の権限は及んでいない。

北側については、河村庄との関連ということになる。しかし現在のところ、横地氏が河村庄に関わった事実はなく、河村庄は横地氏の領域外と考えられる。但し、横地の谷と繋がる牛渕川沿いの大字神尾（かんのお）については注意を要する。この地名は中世に存在したことは確認されていないが、語源が「加納」であった可能性がある。加納は荘園制下の新開発地で、新たに既存の荘園に追加された地域を指すことがある[47]。河村庄「加納」であるかどうか帰属関係は明確ではないが、ある時点の新開地であり、その時点が中世であるならば、隣接地の領主である横地氏の関与は想定しうると考えられる。今後の課題である。

次に南である。菊川町に南接する小笠町下平川について、横地氏の所領であったとする伝承がある。しかし文献史料からは明確に確認できなかった。但し、延文六年（一三六一）八月一六日沙弥成西寄進状（平田寺文書[48]）は注意を要する。同文書は棚草郷の薬師寺の住持職を平田寺の長老日峰和尚に寄進したものである。寄進者の沙弥成西は同日付で横地往生院の住持職も平田寺長老に寄進しており、横地に関連を持った人物であることが知られる。松本芳徳『史実横地一族』(49)はこの沙弥成西が横地氏であるとしているが、根拠が明確ではない。しかしながら明確に否定もできない。先に述べたが『他阿上人家集』(50)には「横地九郎左衛門新西」なる人物をみることができ、入道名に「西」の共通の文字を持つ。もし、成西が横地一族であるならば、横地氏の所領が下平川・棚草近辺まで広がっていたことになる。

横地の名字の地を中心にやや南北に広がる可能性が窺えたが、横地氏の中心所領は郡規模にまで広がることはない。隣接する勝間田氏が勝田庄を領していたことなどに比べると中心となる所領の規模は小さいといえる。横地氏の所領は、この名字の地の中心所領に加えて、以下の事例から他所にある多数の散在所領で構成されていたと考えられる。以下に確認された所領を概観する。

まずは先に確認した幕府御料所の「遠江国大峰・平山・犬居村地頭職」である。(51)管領斯波義将の奉書で出された裁決状は当該地と横地氏との関係を記している。

遠江国大峰・平山・犬居村地頭職事、横地左京亮長連父為長、去正平六年、就掠給之、可遵行之由、度々雖被仰守護人今河入道心省、任御事書之旨、心省観応三年八月十三日、成安堵之間、依不沙汰付、康暦二年十二月廿六日、長連申成料所之処、永徳二年八月廿五日、被止料所之儀畢、雖然、長連猶以就歎申之、去月廿一日、有其沙汰之処、於正平御下文者、申成料所之間、令棄置歟、至料所之段者、既被止其号之間、旁所被閣長連訴訟也、此上者、可被全領知状、依仰執達如件、

至徳三年(一三八六)六月廿七日　　左衛門佐（花押）

天野遠江入道殿

当初、正平六年（一三五一）に何らかの手段で当該地の宛行を得たと主張する。しかし、後段よりこの時に発給さ

れた「下文」は御料所にするという旨が記されたものであったとされる。結局は守護使による遵行はなされないまま天野氏に安堵された。その後、横地長連が御料所に編入されたとして恐らくは預け置きという形で知行していた。御料所の期間が過ぎていた後も当該地に権利を主張したので相論となったとされている。ここで注目したいのは本来は天野氏の所領であったが、御料所とされている期間についての横地氏の領有は問題とされていない点である。すなわちこの期間は横地氏が正当に当該地を領していたことになる。

このほかにも時限的な所領を、将軍との関係を背景として、横地氏は遠江国内に有していたのではなかろうか。

さらに確実な所領が掛川市内にあった。

　　遠州法多山仏供田・灯明田之事、

一　六町七段　浅羽庄内、　一　参町壱段　石野号内、

一　五段　横地方　曾我庄内、　一　六反　曾我庄内所々、

一　弐反三杖　高部郷内、　一　壱町　朝比奈三郎右兵衛尉寄進　曾我領家方、

一　六反　各和殿寄進、

右、如前々停止諸役、永寺務不可有相違、縦領主雖有相違、寄進之上者、不可有違乱、以此旨修造・勤行、可抽国家安詮之精誠之状如件、

天文十（一五四一）辛丑年二月十三日

治部大輔（花押）(52)

法多山(53)

今川義元が尊永寺に与えた安堵状である。記載が三筆に分かれてなされている。この相違は寺領となった経緯に由

来すると思われる。そのなかで肩に「横地方」と付されている曾我庄(54)の所領に注目したい。すなわち以前は横地氏の所領であったと解することが可能である。横地氏の名字の地以外の所領が1ヵ所確認できたことになる。

　また次のような史料もある。

　　父元辰年来令所務知行◦分之事、
一　駿州沓谷米銭之事、
（中略）
一　遠州横地分之事、
（中略）
右条々領掌畢、然者代々之判形、於朝比奈谷失却云々、雖然所務仕来分之儀者不可有相違、守此旨弥可励奉公者
也、仍如件、
　　閏五月二日　　　　　氏真判
　　　三浦小次郎殿(55)

　永禄一二年（一五六九）に三浦義次に発給された今川氏真の安堵状の写である。この文書によると遠州の横地分の所領は三浦氏に引き継がれていることになる。名字の地もこの中に属していたと考えてよい。しかし、記載のあり方があまりに概括的で詳細が不明であるのは明らかであろう。当事者間では当該地がどこであるか明らかなのであろうが、この史料からは詳細はわからない。しかし具体的な地名表記がなされていないことは、そのことが煩雑であることの反映であると思われる。とするならば横地氏の所領は名字の地の他、遠江国内に散在していた可能性を示唆すると思われる。

すなわち横地氏の所領構成は、（名字の地）＋（散在領）＋（御料所の預け置き）からなっており、名字の地を中心とした領域的なまとまりのある所領ではなく、曾我庄内の所領の存在に認められるごとく、遠江国内の各所に散在していたことが推定されるのである。

先に行動の分析から、横地氏を鎌倉及び京都において武芸をもって直接に将軍に奉公する武士であったとした。この考察に加えて、所領構成の状況を加味したときに、横地氏は一五世紀中頃迄は在地で一円的な領域＝「領」を構成する方向性を指向していなかったと考えられる。荘園公領制そして幕府の体制の枠の中で、将軍の傘下にあることによって自らの存在を得ていたといえる。

5　築城と領主制構造

横地氏の拠点である横地城は横地氏とどのような関係にあったのであろうか。以上の考察を踏まえ、このことに若干ながら検討を加えてみたい。

そもそも横地城の初見は建武三年（一三三六）のことである。

（前欠）
滝河原河合戦致軍忠畢、其後駿州馳越、属細河八郎殿御手、数十ケ日役所令警固之処、目代右京亮殿下国之間、則属于彼手、横地城幷丸崎・気多城令籠畢、今又参当御手、橋下・比々役所符中惣社上役所警固仕者也、仍為下給御証判、恐々言上如件、
建武三年十一月　日
承了　判（花押影）(56)

軍忠状の作成者は不明であるが、内田文書中の一点であることから、内田氏に関わる人物であると推測される。この文書等から建武三年の段階に横地城が存在していたことが確認される。既に確認し述べたが、この時期に横地氏と勝間田氏の一族が、遠江国内でも「横地城」に籠もるなどして南朝方と交戦していた。本文書はその状況を示すものである。

ただし注意しておかなければならないのは、この文書の「横地城」がそのまま現在の遺跡名称として馴染みのある横地城を直接には意味しないことである。現状の考古学的成果では当該期に横地城が存在していたことは確認できていない。すなわち別の箇所に別の横地城が存在していた可能性も有しているのである。[57]「横地城」の比定地の確定は今後の研究の成果を待ちたい。

横地城はこのほかの良質な文献史料には見ることはできない。しかし通説としていわれているように、文明八年（一四七六）二月頃に今川義忠によって横地氏が滅亡したとする点は動かし難い。この時点では横地城が存在したのは確かであろう。[58]

では横地城はいつ頃に築城された山城なのであろうか。総合調査で行われた試掘調査によると一五世紀中頃から一五世紀後半との知見を得ている。[59] 現在残る遺構（図5－1参照）をみても、堀切・削平地・竪堀の組み合わせが主たる構造となり、複雑な遺構も持たない素朴な山城という所見が得られる。いわば「古めの山城」との印象を持ち、考古学的年代観に異を唱える必要性を感じない。[60] すなわち、横地城は一五世紀中頃以降文明八年に至るまでの期間、およそ二〇～三〇年間存続した山城となる。

さて先に「永享以来御番帳」にいたるまでの横地氏の行動を概観したが、それ以降の横地城に並行する時期の横地氏はいかなる状況であったか。以下に考察を加え、横地城との関連について触れてみたい。

去八月廿二日、同廿三日令発向狩野七郎右衛門尉館、被官輩数多被疵致粉骨、被責落要害之旨注進之趣、奉行人

披露了、神妙候、仍被成下御感奉書候、御面目候、向後弥可被励忠功候、恐々、

十　十六

勝田修理亮へ

横地鶴寿へ(61)

『親元日記』に書き留められた寛正六年（一四六五）一〇月一五日付の蜷川親元の書状である。寛正六年に所領問題を契機として遠江・駿河領国で対立が起き、戦乱に至った。この事件は『宗長手記』にも見えており(62)、今川義忠が狩野一族の籠もる府中の要害を攻め落としている。この事件の中で遠江守護斯波氏の被官狩野七郎右衛門尉を(63)討伐したのが勝田修理亮と横地鶴寿であった。横地氏の遠江国内での活動を示す極めて珍しい記事といえる。

この次に確認される横地氏の動向は『今川家譜』に見える記事である(64)。この記事は寛正七年（一四六六）に横地・勝間田両氏が今川義忠と小夜の中山で戦ったとするものである。ただしこの事件については他に史料がなく、詳細が把握できない。

そして最後に文明八年の滅亡関係の史料が続くことになる(65)。

寛正七年の事件も含め最末期の事例が、いずれも遠江国内での活動であるという点に注目したい。少なくともこれ以前の横地氏は、将軍の近くで将軍の行動に伴う活動であったが、この時点では将軍とは直接の関連のない地域間紛争の軍事行動という活動になっている。行動を支える背景が将軍であるかないかという相違が存在することになる。このことを横地氏の領主としての性格の変化と考えたい。

横地城の考古学調査の成果は、この変化と即応して横地城が存続していたとしている。この横地氏の変化と横地城の実在という二点の連関を認めてよいであろう。すなわち、将軍の近辺を活動の場としていた横地氏が、遠江国内へと活動の場を転換し、その活動の基点として横地城を築城し維持したと考えることである。都市に居住する領主から

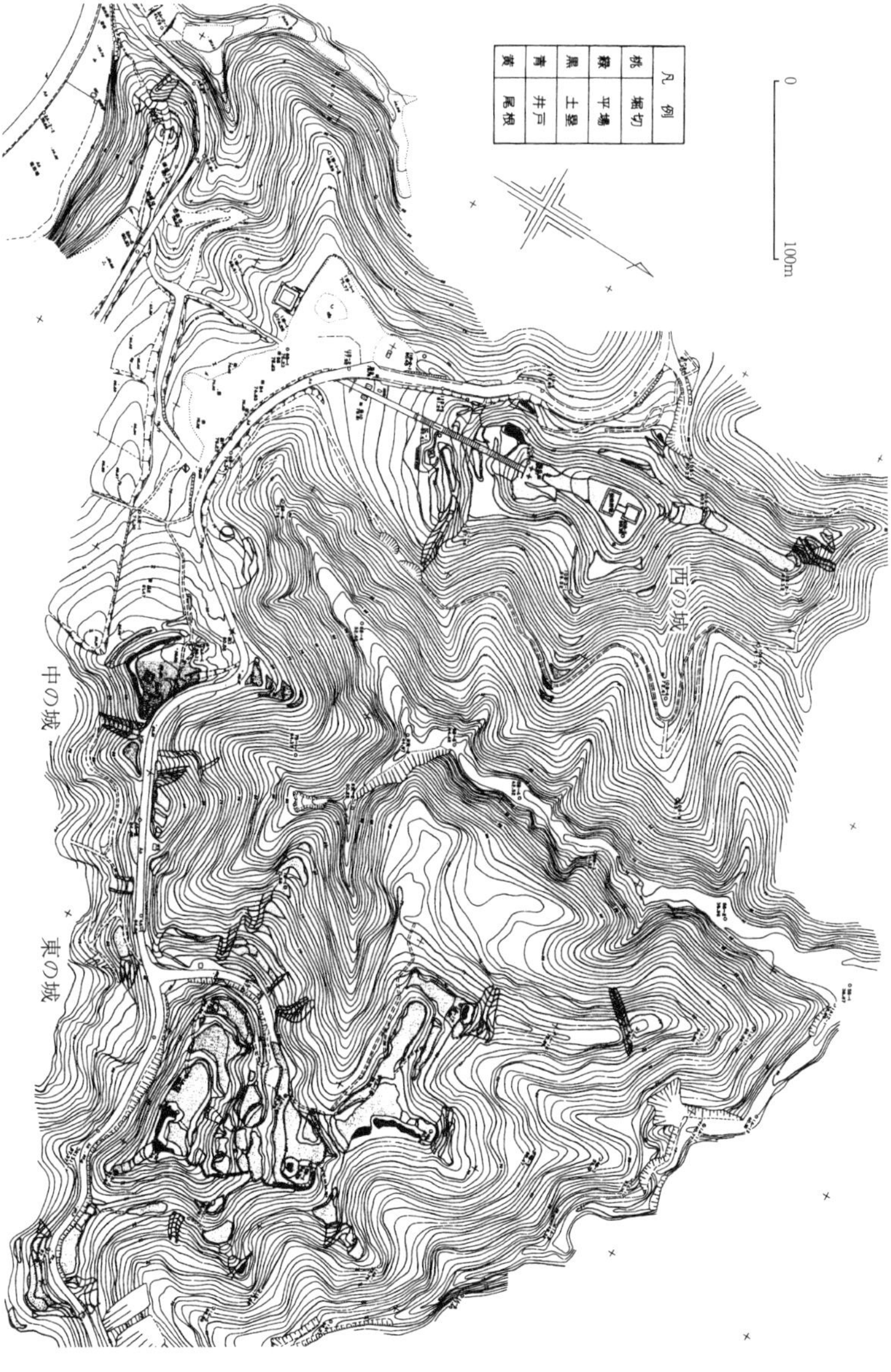

図5-1　横地城測量図

＊『静岡県指定史跡横地城跡――総合調査報告書』（静岡県菊川町教育委員会，1999）の別図に加筆して作成．

在地の領主へと転換した。この変化と横地城築城は密接に関連していると考えたい。

さらに蛇足ながら付け加えておきたい。先の『親元日記』の書状の横地氏は「鶴寿」という幼名を名乗っていた。狩野氏討伐にあたっては幼主「鶴寿」を支える構造が横地家の内部にあったことになる。またこれに先立つ史料である「永享以来御番帳」の横地氏の仮名は「孫太郎」であった。ここでも官途を名乗っていないことから、横地家の当主は若い人物である可能性がある。

そして両者ともに惣領とするならばこの間に世代交代があったことになる。世代交代と時期を同じくして京都から横地への活動地の移転があったことになる。大きな転換点にあって横地家当主の指導力は期待できるものではなかっただろう。

少なくとも「鶴寿」の頃には横地家内に幼主を支える構造があったことは間違いないであろう。時代的に考えて、整ったピラミッド構造をなすという家の構造よりは、一族一揆により支えられていた家の構造であると考える方が可能性が高いと思われる。明確な一揆契状を交わしたものではないとしても、横地氏の近親者による集団指導体制という家の構造が考えられるのである。

そして、もし横地家の家の構造がこのようであるならば、横地城の構造に一定の説明が可能となるのである。すなわち山城が独立する三つのピークを持ち、それぞれに東の城、中の城、西の城という小さな城郭がある。その3ヵ所が連結し総体として横地城を構成するという縄張になっている。小さな家の連合体という横地氏の家の構造が横地城の縄張に反映されているのではなかろうか。

小　結

横地氏を巡る文献史料は決して多くない。少ない史料から描かれた横地氏像は以上のようであった。要点を記し、概括するならば次のようになる。
①横地氏は源姓ではなく、藤原姓であり、東海の大半の諸領主と同様に藤原南家に系譜を引く一族の可能性があること。
②横地氏は「長」を通字とする一族で、勝間田氏と同族であると考えられること。
③横地氏は鎌倉・室町両幕府のもとでは将軍の近いところで武芸をもって仕えていたこと。
④所領は名字の地を中心に遠江国内に散在していたこと。
⑤一五世紀中頃に横地の存在形態に性格の転換があり、行動の場が都市から在地へと移転する。そしてその動向に即応して横地城を営んだこと。

一五世紀中頃の転換を、都市の暴力装置から在地領主への転換と言い得るならば、このことの持つ意味は大きい。この転換を本章では横地氏の領主としての性格の変化と捉えたい。この性格の変化が自らの基盤の地に横地城を必要としたのであると考えるのは飛躍ではなかろう。

注

（1）横地城保存会、一九七九
（2）私家版、刊行年不詳。なお本章の系譜の検討もこの成果に負うところが多々ある。
（3）私家版、一九九八
（4）大類伸監修（人物往来社、一九六七）。この段階では遺構についてはその存在についてのみの指摘で、構造の分析には至っていない。おもに横地氏の歴史の叙述に終始している。

(5) 児玉幸多・坪井清足監修（新人物往来社、一九七九）

(6) 静岡県教育委員会文化課編、静岡県文化財調査報告書第二三集（静岡県文化財協会、一九八一）

(7) 小和田哲男監修（郷土出版、一九九四）

(8) 前掲注(1)書

(9)『静岡県史　通史編2　中世』（静岡県、一九九八）三二頁

(10) 横地勝則（前掲注(2)書の著者）は、調査のおり、源姓の根拠について疑問を呈された。また津川文一郎『考証のバラード』（前掲注(3)書）も藤原姓であり、源姓とするのは近世の偽系図によるとしている。

(11) 仕立ては一紙が縦一九・八cm、横九三・七cmの紙を一二紙貼り継ぐ巻子装。軸は白木で一部破損。二重箱に収納される。内箱は黒塗りで蓋の中央に金泥で「横地系図」と縦書きする。外箱は杉材の合わせ箱。なお以下の系図に関わる叙述は調査の成果による。

(12) 続群書類従完成会、一九六八

(13) 断絶した諸家の系図集。文化六年（一八〇九）成立。

(14)『寛永諸家系図伝　第十二』（続群書類従完成会、一九八八）

(15)『新訂寛政重修諸家譜　第十七』（続群書類従完成会、一九六五）

(16) 柳川公文書館分類「系図類7　横地氏系図」。追記はあるものの基本的に一筆で、正徳四年（一七一四）の記事を最後の年期とする。

(17) 柳川公文書館分類「系図類8　系図案」。本書は前掲注(16)系図の写本と思われる。但し注(16)系図の欠紙部分を書きとどめる。追記はあるものの、基本的には一筆で文政五年（一八二二）を最後の記述とする。

(18) 柳川公文書館以外は前掲注(2)書による。

(19)『群書類従　第二十四輯　釈家部』

（20）前掲注（9）書、二六～三三頁
（21）遠江守任官は『尊卑分脈』で確認できる。なお同系図では「言通」と記されている。
（22）『静岡県史　資料編4　古代』（静岡県、一九八九）
（23）『国史大系　吾妻鏡』同日条。以下、『吾妻鏡』よりの引用等は本書によるとし、注記を略す。
（24）幕初の段階でも横地長重が登場する。しかしここでの長重は仮名が左衛門次郎となっており、以前の長重の仮名が太郎であることと相違する。また、後述する弘長三年以降、横地左衛門次郎は師重と名乗っており、左衛門次郎長重と師重は同一人物と思われる。
（25）『静岡県一』一六一八
（26）国書刊行会『参考太平記』巻第十六「尊氏下向筑紫事」
（27）鶴岡叢書第二輯『鶴岡社務記録』同日条
（28）『静岡県二』一四〇
（29）『静岡県二』一六三
（30）『参考太平記』巻第三十「薩埵山合戦　附尊氏兄弟重和睦事」（国書刊行会）
（31）『続群書類従』第四百五
（32）原典には「横大路山城守」とある。しかし、近従であると見られ、かつ貞治六年にも「横地山城守」が確認されることから、横地山城守と推定した。
（33）『静岡県指定史跡　横地城跡　総合調査報告書　資料編』（菊川町教育委員会、二〇〇〇）第一章40
（34）日本古典文学大系『太平記三』第四十「中殿御会事」
（35）『群書類従』第二十六輯雑部。以下、「花営三代記」の出典は同じ。
（36）『静岡県二』八二四
（37）『静岡県二』八二五

(38)『静岡県二』一〇四四
(39)前掲注(19)参照
(40)『小山町』五九八
(41)『静岡県二』一九五五
(42)『群書類従』巻第五百十一。同番帳は福田豊彦『室町幕府と国人一揆』(吉川弘文館、一九九五)によれば、文安元年(一四四四)五月~同六年正月の成立とする。
(43)『群書類従』巻第五百十一。同番帳は福田豊彦(前掲注(42)書参照)によれば、宝徳二年(一四五〇)正月~享徳四年(一四五五)正月の成立とする。
(44)将軍に近侍する役。日常的には将軍の警護にあたり、戦時には親衛隊の役を果たしたとされる。前掲注(42)書参照
(45)室町幕府の直勤御家人。足利義満から義持の頃に整備され五番に編成された。前掲注(42)書参照
(46)⑭のみ例外のように見えるが、この相論も横地氏への御料所の預け置きに端を発しており、預け置きが近習であったことに由来する可能性を含んでいる。
(47)越後国の国人色部氏の所領は小泉庄加納といい、後に加納庄と称され、小泉庄から分離して呼ばれるようになる。
(48)『静岡県二』六一八
(49)前掲注(1)参照
(50)『静岡県二』一六一八
(51)『静岡県二』一〇四四
(52)『静岡県三』一五四二
(53)静岡県袋井市豊沢
(54)掛川市西南部に所在した荘園。鎌倉期より存在する。
(55)『静岡県三』三七五八

(56)『静岡県三』一四四。なお本文書に関連する文書が『静岡県三』一四〇である。
(57) 当該期にあっては日常の居館に急遽造作を施し、「城」と称した例がある（齋藤慎一「本拠の展開」〔石井進・萩原三雄編『中世の城と考古学』新人物往来社、一九九一〕、後に『中世東国の領域と城館』〔吉川弘文館、二〇〇二〕所収）参照。この横地城もあるいは従来の居館が武装化したものではなかろうか。
(58) 松本芳徳前掲書以来、横地城は文明八年に今川義忠に攻められ落城したとされている。横地城の南側の山地には今川義忠の陣所の伝承地も伝わる（ただし、この地を実見したが、狭小な地であり、陣所の遺構もなく、疑問なしとはしない）。しかし、明確に横地城落城を記す記録はない。加えて『今川記』（『静岡県二』二六三一）には、横地・勝間田両氏は遠江府中にあった「故狩野介か館を城郭にかまへ楯籠」と記し、今川義忠はこの城館を攻めたと記している。既に『日本城郭体系』も文明八年横地城落城には慎重な見解を示しており、今後さらに検討が望まれる。
(59) 前掲注(33)書
(60) 従来は二重堀切や横堀とも評価できる堀切等の存在から、その後の改修を想定する意見があった。基本的にこの視点は現在も意味を持っている。しかし、今日では発掘調査の成果より年代を一六世紀まで引き下げる根拠がなく、落城時点までの中で考えることがよいと考えている。
(61)『静岡県二』二四九三
(62)『静岡県二』二四九四
(63) 在国については『静岡県史　通史編２　中世』三八一頁の論及、および『静岡県二』二四七〇による。
(64)『静岡県二』二四九六
(65)『静岡県二』二六二六・二八〜三二が関連する一連の史料。

第六章　遠江国沿岸荘園の空間

地域史研究の方法の一つとして荘園現地調査による空間把握の方法がある。この手法による調査が活発化してかなりの年数が経ち、九州や中国・近畿地方などの西国で重要な成果が生み出されている。反面、東日本では荘園文書の残存にも影響され、荘園調査は低調で具体的な成果もさほどない。

そのような研究状況の下にあって遠江国は荘園現地調査を実施すべき未着手の地といえる。例えば、菊川町の北部には河村庄という賀茂社領荘園があった。関連する文書は多くはないが、同所には「本所」「西方」「公文名」「堀ノ内」「半済」などの地名が大字で残っている。この地名だけでも一四世紀の荘園世界がイメージできそうである。

河村庄に限らず今回フィールドとした東遠江では地名などを頼りに、空間がある程度復元できる荘園が多い。本章では相良庄・笠原庄・勝田庄の三つの荘園を取り上げ、荘園の空間を具体的に復元し、その機能について分析を加えてみたい。復元する空間の年代は主として一三世紀後半から一五世紀と考えている。

1　相良庄の中心と湊

相良庄は相良町域を荘域として広がる蓮華王院領荘園である(1)。荘域を北西から南東へ萩間川が流れ、南東面には駿河湾が広がる。伝領など荘園の概略については『相良町史』(2)や『講座日本荘園史』などに詳しい。また拙稿「遠江国相良庄の伝領と空間構成――平田寺文書の分析から」[3]でも、庄内に所在する平田寺の文書から触れたことがある。

（1）相良庄の分割――西方と東方

相良庄には鎌倉時代より西方と東方の区分が存在する。荘内に存在した平田寺（相良町大江）の文書には「東方」の文言を見ることができる。所蔵する平田寺の地は東方に存在したと確認でき、同文書中の遠江国平田院領坪付注文[4]に記載される平田村・海老江村・中村・大依村も東方に属したと考えられる。

これに対して西方は次の史料に確認できる。天文一一年（一五四二）三月一六日付今川義元判物[5]には「遠州相良西方菅谷村之内花蔵院領之事」、天文一九年（一五五〇）正月二八日付今川義元判物[6]には「遠州相良庄西方之内海雲寺事」とあり、いずれも天文年間の文書であるが、「西方」の呼称が記載される。西方に属したのは、菅ヶ谷と海雲寺が所在する須々木である。また平田寺文書中には後掲の【史料1】にも「西方」の文言が見える。

おおよそ萩間川東岸が東方、西岸が西方に区分される。そして岩淵と大依が東方に属するのであろうから、菅ヶ谷川と萩間川合流点より上流の萩間川両岸は東方に属すると推測される[7]。

ところでこの東方と西方の区分にはいかなる意味があるのだろうか。そのことを次の文書から探ってみたい。

【史料1】相良庄預所某下文[8]

下　相良庄東方岩淵新阿弥陀堂
　寺田伍段　野畠参段
右、以人為彼職、天長地久・御願円満御祈禱、無懈怠可令勤行者也、但彼寺田依有本西方、今者一宮之大般若田伍段奉寄進之処也、四至境殺生禁断可任先例、仍所宛行如件、
　永仁参年（一二九五）三月廿六日

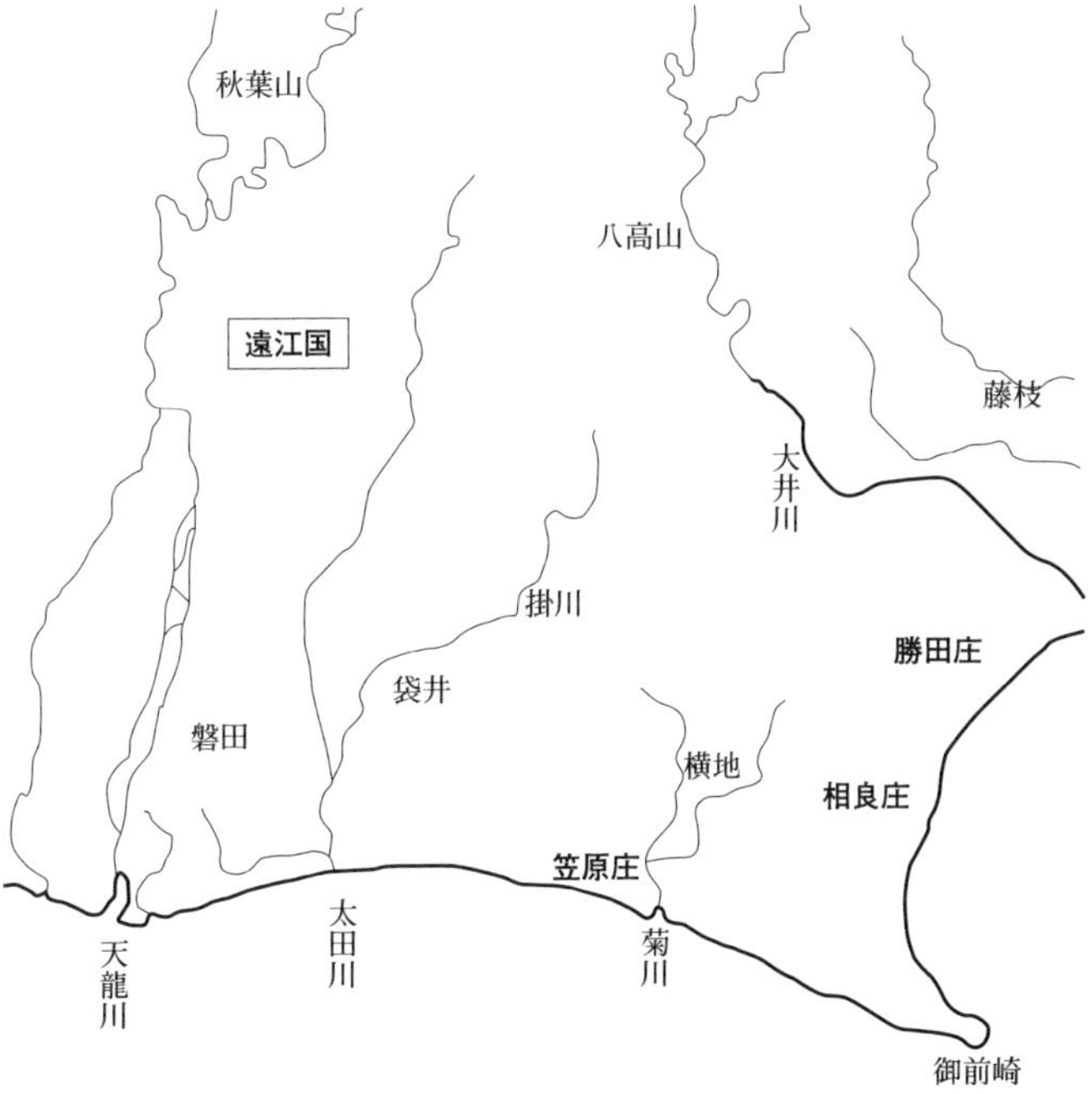

図6-1　荘園位置図

預所沙弥（花押）

この文書は東方岩淵新阿弥陀堂への田畠寄進の文書である。ところが寄進の契機について同文書では、「但彼寺田依有本西方」と記載している。寺田は以前は西方にしたが、今はその状態のままでは具合が悪いので、新たに「一宮之大般若田伍段」を寄進したと解せる(9)。東方・西方の区分に則して、それぞれの地域に属する寺院の所領を整理していることになる。これ以前には、東方の寺社の所領が西方にあっても問題がなかったか、あるいはこの時点で東西の区分が初めてできたことを示している。

とするならばこの東西への分割は下地中分によると考えることができるのではなかろうか。東方の平田寺文書には領家の存在を示す文書が数点ほど存在するが、地頭に関わる史料は見られなかった。東方が領家方で西方が地頭方であったと思われる。下地中分と理解するならば、東西分割の年代は、【史料1】の永仁三年もし

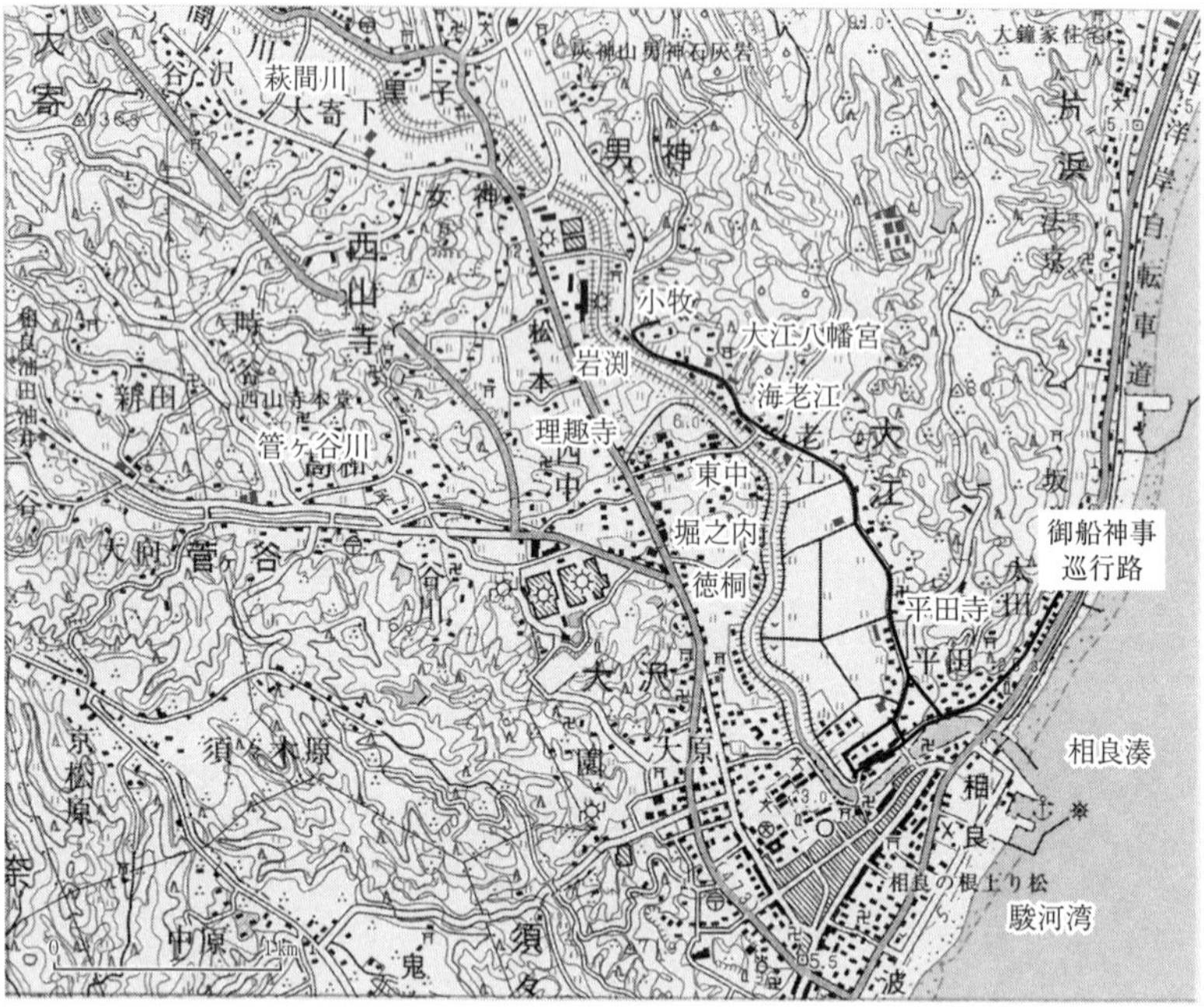

図6-2　相良庄関係図

＊国土地理院発行1:50,000地形図「掛川」を基礎に加筆して作成.

くはその直前と考える方が妥当であろう。

このように考えると、いくつかの点について説明が可能となる。【史料1】で寺領が整理された岩淵阿弥陀堂は新阿弥陀堂と呼称されており、以前は西方に所領があった。もともと相良庄の阿弥陀堂は西方にあり、東方にはなかった。[10]「新」の文字が付されるように、下地中分に伴って新たに東方内に阿弥陀堂を建立し、その寺田を寄進した。西方から分けられて、東方の阿弥陀堂として、新たに政治的に創出された寺院なのであろう。【史料1】の背景はこのように考えられるのではなかろうか。

また遠江国平田院領坪付注文[11]には平田村・海老江村・大依村と並び「一、中村」が立項されている。同注文には中村に「田所屋敷」が存在したことが確認できる。中村に庄官の屋敷が存在したことになる。

現在、中村は「東中」と「西中」の東西に分割されている。東中には【史料1】で検討した岩淵新阿弥陀堂を継承した理趣寺の旧在地がある[12]。【史料1】の背景から考えても理趣寺は東方の寺院であろう。しかし、坪付注文にあって単独の村として名を留める中村が、東西に分割され、江戸時代においてはすでに東中村は大江郷に、西中村は相良郷へと、異なる郷に帰属していた。

また東中については後述する大江八幡宮の御船神事についても興味深い事例がある[13]。神事は大江八幡宮と濱をおよその両端として、一定の領域を巡行するもので（図6－2参照）、国指定重要無形民俗文化財に指定されている。この巡行に際して、東中へはわざわざ萩間川を渡河して巡行するものの、西中には巡行しない。この巡行の差について、現在では大字大江に属するか否かと説明されている。

中村が東中・西中に分割される背景にはそれなりの意義を考える必要がありそうである。坪付注文の年代とは前後してしまうが、この差は中村の分割の背景に下地中分との関係が考えられないであろうか。荘園の重要地であるがために東西に分割され、それぞれに帰属したと考えられないだろうか。

一三世紀の後半、相良庄は下地中分され、領家方の東方、地頭方の西方に分割され、それにともなった寺領や荘園機構の整理がなされた。そのようなことが推測できるのではなかろうか。

（2）堀之内と八幡宮

①堀之内

相良庄内に「堀之内」の字が存在する。一般的に堀ノ内の字地には在地領主の居館の場所と想定されることが多く、相良氏が構えた居館候補地の1ヵ所となっている。実に正応六年（一二九三）七月二〇日付相良頼氏上蓮譲状写[14]には「譲与　遠江国相良堀内・重松、肥後□（国球磨郡カ）豊永・多良木村・□同郡人吉□（庄地頭職カ）職事」という記載があり、相良氏が荘内の堀内の地を持っていたことが見える。従来、この部分について「堀内重松」と一語で解していた。しかし直前の「相良」には「庄」の字が脱落していると考えられることから、「相良堀内重松」の文言には村や郷などの単位呼称の省略があることを想定しなければならない。加えて堀之内を居館とし、重松をその名称と解するならば、重松堀内と表記しなければならない。すなわちこの文言は相良庄内の堀内と重松という単位（郷・村・名など）と読むことになる。「堀内」が居館であるかないかはともかく、所領単位としての「堀内」がまず確認でき、そしてその地が現在の字堀之内に比定されることは間違いあるまい。

ところで相良氏の居館の地であるが、現在では3ヵ所が想定されている。1ヵ所目は東中館と呼ばれる東中の内である。しかしこの地には理趣寺が一四世紀には存在しており、かつ領家方である東方に属する地である。理趣寺以前かつ下地中分以前に居館であった可能性を残すが、相良氏の居館であるとする具体的な根拠はない[15]。とりあえず居館であった可能性は低い。

次に比定されている候補地が大沢字川向、通称中島の相良館（平田城）である。萩間川東岸にあたり、水田面より約一・五m程高く、三〇m×一〇m、一五m×一〇mの島状の地がその場所である[16]。ここを居館の地とするのは伝承が根拠で、『遠江国風土記伝』以来、清水久夫[17]などが主張する説である。同所は現在では萩間川の東岸にあたるが、地名が西岸の大沢に帰属する。したがって以前においては西岸に存在したはずである。その意味では可能性はある。しかし当該地は萩間川河口近くの氾濫原の中と推測される。周辺は町場が設定できない場所であり、そのような場所に単体で居館のみが存在することは考えにくい。私見ではこの場所に相良氏の居館を想定することは難しいと考える。

最後に残るのが堀之内となる。この場所が居館の地であるとする根拠は堀之内の地名が残ることである。先に掲げたように史料的にも相良氏が支配した根拠があり、可能性は高い。加えて、同所から白磁玉縁碗の口縁破片が採集されている[18]。今後の調査次第であるが、私見では目下のところ一番可能性が高い候補地である。

さらに興味深い伝承がある。「堀之内」の南に接して「徳村」という旧村がある。この村名の語源は、天平勝宝三年（七五一）に天下徳政の高札が建立されたという伝承による[19]。徳政という語は明らかに中世語であり、天平勝宝三年には遡らない。しかし遠江国平田院領坪付注文[20]には「徳政村」の地名を確認でき、現在の徳村に比定されることから、おおよそ地名の語源に関する伝承は鎌倉時代には出来上がっていたと考えられる。とするならば何らかの鎌倉期の徳政に関わる出来事が地名の語源になったと推測することができる。伝承が説く「高札の建立」のような徳政の告知が行われるような場所と理解した際、この地が「堀之内」の南面に位置するという空間的な意味は重要であろう。耳を傾けるべき伝承に思える。

以上のように相良氏の重要拠点としての「堀之内」を確認しておきたい。

②大江八幡宮

大江字小牧に大江八幡宮が鎮座する。同社の神事には御船神事・流鏑馬・神輿渡御があり、縁起によると同社の創建は鎌倉時代に遡るという。創建については次のように紹介されている[21]。

弘安七年（一二八四）相良の領家一条三位憲藤が、守護神として鎌倉鶴岡八幡宮を東中村居館に祀ったが、ある夜の夢枕に小牧山に神人が現れたため、邸内に祀るのは恐れ多いとして、嘉暦二年（一三二七）小巻山（小牧山）に祀り、最寄り10ヵ村の産土神にしたという。

この創建縁起には多分に混乱が見られる。一条三位憲藤は「平田寺草創記[22]」にも見える人物で詳細がわからない。領家が東中居館を経営するとする点は取り違えがあるように思える。また領家が鶴岡八幡宮を分祀したとする点も検討の余地がある。

しかし、全くの誤伝であるとすることもできない。例えば、遠江国平田院領坪付注文[23]には「小牧馬場」の地名を見ることができる。小牧の地は縁起が語るごとく大江八幡宮が鎮座する地である。現在の社殿の南西には「馬場」の小字が伝えられ、坪付注文の「小牧馬場」の地に比定される。大江八幡宮の神事として流鏑馬が行われていることを鑑みれば、この神事はこの馬場で行われていたと考えられ、流鏑馬の起源は鎌倉期にまで遡る可能性がある。建武四年（一三三七）には大江八幡宮は小牧の地に鎮座していたと考えてよいだろう。(24) そして、大江八幡宮が鶴岡八幡宮の分祀であるならば、その創建に武家すなわち相良氏が関わったと想定することに、それほど無理はなかろう。縁起が説くように小牧山に鎮座する以前には居館(25)の中に祀られたとする点は真偽を明らかにできないが、注意を払っておきたい。つまり、大江八幡宮は相良庄の領主（おそらく相良氏）と関連して、遅くとも鎌倉末期には創建されていたと考えられるのである。(26) 相良庄の空間を考える上での重要なランドマークである。

以上の相良庄に関する政治的・儀礼的な機関・施設が中村（東中）・堀之内・徳村を中心とした地域に集中していることが確認できるのではなかろうか。相良庄の政治的中心地がこの付近に構えられていたことは間違いなかろう。このように解すると「中」という地名は荘園の空間を考える上で重要な地名であると指摘できる。

（3）相良湊と萩間川

相良庄内の諸機関、中村内の田所屋敷・堀之内・徳村・大江八幡宮について触れてきた。復原した相良庄の中心空間は萩間川を河口からやや遡ったところにあたる。河口には相良湊があったと推定されるが、経済的な要地である湊からやや隔たった場所に政治的中心地がある、という荘園の空間構成は注目してよい。そして、政治的中心地からやや離れ、河口に近い位置に平田寺があることは重要である。空間構成から平田寺は湊との関連が考えられることになる。戦国期には平田寺は当然のことながら今川氏との関連があり、その文書の中で平田寺が相良湊と関連していたことが示されている。

【史料2】今川義元判物(27)

遠州相良庄之内平田寺領内船壱艘事、

右、為野菜運送之船、公方役無代官以下之綺、停止諸役、所令寄進也、仍如件、

八月廿七日治部大輔（花押）

平田寺

【史料3】今川氏真判物(28)

遠江国相良庄平田寺之事

（中略）

一、寺領湊廻船諸商買船役等、如前々収務不可有相違、并野菜船壱艘船方共、停止諸役之上者、不可有地頭・代官之綺事、

（中略）

右条々、任先判形并印判之旨、永不可有相違者、守此旨、弥可被専修造・勤行等之状如件、

永禄四辛酉年（一五六一）三月十八日　氏真（花押）

平田寺方丈

【史料4】今川氏真禁制(29)

禁制（朱印、印文「如律令」）

（中略）

一、湊役、自往古為寺領寄進之処、各無沙汰之事、并当寺領中本末共、時々地頭・代官・百姓等、前々無其綺之

処、構新儀事、
（中略）
右条々、任天沢寺殿判形・印判之旨畢、若於有背此旨輩者、依披露可加下知者也、如件、
永禄九年（一五六六）
五月四日
平田寺

【史料2】では野菜運送の船一艘について諸役が免除されている。【史料3】では【史料2】で認められた野菜運送船一艘についての諸役免除に加え、「寺領湊廻船諸商買船役」の徴収が確認されている。おそらくこの【史料3】の内容と同義と思われるが、【史料4】では「湊役」が往古より寄進された寺領として確認されている。

以上、平田寺は今川氏より相良湊に関わる権利を認められていた。この権利がいつまで遡るか不明であるが、平田寺と相良湊の関係は太平洋海運を考える上で重要な視点を提供している。

戦国期の平田寺文書の内、【史料3】【史料4】は平田寺に対して湊に関する権限を保障していた。「湊役」の文言は明らかに湊に関与する平田寺の存在を示していた。そして、湊と政治的中心地を連結していたのが萩間川であり、おそらく、両地域を河川水運が結んでいたと思われる。時代がやや異なるが【史料2】【史料3】に見える「野菜船」とは河口部と内陸の野菜運送を示した語であろう。野菜の運搬という運送業を平田寺が行っていたのではなかろうか。

中世相良庄という地域社会において平田寺は水運を梃子に重要な役割を担っていたと推測できよう。

2　笠原庄と土方・高天神城

笠原庄は菊川河口部を中心に遠州灘に沿って広がる荘園である。旧浜岡町・大東町・大須賀町・小笠町および袋井市の一部を荘域とした。関連する文書は中山文書（静岡県御前崎市）に多く残る。笠原庄は九世紀には成立していたらしく、源俊房家が家領としていたことが窺え[30]、その後、関白藤原頼通および平重盛が領主権を所持した。鎌倉時代になると賀茂斎院領となっており、中央の権門の関与が絶えず見える荘園である。

（1）浜野浦

笠原庄の太平洋岸、菊川の河口には浜野浦という湊があった。菊川が太平洋に注ぐ手前で砂丘に阻まれ、東に向けて大きく湾曲する。湊はこのあたりにあった。まずは戦国期の史料であるが、湊の存在を確認してみたい[31]。

【史料5】今川氏真判物写[32]

遠州大坂之内知行浜野浦爾繋置新船壱艘之事、
右、於諸浦・諸湊幷船役舟別、為新恩永令免許畢、不準自余之条、役等一切不可有之、同立使肴買等不可申懸之、
雖然海賊惣次之時者、櫓手役可勤之者也、仍如件、

右ニ同

永禄五壬戌年（一五六二）

正月十一日　　氏真判

興津摂津守殿

浜野浦に係留された新船壱艘の諸役を今川氏真が免許した文書である。浜野浦という湊の存在を語っている。続く永禄一二年（一五六九）正月二〇日、小笠原清有に宛てられた徳川家康判物において「今度宛行知行事」として、「一、参百貫文　大坂西方・同浜野村舟共」という記載がある。浜野が湊であったことを示唆しており、今川氏没落後も徳川家康が湊を視野に収めていることが確認できる。[33] 戦国期に浜野浦の存在は確実である。

宛所である興津氏と浜野浦の関係は、天文三年（一五三四）に初見がある。[34] この時、浜野浦を含む大坂西方を安堵している。同氏は駿河国興津郷（静岡市興津）を本拠としており、今川水軍の中心的な人物であった。「海賊惣次」と記載され、今川家による水軍出動の命令が発せられた時は、「櫓手役」（漕ぎ手）を務めるよう命じられていることからも、興津氏が浜野浦に配置される背景には、今川水軍の政策的な要請があったと考えられる。

湊に関連して、海運に関連する鹿島神社が所在する。現在の菊川の河口近く、河川が大きく湾曲する付近の両岸、大東町三俣および同国包に鎮座する。両者とも正確な創建年代は不詳であるが、ともに中世に遡る伝承を有している。[35] 湊を考えるに際して鹿島社が鎮座することについては注意を払う必要があろう。

戦国期には明らかに存在する浜野浦であるが、菊川の河口という地形的条件などを考慮すると、その存在はさらに遡ることは間違いない。

中山文書中、端裏に「笠原庄地頭代々次第」と書かれた、歴代の地頭を列記した文書がある。[36] その文書に従うと鎌倉時代末に至るまで次のような変遷を辿った。

平家小松殿（平重盛）―一条次郎殿（一条忠頼）―十郎左衛門尉殿（佐原義連）―森入道殿（毛利季光）―中城介殿（安達義景）―城陸奥入道殿（安達泰盛）―潮音院殿（北条時宗夫人）―当御代（安達時顕）

この部分の分析は筧雅博が詳細に行っている。[37] 筧の分析のとおり、佐原義連から毛利季光に至るまでは三浦氏系の

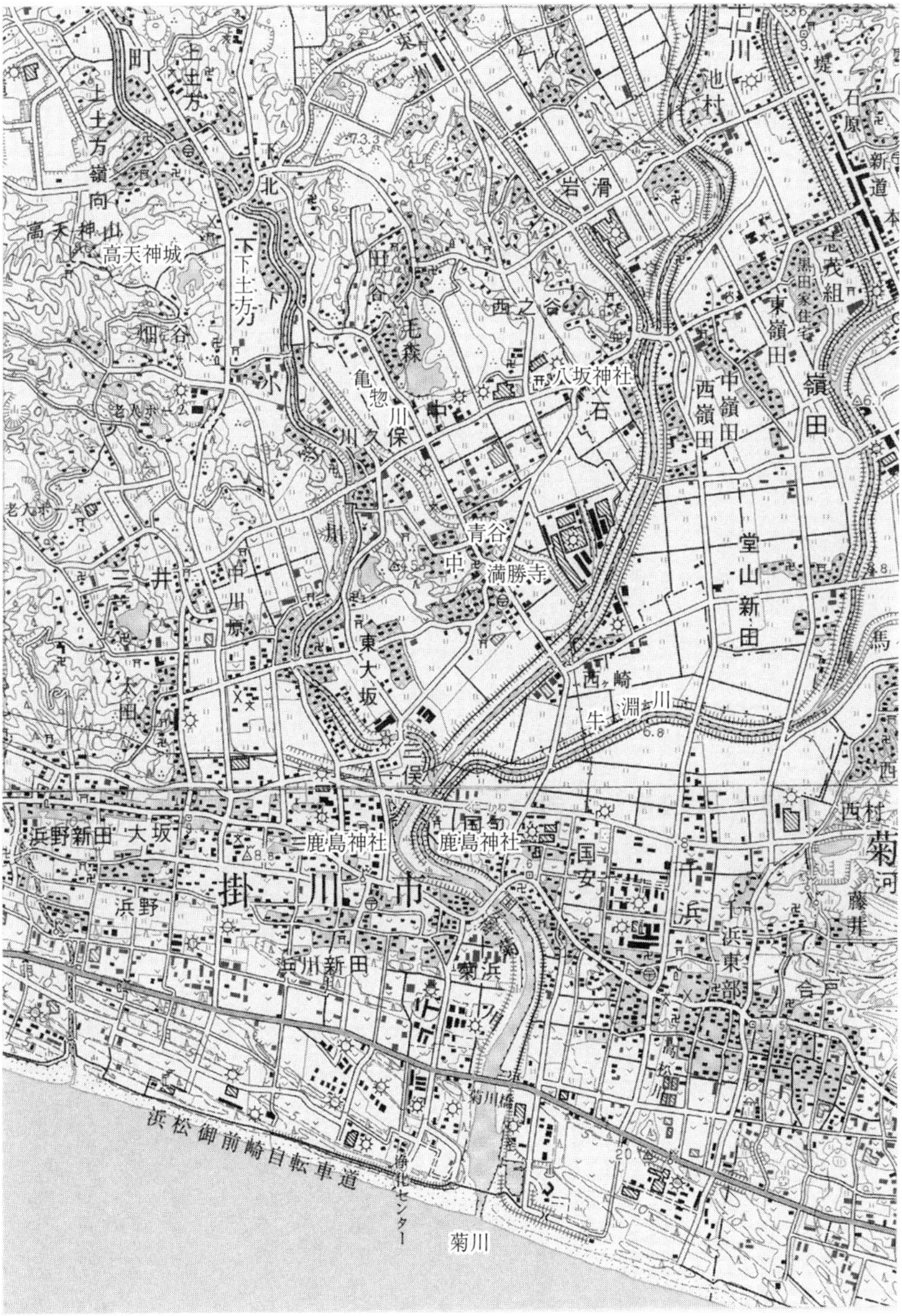

図6-3　笠原庄関係図

＊国土地理院発行1:50,000地形図「掛川」を基礎に加筆して作成.

人物が地頭職を継承する。宝治合戦から霜月騒動にいたるまで安達義景・泰盛が所持する。霜月騒動後も安達泰盛の妹で北条時宗夫人の潮音院殿、そして安達時顕へと安達家が継承している。三浦家・安達家という鎌倉幕府有力御家人が代々地頭職を持つこの荘園はとりわけ重要な荘園であったことが考えられる。筧は安達家段階において、遠江国守護との関係から、「鎌倉中後期における守護の領域支配圏は、幕府自身の意志により、発展をはばまれた」と評価する。笠原庄の重要性を踏まえた上での発言である。

またこの後の地頭職については、名和長年(38)や北畠親房(39)が関与した形跡が窺われ、実に著名な人物が名を連ねている。これだけの人物が関与する理由は何か。佐原氏が沿岸の荘園を持つことについて、海運との関わりが指摘されることがあった(40)。太平洋海運における浜野浦の重要性が浮かび上がってくるのではなかろうか。浜野浦があってこそという笠原庄の特性を踏まえる必要があろう。

(2)「中」と八坂神社

浜野浦から菊川をやや遡上した地点に大字で「中」という地名がある。「中」には「公文」・「政所」・「紋誅所」という小字が伝えられる(41)。また南東方向の下小笠川沿いの東大坂には「市場」という小字も残る。「紋誅所」は問注所と関連するであろうから、公文・政所・問注所といったいかにも中世的な機関が「中」に存在したことを示唆している。

「中」には八坂神社が鎮座する。古くは牛頭天王と呼ばれ、明治になって八坂神社に改称されたという。同社では山車の巡行による祇園祭が挙行されており、京都の祇園祭との関連が指摘されている。静岡県無形民俗文化財に指定されている祭礼である。

同社の由緒によると、

創立は応徳二年(一〇八五)六月にして中村之郷公文字青谷に奉祀せり、然るに該所は平坦の位置にして洪水の際は亀惣川の水溢れて境内に往々水中に入ることあるを以て、更に天正十四丙戌年(一五八六)六月勧請現境内に遷宮すとある。(42)昭和三二年(一九五七)に書かれた由緒のため、年次については信を置きがたいが、当初は「中」の北側にあたる青谷にあり、その後に現在地に移転したとする。この青谷には現在も祭礼の際に御旅所が設けられている。移転については信じて良いであろう。

同社の祇園祭に際して、「公文」から出される代表者に関して、民俗調査の報告であるが興味深い事例がある。祭礼に先だって大寄合が行われる。この大寄合終了後、山車の宮入の順番をきめる籤を引く。籤引きの座次第は、床の間に向かって四者が二列に座し、公文は二列中央の末に座る。二列に座した四者は毎年座席が変わるが、公文の位置だけは変わらない。そして籤の順序は左列の上席、右列の上席、左列の末席、右列の末席と引き、公文は必ず最後に引くことが決まっていた。祭礼における座次第は村落構成を考える上でも重要な場面であるが、この座次第および籤引きの順序が中世における「公文」の役割を示唆すると考えられないだろうか。

いずれにせよ、地名からは市場を外縁部にもつ荘園機関の集中地としての「中」の景観が予想される。この地には都市に関連する八坂神社が建立され、祭礼が挙行される。祭礼の運営には中世的な地名を継承する地域が参画する。このことは、「中」が笠原庄の政治的な中心地であったことを如実に語っている。

なお、「中」には雑賀姓の一族も見られる。笠原庄に入部した初代は雑賀肥後守吉長という人物で、守護斯波氏が派遣したと伝えられている。吉長は文安三年(一四四六)三月に満勝寺(大東町中)を建立した人物とされる。明応二年(一四九三)に二代修理大夫が合戦に際して自刃し、その後に子孫が帰農したという。雑賀氏の城館は大東町中字公文・高塚に所在したとされる。(43)いずれも伝承の域を出ないものであるが、紀州の雑賀氏、もしくは斯波氏が派遣したとする点に重きを置けば室町幕府奉行人雑賀氏との関連も考えねばならない一族である。

（3）土　方

八坂神社は「中」の青谷にあったと伝えるが、当初より同所にあったわけではなかった。伝承では菊川の支流亀惣川を遡った下土方の青谷にあったとされている。下土方の青谷にあった牛頭天王の御神体が流れて、「中」の青谷に流れ着く。何度戻しても来てしまうので、とうとう「中」で祭ることにしたと伝えられる。

旧在地とされる下土方は高天神城の東側山麓にあたり、付近には「大屋敷」・「堀之内」・「御前田」・「公文字」（＝公文所カ）といった中世地名が散在する。(44) おそらくこの地の在地領主に関連する場所であろう。その在地領主としては土方氏の存在が注目される。

『土方家譜』(45) によると、承平三年（九三三）八月に土方浄直が城飼郡司判官代、その息直宗が城飼郡押領使を務めたという。同家譜は土佐藩が関与して編纂されたと考えられ、おそらくは江戸時代に土方氏自身が申告した書類であろう。したがって真偽については確かめることはできない。土方氏は山内一豊が掛川城主であった当時に山内家に仕官したであろう土佐藩士であった。家譜は明治期に成立したものであるが、(46) 同氏が近世初頭まで土方の地に住していたこと、そして土方において古代以来系譜を引く一族（おそらく開発領主）であるという伝承を持っていたことは注目してよいであろう。

また土方氏に関しては『義貞記』に興味深い記載がある。(47) 遠江国住人土方三郎・同四郎が訴訟のために鎌倉に上った。その時の縁から宝治合戦に際して、土方氏は三浦方に属し、宝治元年（一二四七）六月二日、土方三郎が戦死した。このような内容の記事である。笠原庄の地頭職は宝治合戦以前は三浦氏およびその関係者が所持している。『義貞記』の記述を踏まえるならば、土方氏は三浦氏の現地代官、さらに想像を逞しくするならば開発領主として荘務権限を担保した上で三浦氏に荘園を寄進した存在であったことが予想される。

『義貞記』にあるように土方氏は中世前期に没落する。新領主は荘園の中心を土方から「中」に定めた。それに伴って八坂神社は下土方から「中」へ移転した、このように空間の変遷を読むことができるのではなかろうか。

（4）高天神城

土方の地がその後に重要性を帯びるのは高天神城築城によってとなる。徳川家康と武田勝頼の争奪の場として著名な高天神城であるが、築城の起源は応永二三年（一四一六）とされていた。しかし現在では永正一〇年（一五一三）以前に今川氏親家臣福島助春が在城していたのが初見とされている。[48]近年に実施された発掘調査では数多くの遺物が出土しており、年代の様相がつかめる。瀬戸製品は藤澤編年大窯1製品以降に遺物量が増している。貿易陶磁器では青磁雷文碗（歴博編年C類）が出土するほか、青磁直口碗（歴博分類E類）・白磁端反碗（歴博分類C群）・染付端反皿（歴博分類B1群）などの遺物が山上部より出土している。考古学的には文献史料の示す年代と同じか、もしくはやや古い一五世紀後半（遅くとも第4四半期）には機能していたと考えられる。筆者は一般に一五世紀中頃以降に恒常的に維持・管理される要害が築かれると主張しているが、[49]高天神城も同じ類例になる。

しかし注意したいことは、この段階の政治的拠点は「中」であったであろうことであり、経済的拠点の一角は浜野浦であったことである。地域の拠点から離れて高天神城という要害が形成されたことになる。概して、管見の限りでは、前代以来の居館を放棄して要害を築城して移転することはなく、従前の居館を中心とした空間を維持しつつ、隔たった要害堅固な自然地形の場を求めて要害を築き、本拠に新たな機能を付加する。このような空間構成が一五世紀後半のあり方と考えている。築城者を明らかにできないが、高天神城は笠原庄の広がりのなかでは浜野浦と「中」に対応する要害に位置づけられる。逆に言えば高天神城は浜野浦と「中」の経済的機能を前提として成立したことになる。要害の成立は領主制の展開で理解されてきたが、領主制的な理解ではなく、視点を転じて地域社会という枠で地域社会が要害を必要としたとする視点を持ってみたい。個別具体的な領主制の枠組みに位置付くかは不明であるが、広い意味で高天神城築城も一五世紀後半の動向のなかで評価できる山城なのであろう。

3　勝田《かつまた》庄と勝間田氏・時宗

勝田庄は榛原町を流れる勝間田川流域に展開した荘園で、荘域は榛原町から一部相良町にもかかり、南を相良庄に接している。領家は青蓮院門跡領であった。

(1)　勝間田城

榛原郡で活躍し武士として著名なのは勝間田氏である。横地氏とならび在庁官人の出身で鎌倉御家人として鎌倉幕府に参向し、室町時代は奉公衆に名を連ねている。この勝間田氏が拠点としたのが勝間田城といわれている。

一九八五年以来、榛原町教育委員会による発掘調査・整備が行われ、静岡県内でも著名な中世城館として知られている。[50]調査による結果、青磁蓮弁文碗（歴博分類B—4）・青磁雷文碗（歴博分類C—2）・青磁稜花皿・白磁皿（歴博分類B群・扶高台）・染付碗（歴博分類B群）・染付皿（歴博分類B1群）などの舶載陶磁器、そして藤澤編年古瀬戸後期Ⅳ新段階の擂鉢を中心とした皿・天目茶碗など藤澤編年古瀬戸後期Ⅳ段階の瀬戸および志戸呂製品などが出土した。[51]一五世紀後半の使用が確認され、文明八年（一四七六）落城という文献史学の理解に対応するものと考えられている。

しかし、勝間田城が機能した年代は、勝間田氏が活躍する年代と比べた際、極めて一時期にしか該当しない。鎌倉時代以来の活用が認められる横地氏の本拠の状況[52]と比較すると著しい相違がある。加えて、現地調査の結果、勝間田城の山麓に居館の痕跡も見出すことができなかった。勝間田城の調査の結果も、城内に複数の掘立柱建物を検出し、城内に居住したことを示していた。この点は横地氏の場合、山城の内部の千畳敷に居住地が想定されながらも発見されなかったこととも相違していた。

つまり、勝間田城は勝間田氏の要害ではあるものの、地域支配の拠点となる地は要害周辺とは場所を異にする地に構えられていたことを示している。

(2) 勝田庄中

勝間田氏の居館の地はどこであるか。まだ具体的な考古学的資料をもって確認されていない。筆者は横地城総合調査事業の際、江戸時代の地誌や地名を中心に捜索した。地名で可能性がある場所については現地調査を行ったが、確認することはできなかった。

その後、相良庄の調査を行う過程で一つのキーワードが見つかった。「中」の地名である。相良庄および笠原庄の事例で検討したごとく、「中」の地名は、荘園の政治的中心地であった。この点を手がかりに勝田庄を検討した。勝間田川中流に「中」を見出すことができた。

この付近は中村の条里制遺跡(町指定遺跡)があり、勝間田川の上流側より堤坪・一の坪・二の坪などと小字が並び、下流側では長興寺の南の付近が十一の坪となっている。開発の古さを物語っている。

「中」の北側の山塊には、勝間田氏築城の伝承を持つ穴ケ谷城(静岡県榛原町中字穴川二六六―一)がある。大きな曲輪取りと周囲を堀切で区画する構造が特徴的な山城である。現在、曲輪の面が茶畑となっており、曲輪間の連絡が不明確であるが、概括的には二つの大きな曲輪から成り立っている。両郭から派生する尾根に、堀切とそれに繋がる竪堀を普請する。東側が正面であったようで、東に延びる尾根には二本の堀切が普請され、道筋が付けられている。(53)伝承のとおり勝間田氏の築城であるかは不明とせざるをえないが、(54)一五～一六世紀の城館と考えて間違いないであろ

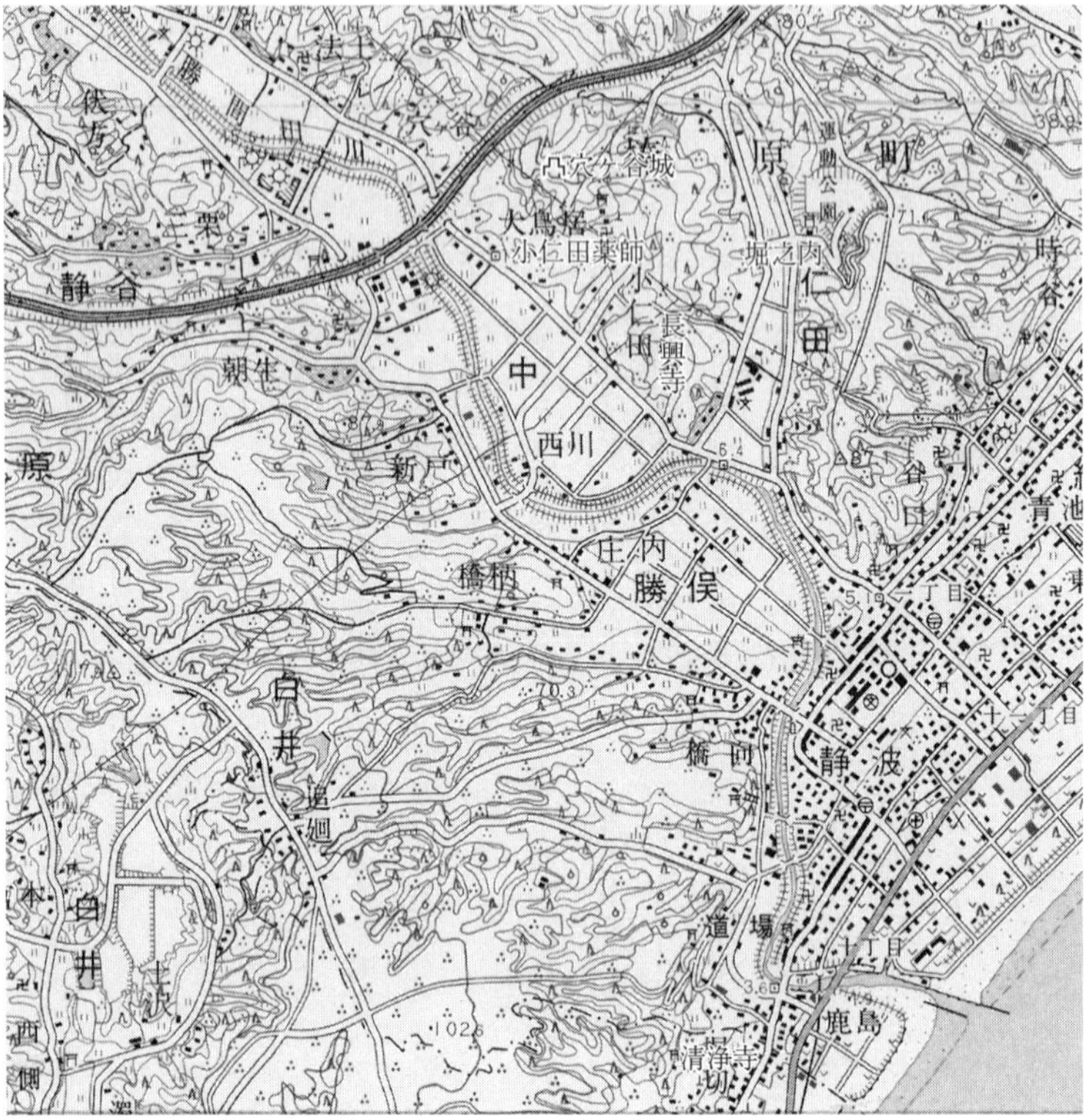

図6-4　勝田庄関係図

＊国土地理院発行1:50,000地形図「掛川」を基礎に加筆して作成.

う。

穴ケ谷城の東側に大きく切れ込む支谷がある。大字仁田に属する地であるが、この谷の中程、白岩浅間神社の正面の対岸に「堀ノ内」の小字が残る。この字は相良庄の事例であったように、領主の居館を示す地名であろう。堀ノ内背後の山は穴ケ谷城の山塊であり、背後の尾根は同城が正面とする東側の尾根に連なっている。立地から考えて勝間田氏が関連する居館である可能性は高い。

「中」の小仁田には瑠璃光薬師が伝わる。従前は近隣の長興寺末の医王山成安寺という寺院であったが現在は中村小仁田薬師として知られている。[55]この薬師如来は高野山領初倉庄が成立した際にもたらされたが、勝間田氏が祈願所として医王山密厳院を建立した時にこの地に安置されたと「薬師如来縁起」[56]には記載される。勝間田氏に関わる寺院が存在したことになる。付近には大門・馬道などの地名が残る。この密厳院に関連するものであろうか。
また地名では道場の小字も残る。『榛原町の地名』[57]は、
仁田村との境の山の中段に面積約五畝ほどの平地あり。道場とよぶ。時衆の徒が集まって阿弥陀像を安置し、名号を唱えたところであろう。（中略）（現在は東名高速道の道路敷となりその場所は全く消滅する）
と紹介している。この記述は勝間田蓮昭と他阿真教との関係を踏まえたものである。両氏の関係については『夫木和歌抄』[58]・『他阿上人法語』[59]・他阿真教書状[60]などにみることができる。勝間田氏の居館のほど近くに時宗寺院があった可能性はすこぶる高い。
また「中」に所在する中世石塔のうち、栗原家裏山墓地にある「観阿弥陀仏　正和元年壬子七月廿九日」銘宝篋印塔の基礎は古くから注目を浴びている。法号および先の道場の小字から、時宗に関連する石塔であることは間違いない。年代的にも興味深い。この石塔を調査した桃崎祐輔は重要な発言をしている。同塔は小型だが現時点での遠江地域で在銘最古の宝篋印塔であると指摘し、その上で「中地区は勝間田川の東岸の台地縁の谷部に位置し、付近に鎌倉期の勝間田氏居館があるものと想像される」と述べている[61]。調査の視角は異なりながらも、結論が同じ方向性に向いている事実は看過できない。
仮説の段階ではあるが、この「中」の地は勝間田庄の政治的中心地であり、隣接する「堀ノ内」周辺には勝間田氏の居館が構えられていた可能性が高いことになる。

（3）川崎湊

勝間田川河口にも湊があった。川崎湊と呼称され、江戸時代は掛川藩の唯一の積み出し港として江戸時代中期より

発展したとされる。特に江戸時代後期には、江戸と大坂を結ぶ航路の中継地に位置づけられ、太平洋海運の重要な湊であった。この川崎湊が中世にまで遡るかどうかが問題であるが、以下に示すごとく、その可能性は高い。

河口には「お船神事」を伝える鹿島神社（榛原町勝俣字鹿島）が鎮座する。鹿島神社は水運と関連の深い神社であるが、創建についての詳細はわからない[62]。しかし同社が中世に遡ることについては『掛川誌稿』[63]において家代村の羚陽山福来寺に関連する次の記載があり、明らかである。

応安二年書写の大般若の缺本を蔵す、跋筆執沙門比丘昌遠謹書曰、奉施入遠江国勝田庄鹿島御宝前、応安二年己酉四月廿一日供養沙弥道昭比丘尼志阿、と題せり、いつれの時より伝えしか詳ならず、

この記事によれば、福来寺所蔵の大般若経は欠本であったが、以前は遠江国勝田庄の鹿島社に奉納されていたことになる。この奉納された鹿島社が榛原町勝俣の鹿島社に比定されることから、同社は応安二年（一三六九）以前には創建されていたことになる。川崎湊を中世にまで遡らせる有力な状況証拠となろう。

河口には「道場」という地名も残る。この地名は清浄寺（榛原町道場）に関連する地名と考えられる。同寺は地名に相応しく、時宗の寺院であり、鎌倉後期に勝間田氏が創建したと伝える。時宗は交通との関連があるとされ、湊に近い位置に立地することはその関連をうかがわせる。

また同寺には中世の記載を含む過去帳を伝えており、調査した中山文人は逐次式の記載から「天正十年からはほぼ連年、複数名ずつの記入が常態となるので、同年以降の記録が大本の情報とされた、と判断できる」とし、「戦国期の人間を載せる逐次式過去帳に先行する原記録が存在したことは自明だが、その具体像は判然としない。しかしその記録化が、天正年間後半という時代の大きな転換点で開始された理由は一時宗寺院の個別事情に留まらない可能性がある」と評価している[64]。時代の変化を読み込みつつも、中世における清浄寺の活動が現存する過去帳に照射されていると分析している。

さらに同寺の裏山には中世石塔群が存在する。この地域では基数が多く、一四世紀中葉～後半の基準資料と評価された石塔群である。(65) この石塔が原位置を保っているかは不明であるが、多少の移動を伴っていたとしても、周辺に中世墳墓群が存在することは間違いなかろう。その景観は六浦（神奈川県横浜市）上行寺東遺跡との比較が可能かもしれない。

これらの状況証拠から中世川崎湊の存在を考えてみたい。勝間田川河口に立地した中世川崎湊は、荘園の中心地「中」と勝間田川で結ばれていた。勝田庄の景観は相良庄や笠原庄と著しく似た様相を呈している。

小結

海に面し、一本の河川を中心とした大きく広い谷に展開した荘園。相良庄・笠原庄・勝田庄の景観を簡単に表現すると、以下のようになるであろうか。中心河川の河口部には湊がある。湊からやや遡った場所には「中」地名、すなわち荘園の政治的中心地がある。その中には「政所」「公文」「田所」といった荘官が存在した痕跡をとどめていた。地頭はこの中心地に近い場所に拠点を構えていた。相良庄の「堀之内」と勝田庄の「堀ノ内」である。三つの荘園とも政治的機能と湊の経済的機能を空間的に分離させ、両者を河川で結ぶという空間構成を示していた。この二極の構造を前提とし、一五世紀後半には両者を結ぶ河川の、より上流の地に要害＝山城が出現した。この点は笠原庄と勝田庄の事例から見ることができた。

相良庄・笠原庄・勝田庄をモデルとして見出した空間構成は類似の事例をさらに見ることができる。例えば、伊豆国伊東である。伊東大川の河口には現在も湊がある。川を遡上した地点には伝伊東祐親墓（伊東市大原一丁目）・伊東家関連墓（同市音無町）がある。この付近には葛見神社や伊東祐親が建立したという東林寺、「馬場」の地名などが残る。支谷の出口に意味のある空間が見出せる。あるいはこの付近に伊東氏の居館があったのではなかろうか。そしてさらに遡上した山間部の入り口には鎌田城がある。小田原北条氏の典型的な山城と評価されていたこの城館も、近年の調査によって一五世紀後半の要害として新聞に発表された。伊東の景観はさらに詰めるべき内容を含んでいるが、遠江国の三つの荘園の景観と類似することは間違いなかろう。

多分に推定を含んだ考察ではあるが、課題とする湊・「中」・要害を視点とした荘園空間構成の一端を明らかにすることができた。

とりわけ、地名「中」を意味づけられたことは重要と考えている。「中」は荘園領主の政所機能があった場所と考えたい(66)。笠原庄では「中」に「公文」・「政所」・「紋誅所」の地名があった。相良庄では中世に田所が屋敷を構えていた。これに対して、地頭はどこにいたか。相良庄では「中」に南接する「堀之内」を相良氏の居館とした。勝田庄では「中」にほど近い場所の「堀ノ内」が勝間田氏館の候補地であった。いずれも「中」の内部ではない。空間的には領家方の政所「中」と地頭方の居館が近接して並立する様相を呈していた。この図式が三つの荘園の空間構造から読みとれる。

ひとつの荘園領域のなかで並立する領家方政所と地頭方居館。その様相が考古学的に検証される日を期待したい。

注

(1)『相良町史　通史編　上巻』(相良町、一九九三)

(2) 網野善彦・石井進・稲垣泰彦・永原慶二編『講座日本荘園史5　東北・関東・東海地方の荘園』(吉川弘文館、一九九〇)

(3)『相良城跡調査報告書』(相良町教育委員会、二〇〇四)。なお相良庄の空間構成については本章と重複するところが多い。ご海容願いたい。

(4)『静岡県二』一八一。本文書は建武四年（一三三七）一〇月三日付某寄進状（『静岡県史』中世二―一八〇）と対になる文書であることから、年代も同じ頃と考えられている。
(5)『静岡県三』一五七五
(6)『静岡県三』一九七〇
(7) このほか、遠江国平田院領坪付注文（『静岡県二』一八一）には「徳政村内中野在之」という記載があり、西岸であるが徳村も東方に属した可能性がある。また逆に必ずしも同文書記載の村々は必ずしも東方に限らないと解することも可能である。この場合、大依の帰属は一番の問題となる。
(8)『静岡県二』一四八三
(9)「一宮之大般田」については、拙稿「静岡県指定文化財『紙本墨書大般若経』調査報告『解説』」（榛原市文化財調査報告第一集『天の川遺跡』（榛原市教育委員会、二〇〇八））で触れた。
(10) 阿弥陀如来は一定領域の西部に所在することがふさわしいことからも、このことは考えられよう。相良庄の空間を考える上で大事な視点と考える。
(11)『静岡県二』一八一
(12) 元応元年（一三一九）一一月二日付の相良庄預所某補任状（『静岡県二』一六八三）には「補任　相良庄東方岩淵新阿弥陀堂別当職事」と書き出される。同文書の封紙には「東中村岩淵山理趣寺之書也」と「阿弥陀者理趣寺之本尊也」と江戸時代の記載がある。これらから理趣寺は岩淵新阿弥陀堂を継承したと判断される。
(13) 静岡県文化財報告書第五一集『遠江の御船神事――国無形民俗文化財記録選択調査報告書』（静岡県教育委員会、一九九八）
(14)『静岡県二』一四六八
(15) 東中館跡では発掘調査が行われている（『相良町東中館跡――遠江における武家館跡の調査』（相良町教育委員会、一九九三））。しかし考古学的に中世居館であるとは確認されていない。

(16) 静岡県教育委員会編、静岡県文化財報告書第二三集『静岡県の中世城館』（静岡県文化財協会、一九八一）
(17) 清水久夫「相良氏と遠江国相良庄」（『歴史手帖』第五巻第一〇号、一九七七）
(18) 『相良城跡調査報告書』（相良町教育委員会、二〇〇四）所載の第三章第三二図
(19) 竹内理三ほか「角川日本地名大辞典」編集委員会『角川日本地名大辞典22　静岡県』（角川書店、一九八二）
(20) 『静岡県二』一八一
(21) 前掲注(13)書
(22) 前掲注(3)書に所載
(23) 『静岡県二』一八一
(24) 社殿の旧在地は小牧の御旅所の場所であるとされている。
(25) この居館は先に触れたごとく東中館であるとは断定できない。
(26) このように解すると、遷宮は下地注文が成立する以前に考える必要がある。
(27) 『静岡県三』一九九七
(28) 『静岡県三』二八九七
(29) 『静岡県三』三三二八
(30) 「永昌記」嘉承元年九月九日条および「中右記」嘉承元年九月十二日条
(31) 浜野浦については相良湊も含め、綿貫友子（『中世東国の太平洋海運』〔東京大学出版会、一九九八〕）が既に着目している。
(32) 『静岡県三』三〇〇二
(33) 『静岡県三』三五八七
(34) 『静岡県三』一二八七
(35) 『大東町の神社・仏閣（第一集）神社編』（大東町教育委員会、一九八三）
(36) 『静岡県一』四八七

(37) 筧雅博『日本の歴史10　蒙古襲来と徳政令』(講談社、二〇〇一) 五九〜六三頁
(38)『静岡県二』一一
(39)『静岡県二』五四一
(40) 綿貫友子「南部荘の生業と住民構成について」(和歌山中世荘園調査会編『中世再現一二四〇年の荘園世界——南部荘に生きた人々』二〇〇二)
(41) ふるさと双書④『大東町の地名』(大東町教育委員会、一九九七)
(42) 以下、中村八坂神社と同社の祇園祭に関する記述は『静岡県無形民俗文化財大東町八坂神社の祇園祭り』(大東町教育委員会、一九九二) による。
(43) 前掲注(16)書
(44) 前掲注(41)書
(45)『磐田市』二二五
(46)『磐田市』解説による。
(47)『静岡県一』九六一
(48)『高天神城の総合的研究』(大東町教育委員会、一九九三)
(49) 齋藤慎一『中世東国の領域と城館』(吉川弘文館、二〇〇二)
(50)『勝間田城Ⅰ』(榛原町教育委員会、一九八六)・『勝間田城Ⅱ』(同、一九八七)・『勝間田城Ⅲ』(同、一九八八)・『勝間田城Ⅳ』(同、一九九〇)・『勝間田城Ⅴ』(同、一九九二)・『勝間田城Ⅵ』(同、一九九三)・『勝間田城Ⅶ』(同、一九九四)
(51)『横地城跡総合調査報告書　資料編』(菊川町教育委員会、二〇〇〇)
(52)『横地城跡総合調査報告書』(菊川町教育委員会、一九九九) および前掲注(50)書
(53) 勝間田城と比較して、曲輪の主従関係が明確でないこと、横堀の有無、連続堀切の規模の差が認められる。これらはいずれも勝間田城の構造が穴ケ谷城より優れていることを物語っている。構造の差を年代の差として読むならば、穴ケ谷城が勝間

田城に先行する可能性を有している。

(54) 詳細が不明のため、穴ケ谷城の機能についても位置づけができない。現時点では通説に従い、勝間田城を勝間田氏が最終的に籠もる要害と考えておきたい。

(55) 郷土シリーズ三〇『郷土の薬師信仰』(榛原町教育委員会、一九九一)

(56) 古本は元禄一一年(一六九八)に成立。長興寺所蔵。前掲注(55)参照

(57) 郷土シリーズ三七『榛原町の地名』(榛原町教育委員会、一九九四)

(58)『静岡県二』一八四〇

(59)『静岡県二』一六一二・一六一三・一六一五〜一六一九

(60)『静岡県二』一八二三

(61) 前掲注(51)書、二三一頁

(62) 郷土シリーズ三六『川崎港とお船神事』(榛原町教育委員会、一九九三)

(63) 斎田茂先『掛川誌稿(全)』(名著出版、一九七二)

(64) 中山文人「清浄寺過去帳について」(『横地城跡総合調査報告書　資料編』菊川町教育委員会、二〇〇〇)

(65) 前掲注(51)書、二三二頁

(66) 本章は東遠江の事例を元に考察したものであり、「中」の地名の意味する内容がどれだけ普遍性を持つかは今後の課題である。しかし、一例だけ検討に値する事例を見出し得たので、参考までに以下に掲げたい。

場所は下野国佐野庄である。同庄は栃木県南部の荘園であるが、庄域は栃木県の旧葛生町と旧田沼町(ともに現在は佐野市)を中心としている。「中」は旧葛生町の南西で秋山川の東岸と、旧田沼町の南東で同河川の西岸にならんで所在する。旧田沼町の「中」には密厳院という寺院が現存する。この寺院は、戦国期の「堯雅僧正関東下向記録」(醍醐寺文書)にも見えている寺院であり、確実に中世に遡る。

佐野庄については、経緯は不明であるが、上佐野と下佐野の区分がある。研究史では佐野氏の分流によって理解され、荘園

の分割とは理解されていないようである。しかし、おおよそ上佐野は葛生町に下佐野は旧田沼町という地域として考えられそうである。加えて下佐野に密厳院があることと対応して、上佐野には金蔵院という寺院があり、先の記録にも登場する。「中」の地名は両自治体に存在することと本章の考察を踏まえるならば、どうやら上下の佐野の境は行政境が考察のガイドラインになりそうである。

「中」の地名を中世地名としてどれだけ普遍性をもって利用できるかは今後の課題である。しかし空間分析のキーとなる地名として考えてよいだろう。

第七章　戦国時代前期の城館構造

文明元年（一四六九）二月二五日に地鎮祭が行われ、金山城築城が「事始」となった。その後、約七〇日間の普請工事が行われ、さらに約三ヵ月の作事工事を経て、八月には大略が完成した(1)。約五ヵ月強の期間を要している。この築城当初の金山城は果たしていかなる構造をしていたのだろうか。

【史料1】　松陰私語(2)

去四月十七日之事、去十一月明純御入庄、翌年四月十七日再乱、尚純御縁方故御憑之上、佐野小太郎三百騎呑嶺坂ヘ被打上、彼呑嶺者源慶院殿御霊廟也、彼御廟俄震動ス、御石塔之空輪忽落地、金山城中大油断、宗悦入道者去年十月以来、由良之旧宿陰居、嫡子成繁者四月十三日草津へ湯治、可走廻被官人等三百余人供奉、金山者弟四郎只一人在城、大油断之時分也、佐野小太郎生年二十二才与名乗、真城被懸入、其執権大貫三河守歩卒三百余人召具、中城ニ押而上、彼大貫三河守者於関東諸家無双之勇士也、寔不天道者不可向衆人面歟、然処国繁次男横瀬四郎与名乗而、指真城上、供奉之童部十六七人、

明応四年（一四九五）に岩松家では内紛が起こった。その事件を記す『松陰私語』の中に、金山城の構造に関連する叙述がある（【史料1】）。岩松尚純と横瀬成繁の対立に際して、岩松尚純の縁者である佐野小太郎（佐野泰綱の父、通説では秀綱とされる人物）が金山城を攻めている。この時に横瀬国繁は由良の館に隠居しており、子息の横瀬国繁は草津に湯治に出かけていた。そのため金山城の警固は手薄であったという。記事によれば佐野勢は「呑嶺坂」を打

ち上がり、佐野小太郎が金山城の「真城」に懸け入り、佐野家「執権」の大貫三河守が「中城」に押し上がった。構造の詳細はわからないが、金山城山頂付近に「真城」と「中城」があったことが窺え、名称をもった空間の存在を確認することができる。『松陰私語』はこの合戦を「大油断」と述べており、通常はもっと警戒堅固な場所であったことになる。

さてこの「真城」であるが、おそらくは「実城」の誤写もしくは誤記ではなかろうか。「実城」は後述するごとく一五世紀後半からの史料に見ることができる。また、今ひとつの目標となった「中城」という空間であるが、この語も戦国時代の史料に見ることができる。

では、なぜ両者は並立した記載になっているのだろうか。両者は別々の攻撃目標とされているように史料は読める。理念的ではあるが、一般の戦国城館の構造は、同心円状の（もしくは直線的な）構造を呈すると考えられている。従って、いきなり中心となる郭に敵勢が到達することはまずあり得ない。「中城」を攻め落とし、その上で「実城」を攻める、という段階的な攻城順序が戦国城館の構造に見合う。このように理解するならば並立の表現は金山城のどのような構造に由来するのであろうか。また一五世紀後半から一六世紀初頭のほかの城館に照らして、この金山城の構造はどのような関係にあるのか、本章の課題はこの点である。

1　実城と中城

まず「実城」と「中城」について史料に見える状況を確認しておきたい。

(1)「実城」

【史料2】足利成氏書状写(3)

昨日五諸勢小栗江取進陣、即時外城攻落之由、今日早旦注進到来候、先以目出候、実城も幾程不可有之由、同心
江申候、恐々謹言、
(一四五五)
享徳四卯月七日到来
四月六日　成氏在判
岩松(持国)右京大夫殿

享徳の乱の勃発に際して、緒戦で敗退した上杉軍は常陸国小栗城に拠点を据えた。そのため古河公方足利成氏の軍勢が小栗城を攻めることになる。小栗城の攻防戦は享徳四年四月から翌閏四月まで続き、落城する。本史料は合戦の当初段階での書状で、足利成氏が経過を簡便に上野国新田庄の岩松持国に報じたものである。五日に小栗へと陣を進め、即日に「外城」を落とした。そして、「実城」も程なく落ちるであろうと記している。「外城」については別稿を用意しているが、おおよそは外郭と理解しておきたい。本書状から小栗城の構造は「外城」の内に「実城」が存在することが確認される。文意から実城の落城が終結と同義と考えられることから、小栗城の中心的な郭が「実城」と解せよう。

なお、本史料中の「実城」は、東国史料の範囲ではあるが管見の限り初出である。

【史料3】千田憲次・豊島資義連署起請文(4)

就新津別義御尋、忝奉拝候、然而彼一義毛等不存義候、於向後も自他国共雑意出来候者、幸公方様御要害候間、
従府内御人体申請、実城指置申、我等親類共抽粉骨可走廻候、其外対　殿様申御後闇事不可在之候、於以後も
非分雑意申懸事可在之候間、翻宝印申上者、
(神文略)

大永六（一五二六）
正月十一日
豊島次郎左衛門尉
資義（花押・血判）
千田蔵人左
憲次（花押・血判）

本史料は越後国守護代長尾為景の求めに応じて出された同国蒲原郡の領主、豊島資義と千田憲次の起請文である。近隣の新津景資の不穏な動きに対処して、帰属を明確にするために提出されたものと考えられる。前後関係にやや不明な点を残すが、当時、両者が在城する城館は守護上杉定実の御要害であるので、府内から人を派遣してもらって、「実城」に入ってもらう。われわれは親類共に一生懸命に働くと述べている。「実城」に入ってもらうことが、異心なきことを示す表現であったことになる。すなわち「実城」への入城という行為が政治的にも両者が納得する方法であったのであり、「実城」の政治的機能を確認できる。

【史料4】芳賀孝高書状写(5)

去此者、永々御在宮御陣労痛敷存計候、御宿所可参之由存候之処ニ、及夜中自実城罷帰候間、乍存無其義候、政朝御在宮之間時宜等、依相急度存候、急度水戸へ罷越候、如何様帰宅候時分参入歟、不然者以代官万々可申述候、金吾御懇偏御申故候、巨細重可申入候、令省略候、恐々謹言、

八月十九日
芳賀刑部太輔
孝高（花押影）
寺崎中書
御宿所

年未詳であり、背景の政治的情勢も不明であるが、宇都宮氏・佐竹氏・結城政朝等が宇都宮在陣している状況下で

本書状は出されている。

発給者の芳賀孝高は天文一〇年（一五四一）に死去したと『下野国誌』所収「芳賀系図」(6)に記載される建高と同一人物であろうか。少なくとも結城政朝は天文一六年（一五四七）が没年であるので、おおよそ一六世紀前半代の文書である。

書状冒頭で芳賀孝高が寺崎中務少輔の在陣を労い、宿所に参じようとしたものの、夜半になってしまったため「実城」から帰宅したと述べている。「在宮」とあることから、この「実城」は宇都宮城の「実城」と判断するのが妥当であろう。そして寺崎および芳賀の宿所は実城の外にあることも確認して良かろう。

【史料5】壬生綱雄可雪書状案(7)

塩谷伯耆守・同兵部太輔・西方河内守・上三川次郎・徳雪斎・那須資胤、上下庄引率、都合其勢三千余騎、彼城へ被進寄、宮衆軾・壁・尺木取破、外城・中城へ攻入、従城中石弓・鉄鋒如雨、不能拘之、実城一重ニ擽詰候処、城主祖母井清三郎令折角、脱甲、出証人、束手、乞降参間、大将以慈憐義令降免畢、并八木要害同日ニ自落、則城主令出宮候、同十祖母井城へ押寄、延生宿踢散、城中へ矢入、郷村無残所打散、被入馬候、祇今度仕合共、偏御神慮、真読般若威力、殊八幡宮香水頂戴、被勤元三講故歟、響誉八州、世間無双冥加、綱雄帰一身候、猶以可被執弓矢事、□意見雖遠路候、可被仰越義、可為御肝要候、委曲奉期来信時候之間、不能詳候、恐惶謹言、

（弘治元年六月）黄梅六日　　（壬生綱雄）沙弥可雪

相馬殿
貴報窓下

弘治元年（一五五五）六月の祖母井城・八木城攻めの様子を壬生綱雄が相馬氏に報じている。前半の部分が祖母井城攻めの様相である。城方が障害物として設置した「軾・壁・尺木」を、攻め手の宇都宮衆が取り破って「外城」・

「中城」へと攻め込んだところ、城方は城中から石弓や鉄砲を雨のごとく降らして応戦した。「実城」一重にまで追いつめたところ、城主祖母井清三郎が降参した、と記している。祖母井城が「外城」「中城」「実城」の三空間からなり、文意から「外城」「中城」の内側に「実城」が存在したことは間違いなかろう。空間的に三重であるかどうか不明であるものの、三空間の中心に「実城」が位置したことは間違いない。

ところで、一五世紀後半から一六世紀前半における関東地方の中世文書において、外郭部の表現である「外城」・「惣構」を除き、城館の中心部分の構造を表現する具体的な語は、この「実城」「中城」しか見あたらない。中心部分はこの二つの語をもっておおよそが表現されていたと思える。

例えば「梅花無尽蔵」の中で万里集九は江戸城の構造について、「其塁営之為形、日子城、日中城、日外城、凡三重、有二十又五之石門、各掛飛橋(8)」と記している。対応関係から「子城」は「実城」と同義と推測されることから、江戸城は祖母井城と同じく実城・中城・外城の三重構造であったことになる。万里集九が江戸城を訪れたのは文明一七年（一四八五）であるので、記載される構造もこの時期のものであろう。弘治元年と七〇年の年代差があるにも関わらず同じ表現であることにも注目したい。

とするならば当時の城館は構造的にあまり複雑な構造を呈していなかったと考えられるのではなかろうか。そして、この二つの語は戦国時代後半から織豊期の山城などでみられる郭＝単郭であったと考えることは難しく、何らかの空間を示している可能性を感じさせる。

しかし一六世紀後半になると状況はやや異なるようである。

【史料6】上杉謙信書状写(9)

去頃者、為使者被打越候処、野州佐野之地衆、悉替覚悟、爲初佐野小太郎、武・相之衆千騎引付、実城一廻輪之躰ニ取成、其上伊勢氏政父子、号赤岩地ニ懸船橋、利根川取越、彼地ニ可付落居擬之段、注進之条、

（中略）

猶河田豊前守可申越候、恐々謹言、

極月二日　輝虎

游足庵

永禄一〇年（一五六七）一二月、唐沢山城は後北条氏の攻撃を受ける。謙信の書状によると、後北条氏の攻撃を受けて唐沢山城は佐野の地衆を中心として防戦に当たったが、武蔵と相模の軍勢千騎が押し寄せて、「実城一廻輪」になってしまったのである。この事例では明らかに「実城」は「廻輪」と記載されており、「廻輪」は郭に相当すると考えられることから、「実城」は郭の名称であり、さらには近世の本丸に相当する郭を指していると考えられる(10)。

しかしこの事例をもって「実城」＝本丸であると一律には断じられない。このことは市村高男も「『実城』＝『巣城』＝『生城』（はだかじろ）は本城（本丸）を指す言葉とされているが、必ずしもそのように限定されるものではなく、（中略）本丸・二の丸・三の丸などを一括した城郭の基本部分をさしている」とし、本丸か基本部分の区別は「城郭の構造によって規定されるように思われる」と論じている(11)。

おそらくはこの相違は年代的な推移の中で、語の示す内容が変化した結果であろう。一五世紀中頃の城館構造が一六世紀中頃にまでそのままスライドするとは考えられない。用語としての「実城」が残っていても、その実態は異なっていたと考えるほうが良い。

しかし、一六世紀中頃以前にあっては五点の史料であるが、「実城」は城館の中心部分に存在したであろうと推測できる。この点は従来の指摘と大きく変わることはない。そして、後北条氏関係の城館ではこの「実城」の語を見ることはできないが、『結城氏新法度』(12)や越後上杉氏の春日山城では御館の乱に際しても「実城」の語をみることができ、戦国時代を通じて中心的な空間に対して「実城」の語は使用されていたと考えて良い。

（2）「中城」

次に中城であるが、すでに【史料5】や「梅花無尽蔵」にも事例を確認することはできた。【史料5】では明確な三重空間であるとは捉えられなかったが、少なくとも「中城」は「実城」の外側に位置しており、三重構造をイメージさせる攻城戦があったように思える。

【史料7】上杉顕定感状(13)

去廿三日、上州佐貫庄立林要害中城攻落時、親類彦五郎并家人等被疵之由、長尾左衛門尉註進到来、尤以神妙、弥可励戦功候、謹言、

（文明三年）五月廿八日　顕定（花押）

豊島勘解由左衛門尉殿

【史料8】上杉顕定感状(14)

去廿三日、上州佐貫庄立林要害中城攻落時、家人等被疵之由、長尾左衛門尉註進到来、尤以神妙、弥可励戦功候、謹言、

（文明三年）五月廿八日　顕定（花押）

豊島新次郎殿

この二つの史料はいずれも豊島宮城文書で、状況は同じであり、文章もほぼ同文である。文明三年（一四七一）三月、山内上杉方は古河公方足利成氏の基盤をそぐため、足利・佐貫という上野国東部・下野国西部に兵を進めた。樺崎（栃木県足利市）・八椚（同前）・赤見（栃木県佐野市）などが戦場となるが、その内の1ヵ所が両史料にみる立林要害中城であった。

両史料には明らかに中城と記載されるが、東国史料を博捜した結果、管見の限りこの両史料が「中城」の語彙の初

見となる。そして、文章から判断すると中城は「立林要害」を構成する一空間と読める。文書を深読みすれば、単に「立林要害」と記載されずに「立林要害中城」と記載されるのは、それだけ独立性の高い空間であったということになろうか。

さて、「中城」の語であるが、天文年間以前の例を中心に検出したが、その例はさほど多くはなかった。【史料1】・【史料7】・【史料8】そして「梅花無尽蔵」の事例に留まった。しかしこの「中城」の語は天正年間まで関東各地で使用されており、次の史料もその事例となる。

【史料9】北条氏房判物(15)

中城車橋内戸張之番

一、中城構之番申付候、万端ニ被遣念可致之事、
一、第一火之輪ニ被遣念可申事、
一、一日ニ一度充、表之御座敷迄参、定番衆厳密之儀、見舞手堅可申付事、
一、従表、奥へ入口之番衆之事、
一、中城惣々之番衆改事者、其方自身見舞、何事も可申付事、畢竟任置上者、万端ニ被遣念無相違様、肝要所候事、
一、構番之外之者、一人ニ而も自車橋内へ入間敷事、
一、其方番所可為常詰事、
一、番衆中出番之事ハ別紙ニ遣候間、時々ニ可被出事、
一、門者七ツ半時ニ即可出者を改出、可立処簡要候事、
右条々、定置上、少成共無届之筋目有之付而者、其曲有間敷候、能々法度日々相守、厳密之走廻専一候、惣構之

儀者、此度者其方相任之間、万端ニ被遣念可被走廻者也、仍如件、
乙酉（天正十三年（一五八五））
霜月十五日　氏房（花押）
宮城美作守（泰業）殿

北条氏の有力支城岩付城に関する史料である。宮城泰業は北条氏房から岩付城中城の番を命じられた。文書の末に「惣構之儀者、此度者其方相任之間、万端ニ被遣念可被走廻者也」とあり、何らかの時限的な措置であることを窺わせている。この時期に北条氏は下野国攻めを敢行しており、本文書はその留守居のために発給されたものではなかろうか。

さて宮城氏が番を命じられた場所は冒頭の文言より、「中城車橋内戸張之番」であったことは明らかである。しかし一書の1ヵ条目に「中城構之番申付候」とあることから、「中城車橋内戸張之番」と「中城構之番」は同義と考えられる。そのことは6ヵ条目に「構番のほかの者は、一人も車橋より内にいれてはならない」と明記していることからも追認できる。

天正一三年の岩付城には中城と呼ばれる空間があり、この時に宮城氏に管理が任されていた。そして、この中城には表と奥の空間が存在し、中城への出入りは厳密を期されていた。

さらに宮城氏はこの中城を中心に惣構の管理もしたことが確認できる。一般的に考えて惣構の中に「中城」が含まれる構造であったと考えられる。その「中城」から宮城氏が岩付城全域を管理できたことにも注意を払っておきたい。

以上のように戦国期の東国の城館には、普遍性がどれだけあるかは不明であるが、「中城」と呼ばれた空間が確実に存在した。

戦国期東国の「実城」「中城」の語を散見してきたが、主として天文年間以前の文書を博捜し、それ以後の史料を

便宜的に活用した。本章が主眼とした一五世紀後半から一六世紀初頭という範囲では、さほど史料が多いわけではない。

「実城」ついて、その空間が城館の中心部分に存在し、政治的にも城館の中核的な位置を占めたことが指摘できた。そして時代の流れとともに指し示す構造が変化している状況をも指摘できた。

特に重要な点は、その初出が「実城」については【史料2】の享徳四年（一四五五）四月であり、「中城」については【史料7】及び【史料8】の文明三年（一四七一）五月であった点である。「実城」「中城」の語で表現される城館構造は一五世紀中頃に起源を求められることを示唆してはいないだろうか。そして【史料6】に依拠するならば、一五世紀中頃に起源をもつ城館構造は一六世紀中頃には変化していたということになろうか。

2　一五世紀の城館

一五世紀後半から一六世紀初頭の城館の構造はどのようになっていたか、それを考古学的に論じることができる事例をいくつか検討してみたい。

【事例1】高品城(16)

高品城は千葉市中央区南生実町に所在し、平成七年（一九九五）に調査が実施された。遺跡の年代は弥生時代・古墳時代・中世と報告されている。中世はⅣ期に分けられている（図7－1参照）。

Ⅰ期は一五世紀第4四半期とされており、2ヵ所の地下式壙と4号堀とその付近の建物群である。

Ⅱ期は2号堀・3号堀で区画された空間と5号堀で区画された空間からなる。それぞれ堀には土塁が図7－1のごとくに伴っている。両空間内には掘立柱建物が数棟ずつ検出されている。この時期の年代は一五世紀末～一六世紀前半に充てられている。

Ⅲ期はⅡ期の5号堀が埋め立てられ、5号堀に伴っていた土塁も崩されて整地される。あらたに1号堀が掘られ、台地が掘り切られる。掘立柱建物はⅡ期と同じ場所に建てられていた。年代は一六世紀中頃である。

Ⅳ期はⅢ期を継承する。2号堀・3号堀で区画された空間には大型の建物が建つ。年代は一六世紀後半である。

城館としての高品城は一五世紀の第4四半期から一六世紀後半までで、戦国時代を通して存続していたことになる。その中でⅡ期に注目してみたい。この時期に堀と土塁をもった区画が成立してくるのであるが、Ⅰ期に掘立柱建物が存在した空間が存続しないことから、このⅠ期の建物群の機能が二分され、2号堀・3号堀で区画された空間と5号堀で区画された空間が成立したと考えたい。そして、この両空間は建物側を内として堀・土塁を築いており、縄張上では両空間に主従関係はなく、独立した構造になっている。

ところがⅢ期には5号堀とそれに伴う土塁が壊される。しかし建物の空間は存続し、あらたに1号堀が堀切状に普請される。明らかに2号堀・3号堀で区画された空間が優位となっていることがわかる。城館の構造としても、主従関係の明確な構造をとるようになり、いわゆる戦国期城館らしい構造となる。

一六世紀前半に起こったⅡ期からⅢ期への変化は、明らかに城館構造の考え方（＝設計）の上での変化に根ざしている。おそらくは城主の家構造の変化が背景にあると推測されるのだか、Ⅱ期段階では二空間が独立的に存在し、城館の縄張りが主従の構造になっていないことに注意を払いたい。

【事例2】横地城(17)

横地城は静岡県菊川町に存在する山城で、鎌倉幕府御家人・室町幕府奉公衆であった横地氏の本城である（第Ⅱ部第五章および同章図5－1参照）。同氏は応仁の乱の余波で文明八年（一四七六）に今川義忠によって攻め滅ぼされ、横地城もこの際に落城したとされている。総合調査の過程で実施した発掘調査では、貿易陶磁は歴博編年のB－3・

II期

III期

図7-1　高品城遺構変遷

＊『千葉市高品城跡Ｉ』（大和ハウス工業株式会社・財団法人千葉市文化財調査協会，1997）より転載.

B－4・C－2・D－2、青磁無文皿、青磁稜花皿、白磁皿C群等が計二五片、瀬戸美濃窯は藤沢編年の古瀬戸後Ⅳ古・新の天目茶碗・灰釉平碗・灰釉縁釉小皿・擂鉢・灰釉仏花瓶・鉄釉袴形香炉が計二六片ほど出土している。考古学的にも一五世紀に機能した城館であり、文明八年落城を裏付ける成果を提出している。

この横地城の構造について、小野正敏は報告書中において城館の構造は「通称『東の城』、『中の城』、『西の城』と呼ばれる三つに分かれており、その各々が個別に空間構成をもち、全体として求心性がないのが特徴である」と述べ、この構造が城下に想定される館・屋敷＋寺院＋墓地のセットで括られる三つの空間に対応すると指摘する。

またこの点に関して本書第Ⅱ部第五章において文書等の人名表記から「明確な一揆契状を交わしたものではないとしても、横地氏の近親者による集団指導体制という家の構造が考えられる」と指摘した。

すなわち、横地城は一五世紀のみに存続し、その構造は横地氏の家構造にも規定され、全体として求心性のない三つの独立した山城の集合体という形を呈していたことが理解される。

【事例3】篠本城(18)

笹本城跡・城山遺跡は千葉県匝瑳郡光町城山にある遺跡で、調査は平成五年（一九九三）一月から同一〇年（一九九八）三月までの長期に実施された。遺跡の年代は縄文・弥生・奈良・平安・中世・近世にわたっている。中世は一三世紀段階の墓地を中心とする時期を先行期として、一四世紀から一五世紀にわたって城館が存在した。城主は竹元《ささもと》氏であろうと推測されている。

篠本城の中心的な時代は一五世紀である（図7－2参照）。この時期に堀が台地上に縦横に掘られる。堀によって区画された平地には、およそ10ヵ所程度にやや規模の大きな掘立柱建物が建つブロックが存在する。

この笹本城は一見して堀はあるものの、各平地間の主従関係が明確でないことがわかる。掘立柱建物群のブロックを視点としてみても、堀で区画された空間に主従の関係は見えない。つまり、一定の空間に数家族が堀を掘りつつ全

図7-2　篠本城（15世紀）図

＊財団法人東総文化財センター発掘調査報告書第21集『千葉県匝瑳郡光町 篠本城跡・城山遺跡』（千葉県企業庁・財団法人東総文化財センター，2000）より転載.

体として完結性をもちながらも、分立した様相を呈して集住した景観を示している。ここに篠本城の特徴がある。

以上のように、三つの事例を見てみた。そこに見える一五世紀から一六世紀初頭の城館の特徴とは、独自空間が並立する構造とまとめることができる。

この問題については研究史上千田嘉博[19]と小野正敏[20]の議論と接点がある。

千田は村田修三[21]の議論を引き継ぎ、各地の城館を大きなまとまりとして考察し、地域によって異なる城館構造に着目した。そのなかで問題とする構造について館屋敷型城郭（群郭城郭）という範疇を設定し、地域性の問題を論じたのである。

これに対して小野は城下町構造をモデル化し、一乗谷朝倉氏遺跡を例とした同心円構造の城下町―モデル1と根城を例とした同心円の集合体城下町―モデル2を対比させた。そして城下町モデルの相違を、求心力の強い統一政権型と一揆的結合・連合政権型という権力体の構造と関連させた。

千田の議論は列島という平面的な視点で扱うのに対して、小野は領主制構造という異なった次元で指摘を行った。この両者の整合性は今後さらに追究される必要はあるが、本章では小野の議論に着目したい。領主のイエ構造として一揆構造が問題とされることが多いのは、一揆契状の残存から一四・一五世紀である。とりわけ一族一揆の問題は一五世紀に説かれることが多く、小野の指摘はそのまま年代的な背景を有することとなる。この視点と本章において検討した三事例はきわめて密接な関係といえるのではなかろうか。一五世紀の城館は求心構造が弱く、空間が独自併存するとした点は、まさに歴史的背景を浮かび上がらせているといい得るのではなかろうか。

冒頭に金山城の「真城（＝実城）」と「中城」の並列を確認したが、明応四年（一四九五）の金山城は「真城（＝実城）」と「中城」が並列しつつも全体として一城を構成するという、まさにこのような時代の産物であったのではなかろうか。

図7-3　金山城図

＊『史跡金山城跡保存管理計画書』（群馬県太田市，1986）の別図を基に加筆し作成．

3　金山城の構造

近年の金山城の調査は城館の並立構造についても、重要な視点を提供している。平成一三年（二〇〇一）の段階での調査は日の池から馬場曲輪物見台付近までである[22]。この空間は三の丸と馬場曲輪を区切り、月ノ池と接続する堀切で大きく二分される（図7－3参照）。

従来、この二つの空間は月ノ池南西面に沿った園路で繋がっていた。しかしこの園路は月ノ池の堤であり、園路延長の大手門前からは、礎石を伴った門が出現した。時期変遷を整理する必要があろうが、園路が中世に遡ることは厳しいといわねばならない[23]。

この園路が繋がらない場合、三の丸を含む金山城中心部分の空間（＝実城域と呼称される空間）と馬場曲輪以西の空間は断絶する。大堀切の構造を踏まえれば、両者が直接に堀切をわたって接続することはない。そのため月ノ池南西の谷間の中で両空間は接続することになる。両空間の独立性が考えられることになる。

さらに馬場曲輪で検証された道筋は馬場曲輪西端の物見台を最高所として、随所に延びていた。馬場曲輪の空間は物見台に対して求心的な構造を呈していたことになる。馬場曲輪と実城域は城館の縄張り構造として主従の関係を成していないのである(24)。

このように、金山城の馬場曲輪は実城域に対して一定の独立性を有していた。【史料1】が語っていた「真城（＝実城）」と「中城」の並列はこのような構造と関連のあるものではなかろうか。馬場曲輪がすなわち「中城」であると断言するには、実証資料をまだ欠いているが、位置的な関係からも可能性は高い。また異なっていたとしても、金山城は一定のまとまりをもった小さな空間が集合して大きな城館を形成していたということを発掘調査の成果は示唆していることになる。

小　結――一五世紀後半から一六世紀初頭の城館

一五世紀後半から一六世紀初頭の城館は、主郭を中心とする求心的な構造ではなかった。独立併存構造の集合体、これは一五世紀後半から一六世紀初頭の城館の特徴なのではなかろうか。そして独立・併存する一個体が実城と呼ばれ、あるいは中城と呼ばれていたのだろうし、それ以外にも並立する空間が群在したであろうと論じた。名称を踏まえれば、広義の「城」の中に狭義の「城」が併存していたのであろう(25)。金山城にもその構造を認めることができる。

その視点で東海地域の城館に関する史料を以下に見てみたい。この地域では「実城」「中城」という語は使用せず、

「本城」「端城」の語を使用している。用語の点から、関東と東海では城館の地域圏が異なっていたことをまず認めたいが、類似の構造は想定できそうである。

【史料10】伊勢宗瑞書状[26]

（前略）然而今橋要害悉引破、本城至堀厓陣取候、去十九卯刻ニ端城押入乗取候、爰元急度落居候者、重而可申展候、（中略）恐々謹言

九月廿一日（永正三年（一五〇六））　宗瑞（花押）

謹上　小笠原左衛門佐殿

御宿所

本状は伊勢宗瑞が今川氏親に助力して三河国今橋城を攻めた際に発給された書状である。今橋城について要害・本城・端城の語が見られる。それぞれの連関は明らかではないが、今橋城の構成要素に本城と端城があることが窺える。

【史料11】今川義元感状写[27]

今度於三州安城、及度々射能矢仕、殊十一月八日追手一木戸焼崩、無比類働感悦之至也、又廿三日上野□南端城於右手ニ而も能矢仕、城中最先乗入、於本城門際、別而敵苦之条、神妙也、弥可抽忠功之状如件、

十二月廿三日（天文十八年（一五四九））　義元判

弓気多七郎次郎殿

【史料12】今川義元感状写[28]

去月廿三日上野端城之鈲先、敵堅固ニ相踏候之刻、最先乗入数刻刀勝負ニ合戦、城戸四重切破抜群之動感悦也、因茲諸軍本端城乗崩、即遂本意候之条、併依彼勲功故也、弥可抽忠信之状如件、

十二月廿三日　義元（花押影）

御宿藤七郎殿

【史料11】【史料12】の二通は三河国安城城での合戦の忠功を賞した者である。上野城の合戦に際しては、南端城・本城・端城などの構成要素を見ることができる。【史料12】に「諸軍本端城乗崩」とあるのは、上野城の中で本城と端城が並列する存在であることを窺わせる。[29] 先の【史料10】では本城の堀岸に陣取をとりつつも、端城を攻めていた。本城と端城は独立した存在であったと推測できるのではなかろうか。

また【史料12】には南端城なる構成要素がある。名称から推測するに、端城は一つとは限らないことになろう。そして、ここでは端城で攻防があり、そして城中へ入り、本城の門に到達したという経過が読める。端城は文字通り広義の城館の周縁付近にあった可能性が窺える。

【史料13】宗長手記[30]

懸川泰能亭に逗留、此ころ普請最中、外城のめくり六・七百間、堀をさらへ、土居を筑あけ、凡本城とおなし、此地岩土と云物にて、只鉄をつきあけたりとも云へし、本と外との間、堀あり、嶮々としてのそくもいとあやうし、此城にて発句とて、

さみたれは雲井のきしの柳から

又、南に池あり、岸たかく水ひろくて大海に似たり、凡竜池ともいふへし、同発句、

大永二年（一五二二）五月に宗長が掛川の朝比奈泰能を訪れた際の記述である。掛川城が普請中であるとしてその構造を記している。本城部分と同じように外城の堀が浚われ、土塁が築かれていると描写している。外城の構造の中に本城があるのであろう。

注目すべきは、「本城と外城の間に堀がある。この堀は険峻で覗くと怖いくらいである」と感想を述べている点である。本城と外城の構造的な重層関係を述べているのであろう。そしてその間には険峻な堀があると特記している。

わざわざ記載されていることは本城と外城の間に険峻な堀があることは当時にあっては珍しいことであったにほかならない。ゆえにこの文章が盛り込まれたと考えられる。つまり、城館が徐々に複雑化していった様相を宗長は捉えていたのである。

一六世紀前半の中での城館構造の変化を先に指摘したが、宗長が観察したことはそのことに対応していたと考えたい。城館構造の複雑化は本城（＝中心郭）を中心とした同心円構造の強化であり、求心的な縄張の発達であったと想定することは自然であろう。

注

（1）『群馬県』『松蔭私語』八二六頁
（2）『群馬県』『松蔭私語』八三六頁
（3）『群馬県』中世一―一五一
（4）『北区』三〇八
（5）『茨城県Ⅴ』秋田藩家蔵文書四九―二七
（6）『益子町』六九六頁
（7）『鹿沼市』三一五
（8）『北区』第三編四六
（9）『群馬県』二四〇四
（10）あるいは「実城」の「一廻輪」と解すべきなのであろうか。この場合、「実城」という大きな空間の中にある一つの「廻輪」という解釈になり、「実城」は従前とは変わらない語意となる。しかし、年代が永禄年間であること、文意が「およそ中心となる曲輪、すなわち後世の本丸ひとつ」と解せるので、本文の解釈を採用した。

(11) 市村高男「関東における戦国期城下町の展開——常陸国下妻城下町を中心として」(『戦国史研究』第四号、一九八二)。なお、同論文はその後、市村高男『戦国期東国の都市と権力』(思文閣出版、一九九四)に採録されており、「ふつう『実城』・『中城』・『生城』は、本城(主郭・本丸)を指し示す言葉とみなされがちであるが、必ずしもそのように限定されるものではなく、(中略)これは主郭以下の諸曲輪を一括した城郭の本体を指している」とし、「『生城』・『実城』・『巣城』は、結果的には同じような実態を指すことになるが、重点の置き方に違いがあるので微妙なニュアンスの差がある」という表現に変更している。
(12) 市村高男『戦国期東国の都市と権力』(思文閣出版、一九九四)
(13) 『北区』一九五
(14) 『北区』一九六
(15) 『北区』五〇二
(16) 『千葉市高品城Ⅰ』(大和ハウス工業株式会社・財団法人千葉市文化財調査協会、一九九七)による。
(17) 『横地城跡総合調査報告書』(静岡県菊川町教育委員会、一九九九)・『横地城跡総合調査報告書　資料編』(同、二〇〇〇)
(18) 財団法人東総文化財センター発掘調査報告書第二一集『千葉県匝瑳郡光町　篠本城跡・城山遺跡』(千葉県企業庁・財団法人東総文化財センター、二〇〇〇)
(19) 千田嘉博『織豊系城郭の形成』(東京大学出版会、二〇〇〇)。ただし当該部分の初出は「戦国期城郭・城下町の構造と地域性」(『ヒストリア』第一二九号、一九九〇)
(20) 小野正敏『戦国城下町の考古学』(講談社選書メチエ、一九九七)
(21) 村田修三編『図説日本城郭事典　第一巻』(新人物往来社、一九八七)
(22) 『金山城跡・月ノ池——史跡金山城跡環境整備事業に伴う発掘調査報告書』(太田市教育委員会、一九九九)・『史跡金山城跡環境整備報告書　発掘調査編』(同、二〇〇一)
(23) 前掲注(22)『金山城跡・月ノ池——史跡金山城跡環境整備事業に伴う発掘調査報告書』

(24) その際、掘立柱建物が主流をなす東国戦国城館の建築遺構の中で、馬場曲輪から検出された礎石建物（二間×二間カ）は実城域に対する独立性を考える上で意味をもつかもしれない。
(25) なお、併存し個々が独立するという様相を意図したものではない。併存しつつも、外城などのような外郭施設で括られ、一体感をもって存在していたことは確認しておきたい。
(26)『静岡県三』四一〇
(27)『静岡県三』一九六三
(28)『静岡県三』一九六五
(29) あるいは「本端城」はいくつかある「端城」のなかで中心となる「端城」の意味なのであろうか。その際には並立して群在する「端城」の中心という解釈になろう。そこでも群在する城館の様相が想像できる。
(30)『静岡県三』七九九

第八章　戦国大名と城館

二〇世紀末から二一世紀への移り変わりの時期に、いかなる社会状況が背景にあるのか解らないが、列島の各地で中世城館研究は大きなうねりを上げていた。全国各地には数知れないほどの城郭研究会が存在し、活発な活動を継続していた。国・地方自治体さらには出版社の企画による中世城館の悉皆調査は、毎年必ずといってよいほどに成果を公にした。中世城館の保存・整備事業も県単位で複数箇所ずつ進行している。市民レベルでのブームではないにしろ、少なくとも中世城館は専門家レベルで大きな動向を示している。このことの意義はいずれ考えてみる必要があるかもしれない(1)。

この動向の主たる対象は戦国期の城館である。縄張調査・発掘調査などが過去にないほどの規模で行われている。調査・研究の成果は確実に戦国社会の歴史像と結びつくように目指されており、学際的研究の実践が模索される中で重要な位置を占めてきた。特に文献資料による地域の戦国大名と連携した城館研究は、今や待望の地域史研究方法となっている。

城館から戦国時代を語る代表的なジャンルとして、織豊系城郭の研究が上げられる。千田嘉博は虎口編年を提示し、織豊系城郭を概念化して研究の道筋を示した(2)。さらに石垣・瓦・礎石建物の三要件が織豊城郭の大きなメルクマールであり、時代の画期となると中井均が論じ(3)、織豊期城郭研究会が研究の牽引車となった(4)。そこで描かれた瓦の研究は、豊臣政権が城館に葺く瓦の生産・流通・建築の各段階に関与し、権力が築城を統制するという実像であった。権力によって創出される城館は織豊系城郭の概念で語るに相応しい歴史像であった。

この織豊系城郭の研究に触発され、各地の戦国期城館とその地の戦国大名を積極的に関連づける研究が盛んになった。武田系城郭・後北条系城郭などの語が頻繁に使用され、研究成果が問われているのである。便宜上、これらの戦国大名と直接に結びつけられた城館の概念を戦国大名系城郭という概念で括ってみたい。この戦国大名系城郭は個々の城館を説明する上で、有効かつわかりやすい概念と考えられるが、実は厳密な定義は存在していない。

各論者によって相違はあろうが、イメージされている内容は次の引用と大きく変わらないだろう。(5)

本家から氏照につけられた家臣団の中に築城のエキスパートがいたと思われる。この技術者が永禄初年ごろより氏照の城をそれなりに発達させていったに違いない。

つまり、戦国大名家では城館築城に関わるあらゆる情報や技術（＝築城術）をイエ内部に確保し、基本的にはパーツと俗称される個々の遺構のレベルで独自性を発揮した城郭を築き、発展させていった。独自の築城術によって侵略地の城館を改修したり、新規に築城した。さらには自らの領内の拠点的な城館の改修をも行った。イエ内部にテクノクラートを抱える体制である。そして、戦国大名主導による築城術を知見した配下の勢力が、その影響を受けて自らが関わる城館にまでその築城術を取り入れていった。このような築城術の展開によって築かれた戦国期城館を大名毎に色分けしようとした概念が戦国大名系城郭概念の内容ではないだろうか。遺構（特にパーツ）の共通点を探しだし、それを戦国大名による築城術と評価することで、遺構から戦国大名論が語れると予想することは、実に魅力的な考えといえるのではなかろうか。

筆者はこの概念を全く否定するものではない。おそらくそのような一面はあり得ただろうし、織豊系城郭論を踏まえた時、理論的には築城術の流れは戦国大名系城郭論を必然とする動向をもっていると考えている。しかし、必ずしも実像は容易に戦国大名系城郭論を語らせていないことにも注意を払いたい。

この戦国大名系城郭論に警鐘を鳴らしたのは萩原三雄である。萩原は平成一三年（二〇〇一）に山梨県考古学協会が主催したシンポジウム「武田氏系城郭研究の最前線」において、戦国大名系城郭論に疑問を呈し、次の内容の発言をしている(6)。

縄張り調査の成果を史料化する前提として、城郭の縄張りは築城主体の意識をどのように反映しているのか、あるいは反映するものなのかといった根本問題も考えなくてはならない。築城主体と縄張りの諸関係、これは実際に縄張りを行う責任者や城郭築造に関わる技術者たちと戦国大名との関係も明らかにすることになる。

萩原の主張は戦国大名系城郭論という概念の存立そのものを疑っているのである。戦国大名と城館構造の間に「実際に縄張りを行う責任者や城郭築造に関わる技術者たち」といったイエの内外部の技術者集団の存在を差し挟んでいる。外部の技術者集団が存在するのであれば、当該集団の移動を考えねばならず、戦国大名による築城は戦国大名系城郭論だけでは説明できなくなることが予測されよう。

さらに考える必要がある問題として、文献史学が描く戦国大名論と縄張調査の成果を直結させる方法論がある。戦国大名系城郭論は、既存の地域史像が描く政治史を考察の前提とし、先に想定した概念論と地道な踏査によって描かれた縄張図の解釈から歴史像を展開している。両者が一体のものとして論じられているのである。異なる次元の史料を同一のステージで消化する際には慎重な操作が要求されるのであるが、概念論と縄張図の解釈の整合性は問題なくクリアされているのであろうか。

本章はこのような問題意識をもとに、自戒を込めて、戦国期城館を検討するために、新しい視角を築くための一段階となることを目標としたい。

1　戦国大名系城郭論の現在

戦国大名系城郭論は、戦国大名による築城のすべてを論じられるかどうかは別として、理論的には存在しうる概念だと考えている。そこで、従来の研究史のなかでどのように論じられていたかを確認してみたい。素材として武田系城郭論・後北条系城郭論・伊達系城館論を扱いたい。

(1)　武田系城郭論

武田家の築城術として著名なものとして、丸馬出がある。萩原三雄が武田氏の築城技術として論じ(7)、根強い武田系城郭の指標となっている。しかし、近年では丸馬出は必ずしも武田氏独自の築城術ではなく、徳川氏も採用していたとする説がある(8)。そこでは、分布が武田領国と重ならない松平氏の本領に及んでいることと、武田氏の侵略が及んだ三河地域では丸馬出を採用した城館がほとんど無いことが指摘されている。そして徳川氏による築城術であるとの論点は池田誠によって継承されている(9)。少なくとも武田領国外に丸馬出の分布が存在することは、武田家が独自に丸馬出の築城術を開発し、武田家独自の技術として伝えていたと、そのまま語る訳にはいかない。武田・徳川両領国で存在する分布は、両地域にまたがって創出した地域圏のような現象を語ってはいないだろうか(10)。丸馬出に関する研究史の現状は武田氏独自開発および家伝の築城術とすることに抵抗を感じざるを得なくなっているのである。

武田系城郭論の代表的な論者の一人に三島正之がいる。三島は長年にわたって長野県内の城館踏査を実施し、経験的に城館の変遷を把握した。

三島の考察の背景には強い軍事的発展論がある。そのことは「削平地を防御主体にした、オールドファッションの山城が、一六世紀中葉までは、小笠原領域内に、数多く存在したようである。この時代までは、小領主間の限定戦争が中心だったので、削平地主体の防御で十分対応できたのだが、この世紀の中葉にさしかかると、外部勢力武田氏の侵入とともに全体戦争の時代に突入し、より強固な遮断線（堀、竪堀）を主体にした防御へと、城の防御思想も変貌を遂げていったことを如実に物語っている」(11)、「一般的にみて、ほとんどの中世城郭は、中世末期まで使用され、軍事的緊張等時代の要請に従って改修の手が加えられたことはもはや常識化している。改修の形跡のない城を探すとすれば、立地的重要性の乏しい辺鄙な場所か、軍事的緊張をさほど受けなかった地域か、いずれであろう」、「削平地遺構における防御的不明確さは、その機能や用途によって生じるものではなく、その構築年代の古さに由来するものであることを、そろそろ結論として出さねばならない」(12)などの文言に読みとることができよう。城館構造の発展の契機は、政治情勢の不安定化による軍事的緊張、もしくは新しい領主（城主）による改修であると断じている。

三島は永年の踏査から長野県内の山城遺構の特徴について三特徴を抽出する。①階段状の削平地群、②横堀＋放射状竪堀、③密集収斂竪堀ほかの連続竪堀・連続堀切、桝形状虎口のセット、である。この特徴抽出については永年の努力の賜物であり、深く敬意を表したい。

三島はこの①から③の特徴をそのまま年代的変遷ととらえ、かつ最終的には①は武田氏の信濃侵攻以前の一五世紀中頃～一六世紀中頃の期間、②は戦国大名武田氏による改修、③は天正一〇年代の小笠原氏による改修という政治状況を設定し、両者を直接的に結びつける。しかし政治史と遺構の地域的特徴を直接的に結びつけるのは問題がないであろうか。

武田系城郭の主題として②横堀＋放射状竪堀の問題がある。この遺構については白山城の事例を典型例として「信州山田城（高遠町）、替佐城（豊田村）、上野根小屋城（高崎市）、駿河葛山城（裾野市）など、武田氏領域内にいくつか、その遺構を見ることができる」(13)と論じている。しかし歴史的背景は三島の想定とは合致していない。

　このうち、山田城（長野県高遠町）は明徳年間（一三九〇〜九四）より武田氏が滅亡するに至るまでこの地の領主であった山田氏の拠点と考えられている。[14] 替佐城（長野県豊田村）は武田家の関与が想定されているが、推測の域を出ていない。[15] 根小屋城（群馬県高崎市）については以前より武田信玄による築城説が流布しているが、典拠とする史料が「関八州古戦録」であり、信を置くことはできない。[16] また葛山城（静岡県裾野市）は駿東の鎌倉時代よりの領主である葛山氏の本城である。戦国期に武田氏に属することはあったが、今川・北条・武田の狭間にあって時代を生き残った領主である。ただし最後の領主葛山信貞は武田信玄六男であるとされ、一時的に武田家一族の城館になった。しかし遺構のレベルで葛山信貞段階の遺構を特定することは難しいといわねばならないだろう。

　このほか三日市場城（長野県白馬村）・山家城（長野県松本市）・黒川城（長野県小谷村）・武居城（長野県朝日村）・竹田城（長野県山形村）等の城館についても放射状竪堀の存在を指摘し、武田家との関連を説いている。しかし武田家との関連については以下に示したように不十分もしくは未確認と言わざるを得ない。三日市場城は沢渡氏の城であったとされている。なお伝承によると天正年代に武田氏によって破却されたとされる。[17] 山家城は山辺氏の城とされ、従来より小笠原氏に属する山城とされている。武田家の林城攻めにともない落城したとされている。[18] 黒川城は当初武田家の属城であったとされるが、滅亡後は千国氏が城主として存在していたとされる。したがって遺構レベルでの時期区分はなされていない。武居城にも放射状竪堀があるとする。[19] しかし、三島も論ずるとおり、歴史的背景が明確でない。そのため、放射状竪堀故に武田家の関与を推定する論旨になっている。竹田城も当該遺構の存在を指摘するものの、三島自らが「武田氏が構築した確証はないが」と述べている。[20]

　そもそも②横堀＋放射状竪堀の代表事例である白山城であるが、近年、韮崎市を中心に総合研究が実施された。[21] 同報告書では多角的に白山城が論じられ、地域の武士団である武川衆と白山城の関係が論じられたが、武田氏が築城に関与した事実は指摘されることはなかった。縄張論の研究史も丁寧に紹介・分析されているが、武田氏の城館であるという前提での考察であった。さらに同報告で山下孝司は「縄張研究において白山城にみられる武田築城技術の典型例は、山腹にめぐる横堀と放射状竪堀の組合せということになる。ところが、山梨県内には同様な形態の城郭はないと言ってよく、武田氏築城術あるいは武田系城郭とは何か再考の必要があろう」と再考を求めている。武田家による普請の事実もなく、見本とした城館も近隣には存在しないのである。つまり同城が武田氏流の築城術の典型例であるとする論拠は存在していないのである。(22)

このように点検してくると、②横堀＋放射状竪堀という築城術は、一見したところ武田領国に関連するようであるが、普請の年代が未確定である問題も加え、確実に戦国大名武田家によって普請された事例、とりわけ武田家が直接的に築城・管理した典型的事例が欠如することから、現状では武田系城郭の築城術の一事例とする評価は、議論に飛躍があることになる。(23)

縄張研究の状況を受け、武田系城郭を総括した議論が八巻孝夫によって行われた。(24)八巻による武田系城郭の築城技法の独自性とは以下の表８―１の項目・細項目・事例のようである。

概括してみて、まず事例とされる城館について、武田家独自の城館として評価するのに問題を含む城館が多いことが気づく。新府城、犬居城や諏訪原城などは徳川家の関与があることが知られている。とりわけ新府城は天正壬午の戦いの折りに徳川家康が使用した城館であることは有名である。諏訪原城は武田家が築城後、天正三年（一五七五）になって徳川家に帰属し、天正六年（一五七八）から一〇年（一五八二）にかけて改修が行われていることが『家忠日記』によって知られており、(25)およそ武田家の状況を伝えているとは判断できない。要害山城は武田滅亡後の使用が指摘されており、近接する熊城もその関連を考えねばならない。深沢城は北条家が関与しており、両家の普請を想定しなければならず、当該の遺構を武田氏によると判断する根拠はない。笹尾城・中山城・真篠城は白山城と同じく在地勢力の城と知られている城館である。このほか根小屋城・白山城・葛山城は先述したとおりである。このように八

表8-1　武田系城郭の特徴検討表

項目	細項目	事例	反証
a. 丸馬出		小山城　大島城	
b. 角形の馬出		新府城　犬居城	松山城（埼玉県）
c. 大型の枡形虎口		牧之島城　小長井城	滝山城（東京都）
d. 横堀の使用		諏訪原城　丸子城　根小屋城	菅谷城（埼玉県）
e. 効果的な配置の竪堀	1放射状竪堀	白山城　葛山城	
	2連続竪堀	熊城　真篠城	新潟県等に多数
	3二本竪堀と登城路	要害山城　白山城	津久井城（神奈川県）
f. 幅広の土塁		諏訪原城　深沢城	鉢形城（埼玉県）
g. 仕切り土塁による区画		新府城　諏訪原城　湯村山城	山田城（埼玉県）
h. 弧状の堀		笹尾城　中山城　駒宮城	土気城（千葉県）
i. 出構（ダム的な遺構）		新府城	滝山城・鉢形城
j. 遠構		諏訪原城　新府城　牧之島城	結城城（茨城県）

巻が事例として使う城館は武田家独自の築城術を直接的に示さない城館が多く含まれている。

さらにａ丸馬出およびｅ－１放射状竪堀については先述したとおりであるが、他の事例については反証に示したとおり多くの事項は各地に見ることのできる築城術であり、およそ武田家独自の築城術を示すものではないことは明らかである。日本列島各地の城館を踏査して、その実績を高く重ね、知識豊富な八巻をしても、武田系城郭の特質を抽出することは難しかったのである。

従って、武田家独自の築城術という武田系城郭という存在は確認された実態ではなく、作業仮説の域を出ていないと言い得ることになる。

（２）後北条系城郭論

後北条氏による築城について、以前より後北条系城郭の言葉は存在するものの、その専論はない。一つのメルクマールとして角馬出が語られることがあった。武田氏の丸馬出に対して、後北条氏は角馬出を使用するとして、丸と角の対比の中で城郭論が語られることがあった。

この点に立ち、八巻孝夫は「後北条氏領国内の馬出を整理することにより、後北条氏の軍事技術の発達を考える基礎資料としたい」として、この論点に切り込んだ(26)。領国内に残る馬出を博捜して、図化し、比較している。その分布を検討する中で、「後北条氏の直接経営の城でないものにも、馬出は多く存在する」という興味深い事実を発見している。そして常陸国内に馬出が存在することについて、「天正の末年（一五八〇年代後半）頃には、馬出は特殊なものでなくなり、それぞれの経験則により、城の中で必要な個所につけ加えていったのであろう」と述べている。現状の研究史で遺構の年代観を細かく指摘することは不可能であろうから、この点を差し引き、後北条領国外でも特殊ではなく存在しているという点に注目している点は大きく評価できよう。すなわち、角馬出の存在はそのまま後北条系城郭論とは結びつかない点を指摘しているのである。

さらに八巻は後北条系城郭論を構築する作業の一環として、北条氏照が関係する城館を検討する。領域内23ヵ所の城郭を整理して、八巻は北条氏照による城郭を大きくⅢ期に分ける。

第Ⅰ期：滝山城に代表される「台地縁ぎりぎりに空堀の防御ラインをめぐらした上、その内側のラインで馬出を設け内外を厳重に分けていることに特徴づけられる」と説く。また山城は「小さいながら城の両端に枡形虎口を作る構造」とする。

第Ⅱ期：栗橋城を代表例とし、「滝山城に見られるような洗練された無駄のない構造をやめ、徹底的な形で防御を見せつけるかのように築城」したと説く。

第Ⅲ期：八王子城を取り上げ、「今までの第Ⅰ期、第Ⅱ期の馬出や横矢がかりの組み合わせを放棄し、シンプルな遮断線で特徴づけられる」としている。

事例として選択された二三城について、御岳城・柏原城・藤橋城・盾の城・小山田城・鷲城・中久喜城など、なぜ氏照系城郭とされるのか不明な城館を検討事例に含んでいる。この時点で分類が有効であるか疑問が生まれる。そして、時期区分の妥当性はさておき、分類した特徴が北条氏照による特徴の独自性を論じていないことには注意を払わねばならないだろう。例えば第Ⅱ期の定義はあまりに抽象的であり、第Ⅰ期については諏訪原城、第Ⅲ期については鶴淵城（栃木県藤原町）や能見城（山梨県韮崎市）に反証を挙げることができる。つまり、氏照系城郭の概念は実証・成立されていないことになる。

しかし、意識をもって北条氏照に関わる城館を調査し、概念化を試みた研究者は現時点では八巻をおいて存在しないだろう。その八巻をして氏照系城郭の概念が成立しないのである。そして、後北条領国内外の馬出の問題もある。このように評価したとき、後北条系城郭という概念の設定自体に問題があると指摘できるのではなかろうか。

(3) 伊達系城館論

戦国大名伊達政宗に関する城館論が、松岡進によって精力的に追究されている(27)。松岡は伊具郡の城館を中心に伊達領内の城館を調査し、虎口を主として堀・空間構成・横矢がかりを視角として、伊達系城館を論じている。松岡の分析の背景には先の三島と同じく、城館発展論と軍事的緊張による改修が根強く存在しており、分析の対象とした城館を基本的に戦国期末とする点が起点となっている。

後北条氏や武田氏の城館論と異なり、ほとんど研究のない伊達領域の城館について、初めて図化作業を行い、その成果を歴史像に組み立てる努力は並大抵のものではない。その成果には深く敬意を払いたい。膨大な事例を前にして松岡も叙述するように現状の伊達系城館論は中間での整理ということになろう。そのため、難解な箇所が多く、理解できない点も少なくはない。しかし、一定の地域の中で縄張構成要素の共通項をあぶり出し、権力論に近づけようとする議論は説得力がある。この手法は同書のなかで最上氏について論じた章において、一段と際だっていると理解した。縄張論を追究する上では、縄張構成要素の共通項をあぶりだし、相互関係を検討するという手法は、必ずや堅持される手法と思われる。

松岡は結論として、「伊達氏系城館の虎口は、2折0区画→食違い虎口＋連続虎口（枡形なし）→連続虎口（枡形・馬出を含む）＋2折1区画およびそれに準じるもの、という三段階の発展系列をもつ。最終的な形態のへの移行の時期は、天正十二～十三年である」と単線的に論じている。

伊達系城館とは何なのかと問うたとき、その概念定義が示されていなかったことは残念と言わねばならない。また、結論として伊達氏系城館を描くために扱った事例について確認してみると、記述されただけでも以下のように不安定な事例を基礎に構築されていることに気付く。

西山館：2折0区画（食違い虎口）について、「冥護山館も天正十一年に伊達方の前線として築かれる以前に相馬氏が使用していたとされるので、伊具郡の事例だけではこの形の虎口を伊達氏が築いたかどうかは決定できない」……不確定事例

豊後館：「この館が伊達氏系なのは周辺の歴史から見て確実」……事例検証の未論証および遺構論の未検証。

駒ヶ嶺城：「よく洗練された形態の内枡形とセットをなしている点から、この土橋上の土塁も伊達氏の構築にかかるものと判断される」……「よく洗練された形態の内枡形」という主観的評価が伊達氏系の論拠。

蓑首館：2折1区画虎口について「この遺構が伊達氏の構築にかかるものかどうかは、現状では類例もなく、決定する材料に欠ける」……不確定事例

三沢城：連続虎口（外枡形付加型）が「伊達氏系と断定できる伝承はないが、遺構と歴史的環境の両面からその

可能性が認められる」とし「伊達氏系城館の虎口として最も発達した形態を示すこれらの連続虎口」と評価する。しかし、『戦国期城館群の景観』の第三章においては「この城跡については慶長期に三沢信濃守頼母なる者が居城したと伝えられるのみであり、年号からすればこの人物は上杉氏の臣の可能性が最も強いが、確証はなく、遺構からは伊達氏系城館とみるのが妥当である」と論じる。「伊達氏系城館の虎口」であるとする具体的検証はない。

伊達氏系城館の検討事例とする具体的検証が省かれていた点は、論全体が難解であることの起点に思えた。さらにその前提として、縄張論の限界とも兼ね合うが、扱った事例が伊達政宗期に限定されるとする論証も欠いており、年代的な不安定さは絶えずつきまとっている。

すなわち、地域における城館の類型について成果をあげ、一定の地域像を描いたと評価できるものの、伊達氏と結びつけて歴史像化する過程において飛躍があったことを残念ながら指摘せざるを得ないことになる。

以上、武田氏・後北条氏・伊達氏の城館論を点検してきた。労苦多い作業によって重要な地域像をそれぞれの方々は描いてこられた。その作業について、一定の成功は否定することはできない。しかし、現状において確認できたことは、地域における城館像と戦国大名による築城を手続きなしに結びつけた戦国大名系城郭論ではなかっただろうか。現状の戦国大名系城郭論はまだ仮説の域を出ていないとはいえまいか。戦国大名との切り結びを求めて、結論を急がれたのが極めて残念に思える。

2　築城術の様相

戦国期の城郭論が当初の予想に反して戦国大名系城郭論では十分に理解できなかった背景には何があるのだろうか。

その要因として地域性と技術者の問題を取り上げてみたい。

（1）地域性

相模～武蔵中・南部地域の城館を概観した西股総生は、構造を「直線連郭型」「丘央主郭型」「台地縁単郭型」に分け、以下のように論じている(28)。

相模～武蔵中・南部域を版図としていた一六世紀前半（天文年間以前）には後北条氏は未だ独自の縄張技術を確立しておらず、城郭の占地や縄張には地域的な『棲み分け』が存在していたものと考えることができる。かかる城郭構造の地域的な『棲み分け』が形成された前提としては、地形や地質といったハードウェアな要因《ママ》が第一に想定できる。しかし、直線連郭型における大庭城や台地縁単郭型における藤橋城といった、分布上突出する事例の存在は、地域的な『棲み分け』を形成する要因が地形・地質のみではないことを示している。政治・経済や地域ごとの慣習・行動様式といったソフトウェアな要因《ママ》も、背景に存在したとみるべきかもしれない。

後北条氏には独自の縄張が存在しなかったこと。縄張には地域的な広がりがあること。地域を越えて類似する縄張が存在し、その背景には戦国大名家の存在という政治的な要因のほかに、経済や地域ごとの慣習・行動様式があることを予想している。

地域ごとの慣習・行動様式、すなわち地域性の論点はすでに触れてきた点である。丸馬出と角馬出の議論である。丸馬出は武田・徳川両氏の領国に分布したと論じられており、武田家も信濃国において吸収した可能性が指摘されていた。武田家の本国である甲斐国では形式的にも整った典型的な武田家の丸馬出の事例が存在しない以上、武田家や徳川家に先行して、地域的な築城術として存在していたと考えるのは妥当性がある。

また角馬出については、八巻が北条領国のみにとどまらず、佐竹領での遺構を指摘していた。角馬出の築城術が後北条氏のみに確保されたものではなく、後北条・佐竹氏領国という広がりをもって角馬出の築城術が保持されていたことを示している。

政治的な領を越えて地域的に存在する築城術を確認した時、横堀＋放射状竪堀の築城術も、武田家を関与させず、地域的な広がりのなかで保持された築城術と考える視角が与えられることにもなろう。

権力を媒介とせず、地域の中で保持する築城術があったとする時、なぜ村落は城を持つことができたかという設問にも回答の切り口を与えることになるのではなかろうか。そもそも築城することができたのは戦国大名だけではない。このことは周知のことであり、主体が不明な小規模な城館は無数に存在している。その需要をささえるだけの築城術が一定の地域に存在したと推定することはあながち無理なことではないだろう。

（2）技術者

地域性を問題とした時、密接不可分な問題として築城に関わる技術者集団の問題が浮上する。このことについて、新潟県関川村・黒川村の中世城館を悉皆的に調査した渡辺昌樹は、揚北の国人である黒川氏の領に属する持倉城が、連続竪堀・連続堀切を使用していることに注意を払い、次のように問題を論じている。(29)

通常、城の築城パターンというものは、その領地を治める氏族によって、固有のものを持つという考え方が一般的である。しかし表記の城は北条内、中条内、加治荘内と、別々の領主・領土内で共通の築城パターンを持ってしまっているのである。

これには領土を越えた築城技術者の様な、第三者的な人物の存在が想定できるが、これはまったくの筆者の想像であり、今後の課題としたい。

渡辺による「領土を越えた築城技術者」が存在するという指摘は、織豊系城郭を除く中世城館論の中において従来は予想されていなかった視点であろう。越後国という地域で言えば、戦国大名上杉氏が前提としてとらえられ、その内部を細分して築城術を解く視点は存在しなかった。渡辺は上杉領国の中でも相対的に自立性の高い外様の国人層の領を単位として立論し、領を超えて共通する築城術を説明し、極めて重要な見解を提示したのである。つまり、「通常、城の築城パターンというものは、その領地を治める氏族によって、固有のものを持つという考え方」を否定し、領主と何らかの契約関係で働く「築城技術者」の存在をあぶり出したのである。渡辺の視点はあるいは地域論の問題として括ることが可能な論点かもしれない。しかし、仮に地域論であったとしても、「築城技術者」を論じた点は大きく評価される必要があろう。

この視点は城館研究そのものよりは、石垣や石工集団の研究の中では指摘されていた。織豊系城郭を深めた中井均は石垣を構築する技術系譜を探る中で、近江六角氏の本城である観音寺城の石垣は、湖東三山の一寺院である金剛輪寺に抱えられた石工集団が活用されたと指摘している[(30)]。六角氏は独自に石垣を積む技術を保持せず、金剛輪寺の職人集団を一時的に雇用して石垣を積んでいたのである。石工集団の立場に立てば、墓塔造立・石製品生産・寺院境内の普請など地域で活躍する様々な場面の一事例に、観音寺城の石垣があったということになろうか。石工集団は決して六角家のテクノクラートとして存在していたのではなかった。

東国でも石工については次のような史料がある。

【史料1】　景島山略縁起[(31)]

天文十二年癸卯葛山御城御修覆ニ付、播州石工葉野与一来り、御普請半にして眼病を煩ひ、深此観音を信けれハ、或夜御示現に、是前世罪業の為す所なりと、夢中に御告け有之、依テ弟子与作、羅漢十六体を刻、境内の岩頭に安置す、是より眼病平癒致し、已如旧と云、

この縁起は天文一二年（一五四三）の年紀を持つが、内容から早くとも近世前期の成立と考えられている[(32)]。しかし

縁起の記事はこの年以降のものを載せず、本伝承が眼病平癒の起源となり、同寺の縁起伝承においては最新の話題となっている。年次に信を置くことはできないが、戦国期の伝承を伝えるものとして理解しておきたい。

引用箇所は天文一二年の葛山城普請に際して従事した石工に関する記事である。まずその石工が播磨国から来た石工で葉野与一といったことが窺える。さらにこの葉野与一には弟子がおり、与作と言ったことが記載されている。つまり播磨から来た石工は集団であったことを示唆している。

この縁起に依拠すれば、城館普請に関わる石工集団は特定の大名に臣従する存在ではなく、需要に応じて、生産活動に参加したということになる。その活動範囲は個別の戦国大名の活動にとどまらず、より広い範囲を動いていたということになろうか。

そもそも、中世において職人は定住せず、各地を移動して遍歴しているということは鋳物師などの事例で、夙に指摘されていることであった[33]。この前提に立つならば、石工集団にかかわらず築城に関わるさまざまな技術者が列島各地を動き回っていたのではなかろうかという予想も立ち得る。

例えば、縄張の上で以下の共通性は個々の戦国大名家で完結せず、列島各地に築城術が広まっていたことを予想させる。

その一つは大馬出である。後北条氏領国では本城となる小田原城の八幡山の中心となる大きな郭に大角馬出を配置している（図8－1参照）。同様な構造は支城である滝山城や鉢形城でも見られる。滝山城は二の丸の東に大角馬出を設け、南と西には小さな角馬出を設ける。南側の尾根には小さな馬出に連結して大馬出を設けている。鉢形城（図8－2参照）では二の丸及び三の丸から外に向かう主たる二つの通路に大馬出を設けている。二の丸に南面する角馬出は現在では堀の埋没により、状況が不鮮明であるが、大手筋にあたる。三の丸西側の諏訪神社が鎮座する角馬出は遺構の状況も良い。以上のように後北条関係の城郭には、主たる道筋に沿って大きな角馬出を配置する縄張の類似例

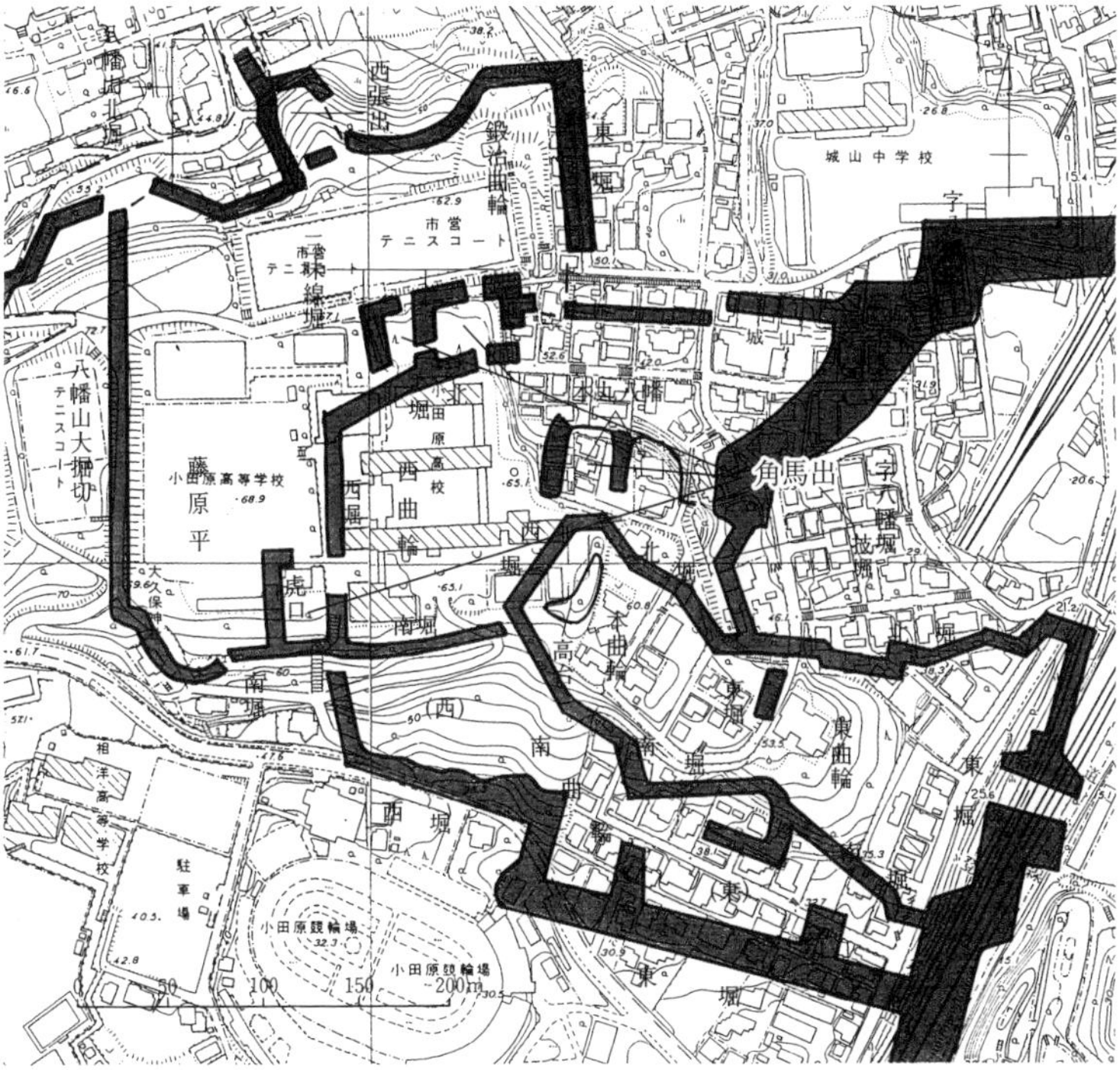

図8-1　小田原城八幡山構造図

＊『小田原市史　別編』（小田原市，1995）より転載・加筆．

が見られる。

　この構造は後北条領国にとどまらない。江尻城（静岡県清水市）やすでに何度も取り上げてきた諏訪原城（図8－3参照）にも見られる。このほかに東国では築造年次が不確定であるが、箕輪城（群馬県箕郷町）にも同じ設計の馬出が見られる。さらには聚楽第（天正一四年〔一五八六〕着工、文禄四年〔一五九五〕廃城）の構造にも見られることが絵図などで知られており、この構造は広島城や高岡城などの織豊系城郭に引き継がれている（図8－4参照[34]）。丸や角などの形の違いはあるものの、中心となる大きな郭の全面に大馬出を配置するという縄張上での共通点が確認できる。

　また郭に拠らず土塁・堀を線状に普請するという構造がまれに見られる。従来は山中城や下田城などが事例となって後

図8-2　鉢形城二の丸・三の丸周辺図

＊『史跡鉢形城　平成９年度発掘調査概要報告』（寄居町教育委員会，1998）所載図を基に作成．

北条氏末期の築城術と指摘されることがあったが、後北条氏にとどまらない状況も確認され始めている。たとえば、高山城（群馬県藤岡市）は第Ⅲ部第一二章で詳論するが、武田家の関与の可能性が指摘できる。能見城（山梨県韮崎市・図８－５参照）は武田家もしくは徳川家の普請と考えられるが、いずれにせよ北条家が滅亡する以前の天正一〇年代（一五八二〜九〇）の普請であり、同種の築城術が北条家と武田家もしくは徳川家の関与で行使されていたことを示している。

さらには武田家もしくは北条家が普請したと推測される御坂城（山梨県河口湖町・図８－６参照）は街道を城内の中央に通し、街道と直行する堀・土塁線で境界地帯の街道を管理するという構造をとる。この構造は年代の検証がなされていないが、米沢城に本拠をおいた当時の上杉家の関与が明ら

図8-3　諏訪原城実測図

＊『国指定諏訪原城跡保存管理計画報告書』（静岡県金谷町，1993）より転載．

かな鶴淵城（栃木県藤原町）と類似する。

　築城術の共通性は築城に関する情報が広く列島規模で共有されていたことを示唆してはいないだろうか。築城術の共有を媒介していた存在はおそらく技術者集団（実際に従事する築城集団にとどまらず、個々の技術者集団を繋ぐ媒介者も含めた広い意味での技術者集団）であろうと推測することは許されるであろう。以下の事例はそのことを例証する。

【史料2】北条氏政書状[35]

　榎本之敵両人討候趣、駿到来、厳□（密）仕合候、諸口之手初候、令歓悦候、向

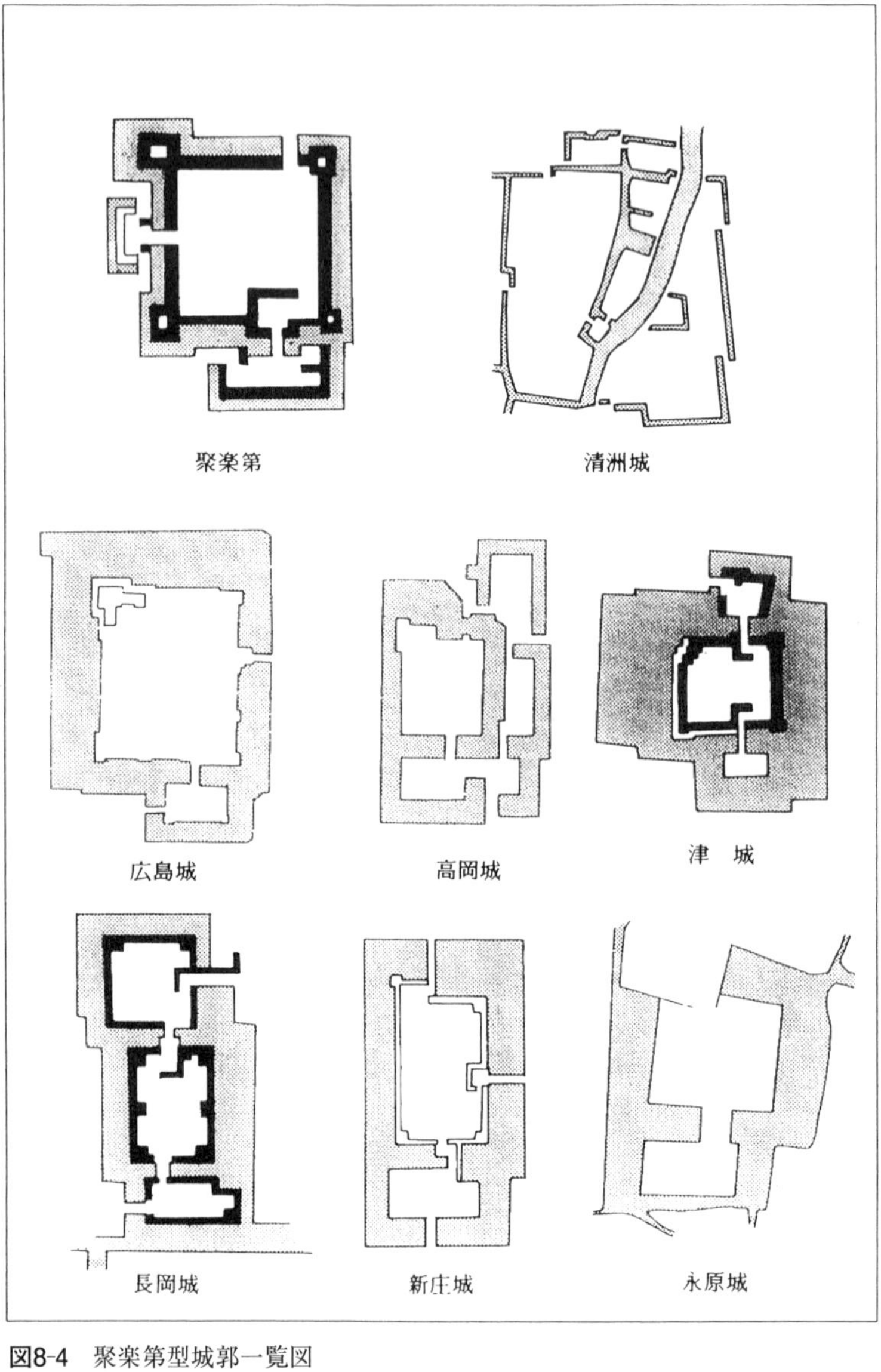

図8-4　聚楽第型城郭一覧図

＊中井均「城郭史からみた聚楽第と伏見城」（日本史研究会編『豊臣秀吉と京都　聚楽第・御土居と伏見城』〔文理閣，2001〕）より転載．

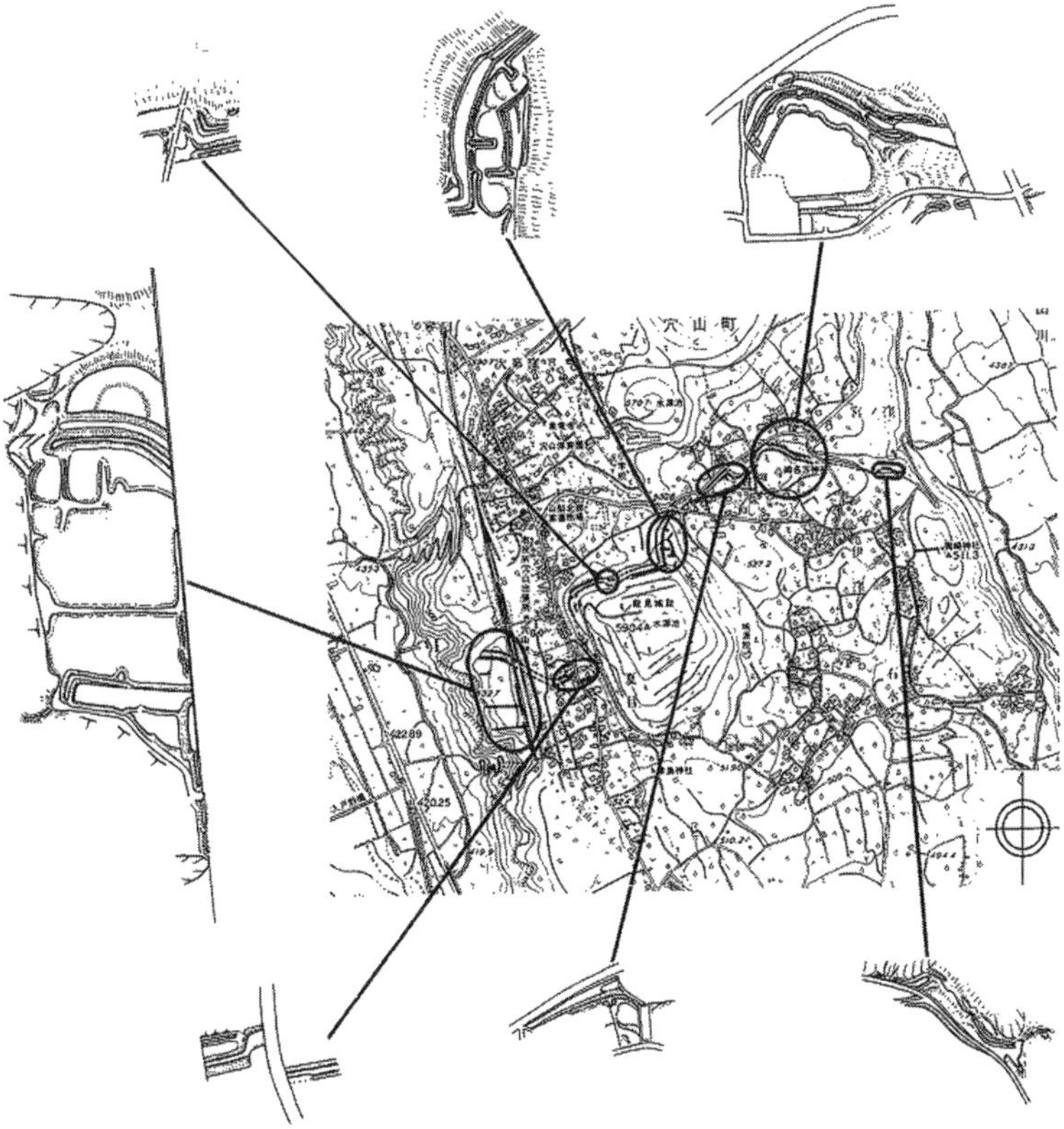

図8-5　能見城防塁概要図

＊山下孝司「中世甲斐国における城郭の歴史的立地――能見城防塁を例として」（佐藤八郎先生頌寿記念論文集刊行会編『戦国大名武田氏』名著出版，1991年）より転載．

後討捕者験、小田原迄指越ニ及間敷候、関宿当番衆へ指越肝要候、又要害之是非とも存知之者をハ、六ケ敷候共、
小田原迄到来可為肝要候、又切迄も無之類之者可有之候、恐々謹言、
五月十八日　　氏政（花押）

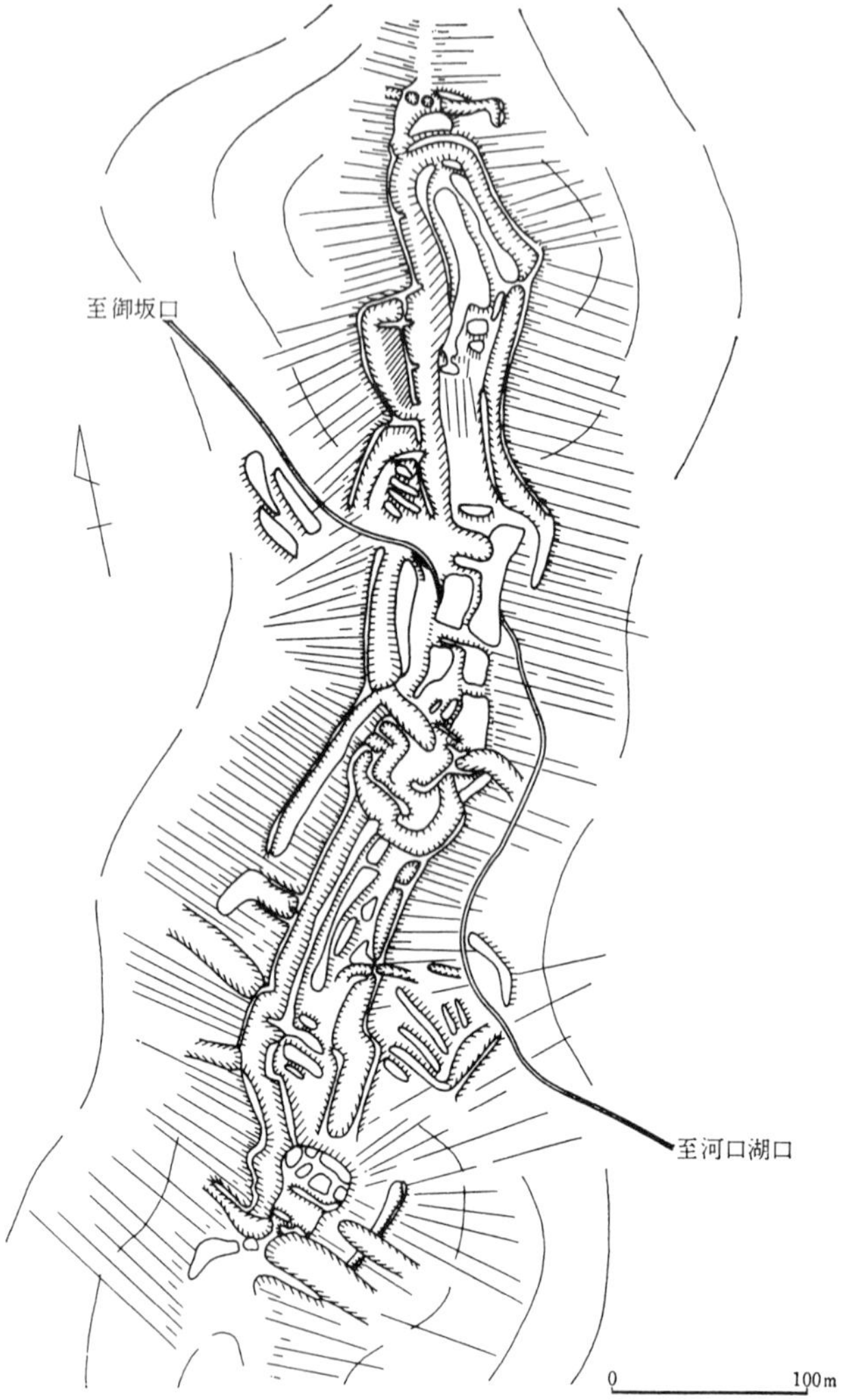

図8-6　御坂城要図

＊『日本城郭体系8 長野・山梨』（新人物往来社，1980）より転載．

茂呂右衛門佐殿

北条氏政が茂呂右衛門佐に対して、「要害之是非とも存知之者」をたとえ難しい状況であっても小田原に派遣するように求めている史料である。この「要害之是非とも存知之者」を「築城技術者」と解することは許されるであろう。北条氏自らの抱える「築城技術者」が手一杯であったという事情でもあったのであろうか、北条氏が目下のしかも、外様的な存在である茂呂氏に対して「築城技術者」の派遣を要請している。ここに「築城技術者」がイエ内部に取り込まれ、テクノクラート化せず、需要に応じて活動する姿を見ることができるのではなかろうか。

同様なことは中井均も指摘している(36)。中井は『多聞院日記』に「アキノ国ノ住人」「坂ノ市ノ介」という「城ツクリ」を、そして『天文日記』には「城を作り松田罷帰候間、五百疋・梅染三端遣之」および「松田入道城作也」の記事を、また『信長公記』からは「加賀国より、城作りを召し寄せ、方八町に相構へ」という記事を見いだしている。それぞれ安芸国や加賀国から奈良や大坂本願寺での築城のために来ていることから、「城作りとは自分たちの技術を雇ってくれる大名間を渡り歩く職人としてとらえることができよう」と論じている。先の視点と軌を一にするものといえよう。

このように築城に関与する存在が築城術を列島各地に広めていた時代が戦国時代だったのである。単純に戦国大名系城郭論を成り立たせない背景として地域性や技術者問題があったと考える。

小　結――戦国時代の城館論

戦国期の城館がいかにつくられたか。その背景に存在した人々をどのように想定するかというのが、本章の課題であった。戦国大名自身が抱えたテクノクラート・地域性（言い換えるならば、地域に基盤を持つ技術者集団）・移動遍歴する技術者集団、これらが築城術を支えていたと論じてきた。多分に推測の域を出ていないが、少なくとも従来のように戦国大名系城郭論のみで戦国大名による城館を論じることは困難であることが主張でき、かつ戦国期の築城の背景を垣間見る視角を提供できたのではなかろうか。

そもそも戦国大名系城郭論という語彙は、列島各地に個別に分立した様相を連想させる。築城術が戦国大名領国の色分けと重複して、築城術が独自に別個に存在するイメージである。おそらく一六世紀末から近世社会にかけて概念が想定するような状況に近くなっていくのであろう[37]。しかし戦国時代という時代区分を考えた時、前代の室町時代との連続面をどのように説明するかという問題は生じる。

近年の戦国期城館に関する研究では、小野正敏による権威の研究がある[38]。陶磁器のなかでも威信材と評価できる高級品や、建築様式・庭園・儀礼作法などから、将軍家の権威が各地域において模倣され、地方に伝播する様相が描かれている。戦国期にあって、将軍権力が失墜しつつも、将軍権威は絶えず再生産され、拡大されて列島を覆っていく。権力とは次元を違えて統一されていた中世日本列島における権威の価値体系の存在を示している。また室町期の方形館についても同趣旨のことが主張されている[39]。戦国時代にあっても京都への求心性は存在した。従来の研究史はそのように説いてきた。

そのような列島の求心構造に反して、こと戦国大名の城館に関してはなぜ個別分立なのであろうか。技術は京都・奈良の寺院を軸とした畿内が体系の中心であった。織豊系城郭はその畿内を押さえたからこそ、独自の築城術を展開できたのではなかろうか。そのように考えると、戦国大名系城郭論という概念を戦国時代初頭から想定することは不可能なことと推測できるのではなかろうか。戦国大名系城郭論概念が目指した実態は、おそらくは戦国大名だけを取り出して検討することは難しく、戦国大名・織豊大名・近世大名という流れの中で理解されるべきものではなかろうか。瓦の最初は奈良の唐人一観であった。大工の問題は中井家や甲良家・平内家が事例であった。このような職人集団の組織化は戦国時代末に始まり、近世社会の中で権力によって体系化されている。彼らは「築城技術者」に属する集団であり、およそ他の「築城技術者」も同様な動向の中で大名家に統制されるようになったと考えられるのではなかろうか。

【史料3】享和三年（一八〇三）一〇月　小田原石切棟梁由緒書[40]

先祖ゟ由緒書御尋被遊候ニ付、乍恐左ニ申上候、

一、私先祖田中善左衛門儀者、元来甲州浪人ニ而駿州ニ来り、田中之郷ニ居住仕候浪人之儀故、暫渡世之為ニ石職を相伝、関八州江走廻り職方修揀仕候、右ニ付八州之内者町在之風俗・海陸地理・山谷之道筋自然者相覚候、然ル処明応年中小田原　北条家江御奉公ニ被召出候、

一、御奉公勤方之義、石職者勿論、関八州之地理・道筋等案内ニ付、北条家御出御之節者、不寄遠近ニ常御供ニ被仰付、且又八州之町在同職数多有之候故、其国之異変細ニ相知レ候ニ付、北条家御代々隠密之御用、於御前御直々被仰付候、

江戸時代後期に制作された小田原石切棟梁の由緒書である。のちに青木姓を名乗るこの家の由緒書は、記事の背景となる同時代史料を多数残しており、比較的信用できる記録である。しかし当該部分に関わる対応史料は伝えられず、口伝などの伝承をもとに作文されたと推測される。

先祖善左衛門はもとは浪人であり関東各地を遍歴して、技術を磨いていた。それがため関東に関する様々な知識をも有していた。その知識と各地に張り巡らされた同業者のネットワークが後に北条家に奉公する際に役立った、と述べている。由緒書では北条家に属した年代を明応年中（一四九二～一五〇一）とするが、伝存する文書は天文二二年（一五五三）を最古としており[41]、この頃に北条家に帰属したと考えるのが妥当であろう。とするならば、青木家の一六世紀前半までの状況を伝えたのが当該部分となるのではなかろうか[42]。

彼らは北条家にそのまま属した訳でもなかった。この石工に関する青木文書は元亀年間以降に庵原郷を基盤として朝比奈氏や穴山氏との関係をもった同族の石工集団が存在したことを示している(43)。そのあり方をめぐっては次章で触れたい。しかし中世的な遍歴民であった彼らの一部分は明らかに北条家と関係を持ち、後には徳川家に仕えるようになる。まさに職人の中近世移行期の動向を語ってはいないだろうか。

注

(1) 本章の初出は二〇〇三年である。その後、インターネットの普及により、そのネットの中での城館研究を取り巻く状況が大きな現象を生んでいる。
(2) 千田嘉博『織豊系城郭の形成』(東京大学出版会、二〇〇〇)
(3) 中井均「織豊系城郭の画期――礎石建物・瓦・石垣の出現」(『中世城郭研究論集』新人物往来社、一九九〇)・「織豊系城郭の特質について――石垣・瓦・礎石建物」(『織豊城郭』創刊号、一九九四)
(4) 『織豊城郭』が一九九四年より毎年公刊され、二〇〇三年に一〇号を発行し、休刊となった。
(5) 八巻孝夫「北条氏照の城郭――後北条氏の城郭における氏照系城郭試論」(『中世城郭研究』第七号、一九九三)。なお表題に見られるように、八巻はさらなる細分化を模索している。
(6) 萩原三雄「武田系城郭研究の現状と課題」(シンポジウム『武田系城郭研究の最前線　資料集』山梨県考古学協会、二〇〇一)
(7) 萩原三雄「丸馬出の研究」(『甲府盆地――その歴史と地域性』雄山閣出版、一九八四)
(8) 石川浩治「三河の武田氏城郭について」(『愛城研報告』創刊号、一九九四)・同「武田氏築城技法の波及」(シンポジウム『武田系城郭研究の最前線　資料集』山梨県考古学協会、二〇〇一)
(9) 池田誠「徳川家康築城技巧の一考察」(『中世城郭研究』第一〇号、一九九六)

(10) 武田氏による丸馬出の築城術が信濃国侵攻過程で吸収された築城術ではないかとする説（池田誠「武田氏築城技術の一考察」〔『中世城郭研究』創刊号、一九八四〕・萩原前掲注(7)論文）の存在は武田家と丸馬出の関係を考えるにあたって重要な視点を提供してはいないだろうか。地域による築城術を大名家が吸収するという視角は、後述するが重要な論点である。

(11) 三島正之「小笠原領域の山城と武田氏」（『中世城郭研究』第二号、一九八八）

(12) 三島正之「丹生子城をめぐって——安曇・筑摩郡域の山城に関する一試論」（『信濃』第四一巻第一一号、一九八九）

(13) 前掲注(11)論文

(14) 赤羽篤・石川正臣監修『定本　伊那谷の城』（郷土出版社、一九九六）

(15) 児玉幸多・坪井清足監修『日本城郭体系8　長野・山梨』（新人物往来社、一九八〇）

(16) 根小屋城については、以前に村田修三編『図説中世城郭事典』第一巻（新人物往来社、一九八七）でふれた。

(17) 前掲注(15)書。なお、三島正之「長野県・白馬村の中世城郭」（『中世城郭研究』第一〇号、一九九六）は沢渡城と三日市場城を分けるが、前者および後者ともに歴史的背景を記していない。

(18) 『松本市史　第二巻　歴史編Ⅰ　原始・古代・中世』（松本市、一九九六）

(19) 三島正之「武居城をめぐって」（『中世城郭研究』第三号、一九八九）

(20) 三島正之「黒川城をめぐって——武田氏の山城を考える」（『中世城郭研究』第六号、一九九二）

(21) 『白山城の総合研究』（韮崎市教育委員会・白山城跡学術調査研究会、一九九九）

(22) この点について、「ただ白山城のは笹本先生によく言われるんですけどもそこは武川衆という一つの独立した、武士集団がいた所なんで、その城に武田氏が手をいれられる訳ない、あれは武田の城じゃないよなんていわれるんです」との問いに三島は「あちこちにあってそれがしかも密集していくつもあるんじゃなくてとびとびにある訳です。非常に要衝にあるわけでして、それを考えていくとやっぱり武田氏がこういうものを作ったんじゃないかなと、思うわけです」（三島正之「筑波・安曇郡の山城」〔『信濃』第四八巻第一〇号、一九九六〕）と反論している。分布を単純に武田氏に結びつけ、理論構成の保持をはかっているが、分布をそのまま権力論に結びつける議論には飛躍があるのは明らかであろう。

(23)三島の議論の今一つである小笠原系の問題であるが、端的に、③密集収斂竪堀ほかの連続竪堀・連続堀切、桝形状虎口のセットを指標とする視角にも問題がある。そもそも密集収斂竪堀について、当初は武田侵入時をも視野においていた（前掲注(11)論文）。しかし、その後、③密集収斂竪堀は天正一〇年代の普請という考えに傾斜していく（前掲注(19)論文）。その根拠は明確でない。つまり、③密集収斂竪堀の年代観は明確でないことになる。

そして、諏訪の調査の過程では、三島正之「長野県・塩尻市南部の城郭」（『中世城郭研究』第七号、一九九三）では、①階段状の削平地群と③密集収斂竪堀に属する連続竪堀の併存を、「連続竪堀の祖形を成すもの」として評価し、①は武田氏の信濃侵攻以前の一五世紀中頃～一六世紀中頃の期間から連続竪堀が存在したことを認めるに至っている。三島のいう①の段階から③の段階まで、竪堀の築城術は武田氏の支配下にありながらも、小笠原系城郭築城術が当主不在ながらも脈々と受け継がれ、発展していったという説明になるのだろうか。それとも武田支配当時、小笠原氏が伝統的な築城術を別の地域で発達させ、復帰とともに信濃全土に押し広めたのであろうか。つまり三島が説く三特徴は、地域的な様相を示してはいるものの、戦国大名権力との関わりについては飛躍があることになる。戦国大名と関連させること及び編年することを急ぎすぎているのではなかろうかという疑問につきあたる。

(24)八巻孝夫「武田系城郭の構造的特質」（シンポジウム『武田系城郭研究の最前線　資料集』山梨県考古学協会、二〇〇一）

(25)『国指定諏訪原城跡保存管理計画報告書』（静岡県金谷町教育委員会、一九九三）

(26)八巻孝夫「後北条氏領国内の馬出」（『中世城郭研究』第四号、一九九〇）

(27)松岡進『戦国期城館群の景観』（校倉書房、二〇〇二）。以下、伊達系城郭については、同書による。

(28)西股総生「後北条氏の築城技術おける虎口形質の獲得過程――相武地方の事例を中心に」（『織豊城郭』第六号、一九九九）

(29)渡辺昌樹「新潟県黒川・関川村の城」（『中世城郭研究』第一〇号、一九九六）

(30)中井均「安土築城前夜――主として寺院から見た石垣の系譜」（『織豊城郭』第三号、一九九六）

(31)『裾野市』四六一

(32)『裾野市史　第二巻　史料編　古代・中世』(裾野市、一九九五)
(33)網野善彦『日本中世の民衆像』(岩波新書、一九八〇)
(34)織豊系城郭における馬出の問題は、中井均「城郭史からみた聚楽第と伏見城」(日本史研究会編『豊臣秀吉と京都　聚楽第・御土居と伏見城』〔文理閣、二〇〇一〕)によって追究されている。
(35)『藤岡町』九〇
(36)中井均「多聞院英俊が見聞した城郭——中世城郭から近世城郭へ」(『多聞院英俊の時代』シンポジウム「多聞院英俊の時代」実行委員会、二〇〇一)
(37)あるいは逆に、技術者のネットワークに権力の体系が追いついたと評価できるかもしれない。
(38)小野正敏『戦国城下町の考古学』(講談社選書メチエ、一九九七)
(39)小島道裕「花の御所と室町の館」(『天下統一と城』展図録、読売新聞社、二〇〇〇)
(40)『神奈川県　資料編9　近世(6)』第2部林業と石材　一四六
(41)『小田原』二九八
(42)ただし彼らが関係した根府川近辺の伊豆産安山岩は、鎌倉時代より石塔の産出地として想定されており、石材産地を基点にした石工集団は古くから存在したと考えねばならない。この整合性は課題としたい。
(43)『清水市』一九七〇

第九章　戦国大名北条家と城館

戦国大名北条家はいかなる城館を築いたか。これが本章の課題である。

北条家に限らず戦国期の城館がいかにつくられたか。このことについて、戦国大名に引きつけて前章で論じた。戦国大名系城郭論批判である。戦国大名系城郭論とは、戦国大名家では城館築城に関わるあらゆる情報や技術（＝築城術）をイエ内部に確保し、基本的にはパーツと俗称される個々の遺構のレベルで独自性を発揮した城郭を築き、発展させていったと考える議論である。遺構の共通点を探しだし、それを個々の戦国大名による独自の築城術と評価することで、遺構から戦国大名論が語れると予想した魅力的な概念であった。

しかしこの議論は地域における城館遺構と戦国大名の存在を手続きなしに結びつけたもので、戦国大名系城郭論という概念は成立しないと論じた。そして、地域に基盤を持つ技術者集団（言い換えるならば地域性）及び移動遍歴する技術者集団、彼らが築城術を支えていたと論じたのだった。

初出以後、この拙論に対して具体的に反証を挙げ、批判を加えた研究を得ていない。しかし他方において戦国大名系城郭論の存在を疑わない研究動向も存在する。

その後、考古学的に北条系城郭論に疑問を投げかける事例が出現した。杉山城（埼玉県比企郡嵐山町）の調査である。杉山城は従前においては戦国大名北条氏による城館であるとされていた。ところが北条氏の時代を遡る一五世紀末に近い後半から一六世紀初頭に近い前半の中に位置づけられる城館であると報告された(1)。この事例は埼玉県立歴史資料館を中心にして開かれたシンポジウムで議論され、『戦国の城』[2]として報告されている。杉山城に関する詳細は後述するが、注目される議論となった。

本章は、前章の延長に立ち、かつ近年の研究動向を踏まえ、戦国大名北条氏による城館をどのように考えるかを論じることとする。

1　戦国大名北条家の拠点城館

そもそも北条氏が拠点とした城館とはどこであろうか。『所領役帳』においてまとまりを示す衆、その中心城館である小田原・玉縄・江戸・河越・松山・韮山・津久井・三浦・小机が拠点城館と言い得る。『所領役帳』編纂時には対象となっていない由井・鉢形・岩付なども拠点城館と言い得よう。

しかし、これらの内でオリジナルに北条氏の城館と言い得る城館はどれだけあるであろうか。順に確認してみたい。

小田原城は明応四年（一四九五）に伊勢宗瑞が大森藤頼より奪い取ったとされているが、近年では見直しが迫られている。しかし、文献資料もまた考古学資料も具体的に論じる材料はまだ持ち得ていない。現状では北条氏以前に大森氏が拠点として保持していたとする通説を否定する迄には至っていない。したがって大森氏による小田原城を伊勢宗瑞が継承した関係になる。

玉縄城は永正一〇年（一五一三）に伊勢宗瑞によって築かれたとされている[3]。大永四年（一五二四）には小田原と並ぶ拠点として見えている[4]。

江戸城は長禄元年（一四五七）に太田道灌による築城が「鎌倉大日記」[5]に記されており、扇谷上杉氏の拠点として機能した後、大永四年正月に北条氏綱が攻略し、拠点化する。したがって江戸城は扇谷上杉氏の拠点が継承されたことになる。

河越城の長禄元年に上杉持朝による築城が「鎌倉大日記」[6]に見えており、扇谷上杉氏の本拠として機能した。天文六年（一五三七）に北条氏は河越城を接収する。[7]したがって河越城も扇谷上杉氏の拠点が継承されたことになる。

松山城は扇谷上杉氏と山内上杉氏による抗争の過程で一五〇〇年頃に扇谷上杉氏が築き、[8]その後の領国北部の拠点として機能した。『常在寺年代記』（『勝山記』・『妙法寺記』）の天文六年の記載に「次ニ河越殿サガミノ屋形ニ城ヲトラレ給、去程ニ松山ヲコシラエ御座候」[9]という記載があり、北条氏によって川越城が落とされ、河越殿（扇谷上杉朝定）は松山城を築き、移ったと簡潔に記されている。松山城が扇谷上杉氏の本城となったことを示している。

北条氏康による松山城攻めは天文六年七月二〇日に開始される。[10]同一五年の河越合戦で上杉朝定は戦死を遂げ、扇谷上杉氏の勢力は松山城を自焼させ、没落することになる。結果、松山城は北条家の属城となる。以後、二度ほど扇谷上杉勢力による回復が認められ、扇谷上杉勢力と北条氏康との争奪の時代は永禄六年（一五六三）まで続く。

永禄三年（一五六〇）の長尾景虎越山にともない、松山城は反北条方となり、城主には扇谷上杉憲勝が据えられた。[11]永禄五年末、北条家は武田信玄とともに松山城を包囲し、上杉謙信の救援が目前となった翌六年二月四日に開城する。松山城は最終的に北条氏の重要拠点となり、扇谷上杉氏との関係はここで途絶える。

韮山城は軍記物などの記載により、明応二年（一四九三）に伊勢宗瑞が堀越御所を滅ぼして築いた拠点とされている。良質な史料には恵まれないが、戦国大名北条氏の小田原以前の拠点であったことは間違いない。問題は堀越公方段階から存在したかどうかである。考古学的には藤澤編年古瀬戸後期Ⅳ段階新・青磁碗歴博分類D類・青磁稜花皿の遺物が一定量見られ、[12]年代的に微妙な時期に起源がありそうである。先行する城館の存在については今後に課題を残すが、明応期以降のほぼ一〇〇年間を通じて北条氏により営まれた城館と考えておきたい。

津久井城は『常在寺年代記』（『勝山記』・『妙法寺記』）の大永五年（一五二五）に記載が見られるのが初見とされ、[13]

この段階において既に北条方の城館であったと理解されている。考古学的には一五世紀から一六世紀初頭の遺物が確認されており、[14]先行する時代が想定されるが詳細は不明である。現状においては北条氏によって営まれた城館と考えておきたい。

三浦城の名称は戦国期三浦氏が拠点とした城館の名称である。北条氏が三浦半島の先端で活用した城館は三崎城という名称で知られている。しかし文書の記載では三浦と表記されている。永正一五年（一五一八）に三浦義同を三浦城に攻め滅ぼした伊勢宗瑞が、三浦城を廃して三崎城を築いたと理解されている。西股総生は天正五年の「三崎之普請就出来申」の文言を重視し、同年に縄張が成立した可能性が大きいと指摘している。[15]今後に重要な指摘であろう。厳密な検討は今後に委ね、現時点では三崎城は北条氏による築城と捉えておきたい。

小机城は「太田道灌状」[16]にその記載が見られ、一五世紀後半には成立していた城館である。長尾景春の乱に際して景春に呼応し、太田道灌の攻撃対象とされていることが窺える。その後の継承関係は不明であるが、北条家はこの小机を継承したと考えられる。

由井城については第Ⅲ部第一三章で詳述するが、北条氏照が入嗣した大石家の山城で、八王子市の陣馬街道に面して存在する。起源は永正二年（一五〇五）頃と考えられる。[17]したがって、大石氏が城主であった山内上杉氏の拠点を北条家が継承したことになる。その後、北条氏照は滝山、八王子へと拠点を移動させることになる。

鉢形城は山内上杉氏の本城であった城館として著名である。「鎌倉大日記」の文明九年（一四七七）五月一三日の記載に「同十三日於武州用土原互相戦、死亡不知数、景春打負、鉢形要害へ入込」[18]と見え、長尾景春の乱の際には機能していたことが窺え、この頃に築城されたと考えられている。その後、永正年間に至るまで山内上杉氏の本城であったが、鉢形城を継承した上杉顕実と平井城に拠る憲房が山内上杉家の家督を廻って争い、永正九年（一五一二）に鉢形城は落城し、同家の拠点は平井城へと移る。およそ五〇年を経た永禄一一年（一五六八）一〇月～翌年九月の間に北条氏邦が本城に取り立てる。[19]この間の鉢形城の動静は不明であるが、入城直前にも城館として機能していた形跡もある。やや期間をおくが、北条氏邦は山内上杉家の本城の鉢形城を継承していることになる。

岩付城は江戸城・河越城とともに太田道灌による築城とされていた。近年、黒田基樹は岩付が上杉方の拠点ではなく、古河公方方の成田氏の拠点であり、同城の築城も文明一六年（一四八四）であると論じ、関東の勢力図を大きく塗り替えた。[20]扇谷上杉家の岩付城領有の初見は永正一三年（一五一六）であり、永正年間後半より扇谷上杉家の拠点となった。大永年間には北条家が獲得するが、享禄四年（一五三一）には太田家が獲得し、本拠となる。北条家の岩付城の確実な奪取は永禄七年（一五六四）七月となる。

いわば自明のことであったかもしれないが、最新の成果も含めて北条家の拠点城館について変遷を確認してみた。結果、戦国大名北条家が拠点とした城館の多くは、山内・扇谷上杉家の拠点であった城館を継承したものであることがまず確認できた。本城小田原城を始め、江戸・河越・松山・小机・由井・鉢形・岩付である。『所領役帳』を中心に永禄年間を主に概観した程度であるため、領国が上野・下野・下総・上総へと拡大する天正年間までも視野に含めると、この傾向はさらに顕著になる。箕輪・倉賀野・松井田・佐野・小山・栗橋などである。先に確認した城館のなかで現時点において戦国大名北条家独自の築城が想定されるのは、玉縄・韮山・津久井・三浦（三崎）そして滝山・八王子ということになるが、このうち韮山・津久井・三浦（三崎）についての課題は大きい。つまり戦国大名北条家の大半の拠点城館には、前代以来の拠点を接収し、継承しているという特徴が見られる。

以上のように理解した際、北条家の築城術は両上杉氏等の段階の関東で培われた技術を継承したもの、もしくは影響を受けたものと考えることができよう。すなわち縄張のみで年代を峻別することは容易ではないということが想定できるのではなかろうか。逆説するならば、両上杉氏段階の影響を受けている北条家の築城術に、北条家築城術の独自性を見出すことは極めて難しいということになるのではなかろうか。

実際に従前において戦国大名北条家によって築城されたと考えられていた城館が、発掘調査の結果、異なる結論を呼び起こすという事例がいくつか見出されるようになった。

例えば神奈川県横浜市にある茅ヶ崎城もその一つである。従前は北条氏の城館であると評価されていたが一九九〇年以降数次にわたって調査された(21)。調査の結果、「一五世紀後半には最大規模に構築され、相模・南武蔵を支配する扇谷上杉氏の中継地点であった」という結論を導き出している。

茅ヶ崎城のほかにいくつかの事例があろうが、その中でも杉山城の事例は、近年、「杉山城問題」とまで呼ばれるほど、戦国期城館研究に大きな問題点を投げかけた(22)。埼玉県嵐山町に所在する杉山城はそもそも戦国大名北条家の典型的な城館であると考えられていた。しかし、この城館においても発掘調査によりその年代が大きく遡った。

では従前はなぜ北条氏の城館と考えられたのであろうか。杉山城の構造を絶賛した伊禮正雄は次のように述べている(23)。

その築城者は誰であろうか、否、これを作らせた者は誰であろうか、そしてそれはいつ、何のために……?　すべて不明である。この城の名を挙げた一片の記録もない。ただ、ここが北条氏の持ち城であり、築城の時期は天文から永禄末年までの約二十年間のある時期であろう、というに留めておこう。もしこの城の築城年代がおおそでも見出されれば、戦国時代の城の年代決定に比類ない寄与をすることは、間違いあるまい。

この伊禮の年代観が一人歩きをしたのであろうか、いつしか北条氏の典型的な城館と捉えられるに至っていた。ただし、伊禮は可能性を述べているのであって、明確な根拠を持っていないことは「すべて不明である」「もしこの城の築城年代がおおよそでも見出されれば」の文言に明らかであろう。

さて、発掘報告書[24]では、杉山城の調査の重点として次のように報告する。

杉山城跡本郭において火災があり、その後片付けられているが、火災後の郭の使用痕跡・生活痕跡が全く認められず、時期差を想定する遺構・遺物は一切検出されていないことから、現段階では杉山城跡本郭は一時期であり、火災後に全ての遺構を埋めて片付け、東虎口と石積みを崩して廃絶していると考えられる。

さらに、

遺物と遺構とが同時期のものと捉えることができ、一五世紀末に近い後半から一六世紀初頭に近い前半のなかに位置づけられ、これまで想定されていた後北条氏段階の城ではなく、扇谷・山内上杉氏による北武蔵での抗争の最前線に位置する城であった可能性が強くなった。

以上のように、発掘成果を整理している。

報告書の結論と重複するが、杉山城の考古学的評価としては重要な点を列記してみたい。

①出土遺物はほぼ同時期に使用されたものである。
②遺物の中に被災したものがある。
③焼土および焼けた壁土を検出する。
④北側土塁裾の溝は陶磁器を含む焼土で埋められている。
⑤主郭の土塁・虎口の構造は一時期のみ。
⑥主郭で検出された遺構面も一面のみ。
⑦主郭の南側土塁の内側裾には排水溝がないことや、土塁の構築が単純な点（基礎固めをせず、ただ平坦面をつくりそのうえに築いた点）など、丁寧な普請を意図していない。

報告書が述べるとする年代は一五世紀末に近い後半から一六世紀初頭に近い前半で、一時期のみ使用され、最後に火災によって廃絶するという結論には重みがある。

この結論に対して西股総生は「遺物消費のあり方についても、居館や集落遺跡とは違った視角による分析が必要であろう。あからさまな言い方をすれば、満足な建物も建っていないような前線の軍事施設に赴く兵士達が、新品の食器類を購入し携えていっただろうか」とし、「限られた出土陶磁器の年代から城郭の構築・使用年代を判定するためには、まだまだ検証の手続きが不足していることを指摘せざるをえない」と述べ、遺物と遺構のズレを主張する。(25) 西股の論点は遺物を全く出さない城館が存在することから重要な問題提起を含んでいる。しかし、杉山城の問題においてはその主張は成り立ち得ない。報告書では遺構は一時期しかなくかつ焼土や被災した遺物が遺構面を覆っていたと論じている。この報告を除外したところで西股の主張は展開されており、主張に妥当性がない。

また松岡進(26)はパーツ論を駆使し、「一五世紀後半から一六世紀初頭の関東における築城技術が、これまで漫然と想定されてきたより高い水準にあるのが理解できる」と指摘し、これらの概況と杉山城は著しく相違し、注目される「技巧の用法が単発的であるのに対し、杉山城では多様な技巧が重層的に用いられている」と述べ、縄張の発展という視点から考古学的に得られた年代観を否定的に受けとめている。(27) 考古学による年代観との相違についてはともかくも、縄張論のなかで遺構を相対的に捉えたことにより導き出された結論には注目したい。

しかし西股・松岡両氏とも縄張論で杉山城が北条氏に関連する城館であると明確に論じ得ていない。(28) この点は両人に限らず従前の研究においても同様であり、(29) 杉山城が北条氏に関連する城館であるとする縄張論的な根拠は明示されていない。(30) したがって、残念ながら論点を明示した論争には至っていないのが現状である。

縄張論による年代観が得られない状態で、文献資料ではどうかということになる。杉山城についての文献資料は全くないとされてきた。ところが近年になって伊禮が期待した一点の関連史料が見出された。(31)

【史料1】足利高基書状写(32)

椙山之陣以来、相守憲房走廻之条、神妙之至候、謹言、

九月五日　　足利高基ノ由
　　　　　　花押

毛呂土佐守殿

足利高基が武蔵国毛呂郷（越生町）の領主毛呂氏に山内上杉憲房を守るように書状を送っている。永正七年（一五一〇）、山内上杉顕定は越後国遠征中に敗死し、山内家では養子憲房と顕実が山内上杉家の当主の座を争う。その際、上杉憲房は古河公方足利高基と永正九年から連携する。その時点以降にこの史料が位置付く。冒頭の「椙山之陣」について、『戦国遺文』では埼玉県嵐山町の注を付している。上杉憲房・足利高基・毛呂氏の三者の地理的状況を考えれば、同所に比定されることは必然的と思われる。つまり杉山に陣が構えられていることになる。

さらに上杉憲房と毛呂氏の関係は大永四年冬に決裂することが次の文書より知られている。

【史料2】北条氏綱書状(33)

岩堀罷帰之刻、以口上御懇蒙仰候、畏入候、其已後雖可申入候、路次断絶之間遅延候、就爰元様体、進出羽山伏候、去月十日比、憲房上州衆被引立、毛呂要害へ被取懸候、時分柄有案内者、無水時節被成調儀候、於彼地可致一戦以覚悟、十月十六日、当地江戸罷立、中途へ打出候処、御同名新五郎方・藤田右衛門佐・小幡其外和談取刷由申来候間、勝沼ニ令滞留、承合候処、不日ニ遠山秩父次郎陣所へ、彼面々被越、遂対談候間、定当座之刷計儀与存之候処、先以各へ令面談候上者、兎角為不申及、和談之形ニ落着候間、毛呂城衆引除、翌日則上州衆被入馬候、定色々可有其聞候間、凡時宜を申宣候、惣社へ聊申送候間、自彼地可有伝達候哉、巨細猶以出羽山伏ニ為申

聞候、不弁之者ニ候間、難申分候、凡此分候、（中略）先以大慶至極候、畢竟、自最前如申候、頼入計候、巨細
重可申達候、恐々謹言、

十一月廿三日　　北条
氏綱（花押）

謹上　長尾信濃守殿

毛呂氏が北条方に寝返ったことにより、上杉憲房が毛呂氏の要害を攻めている。結果的には和談となるが、上杉憲房と毛呂氏が【史料1】に見られるような関係であるのはこの一件以前と考えるのが妥当であろう。加えて上杉憲房の没年は大永五年三月である。したがって、【史料1】の発給は大永四年以前であると考えられる。

この時点で「椙山之陣」は永正九年から大永四年の極めて限定された時期に絞られることになる。

この間で、上杉憲房が武蔵国に出陣した事例として、永正九年の上杉顕実攻めがある[34]。これは鉢形城攻めであり、上野国平井と武蔵国鉢形の対抗という関係に照らして、杉山の地の関与を積極的に論じることは地理的に難しい。この時点の可能性を完全には否定しないものの、とりあえずは関連史料もなく、とりあえずは対象から除外しておきたい。

次に上杉憲房が武蔵国に出陣する事件が大永元年から四年にある。山内上杉憲房と扇谷上杉朝興の抗争である。大永元年に扇谷上杉家では朝良が没し、朝興が家督を嗣ぐ。この直後に両上杉家は再度、敵対関係となり、この敵対関係は大永四年正月まで継続している[35]。史料的にはやや問題を含むが次の史料は示唆的な内容を含んでいる。

【史料3】石川忠総留書[36]

一、大永四年甲申正月初三日、上椙蔵人大輔朝興河越着陣、同十日、同名五郎与憲房一和、為代官太田備中入道
永厳出仕、於羽尾対面憲房、同十三日、北条新九郎氏綱江戸の城をせめ即日没落、翌日十四日、朝興河越より

> 松山にうつる、十五日、移藤田陣、両大将在一所、二月二日、岩付城没落、十月、武州毛呂城落居、憲房・朝興大将として攻之、六月十八日、朝興河越再興、上田美濃守入道道可帰参、

五郎は扇谷上杉家当主の仮名であるので、扇谷上杉家の嫡系であることは間違いない。具体的には朝興本人または朝興子息の朝定に比定されると思われるが定かではない。注意すべきは大永四年正月一〇日に羽尾峰において山内上杉家と扇谷上杉家が和睦したことが記載されることである。羽尾（埼玉県滑川町）は杉山と松山の中間地点にあたる。大永段階では扇谷上杉氏の拠点に松山城があり、すでにこの時期には機能している[37]。したがって、扇谷上杉氏の拠点松山城に対抗する目的で山内上杉憲房が陣城を築き、自身が陣した可能性が生まれる。とりわけ両上杉氏の和睦は、杉山と松山の中間にあたる羽尾峰での対面によって実現している。年代的および地理的に考えて【史料1】に見える「椙山之陣」は大永元年から同四年正月に至る間に、山内上杉憲房が構えた「陣」である可能性は頗る高い[38]。

この点が了解されるのであれば、「椙山之陣」こそ杉山城であると考えて良いであろう。出土する遺物も年代に齟齬をきたさない。

すなわち、杉山城は山内上杉憲房によって永正九年から大永四年の間、とりわけ大永元年から同四年正月に至る三年余の間に構えられた可能性が高いと考えておきたい。伊禮が予言したとおり、「戦国時代の城の年代決定に比類ない寄与をすることは、間違いあるまい[39]」。

3　築城術の共有

後北条氏の典型として考えられていた城館が、現状の研究史ではそのように評価できるものではないことを確認した。そもそもなぜ縄張の上で後北条氏であると評価できたのか。この点は不明である。

仮に戦国大名北条氏のもとで生まれ、発展したとする技法があったとしよう。縄張論ではパーツ論と呼ばれる、虎口・馬出・折り歪み・堀などの構造を発展論で解明しようとしていた。

その視点で研究が積み重ねられたにも拘わらず、具体的な指標を得られなかった。加えて、近年の他分野の成果との年代的齟齬をきたしたのは、そもそもその研究視角が正しかったのであろうかという疑問を持たざるを得ない。

後北条氏の場合、角馬出が一つの視点として捉えられていた。

この点は先に前章でも触れたが、八巻孝夫は「後北条氏領国内の馬出を整理することにより、後北条氏の軍事技術の発達を考える基礎資料としたい」として、馬出の分析を行った[40]。領国内に残る馬出を博捜し、図化によって比較している。パーツ論による問題意識が鮮明に語られている。

しかし、その分布を検討する中で、「後北条氏の直接経営の城でないものにも、馬出は多く存在する」という興味深い事実を発見している。そして常陸国内に馬出が存在することについて、「天正の末年（一五八〇年代後半）頃には、馬出は特殊なものでなくなり、それぞれの経験則により、城の中で必要な個所につけ加えていったのであろう」と述べている。後北条領国外でも特殊ではなく存在していることに注目した点は大きく評価できよう。すなわち、角馬出の存在はそのまま後北条系城郭論とは結びつかないことを指摘しているのである。

問題意識及びそれと乖離する結論が同じ論文で語られる背景には、前提として馬出は北条氏に起源するという論理があったからと推測する。起点は戦国大名北条家にあり、徐々に周辺に拡大し、領国すらも越えて広がるというイメージである。しかし、その仮説すらも疑わなければならないようである。まずはいくつか事例を確認してみたい。

【事例1】屋代B遺跡[41]

茨城県龍ヶ崎市八代町字二ツ堂後に所在する平地城館で、中世においては常陸国東条庄内にあたり、御家人屋代氏が城主であったと考えられている。

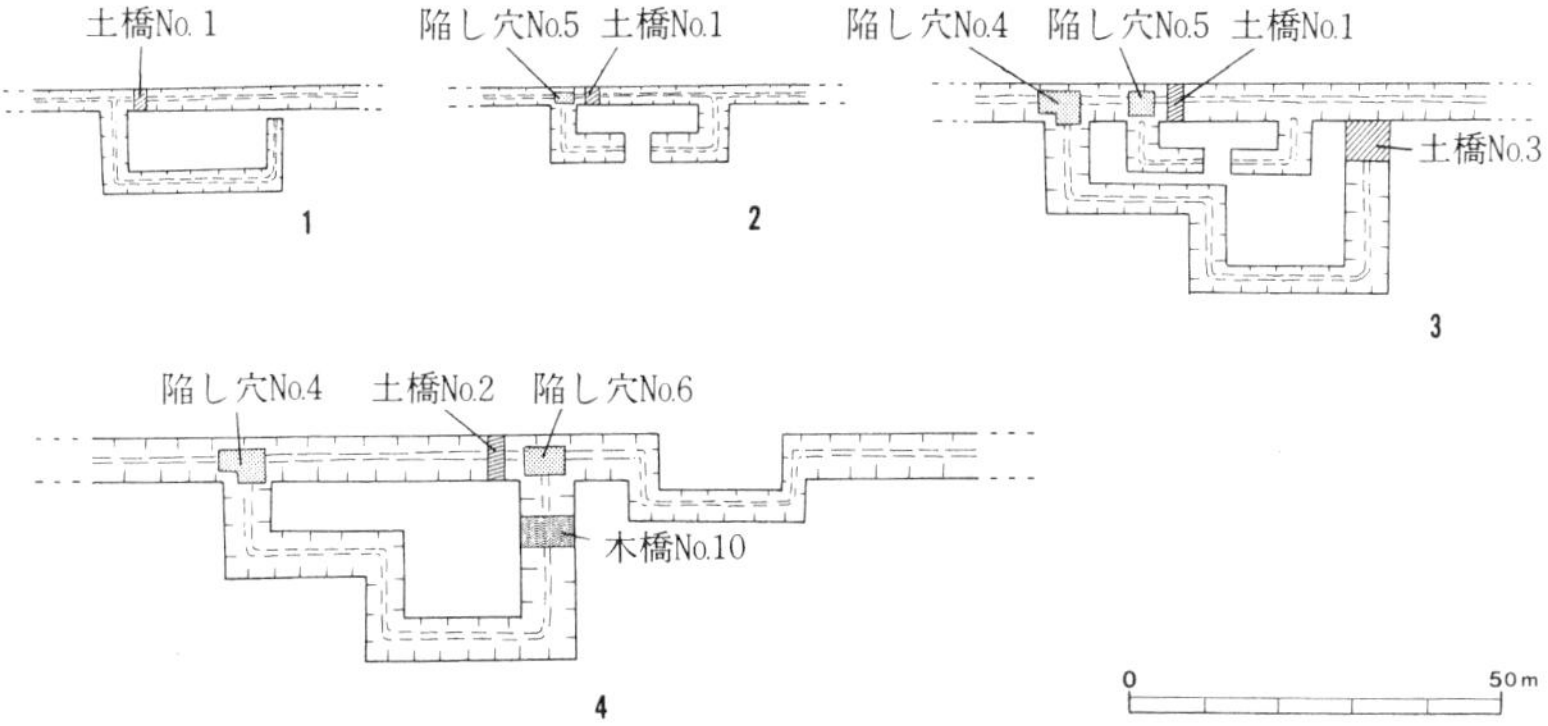

図9-1　屋代B遺跡虎口変遷図

＊『屋代Ｂ遺跡Ⅲ』（財団法人茨城県教育財団，1988）より転載．

昭和五八年（一九八三）から昭和六二年（一九八七）にかけて、ほぼ全城域にわたって調査された。調査の結果、古瀬戸後期（瀬戸大窯はみられず）、常滑甕（一〇形式）、丸底と糸切りのカワラケが出土し、およそ一四世紀から一五世紀の城館と考えられる[42]。報告書ではⅠ期に方八〇m前後の方形館と推定し、Ⅱ期に外郭に東西一六六m、南北二一二mの外堀を構築すると分析し、「北条氏によって方形の『館』が造られ、永和三年屋代氏の入荘によって城郭として改築され、大永三年に最終的な『回字型』の城郭に発展していった」と論じている。

この屋代B遺跡で注目したいのは外郭南部に付属する空間である（図9—1参照）。この空間について報告書は、変遷を四期に把握し、城館の外郭が構築されたⅡ期から最終段階に至るまでに増改築されたと考えている。年代的に一四世紀から一五世紀末に至るまでと推測される。平面構造から基本的に馬出と評価されてよいであろう。

【事例2】小泉城[43]

茨城県つくば市大字小泉に所在する城館で、地籍図や伝承から復原される縄張は方形二重区画を基本とする平地城館と考えられる。同城は昭和六三年（一九八八）につくば市教育委員会により、平成五年（一九九三）に財団法人茨城県教育財団により発掘調査が行われている。いずれも緊急調査である。

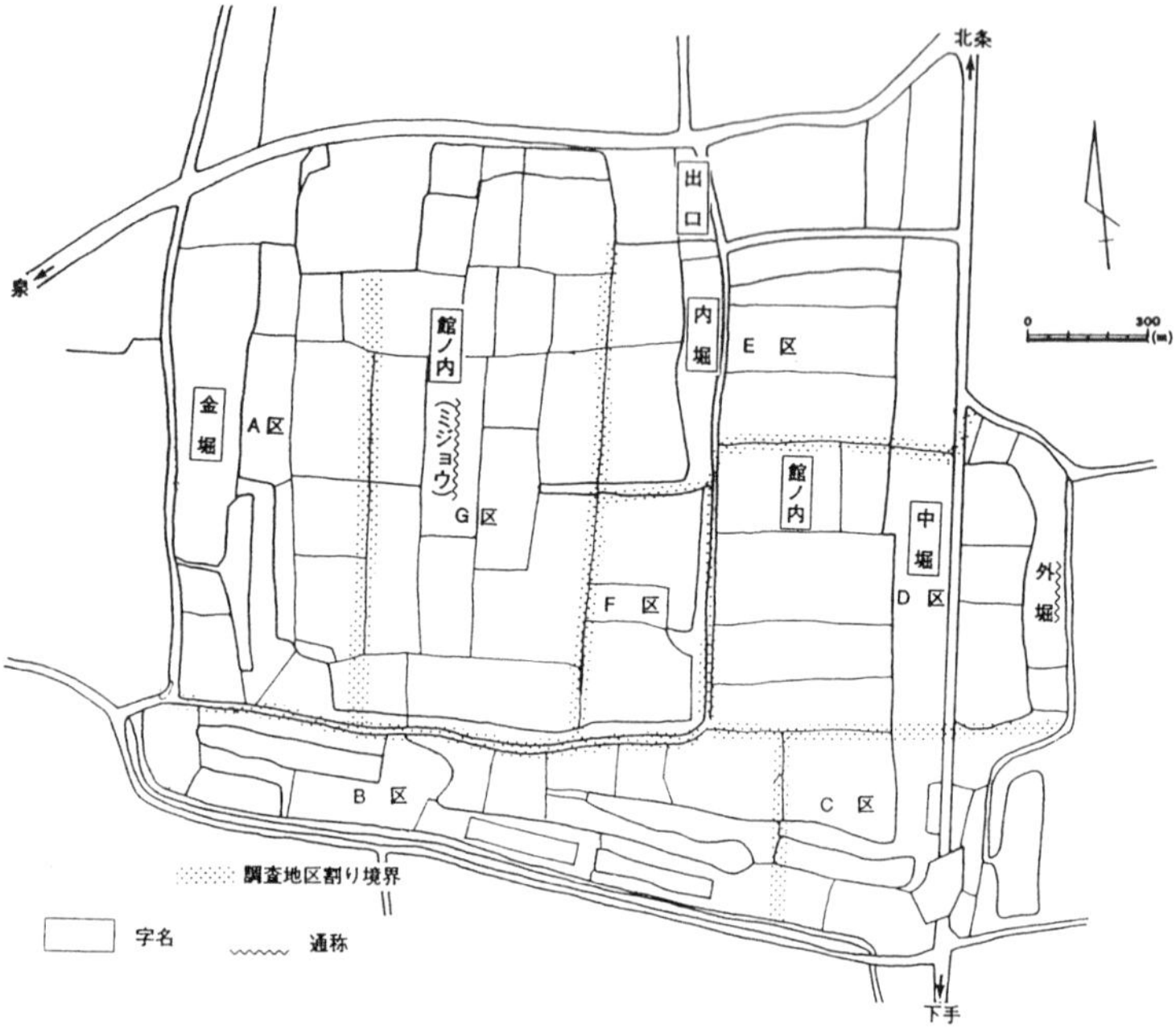

図9-2　小泉城　小字地名図

＊『小泉館跡――発掘調査概報』（つくば市教育委員会，1989）より転載．

茨城県教育財団の調査により、同遺跡はⅠ期・平安時代、Ⅱ期・一三～一四世紀、Ⅲ期・一四世紀、Ⅳ期・一五世紀の四時期に区分され、小泉城の時期をⅣ期に想定している(44)。また瀬戸大窯など一六世紀の陶磁器も確認されないことから、小泉城の廃絶も一五世紀中と考えられる。すなわち小泉城は一五世紀を中心に機能した城館と評価できよう。

「館ノ内」「金堀」「内堀」「中堀」「外堀」「出口」の小字のほか、「ミジョウ」の通称地名が残されている（図9－2参照）。一九八九年の調査の段階では、これらの地名および地籍図から、小泉城の概略の縄張が復原され、この分析を前提に調査区が設定されていた。西側を「中堀」、東側を「外堀」に挟まれた南北に延びる空間の南部に、長方形の区画（Ⅲ曲輪）が検出されている（図9－3参照）。区画の南北、堀の走行方向に沿って土橋も確認されている。現状では長方形区画より中堀を渡る箇所が確認さ

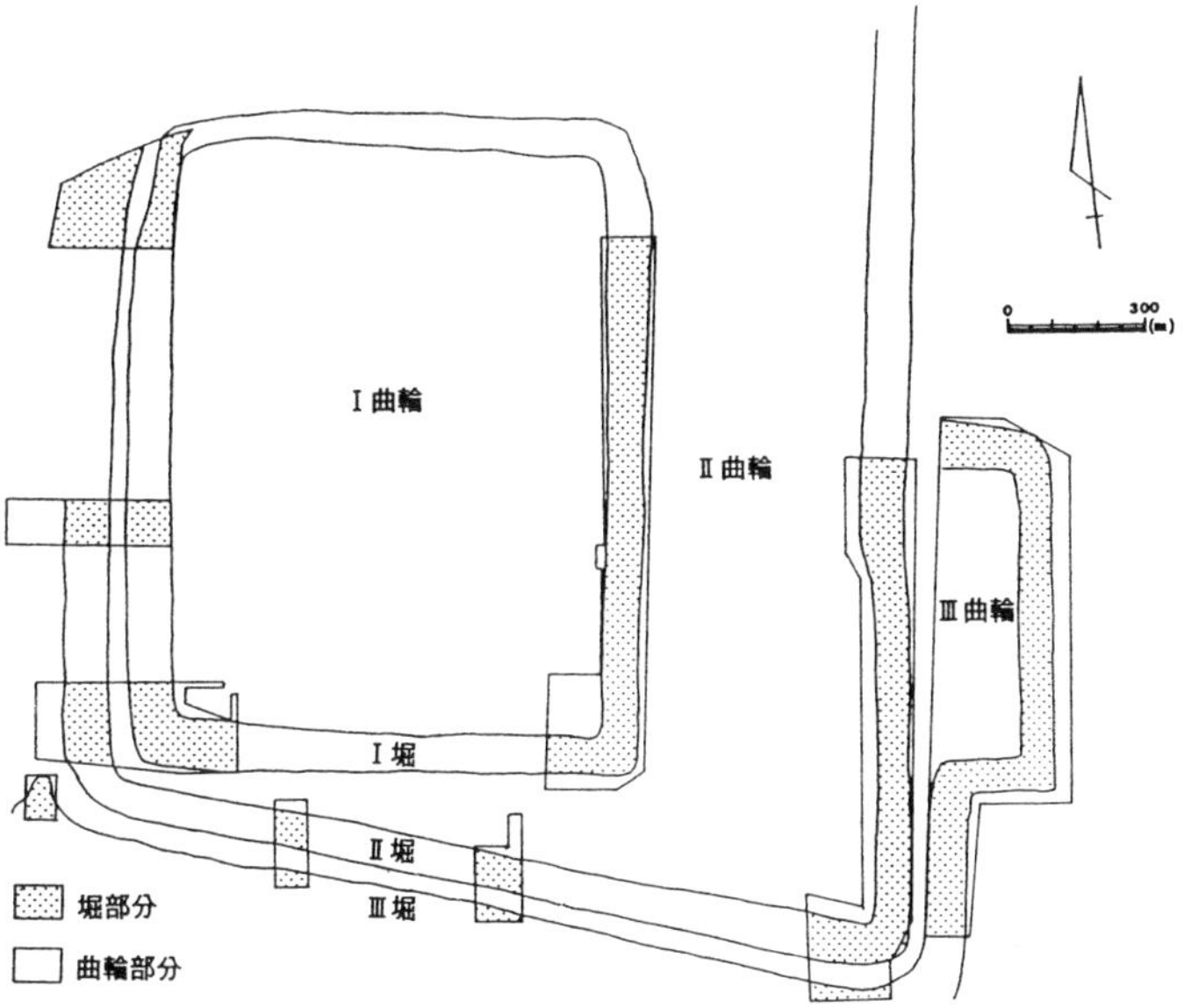

図9-3　小泉城　発掘地点および構造概略図

＊『小泉館跡――発掘調査概報』（つくば市教育委員会，1989）より転載．

れていないが、同空間は角馬出と判断されてよいだろう。

小泉城の長方形区画（Ⅲ曲輪）は一五世紀の馬出と考えられる。

【事例3】練馬城(45)

東京都練馬区向山三丁目に所在する城館で、北側を西から東へと流れる石神井川と直交する南北方向の舌状台地に築かれている。

練馬城の記載は太田道灌状に見ることができる。武蔵国豊島郡を領した豊島氏が、長尾景春の乱に際して長尾景春に与する。その際、道灌は「一、江戸近所豊島勘解由左衛門尉・同弟平右衛門尉、両所構対城候之間、江戸・河越通路依不自由、先勘解由左衛門尉要害以可落居分(46)」と記している。両所とは石神井城と練馬城を指し、石神井城には豊島勘解由左衛門尉泰経が、練馬城には弟の豊島平右衛門尉泰明が籠もっていた。豊島氏によって石神井・練馬両城が構えられたことにより、道灌は江戸・川越間の連絡が困難になった。そのために先ず泰経の要害を落

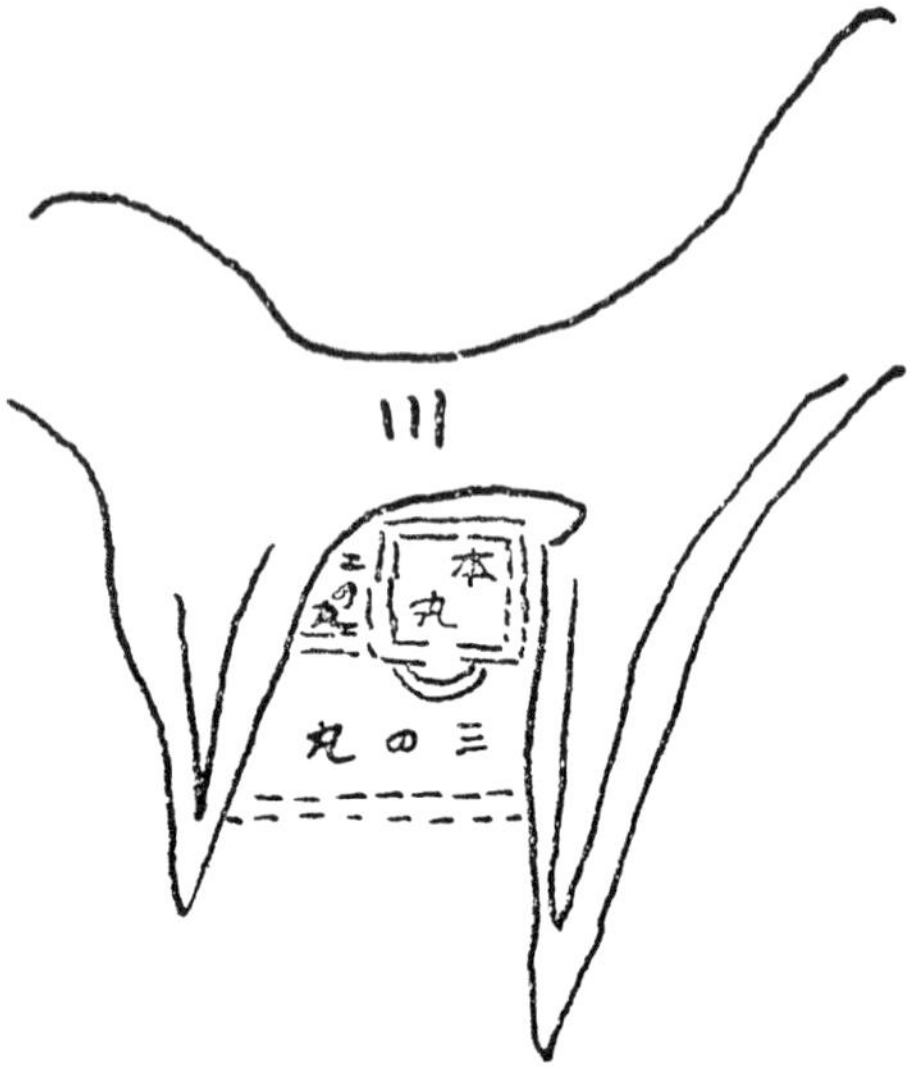

図9-4　一高史談会の練馬城図

＊浦辺仙橘「瀧の川・練馬両城址研究」(『武蔵野』第11巻第4号, 1928) より転載.

居させることを企図し、現実には江古田沼袋ケ原合戦で豊島平右衛門尉を討ち取り、合戦後に石神井城を落城させることになる。この記載から、練馬城は一五世紀後半の文明年間に機能した城館とされている。

　ところで練馬城主郭南部には馬出があったという報告があり、議論があった。

　浦辺仙橘は一高史談会『東京近郊史蹟案内』に主郭の方形区画の南方に丸馬出が描かれていることを紹介し、「此の図は城が原形を失った今日、非常の参考になるものであって、一高史談会の功労を多とする」と紹介している(47)（図9－4参照）。この記載に明らかなように昭和初期の段階ですでに原形を留めていなかった。浦辺はこの馬出の存在に疑問を投げかけ、議論となった(48)。

　その後、主郭南側の虎口に付属する馬出の存否について、近年に至るまで謎であった。一九八八年に行われた発掘調査により角馬出が存在したことが確定した（図9－5参照）。馬出の曲輪面は南北約一七m、東西約二三mで、周囲を囲む堀は全体の四分の三ほどが確認された。馬出北面には北側の郭（主郭か）へとわたる橋脚台にあたる凸の構造も検出している。

　現状では一六世紀の練馬城の使用が確認されず、堀の断面にも時期差が認められないことから、文明九年（一四七七）当時の馬出遺構と推測される。

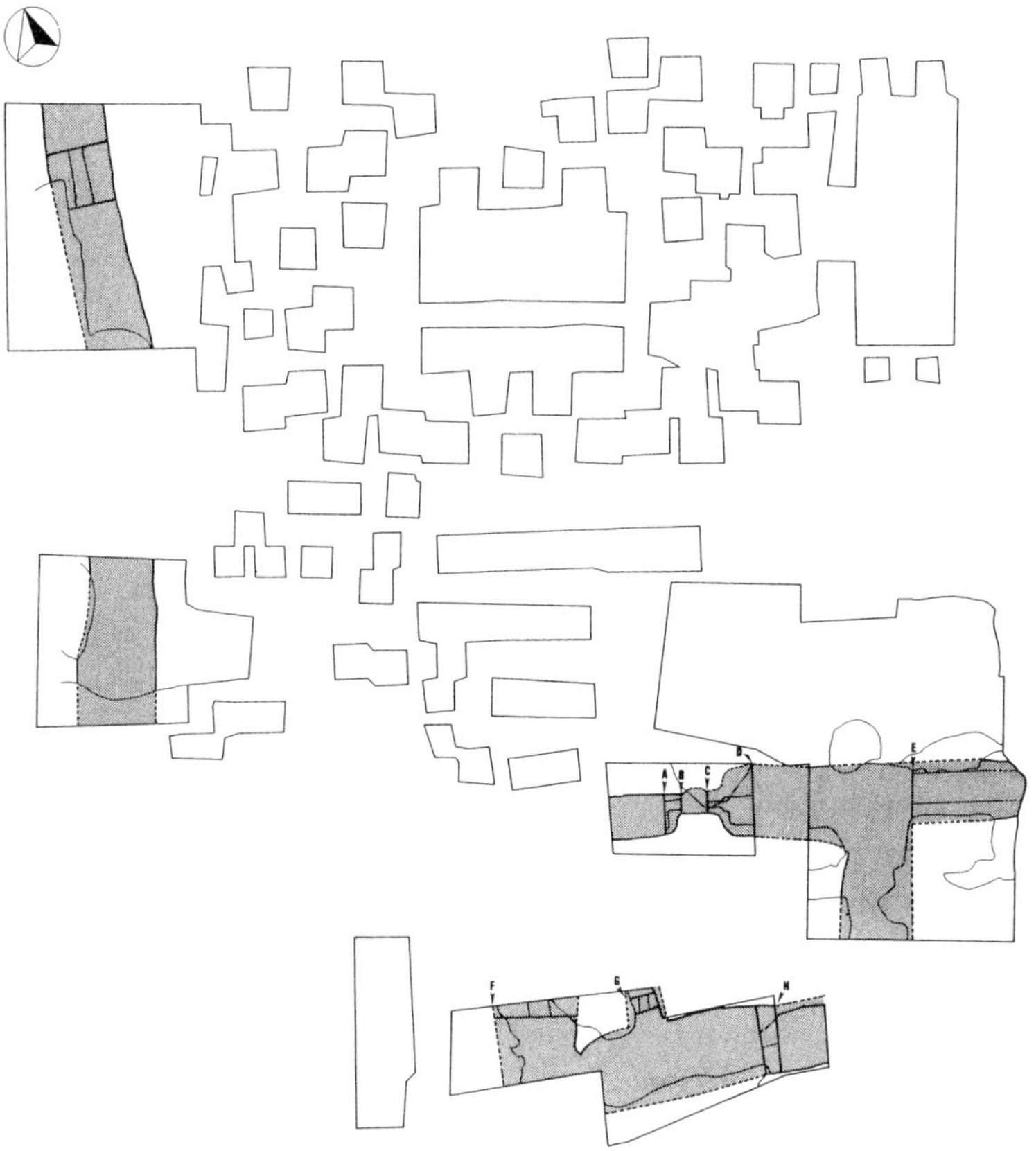

図9-5　練馬城発掘調査区図

＊『練馬城址遺跡調査報告書』（練馬城址遺跡調査団ほか，1991）より転載.

【事例4】荒井猫田遺跡

福島県郡山市に所在する遺跡で奥大道と町場が発掘されたことで著名になった遺跡である。調査区の北部で平地城館が発見され、城館の主郭を含む東側が明らかになった。

主郭東側が正面に当たった模様で、時期変遷をともなった虎口を構築し、前面には小規模な角馬出も普請している（図9―6参照）。この虎口について、近年の報告では次のようにまとめている[49]。

東虎口は、主郭側には突出部と九基の門跡がある。突出部中央にある6号門跡が前期の遺構で、西にある5号門跡は内堀の西

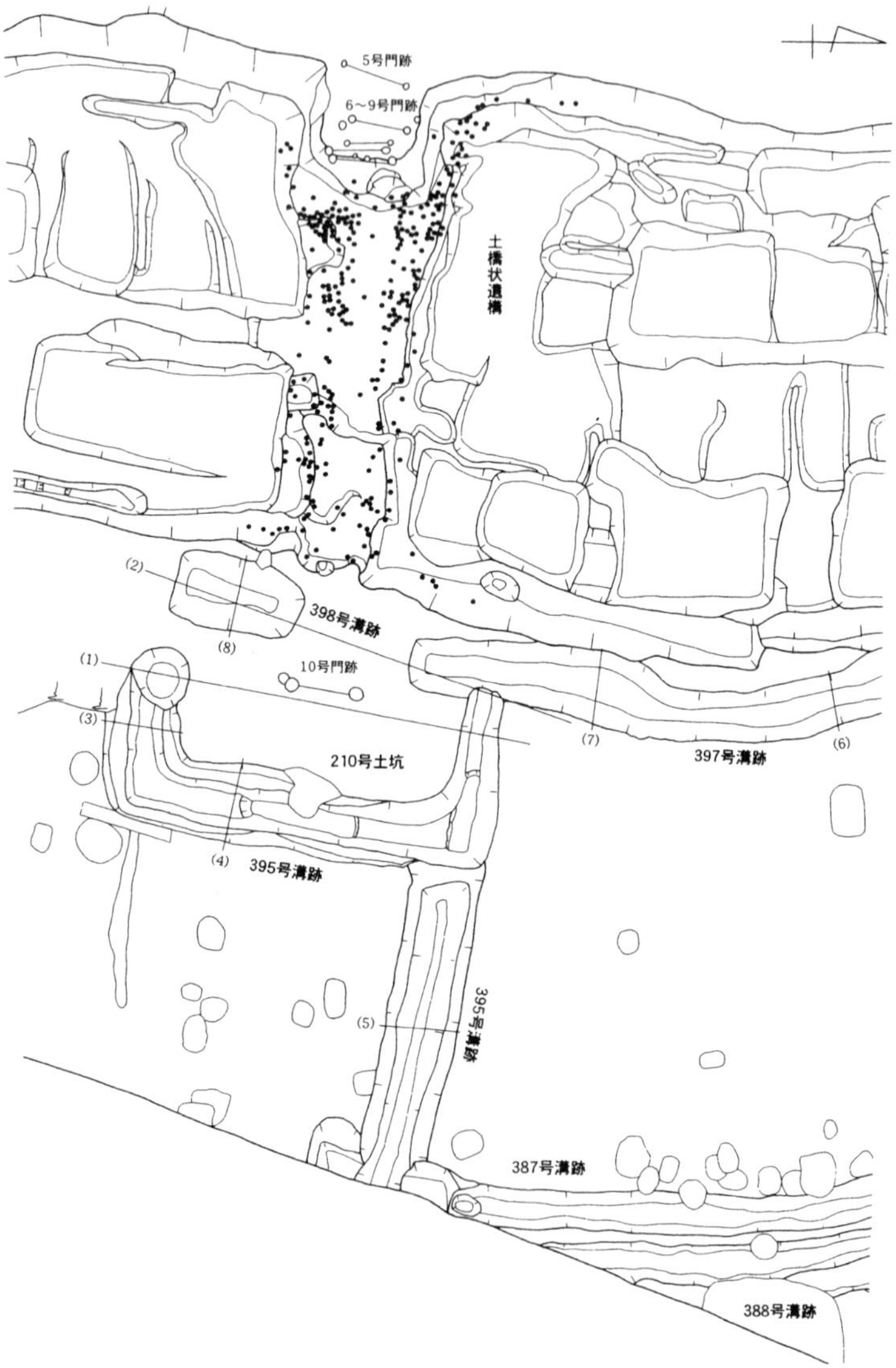

図9-6　荒井猫田遺跡内城館虎口図

＊押山雄三「中世後期の館と『北の町』――荒井猫田遺跡の発掘調査２」(『中世の宿と町』高志書院, 2007) より転載.

壁と突出部の北壁を削り込んだ後期、突出部の先端にある7〜9号門跡も後期かそれ以前のものと考えている。この時期変遷で土橋や副郭側の施設を見ると、土橋の両側に打ち込まれている杭列は、突出部や堀の壁を穿った後に設置しているため後期の付設と考えられ、副郭側の角馬出しも虎口を改修した同じ時期の仕事で、これより古い210号土坑とした井戸跡とこの西面にある10号門跡は前期の遺構と考えている。なお、各期の詳細年代は不明であるが、主郭が機能した時期は出土している土師質土器から十五〜十六世紀代と考えられる。

複雑な遺構のため、詳細な区分を把握できないが、主郭が機能した年代の後半に角馬出は位置付くことが確かである。問題は一六世紀のどのあたりまで下るかであろう。

副郭南側にも、全体が明らかではないが角馬出と思われる遺構が存在し、この城館が虎口を角馬出で固める考え方を持って築かれていたことは明らかである。

以上の事例を踏まえると、北条氏が関東に盤踞する以前から角馬出の構造は存在し、かつ北条領国からやや距離を有する地域でも普請されていたことになる。逆に言うならば、角馬出が普請される広がりの一角に北条領国があったに過ぎない。少なくとも角馬出というパーツはより広い地域のなかで使用されており、戦国大名北条家はそれを享受したに過ぎないことになる。

4　技術の継承と分散

さきに戦国大名北条家の城館の多くは山内・扇谷両上杉家の城館を継承したものが多いことを確認した。機能していた城館をそのまま接収したものもあれば、廃城になっていたものもあろうが、すくなくとも縄張は読みとれるはずである。遺構を読みとり、築城術の工夫を吸収することは可能であったはずである。読みとった技術を仮に上杉家による城館築城術とすれば、北条家が関わった城館にはおそらく両上杉家の築城術の影響が認められることになり、両上杉家の築城術で普請が行われた城館が、両上杉家の領国規模を逸脱して存在することにもなる。逆説すれば、北条家が築城した城館に対して、縄張論によって北条家独自の築城術による構造を検出することは極めて困難であることになる。

類似の問題は文書からも指摘できる。

戦国大名北条家の築城術に関する問題として、前章でも触れたが石工の問題を取り上げてみよう。北条家は城館の石普請も含め石材に関する生産活動については石切を抱えており、彼らの活動は青木文書にうかがうことができる。この一派のうちに石切左衛門五郎なる人物がいる。北条家からの左衛門五郎宛の文書は次のようである。

①永禄十一年六月廿八日北条家朱印状(50)
②（永禄十一年）九月五日北条氏康朱印状(51)
③（永禄十一年）十月十六日北条氏康朱印状(52)
④（永禄十二年）二月六日北条氏康朱印状(53)
⑤（永禄十三年）卯月十日北条家朱印状(54)
⑥（永禄十三年）卯月十日北条家伝馬手形(55)

このうち、①は父一右衛門を引き継ぎ石切棟梁であることを北条家に認められた文書である。また②～④の三通は宛先を石切左衛門五郎と善左衛門の両名としている。左衛門五郎は棟梁であったが、氏康は善左衛門をも引き立てているように文書からはうかがえる。⑤の文書では、江戸・河越・岩付など武蔵国内での城普請に関わる切石を命じている。築城術そのものに関わっていることが文書として残されている。

さらに注意したいことは、これら全ての文書が、小田原に伝えられた青木文書とは別系統で、現在は静岡市に伝わる青木文書となっていることである。

この静岡市の青木文書には、その後も石切左衛門五郎に宛てた文書が三通残る(56)。発給者は二通が朝比奈信置、一通が穴山信君となっている。とりわけ、(元亀三年〔一五七二〕カ)二月九日穴山信君判物では江尻での普請役を命じられている。朝比奈信置・穴山信君いずれもが戦国大名武田家の家臣である。

他方、石切善左衛門は元亀二年と推定される文書(57)において、「石切頭料」と記載され、左衛門五郎を引き継いで棟梁になっていることが窺え、以後も北条家からの文書の宛所として見え、北条家に奉公を続けていたことが確認される。

すなわち、元亀三年に近い頃、北条家に奉公していた石切は善左衛門と左衛門五郎の両派に分裂し、善左衛門はそのまま北条家に、左衛門五郎は武田家にそれぞれ奉公するようになった(58)。左衛門五郎は武蔵国内の城普請について石切技術をもって奉公するように命じられた人物であったが、その技術を武田家で江尻城普請に活かしていたことになる。この局面だけを見れば、北条家で培われた築城術が武田家に流失した関係になろう。

しかし、前章でも論じたが、築城に関わるさまざまな職人層は特定の場に留まり、特定の領主のみに奉公していたわけではなかった。そのように考えるならば、石切の分裂も技術の流失というマイナスイメージの大事件ではなく、日常的に存在しうる他地域への伝播・拡大と捉えられるものなのだろう。

考古学的にも類似の事例がある。顎止め石・地覆石の問題である。根石の一段目から半石分ほど奥側にずらして二石目を据え、三石目以上は二石目に揃えて積む技法である。八王子城および太田金山城において広範に検出され、報告されている(59)。

この類例についてまだ蓄積がなされていないが、小田原城において類似例が三の丸東堀第2地点で報告されている。

この調査で検出した石垣は出土した陶磁器から小田原編年Ⅲa期(60)、すなわち前期大久保時代(天正一八〔一五九〇〕～慶長一九〔一六一四〕）に属すると評価されている。報告書の指摘する特徴のうち、注目すべきは左記である。

①石の上の第二石及びそれより上方に据えられる石材は、第一石の布掘り状堀形の後方に段をつけ、地山を掘り込む。第一石目を第二石目以上に積まれる石材より、二分の一もしくは三分の一石分前方に据え付ける。

②第二石より上方の石積みは地形根切りにもたれかけるように据えられる。適宜、胴介石・艫介石・栗石を配する。

先の八王子城および太田金山城で見られた技法である。

現時点の類例で北条家から徳川家に継承されたと断定するには時期尚早と考えるが、幅広く見て一五八〇年代から一六一〇年代において、北条家と徳川家で共有した石積み技法と考えたい。すなわちここでも大名家を越えた技術の共有がみられることになる。

そもそも領国の境界にあって争奪の対象となった城館が存在する以上、何らかの築城術の相互影響は想定しなければならない。そして領国の境界を維持するためにその時々の最新の築城術が駆使されて築城がなされていたと考えられる。そのような城館の争奪があったことになる。

たとえば、上野国箕輪城は山内上杉家の影響下で長野氏の主城として存在したが、その後、武田家、織田家、北条家へと引き継がれ、織豊段階では井伊直政が主城としている。下野国佐野（唐沢山）城は佐野氏の本城でありながら、上杉謙信さらには北条家の支城となった上、豊臣政権期には徳川家に対する豊臣家の拠点的な意味合いが持たされた城となる。それぞれ一戦国大名家でその歴史が完結せず、複数の大名家による普請が行われた。その際には先行する城館の構造を踏まえて改築がなされたのであり、先行する縄張りなどの築城術は、新しい城主となった領主に対して何らかの影響を与えたことは間違いない。城館の争奪・継承によって、最新の築城術は他者にもたらされることになる。このような事例は枚挙に暇がない。

一個の大名家のみで完結する築城術は基本的には存在し得ないのであり、築城術は領国を越えた地域のなかで生み出され、活用された。さらに石切の活動にみられるように職人層の移動は、より広範な築城術の伝播をもたらす。馬出が北条領国より広い範囲で、かつ北条以前より見出される背景も、石切と同じような職人層の活躍を示唆しているものではなかろうか。

戦国大名が自ら独自の技法で、すなわち軍事機密で城館を築き、他領を侵攻していく姿を戦国大名系城郭論は想定していた。しかし現実には大名が独自に保持していた技術は想定しがたく、技術は情報や人の移動によって列島を懸け廻っており、その波を受けて大名家は築城という行為をなしていた。戦国大名北条氏の築城も決してその例外ではなく、列島社会の結合から決して独立はしていないのである。

注

（1）「埼玉県指定史跡　杉山城　第1・2次発掘調査報告書」（埼玉県嵐山町教育委員会、二〇〇五）。本章初出後に「埼玉県指定史跡　杉山城　第3～5次発掘調査報告書」（同、二〇〇八）も公刊されている。

（2）埼玉県立歴史資料館編『戦国時代の城』（高志書院、二〇〇五）・「シンポジウム『検証　比企の城』討論」（『埼玉県立歴史資料館研究紀要』第二七号、二〇〇五）

（3）それ以前に存在したことを示す史料は今のところは存在しない。通説を尊重することにしたい。

（4）『戦国』北条五九

（5）『北区』記録二五
（6）このことについては、第Ⅱ部第七章参照。
（7）『快元僧都記』・『赤城神社年代記』
（8）『松陰私語』
（9）『都留市』一六六頁
（10）『快元僧都記』
（11）『武州松山書捨』（『埼玉県四』記録Ⅱ―一六）
（12）「陶磁器から見る静岡県の中世社会――東でもない西でもない〈資料編〉」（菊川シンポジウム実行委員会、二〇〇五）
（13）『都留市』一五九頁
（14）『津久井城の調査Ⅰ』（津久井城遺跡調査会・津久井町教育委員会、一九九七）・『津久井城の調査Ⅱ』（同、一九九八）・『津久井城の調査Ⅲ』（同、一九九九）・『津久井城の調査Ⅳ』（同、二〇〇〇）・『津久井城の調査Ⅴ』（同、二〇〇一）・『津久井城の調査Ⅵ』（同、二〇〇二）・『津久井城の調査　一九九六―二〇〇二』（同、二〇〇三）・かながわ考古学財団調査報告一六六『津久井城根小屋地区遺跡群』（かながわ考古学財団調査報告、二〇〇四）・かながわ考古学財団調査報告二三九『津久井城跡（本城曲輪群地区）』（同、二〇〇九）
（15）西股総生「相州三崎城の縄張りについて」（『中世城郭研究』第一二号、一九九八）
（16）『埼玉県二』一〇〇三
（17）『北区』二七二
（18）『北区』記録二五
（19）浅倉直美『後北条領国の地域的展開』（岩田書院、一九九七）
（20）黒田基樹「扇谷上杉氏と渋江氏――岩付城との関係を中心に」（『北区史研究』第二号、一九九四）
（21）『茅ヶ崎城Ⅰ』（横浜市埋蔵文化財センター、一九九一）・『茅ヶ崎城Ⅱ』（横浜市ふるさと歴史財団、一九九四）・『茅ヶ崎城

Ⅲ』（同、二〇〇〇）

(22) 埼玉県立歴史資料館編『戦国時代の城』（高志書院、二〇〇五）

(23) 伊禮正雄『関東合戦記』（新人物往来社、一九七四）

(24) 前掲注(1)参照

(25) 前掲注(22)書

(26) 前掲注(22)書

(27) 松岡はパーツ論に引き続き、藤澤編年大窯第一段階という編年の問題を提示し、北条氏築城の可能性を模索した。しかし、杉山城の年代観は大窯第一段階のみならず他の陶磁器・かわらけなどの群で時期を検討していることから、単に大窯第一段階の終末を引き下げても消費地として杉山城の年代にとっては実質的な意味を持たない。

(28) 西股総生はシンポジウム「検証　比企の城」の討論のなかで、杉山城を評して「設計図がないと造れないような城を造ってしまう軍隊とは、どういう軍隊なのか」と自ら発問し、織田信長との対比のなかで北条家であると述べている（前掲注(2)「シンポジウム『検証　比企の城』討論」）。大名として年代幅の短い織田信長を、しかも先進的事例と位置づけて対比することが、果たして適当であるかは議論のあるところである。その上で発問の解答についても北条家が唯一であるとする論理はいかがであろうか。東国にあって関東管領山内上杉家の政治的位置を軽視してはいないだろうか。

(29) 例えば、関口和也は、「ではその築城主体であるが、既に諸先学が指摘されている通り、後北条氏とみて相違あるまい。その機能していた時期も、天文末—永禄初期（一五五〇年頃—一五六〇年代前半と考えてよいと思われる」と述べている（関口和也「杉山城」〔『図説中世城郭事典』第一巻、新人物往来社、一九八七〕）。さらに池田誠も菅谷城・青鳥城そして滝山城と比較し、「この杉山城もやはり北条氏の縄張り形態を鮮明に残しているのである」と結論する（中田正光『埼玉の古城址』〔有峰書店新社、一九八三〕）。また西股総生は、天文・永禄年間の政治史を踏まえ、「かくして氏康の作戦線を守る、重要な戦術拠点として築かれたのが杉山城であったと考えられる」と踏み込んだ評価を下している（西股総生「武蔵　杉山城」歴史群像シリーズ『戦国の堅城』〔学習研究社、二〇〇四〕）。しかしいずれもが縄張論によって具体的に北条氏の築城を指摘し得たものとは言い難い。

他方、同じ著述のなかで注目すべき発言も含まれていることは見逃すことができない。関口は構造上の検討課題を指摘し、「これ以後の後北条氏の城の変遷を考える上で重要」と述べ、多くの北条氏の城館のなかで先行する城館であることを指摘している。また池田も、「ただ、北条氏が、なぜこんな模型にも似た小城郭を築いたのか、それは全くなぞといわざるを得ない」と疑念を吐露している。結果論であるが、今日の事態を縄張論のなかでも予測していたようにも思える。遺構を注視する両者の観察力には敬服する。この視点が戦国大名系城郭論で処理されない、新しい縄張城館研究の方向性を示唆していることは間違いなかろう。問題は観察結果をいかに歴史叙述にするかにある。

(30) 自戒を込めて記すが、調査が開始される以前は、筆者自身、〝北条の城〟であることを疑っていなかった。しかし、調査結果が提示されるにつれ、縄張論として反論する余地を見いだせなかった。繰り返しになるが、縄張論のみによる年代観は成り立ち得ているだろうか。自問自答が縄張論には求められているように感じる。

(31) 本章の初出脱稿後に竹井英文「戦国前期東国の戦争と城郭――『杉山城問題』に寄せて」(『千葉史学』第五一号、二〇〇七)を得た。本章と共通する指摘を含み、多くを論じている。是非参照されたい。ただし、杉山城を杉山長尾氏の拠点とする説は、本章で記した杉山城の考古学的評価の⑦などから、性格は陣城であると考えられ、成り立ちえないと思われる。

(32)『戦国』古河公方六〇六。ただし前注(31)論文の指摘により補訂を加えている。

(33)『新潟県』七九

(34)『北区史』二七六および『群馬県史』一九一五を参照。

(35) 石川忠総留書では両上杉氏の和睦を「大永四年正月三日」とするが、(大永五年〔一五二五〕)三月二三日付三戸義宣書状では「去々年依頼山内殿へ一和被申候処」とあり、微妙な相違を示している。留書の日付が正月三日であること、去々年(大永三年)とする史料が書状であることを考えると、一和の合意が大永三年末で、正式締結が同四年正月三日であったと考えたい。いずれにせよ大永三〜四年に両上杉氏の和議があったことは事実と考えてよかろう。

(36)『東村山市』二九二

(37) 松山城は戦国大名北条氏の段階においては有力支城の一つでもあり、関連する文献史料も多い。ただし、その起源については必ずしも明らかになっていない。私見では次の史料を重視したい。

其後山内武州国中進発、(明応三年〔一四九四〕)武・上・相之一揆四五千騎供奉、五日十日打過、及数月数年、方々陣塁不相定、河越者松山・稲付方々地利遮塞御方行、其上豆州押妨之、早雲入道自河越被招越、山内者向松山張陣、被相攻、

（『松陰私語』〔群馬県史中世一・五四四頁〕）

山内上杉氏に対抗するため、扇谷上杉氏が稲付城（東京都北区）とともに、松山築城を行ったという記載が見られる。稲付城が江戸城の、松山城が河越城の北を固める場所である。そして松山城は鉢形城に対置した城館であった。とするならば松山城築城の年次は長享の乱が勃発した長享元年（一四八七）以降ということになる。扇谷上杉領の北の重要拠点に松山城は位置づけられ、山内上杉氏の本拠鉢形城に対置する目的を求められた城館と考えられる。

(38)【史料2】を前提に、この石川忠総留書の記事を重視すれば、【史料1】は大永四年に比定することがあるいは可能であろう。【史料2】には上杉憲房の毛呂発向が一〇月一〇日であると記載されることから、毛呂氏の山内上杉家よりの離脱はその直前となる。【史料1】の年次比定が妥当であるならば、毛呂氏の翻意を直前に控えて、足利高基―上杉憲房サイドよりの引き留め工作として、【史料1】が出された可能性が浮上する。

(39) 本章初出および前掲注(31)竹井論考により、考古学調査の結果が文献資料によって補強されることになった。よって問題点は縄張論が従来の年代観の根拠を提示することに集約された。

その後、埼玉県嵐山史跡の博物館ほか「後北条氏の城――合戦と支配」（二〇〇八年一月二六日・二七日開催）・江戸東京博物館「太田道灌と城館の戦国時代」（二〇〇八年三月八日開催）・帝京大学山梨文化財研究所「戦国の城と年代観――縄張り研究と考古学の方法論」（二〇〇八年一〇月一八日・一九日開催）で議論が積み重ねられた。なお、最後の「戦国の城と年代観――縄張り研究と考古学の方法論」については、峰岸純夫・萩原三雄「戦国時代の城　遺跡の年代を考える」（高志書院、二〇〇九）で詳細が報告されている。

同書中において西股総生「縄張りと城の年代観」は「ただし筆者は、城郭を縄張りで編年することについては、懐疑的であ

る。無限に個別具体的な城郭の縄張は、編年という方法論に本質的になじまない」（五六頁）と述べ、松岡進「軍事施設としての中世城郭――空間論からのアプローチ」は、杉山城の議論に触れ、北条氏の築城と推定されてきたことについて「無意識な飛躍があった」（六三頁）と論じている。したがって、現時点では一定の決着をみたと考えている。

(40) 八巻孝夫「後北条氏領国内の馬出」（『中世城郭研究』第四号、一九九〇）

(41)『屋代B遺跡Ⅰ』（財団法人茨城県教育財団、一九八六）・『屋代B遺跡Ⅱ』（同、一九八七）・『屋代B遺跡Ⅲ』（同、一九八八）

(42) 報告書は時期を三分し、Ⅲ期について大永三年（一五二三）の合戦と関連する時期とする。しかし瀬戸美濃大窯などの同時期の遺物が見られず、一六世紀まで継続したかは再度検証する必要があろう。

(43)『小泉館跡――発掘調査概報』（つくば市教育委員会、一九八九）・『一般県道長高野筑波線道路改良工事地内埋蔵文化財調査報告書　小泉館跡』（財団法人茨城県教育財団、一九九五）

(44) 時期区分については再検討の必要性を感じる。Ⅲ期の特徴は非ロクロ土師質皿と回転糸切り痕の平底土師質皿が併存するとしているが、近年の調査から同地域での併存は一五世紀前半にまで下ることが指摘されている。また、一四世紀代について、遺構の関連での判断ではないことから、城館の時代が遡り、空白期が存在することも考えられる。Ⅱ期からⅣ期の区分については再検討の必要性を感じる。しかし、一五世紀が城館の時代であることは動かない。

(45)『練馬城址遺跡調査報告書』（練馬城址遺跡調査団ほか、一九九一）

(46)『埼玉県二』一〇〇三

(47) 浦辺仙橘「瀧の川・練馬両城址研究」（『武蔵野』第一一巻第四号、一九二八）

(48) 鳥羽正雄「練馬城址の南虎口に就いて」（『武蔵野』第一四巻第四号、一九二九）・伊禮正雄「豊島氏と城郭」（『豊島区立郷土資料館「生活と文化」研究紀要』第二号、一九八六）参照

(49) 押山雄三「中世後期の館と『北の町』　荒井猫田遺跡の発掘調査2」（『中世の宿と町』高志書院、二〇〇七）

(50)『小田原市』七二二

(51)『小田原市』七三二
(52)『小田原市』七三七
(53)『小田原市』七七七
(54)『小田原市』九五七
(55)『小田原市』九五八
(56)『静岡県四』三九二・四〇七・一四一九
(57)『小田原市』一〇〇四
(58)結果として、善左衛門の一族は小田原に青木文書を伝え、左衛門五郎の一派は静岡市に青木文書を伝えることになった。
(59)『小田原城三の丸東堀　第2地点発掘調査報告書』(東京電力株式会社・玉川文化財研究所、一九九五)
(60)『小田原市史』別編(小田原市、一九九五)

第一〇章　中近世移行期の断絶と継承

関西・中部地方を中心に、織豊期城郭研究が進展した平成六年（一九九四）から平成一五年（二〇〇三）にかけて[1]、関東・山梨地域における織豊期の城郭研究を振り返り、その成果と課題を抽出してみたい。この一〇年は景気好調期に開始された開発の影響が前半期に残り、後半期はその成果の公開と新たなる史跡整備の増加だったのではなかろうか。そのなかで織豊期の城館については、実に豊富な成果がもたらされたように思える。

当該地方においては東国戦国大名の研究が盛んであったが、様々な分野で織豊期の研究には盲点があったように思う。例えば関東地方の自治体史では、天正一八年（一五九〇）をもって中世と近世の区分としているところが大半である。そのため組織編成及び編集の時点で織豊期が追求されにくい環境が作り出されていた。伝統的な時代区分論が原因となり、関東地方においては天正一八年の断絶、中世と近世の不連続が強調され、戦国期城館が継続して存続しないと無批判に思われていたようだった。具体的には八王子城（東京都八王子市）の石垣（天正一八年以前）と江戸城の石垣（慶長一一年〔一六〇六〕が最古）の対比であり、最低でも一六年の隔たりを持つこの資料を比較し、そのまま中世と近世の較差として自覚する。このような事態があったのではなかろうか。東国戦国大名の滅亡から江戸幕府の成立まで、山梨県にあっては二一年間、関東地方にあっては一三年間であるが、この間の城館の変化は実はよくわかっていなかったというのが実情だったように思える。この問題に深く切り込んだのが当該地域のこの一〇年の成果だったとまず評価できるのではなかろうか。

ところで、近年の織豊期における城館の研究をリードしたのは織豊期城郭研究会であった。その起点は中井均の石垣・礎石建物・瓦を視点とする研究である(2)。中井はその後の研究成果を踏まえ、最近の研究であらためて全体を概括している(3)。中井に代表される織豊期の城館の研究は、織豊城郭の地域伝播という視点を強く持ち、その延長線上に近世城郭の成立を描いている(4)。畿内に生まれた政権による全国統一を前提として、城館技術が普遍化する。このように描く図式は実にわかりやすい。

しかし一方で木島孝之が九州の織豊期の城館を事例として検討したように、当該期の城館は単線的に織豊城郭の伝播という図式だけでは解明できないということも早くから指摘されていた(5)。近年では松岡進が同様の問題意識を明らかにしている(6)。当該期の問題は中央から伝わる技術と地映えの技術の競合・融合のなかで見据える必要もある。

本章では近年の成果を概括するなかで東国における織豊期を再点検し、そのなかに今後の課題を見つけることを目的としたい。

なお扱う事例の多くは近年の史跡整備に関する調査のため、部分的な調査が多く城館の全体像を理解することがなかなか難しい。そのような状況である上に、礎石建物・瓦の問題は筆者の力量を既に超えた課題でもある。そのため石積み・石垣を起点として検討してみたい。

また以下に掲げる事例以外にも当該期の成果をあげている近年の調査は、甲府城・新府城・私市城・沼田城・大胡城などがある。

1　発掘調査事例

【事例1】武田氏館：山梨県甲府市古府中町・屋形三丁目・大手三丁目（図10－1参照）

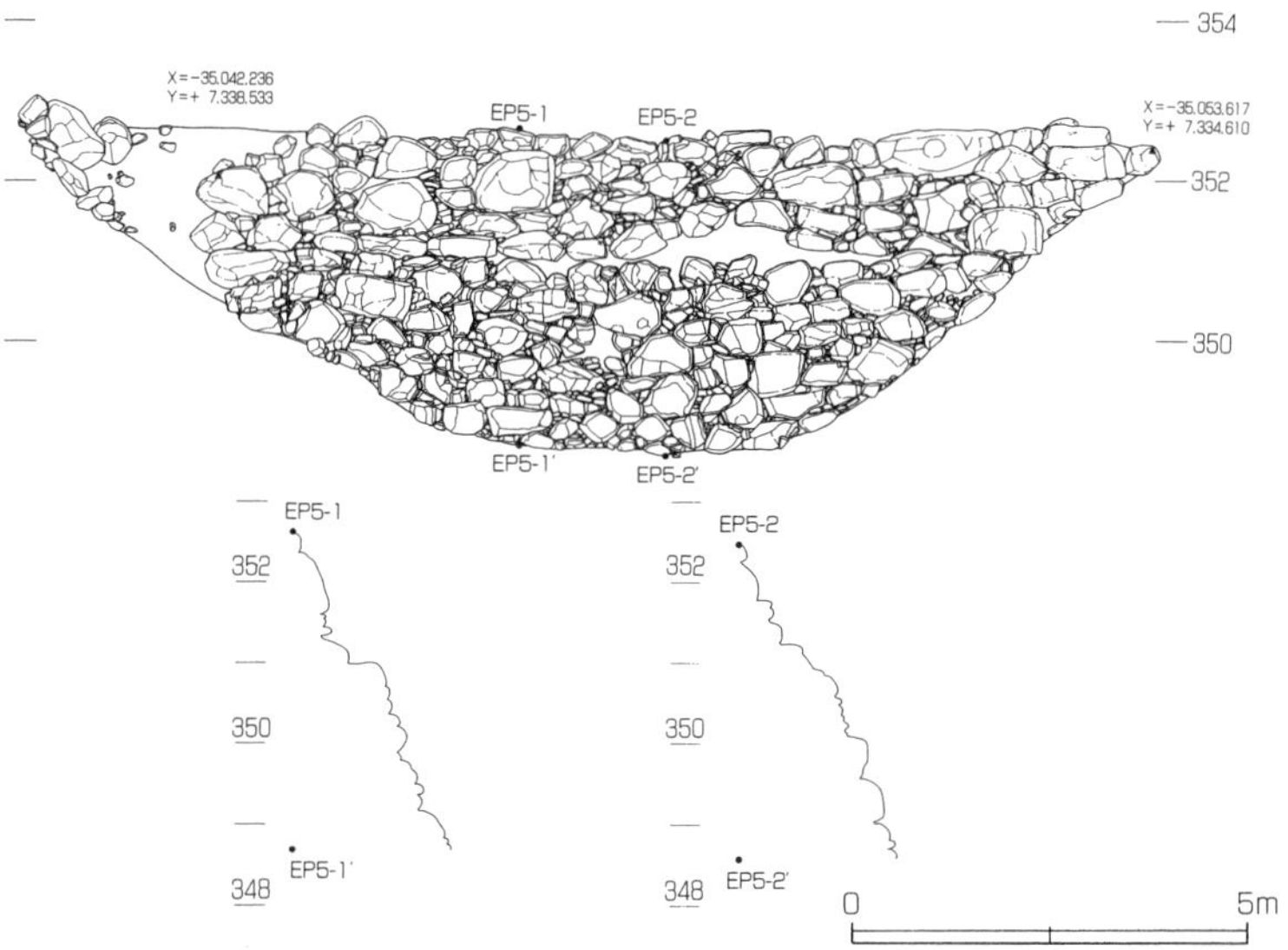

図10-1　武田氏館：主郭部北側土橋石積西面側面図・エレベーション図

＊『史跡武田氏館跡Ⅳ』（甲府市教育委員会，1999）より転載．

戦国大名武田氏の本拠として知られた城館である。発掘調査は昭和四七年（一九七二）以降開始された。とりわけ平成七年（一九九五）以降は整備基本構想・基本計画策定に伴う試掘調査が継続的に実施され、その成果が平成一〇年（一九九八）三月以降、連年にわたり報告されている。また、調査の概括や評価も伊藤正彦、数野雅彦、志村憲一、佐々木満等(7)によって著されている。詳細はこれらに譲りたい。

武田氏館では『史跡武田氏館Ⅳ』(8)で石垣の調査をまとめている。この時、一段の高さが二m程度の石積みで僅か四〇～五〇cmの控えをとって段状に築く手法に注目した。

この調査を踏まえ、志村は武田氏館の石積み構築技術について、以下のように分類する(9)。

①栗石を伴わない重箱積みの一m以下の低い石積み。
②栗石を伴わない穴太積みとは異なる石積み。
③栗石は使用するが穴太積みとは異なる石積み。
④栗石を使用した穴太積みの石積み。

このうち、①を武田氏時代、④を武田氏滅亡以後に位置づけている。

この分析および文献資料を検討した数野は、

平岩親吉段階（天正一一年（一五八三）末〜天正一八年（一五九〇））：主郭部の他の土橋側面に見られる段状築成の石積み。

加藤光泰段階（天正一九年（一五九一）〜文禄二年（一五九三））：天守台や大手土橋南面の布積み崩しの石積み。

と具体化を深めている。ただし、数野は段状の石積みについて、本栖城山（山梨県西八代郡上九一色村）にも見られることから武田領国で培われた石積み技術の可能性も模索している(10)。

このほか、西曲輪北側枡形虎口は構築時に基本的な構造はできあがっているものの、四期に分かれ、最終段階で比較的大きな石を縁石に並べ、虎口平場を敷石としていることを発見する。

また、中曲輪の遺構面を分析し、六期に分かれると整理する。このうちⅤ期に土塁・堀の大規模造成が行われ、曲輪外に拡幅がなされ、Ⅵ期には石塁遺構が関連することを指摘し、一六世紀末の年代観を与えている。

一方、武田氏が武田氏館より移転した新府城の調査も近年進展している。しかし、そのなかでは武田氏館に匹敵する石積みは確認されていない。この両者の意味は戦国大名武田氏を考える上で重要な論点であろう。

武田氏館は、当初より戦国大名武田氏滅亡後の使用が指摘されていた。調査により武田氏館が段階的に捉えられるようになり、石材を多用する織豊期の状況がより具体的に明らかになってきている。

【事例2】箕輪城：群馬県高崎市箕郷町大字西明屋字城山（図10−2参照）

一五世紀後半に上野国の国人である長野氏よって築かれたという。その後、永禄年間（一五五八〜七〇）には武田信玄の攻略を受け、上野国における戦国大名武田家の有力支城となった。武田家滅亡後は織田家家臣の滝川一益が一時的に領有するが、天正一〇年（一五八二）六月の本能寺の変後、戦国大名北条氏に属するところとなり、一族で鉢

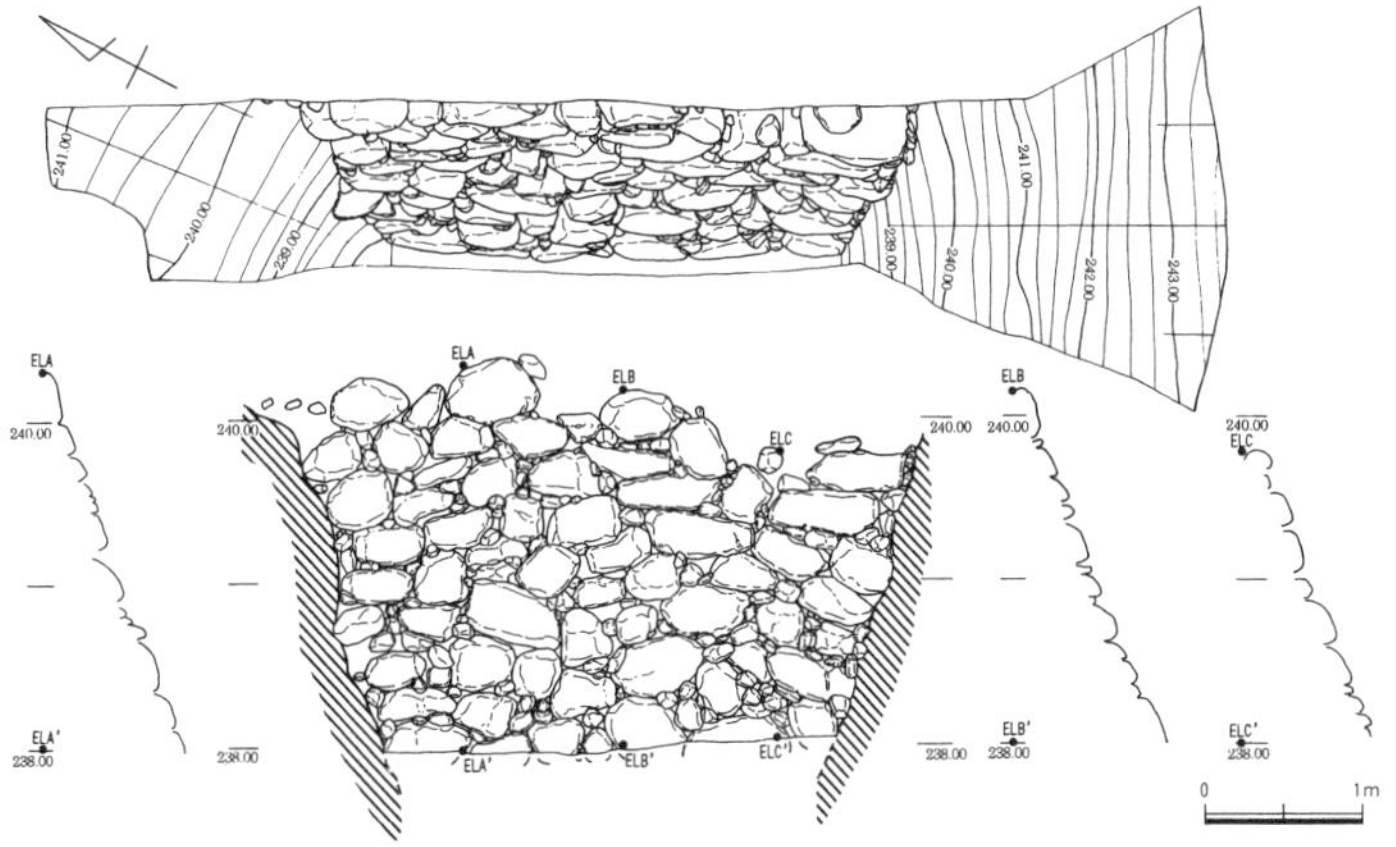

図10-2　箕輪城：大堀切内石垣平面図・立面図・エレベーション図

＊『史跡箕輪城跡Ⅲ――平成13年度調査概要報告』（群馬県箕郷町教育委員会，2002）より転載．

形城（後述）を拠点とした北条氏邦が関係した。

天正一八年の北条氏滅亡後、関東は徳川家康の領国となった。箕輪城には井伊直政が徳川家中で最高石高の一二万石で入城した。井伊直政は城と城下町の整備をしたとされるが、在城八年後の慶長三年（一五九八）に榛名山麓に高崎城を築き、箕輪城を廃城にしたという。

調査は史跡箕輪城跡内容確認調査として平成一〇年度から一八年度にかけてが継続的に実施された。またその概報も翌年度より刊行され[11]、本報告も刊行されている[12]。

石垣については『史跡箕輪城跡Ⅱ』[13]で、三期に分けた最初の整理が論じられている。

一期の石垣は、三の丸南面の土塁下より階段状に積まれた四段の石積みである。埋め込まれた状態で検出された。後述する鉢形城三ノ丸土塁内側の石積みに酷似し、両城とも北条氏邦の重要城館であることから、北条氏時代の石積みと推定される[14]。なおこの石積みの延長線上が平成一四年度の調査で二の丸から検出されている。

二期の石垣は井伊期箕輪城の石垣に比定されており、織豊期の石垣となる。

①石材は城跡の西側を流れる榛名白川で採取可能な輝石安山岩と少量の角閃石安山岩。
②積み方は野面積。
③横目地については布目積みの箇所と横目地を意識して表面積を大きい一m大の石を立てて積むところがある。
三期については平成一四度調査で廃城時の破壊作業に伴う石積みと考えられるに至っている。

また平成一三年度調査では大堀切内に石垣を検出している。この箇所の石垣については次のように論じている。
④人一人では運べないような二五～七〇cm程の大きめの石を横長にして積む。
⑤五～二〇cmの小型の石を間詰め石として用いる。
⑥石の最も平らな面を選択し、石垣の表面（築石面）を整える。
⑦横目地はある程度意識されているが、いわゆる乱積みである。
⑧堀壁面の地山に密着するように積まれ、隙間がほとんど認められない。
⑨使用石はすべて自然石。割石は認められなかった。
なお、大堀切の土橋部分で確認された石垣については、次の所見を加えている。
⑩石垣の規模は高さ一四五cm、幅一五六cm以上。
⑪石材は三〇～四〇cm。上三～五段は二五cm以下の石材を使用。
⑫間詰め石は五～一〇cm。
⑬二～五cmの裏込め石を使用する。
横目地については、異なる所見の箇所があるが概して布目崩しと考えたい(15)。

筆者の所見であるが、箕輪城ではいわゆる織豊系城郭のメルクマールとされる高石垣は確認されていない。調査範囲や角馬出外側などで鉢巻き石垣が散見できることも重要な事実かと思われる。

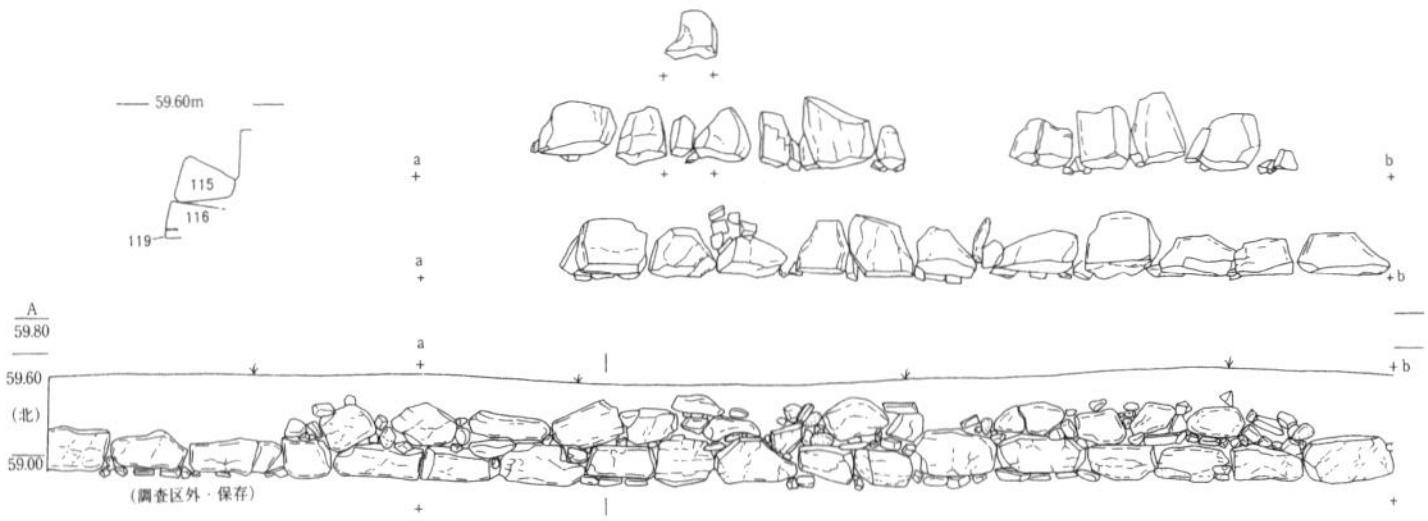

図10-3　唐沢山城：石垣（1号）立面図・石列別平面図・断面図

＊『唐沢山城Ⅲ』（栃木県田沼町教育委員会，2001）より転載．

箕輪城の特徴④は石材の控えが短いことを示しており、自然石の使用、特徴⑧の様相など、基本的に高く積むことは予定されていないようである。織豊期徳川家の石垣を考える上で重要な視点を提供している。

【事例3】唐沢山城：栃木県佐野市（図10－3参照）

下野国の領主佐野氏の戦国期の本拠とされる山城で一五世紀後半以降に機能する。一六世紀後半には上杉謙信や北条氏が相次いで占拠するところとなり、拡張・修築が繰り返される。天正一八年以降、佐野一族の天徳寺宝衍（佐野房綱）が復帰する。佐野家では豊臣家家臣の富田家より養子を迎え、佐野信吉が城主となり、徳川家を北から監視した[16]。その後、信吉は関ヶ原の合戦の前年にあたる慶長七年（一六〇二）、徳川家の命により唐沢山城を廃城とし、山麓の佐野城を築いて、移ったとされる。

山城の西側山麓には城下町が広がる。平成九年（一九九七）より田沼町（現在は佐野市に合併）ではこの地区の開発に関わる調査を断続的に実施し、城下町に関する情報を得た。その成果は平成一二年（二〇〇〇）より公刊されている[17]。また調査担当者にいる遺構・遺物の考察も別途なされている[18]。

そのうち、家中屋敷・隼人屋敷・和泉屋敷と呼称される区域の調査では、道路の拡幅区域に添って、屋敷地の縁石にあたる石垣を検出している。

調査者の所見・表に拠れば、

①使用石材はチャート。少量の石灰岩が混入する。

②石積みの段数は三段。
③石垣の表面に平滑面を揃える。
④石材の控えは概して表面の長辺より短い。長辺平均二〇・七cm・控え平均一九・六cm。
⑤裏込め石は厚さ約二〇～三〇cmで、石垣の高さと同じだけ存在する。

という特徴が抽出される。

山城には算木積みを意識した隅角部[19]、荒割石を使用する築石部[20]、という高石垣が存在する。東国における天正一八年から慶長七年の一二年間という限定された時期の石垣事例を示している。

先の箕輪城が徳川家に関連する城館であったが、唐沢山城は当国にあっては比較的豊臣家に近い位置にある大名家の城館であり、両者の比較は年代的・地域的・権力的に実に興味深い。

【事例4】佐野城：栃木県佐野市若松町（図10－4参照）

佐野信吉が唐沢山城を廃城として、慶長七年に新規に築城した平山城である。中世にはこの地に惣宗寺という寺院があった。城下町の町割りもなされ、近世城下町の装いを調えていた。しかし佐野家は慶長一九年（一六一四）に家康の勘気を蒙り、改易となった。佐野城もこの際に廃城となったと考えられている。存続期間は僅か一二年ということになる。

佐野城の調査は城山公園整備事業及び急傾斜地崩壊対策事業の一環で、昭和六三年（一九八八）～平成一〇年（一九九八）に行われ、その成果は平成一一年（一九九九）に佐野市より刊行されている[21]。

本丸内から石垣・石畳を伴う虎口が検出された。

①石垣の高さは一五〇cm。
②石垣はチャート材。

図10-4　佐野城：本丸（F地点）虎口平面図・断面図

＊『佐野城跡（春日岡城）』（佐野市，1999）より転載.

③打込接。
④裏込め石はある。
⑤築石に使用された石材の大きさは幅六〇～八〇㎝・厚四〇～七〇㎝・控五〇～七〇㎝である。

と報告されている。虎口部分の石垣であるので、他の壁面とは異なり、特殊な石垣である可能性が残るが、佐野城の現状及び他の調査地点ではこの規模以上の石垣（特に高さ）が見られない。石材の控えが短いことからも、基本的に石垣を多用した城館ではないと判断される。

【事例5】鉢形城：埼玉県大里郡寄居町字鉢形（図10―5・10―6参照）

戦国大名北条氏の一族、北条氏邦が拠点とした有力支城として著名な丘陵城郭。歴史は一五世紀後半に遡り、長尾景春が拠点として反乱を起こしたことも有名。その後、山内上杉氏の本拠地にもなる。北条氏邦が本拠地としたのは永禄一一～一二年（一五六八～六九）と考えられており[22]、それ以降の天正一八年に至るおよそ二〇年余の間に大半が築かれた。

発掘調査は平成九年度以降、史跡鉢形城跡保存整備事業の一環で行われた[23]。

この調査によって、二の丸と三の丸間の馬出（伝御金蔵曲輪）及び三の丸について、土塁内側より石積みが検出された。構造的特徴は下記の通りと指摘する。

①石材は地元産の石を使用
②自然石及び荒割石が主体。
③小振りの石材を使用する。
④高石垣はなく、高さを出すためには雛壇状にセットバックさせる。
⑤石積み技術は、規模から八王子城（東京都八王子市）・太田金山城（群馬県太田市）には劣る。

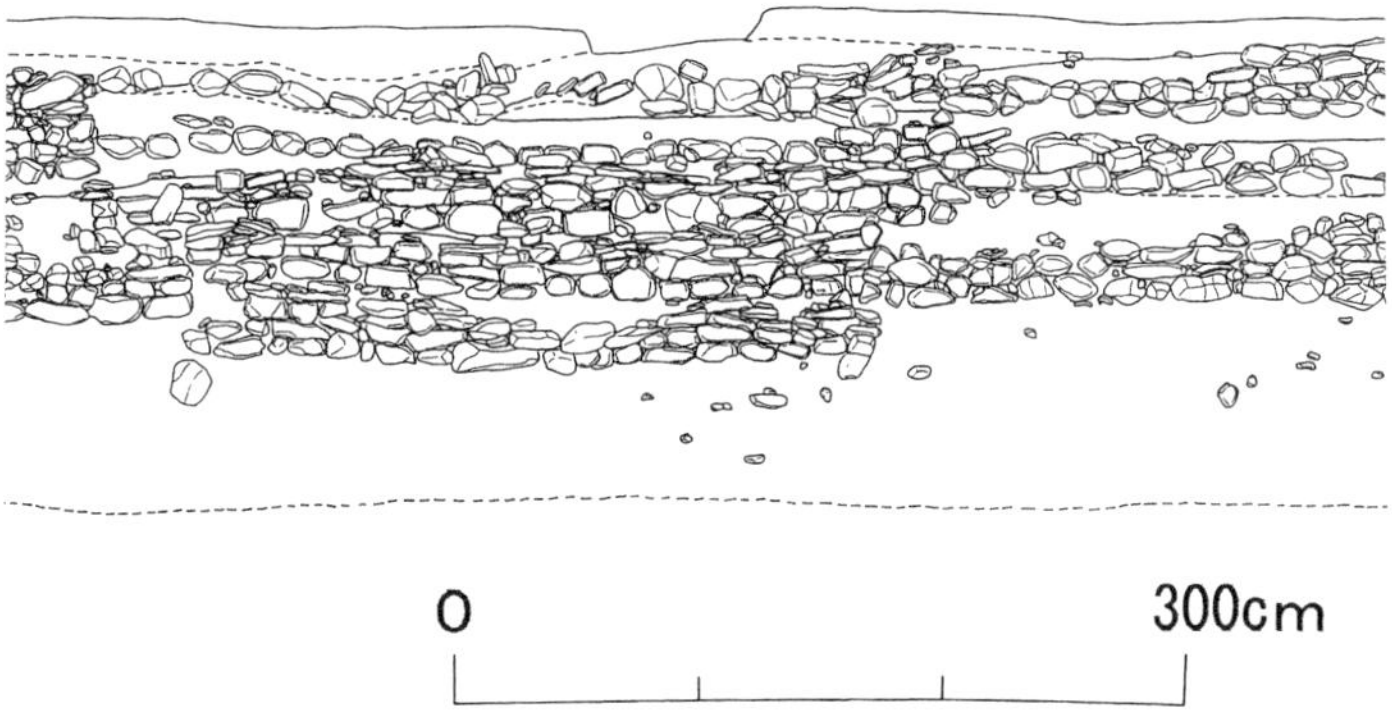

図10-5　鉢形城：三の丸土塁内側石垣立面図（部分）
＊『史跡鉢形城跡——平成10年度発掘調査概要報告』（寄居町教育委員会，2000）より転載．

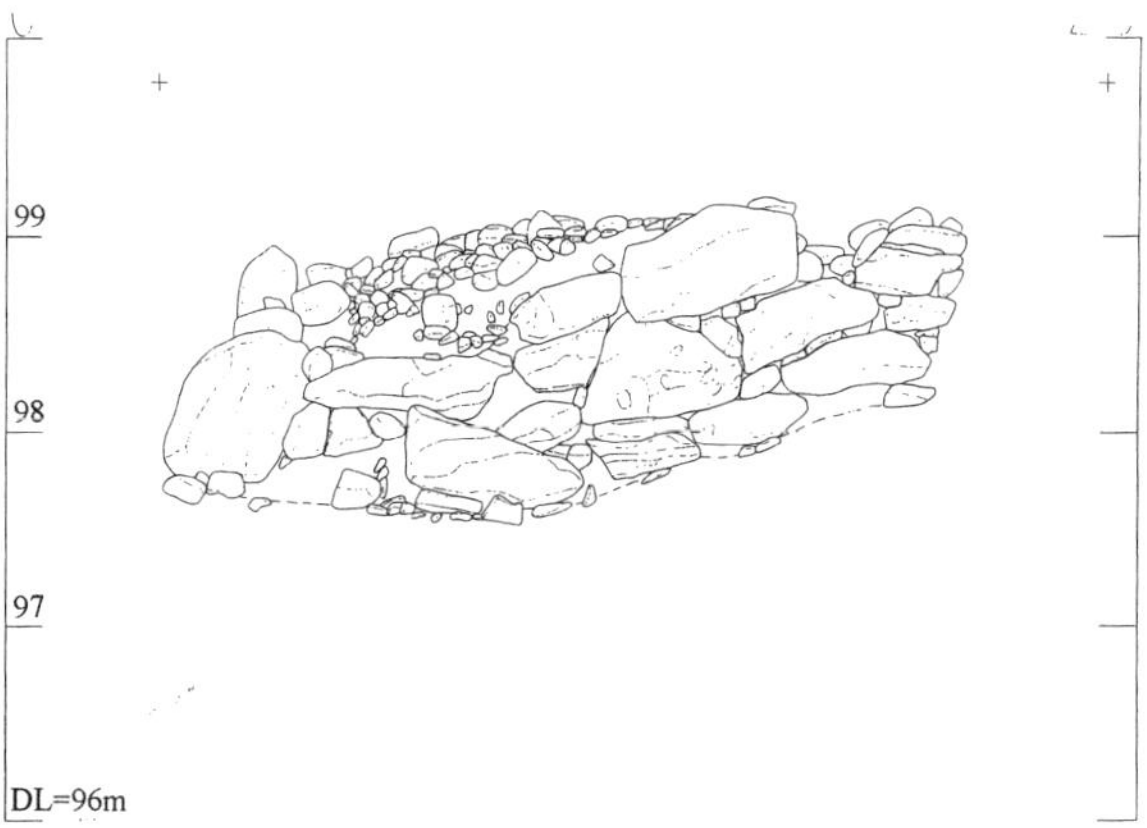

図10-6　鉢形城：笹曲輪石垣立面図
＊寄居町教育委員会より提供．

以上のように、八王子城・太田金山城の調査を踏まえて指摘し、基本的に北条氏邦期の石積みと考えられている。階段状の石垣については、八王子城・太田金山城そして武田氏館、さらには発掘調査ではないが本栖城山（山梨県）と比較可能な遺構である。

しかし、上記の石積みと異なる石積みが城内北部の笹曲輪から検出された（図10－6参照）。三の丸等より新しい石垣と考えられる。

『寛永諸家系図伝』の成瀬一斎の項には次の記載がある[24]。

> 大権現領関東、以為甲州吉例、以一斎先令入武州鉢形城、附属武川衆・根本衆、定北武蔵制法、且掌七万石之貢賦、而於

武州及江州拝領采地二千百石、

この記載から成瀬正一（一斎）が鉢形城に入城したことが確認される。しかし在城期間については明らかにならない。ただし、鉢形城の存続はその後に確認されず、織豊期の段階で廃城となったことは間違いない。従って、笹曲輪の石積みはこの天正一八年以降で廃城に至るまでの間と推測される。

なお、表面観察で広がりが明らかになっていないが、三の丸の南面、大手・弁天社付近にも荒割石による石積みが露出している。一見したところでは発掘調査で検出した三の丸土塁の石積みとは積み方が異なる。この点も含め、今後の整理及び調査が期待される。

【事例6】安保館：埼玉県神川町大字元阿保字上宿（図10－7参照）

鎌倉御家人安保氏の居館とされる遺跡で、方形居館の事例として取り上げられている。館の全体が調査されたわけではないが、平成四年（一九九二）などに緊急調査が行われた[25]。

館の変遷は大きく五期に分けられ、古くは劃花文青磁碗（歴博分類碗Ⅰ類）・同安窯系青磁碗（歴博分類碗Ⅰ類）を出土する他、青磁盤・青白磁梅瓶・緑釉盤など鎌倉御家人の姿を伝える遺物が出土している。

問題とするのはⅣ・Ⅴ期である。報告書中では一四号溝とした溝を中心に復原される。この溝は人頭大の川原石を溝の縁に直線上に並べたもので、石列後方には最大一〇㎝の石材を厚さ三〇～五〇㎝で敷き詰めている。溝からは美濃窯の鉄釉皿（大窯4）・鉄釉折縁皿（大窯4）・志野丸皿（連房期）・天目茶碗（大窯3）・擂鉢、志戸呂窯の灰釉皿（大窯3～4相当）・筒碗が出土している。直行する一五号溝からは美濃窯（大窯4）の製品が出土している。また遺跡から染付が一一点（内、未報告一点）が出土した。このうち九点が万暦様式である。

一四号溝のほか軸の方向を同じくする溝や掘立柱建物でⅣ・Ⅴ期が構成され、報告書ではⅤ期について一六世紀末～一七世紀初頭の年代を与えている。

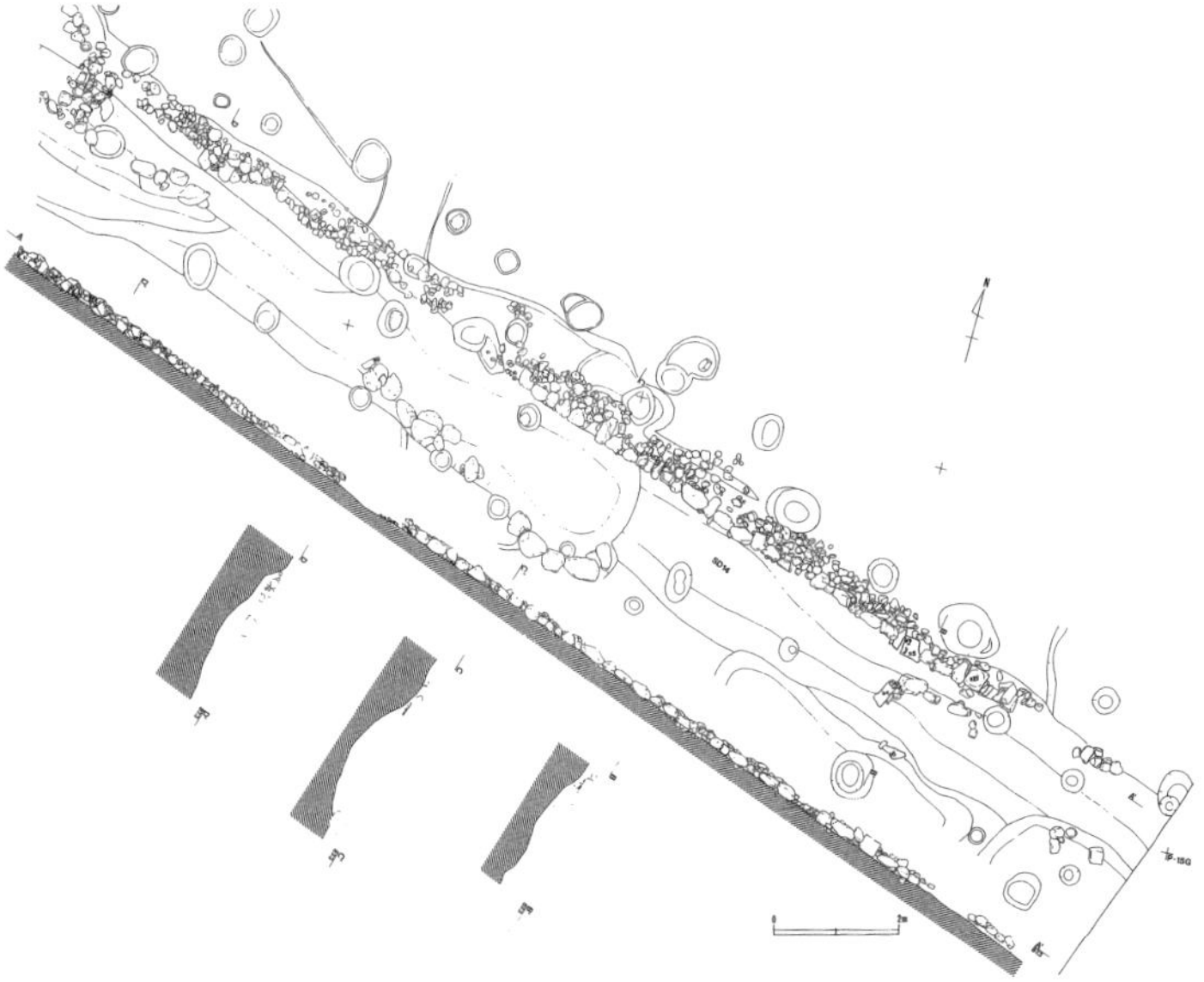

図10-7　安保氏館：ＳＤ14石垣遺構平面図・側面図・断面図

＊『安保氏館跡』（神川町遺跡調査会，1995）より転載．

天正一八年の家康の関東入国に際して、安保には菅沼定盈が一万石で入封した(26)。その在所については明確にはされていなかったが、この安保館の調査を踏まえれば、安保館が菅沼氏により利用されたと考えることは妥当と思われる。なお廃絶期は目下のところ不明である。

Ⅳ・Ⅴ期の切り分けが難しいようであるが、安保館は戦国時代末から近世初頭まで継続して使用されていた可能性が高い。

【事例7】津久井城：神奈川県相模原市津久井町根小屋字城坂

戦国時代、甲斐国との国境に近い相模国津久井に本拠を構えた内藤氏の本城。津久井城は一六世紀前半にはその存在が推定され、同世紀後半には北条氏の支城として国境を固めた。天正一八年以後は守屋氏が代官としてこの地を治め、正保元年（一六四四）に駿河国へと移っていくと考えられている。

津久井城の調査は町が学術調査として平成八年（一九九六）より主体を変えながらも実施されている。平成一三年度に至るまで、津久井城の南西山麓の「御屋敷跡」と呼ばれる曲輪を中心として調査を実施した。[27]また、公園内では山麓で、かながわ考古財団による緊急調査も実施され、近年では山頂の確認調査も実施されている。[28]

山麓部の調査は「御屋敷」の理解に主力が注がれた。出土した遺物は染付（歴博分類B1群皿）・瀬戸擂鉢（大窯1）から志野皿・唐津皿に至るまでの年代観の遺物が見出され、おおよそ内藤氏から守屋氏へという文献の年代観に平行した結果が得られている。遺構は土塁・溝・堀・礎石建物・掘立柱建物・石列などさまざまな遺構が検出される。遺構面は事業面を三面を捉える。上層から守屋期（新）・中層の守屋期（古）と把握される江戸期の二面。最下層を戦国時代の内藤期（新）及び（古）と理解する。

津久井城の根小屋で、いわゆる主殿が予想された地区の調査であるが、調査概報が示すように近世初頭まで連綿と継続して使用されている状況が把握された。調査の主眼も「中世後期の『城郭関連施設』と近世初期の『陣屋関連施設』」に置かれている。中近世移行期が如実が語られている調査となっている。[29]

【事例8】石垣山城：神奈川県小田原市早川字梅ケ窪

天正一八年に小田原城を攻めた際、豊臣秀吉が築いた陣城である。[30]

小田原市公園緑地課による石垣山一夜城整備事業に先立ち、昭和六三年（一九八八）〜平成二年（一九九〇）にかけて測量・試掘調査が実施された。[31]また近年に至るまでの成果は『小田原市史　別編　城郭』[32]にまとめられている。

石垣は関東大震災による倒壊が甚だしく、築城当時の状況を著しく損なっている。そのような現況であるが、市史においては過去の指摘[33]を踏まえ、近年の調査結果をまとめている。

①普請には畿内より「穴太参拾五人」が動員されている。[34]

②石材は石垣山から掘り出された石材（安山岩）を使用。

③積み方は野面積み。

④石材は自然石と荒割石を使用。
⑤箭穴はないものの、箭を用いずに割った粗割（荒割）の石が使用されている[35]。
⑥南曲輪の隅角部に使用された石材は、長辺一三〇～一九〇cm（平均一五六cm）・短辺八〇～一三〇cm（平均一〇五cm）・厚さ三〇～一一〇cm（平均六〇cm）である。概して、算木積みは意識しているが、一石を縦に積み上げるような隅角部であることが確認される。
なお、筆者の所見であるが、
⑦倒壊した石垣の石材は、概して表面の長辺に比べて控えが短い。
⑧裏込め石材は部分的に確認される程度。倒壊付近には裏込めは露出していない。
以上の所見が得られている[36]。隅角部の構造が唐沢山城に類似することは注意したい。

石垣山城は織豊城郭研究において、天正一八年という定点が与えられる。極めて重要な位置にあることは付言するまでもない。

【事例9】小田原城：神奈川県小田原市（図10－8参照）

戦国大名北条氏の本拠の城館である。また織豊期にあっても徳川氏の有力支城として領国の西口の要にあたる重要拠点であった。

一九七〇年代以降、発掘調査が継続的に重ねられ、平成七年の時点で一二八地点の報告がなされている。この成果は『小田原市史　別編　城郭』に概括されている。膨大な情報を的確に消化することは筆者の力量では極めて困難であるが、三の丸東堀第二地点だけを取り上げてみたい[37]。

この調査で出土する陶磁器から小田原編年Ⅲa期、すなわち前期大久保時代（天正一八年～慶長一九年）に属する石垣を検出している。報告書の指摘する特徴は下記の通りである。

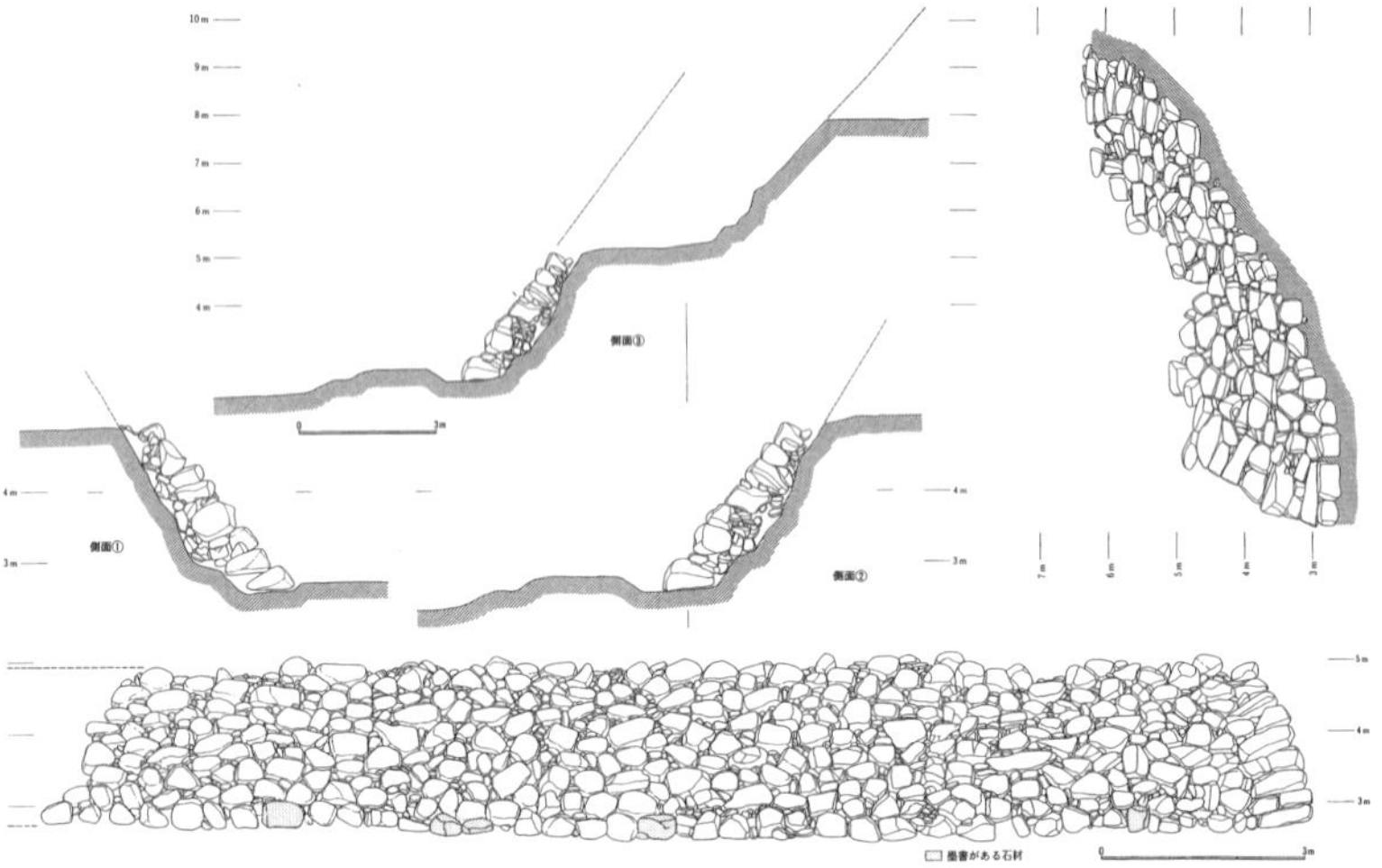

図10-8　小田原城三の丸東堀　第２地点前期大久保期の面積石垣側面図・断面図

＊『小田原城：三の丸東堀第２地点発掘調査報告書』（東京電力株式会社・玉川文化財研究所，1995）より転載.

①隅角部をもつ野面積みの石垣

②高さは三・八m。構築時はさらに二〜三mほど高かったと推測する。

③根石の上の第二石及びそれより上方に据えられる石材は、第一石の布掘り状堀形の後方に段をつけ、地山を掘り込む。第一石目を第二石目以上に積まれる石材より、二分の一もしくは三分の一石分前方に据え付ける。

④第二石より上方の石積みは地形根切りにもたれかけるように据えられる。適宜、胴介石・艫介石・栗石を配する。

⑤石材は長径五〇〜八〇cm・短径三〇〜五〇cm程度の楕円球状の安山岩質の川原石。

⑥控えを長く使用する小口積みを基本とする。

⑦隅角部の石材は野角石及び角張った川原石で、算木積みとなる。

以上のように報告する。

『小田原市史　別編　城郭』は算木積みの状況から慶長期の石垣と指摘する。先の唐沢山城の隅角部と比較し、相対的には後の形式となり、前期大久保時代の中・後期が構築年代と考えられる。すなわち慶長期とする見解は支持される。

2　東国戦国大名と織豊大名の石垣・石積み

近年の関東・山梨において、織豊期の城館に関する主要なものを掲げた。まずは石垣・石積みの論点についてまとめてみたい。

(1) 階段状構造

武田氏館・鉢形城で丁寧に検討されているが、階段状の石垣がある。この問題は関東地方の戦国期については以前に整理したが[38]、八王子城や太田金山城にも見られる。さらに数野雅彦も指摘するが本栖城山にも見られる。武田氏館の場合、平岩親吉段階（天正一一年末〜天正一八年）とされ、織豊大名の段階に階段状石垣が築かれたのであるが、ほぼ同様な石積みの構築技術が後北条氏治下の関東地方や武田氏が関連する本栖城山で認められることは注目する必要があろう。天正一八年以前において織豊大名・戦国大名を問わず、東国では共通して保持された技法だったことが指摘できる。

(2) 根石構造

小田原城の特徴③として指摘した事項で、根石の列を半石もしくは三分の一程度前にずらして第二石目以降を積むという積み方である。この積み方は八王子城においては「地覆石」、太田金山城においては「顎止め石」と呼ばれる技法[39]と共通する。八王子城はおおよそ天正一〇〜一八年と太田金山城は天正一八年以前の年代が考えられている。この技法と慶長期小田原城の石垣技法が類似する。従来の先進的な織豊政権の技術・後進的な東国大名技術という図式とは逆の関係で技術が行使されていた。織豊大名の石垣より後北条氏の石垣が進んだ技術を持っていると評価するのは憚れるが、少なくともこの根石構造については、ほぼ同じ技術がある程度の時代を隔てて持たれていたことは認めて良いであろう。(40)

(3) 川原石の石垣

取り上げた箕輪城と小田原城の事例はいずれも織豊期徳川家の支城である。この両城がともに加工石材を使用せず、自然石もしくは荒割石の野面積みを基本としていた。石材を加工して積むか否かは、石垣普請の工程では大きな差異があり、石垣構築の大きな画期となる。従って石材加工が認められない技術段階で両城が普請されていることは、その段階内での一定の差が存在するものの、鉢形城石垣や名胡桃城(群馬県みなかみ町)(41)との類似を指摘することができる。

また箕輪城・小田原城ともに栗石の存在を認めつつも、壁面の地山に密着するという背後の構造を指摘している。厚くない裏込め石層という指摘である。(42)太田金山城において最終段階で裏込め石が存在するという点を踏まえた時、織豊大名の石垣と東国戦国大名の石垣の差は大きいといえるであろうか。

(4) 石材の控え

唐沢山城・佐野城・箕輪城では表面の長辺より控えが短いという石材を使用していた。この石材使用法は、東国に限らず戦国時代の城館石垣では一般的な積み方であろう。控えを長くすることによって孕みを防止し、石垣を高く積むことが可能になると考えた時、関東における織豊期城館の石工は高く積むことを得手としていなかったことになる。この状況は東国における戦国期の状況と何ら変わらない。

小田原城の事例は控えが長くなった事例であった。一方、控えの短い佐野城の事例は慶長年間の後半期である。築石部石材の控えが短から長へと転じる時期は慶長期後半に鍵がありそうである。天正一八年に画期を置くのではなく、織豊期のなかに画期を求めるという一つの視点となると考える。

(5)　隅角部

織豊段階前半の隅角部の事例は石垣山城と唐沢山城。後半の事例は小田原城ということになろう。後半は全国的に算木積みが完成してくる時期であり、事例としても時代に見合う。問題は初頭の二事例はいずれも算木積みを意識し始めた時期の隅角部である。この事例と比較できる東国大名城館石垣の事例はまだない。この点は今後に期待される点である。

以上、技法的な観点から概観してみた。意図して織豊大名の城館石垣と東国大名の城館石垣の共通性を指摘したが、問題とすべきは両者の差異はどの程度存在したかという課題である。

畿内から石工を動員すれば新たなる領地で石垣を組むことができる。しかし、石垣の構築がそのような単純な生産構造ではないことは、既得権との関係から推測可能である。既存の地元の石工と織豊大名によって連れてこられた石工の利権調整の上に、織豊系城館の石垣が組まれたと考える必要はないだろうか。このように考えるならば、東国中世で形成された地域の石工の技術は、確実に近世社会に導入されたと考えられる。従来の織豊系石垣発展論・伝播論では不十分であることが理解できるのではなかろうか(43)。

逆に石垣普請がなされなかった織豊期の城館もかなりの数に上る。

後述する「関東御入国御知行割」に所載される騎西城(44)(埼玉県騎西町)・岩槻城(45)(埼玉県さいたま市岩槻区)・深谷城(46)(埼玉県深谷市)・矢作城(47)(千葉県香取市)・玉縄城(48)(神奈川県鎌倉市)・本佐倉城(49)(千葉県佐倉市・酒々井町)・

守谷城(50)（茨城県守谷市）などは徳川領国の支城であるが、発掘調査が行われるなど調査が進展している。しかし石垣が認められていない。戦国期以来の城館がそのまま使用されたと考えられている。

また箕輪城では土塁・石垣と堀の観察から、井伊段階と前段階である北条段階とは調査地点の縄張りに変化はなかったとの指摘があった。

武田氏館でも拡張があるものの東曲輪・中曲輪の主郭部と西曲輪の二郭を基本とする構造も武田段階とそれ以後とは異ならないと考えられている(51)。織豊期にはこの基本構造を読み替え、主郭部を本丸、西曲輪を二の丸とし、二の丸の南北に角馬出を配置し、聚楽第の構造を模した、織豊大名らしい城館構造にする。もはや「館」とは呼べない構造である。しかし、中心に二郭を置くという構造に変化はない。

そもそも江戸城ですら本格的な改修は慶長一一年以降であり、関東入国直後には家康の命により改修を行わなかったという。

織豊大名も土の城を継続的に使用している。戦国期の縄張を基本として継続使用している。こうした継続性が、織豊期の使用を見難くし、戦国時代の城館のままであると見なした原因となる。天正一八年の断絶を生んでいた要因と見なせよう。

異なった地域での同時代性・共通性という事実を再評価する必要があるのではなかろうか。石垣技術の共通性と同じく石垣を使用しない城の継続使用という点も、東国での戦国大名と織豊大名の継続性を考える上で極めて重要な論点のはずである。

石垣構築を含めた築城術の普遍性については前章で述べたが、今一度、大名領国を超えた同時代の普遍性を検証してみる必要を感じる。

3　徳川家康関東入国と戦国期城館

武田氏館の調査の驚きは、従来予想はされていたこととはいえ、武田氏滅亡以後の改変が具体的かつ視覚的に理解された点でもある。とりわけ、関東平野では先述したように天正一八年の断絶は著しい。天正一八年がすなわち廃城というイメージが支配的であった。そのため、武田氏館の調査の延長線上に、鉢形城及び箕輪城の調査が進展した時、従前の東国戦国大名城館のイメージを必然的に疑わざるを得なくなった。つまり、地表面で観察される構造は天正一八年以後のもので、戦国期の構造はそのままでは残っていないのではと考えられる。

織豊大名が戦国大名領を継承するにあたって、旧領主の本拠をまずは継承したと説くのは八巻孝夫である(52)。八巻は中井均の見解(53)を踏まえ、武田氏館・要害山城と甲府城の関係ほか計七事例をあげて、戦国大名城館の接収と移転の問題を論じ、次のようにまとめた。

新領地へ入った織豊系大名は、いずれも旧領主の本城である山城へ入る。そしてそこを改修するとともに、新城と城下町の設定できる地を選択する。そこは、港湾都市もしくは陸上交通の結節点を抑えうる地で、旧領主の支城があった低い丘が多い。そこに短い者で一年、長い者で一一年の間を置いて城と城下町を建設し移る。その新城は総石垣作りで天守をそなえている。また城下町は武家地と町人地が明確に区分されていた。

と説いている。なお、八巻はこの旧領主の本城への入城は、在地の国人層などの蜂起を懸念し、軍事的に有利な山城を選択した結果であると軍事的な要因を主張する。

八巻の見解は次の二点で発展的に継承されるべきと考える。まず第一には入封する織豊大名家だけではなく、その家臣が拝領する支城と戦国大名期の支城などとの関連である。二点目には新領国入封にあたっては領国の経済・流通などの支配機構の掌握が必須であり、そのためには旧領主の城下町の継承は重要事項となる。従って、八巻の主張する軍事的論点以外に支配機構の継承のためにも、旧領主の本城への入城はある程度避けられなかったと考えるべきである。入封段階で新城・新城下町建設は必然の結果とは至らないのではなかろうか。

しかし、八巻の説くように「新領地へ入った織豊系大名は、いずれも旧領主の本城である山城へ入る」という視点は関東にあっては重要視されてこなかったのではなかろうか。ゆえに天正一八年の断絶が強調されてきたように思う。

後北条氏の城館は天正一八年以降に存続したと全く予想がされなかったわけでもなかった。【事例3】唐沢山城がその好例であろう。天正一八年～慶長七年の一二年間という存続期間は関東における織豊大名の城館として重要な事例になる。この拠点は戦国期末には後北条氏一族の北条氏忠が佐野家養子となって入城し、北条家の有力支城となった。この山城が織豊期も存続したのである。

徳川領国研究の観点から徳川家家臣が領国内にどのように分封されたかは、「関東御入国御知行割」[54]などの史料により事実は知られていた。しかし、文献によって提供された情報を縄張調査を含む考古学的調査で検証することが著しく遅れていたのが実情であった。

表10－1は「関東御入国御知行割」を整理したものである。

戦国大名北条氏の最末期を示すとされる「北条家人数覚書」と「関東八州諸城覚書」[55]を比較することにより、北条滅亡時と徳川家康入国当時を比較することができる。「北条家人数覚書」・「関東八州諸城覚書」にはいくつかの事実誤認があるが、大局的には比較は可能であろう。「関東御入国御知行割」には記載がない城館として、江戸城（東京都千代田区）・八王子城（東京都八王子市）・水海城（茨城県古河市）・栗橋城（茨城県五霞町）・榎本城（栃木県大平町）・鉢形城（埼玉県寄居町）・倉賀野城（群馬県高崎市）・三浦三崎城（神奈川県三浦市）・太田金山城（群馬県太田市）・東金城（千葉県東金市）・土気城（千葉県千葉市）・田原城（神奈川県秦野市）・池和田城（千葉県市原市）・勝見城（千葉県睦沢町）・津久井城・臼井城（千葉県佐倉市）・へひうか城（千葉県いすみ市）・鶴ヶ城（千葉県いすみ市）・小金城（千葉県松戸市）・布川城（茨城県利根町）・大台の城（千葉県芝山町）・鏑木城（千葉県旭市）などがある。江戸城はともかくとして八王子城・栗橋城・鉢形城・三浦三崎城・太田金山城・土気城・小金城・津久井城などの拠点的な城館が脱落するのが気になる。覚書が軍事的情報を網羅することに主眼があったことに対して、知行割はまさに支配拠点の書き立てであって、性格の相違が脱落する城館を多く生んだと推測される。

逆に「関東御入国御知行割」では岩槻城・忍城・松山城・深谷城・川越城・小田原城・玉縄城・韮山城・大多喜城（＝万木の城）・元佐倉城・関宿城・箕輪城・厩橋城・箕輪城・松井田城など、北条支配下の多くの拠点的な戦国期城館が継承されている。このことは注目して良いだろう。

【事例6】に掲げた安保館は「上野阿布一万石」などと記載される。上野国境という地理が影響して地名表記を誤っている。従ってこの程度の地名間違いを踏まえた上で活用する必要がある資料といえる。

【事例2】箕輪城は徳川領国中で最高石高一二万石の有力支城ということが明らかとなっている。箕輪城が慶長三年に廃城となったこと、及び江戸城が慶長一一年以降の天下普請のために織豊大名当時の様相を全く止めていないことを踏まえた時、箕輪城の最終段階は織豊大名徳川家の城づくりを語る唯一の事例であり、関東における織豊期の城館の実情を唐沢山城とともに語っていることになる。

【事例2】箕輪城および【事例9】小田原城は織豊期に前代の戦国期城館を継承しつつも、石垣普請を行い改修を施した事例である。先に戦国期城館の継続使用を指摘したが、それと対をなすグループである。

そして、この表に見られない存続事例も先に確認した。【事例5】鉢形城と【事例7】津久井城である。

鉢形城は廃城時期が明らかではないが、当該期の石垣が存在し、継続使用が認められる。

津久井城の事例でも明らかに支配拠点が存続している。仮に山城は不使用の状態であったとしても、戦国時代以来

人　名		城 館 名	城 館 所 在 地	備　考
北条氏勝	1万石	岩富城	千葉県佐倉市岩富字城手	武・東本：記載無し.
三浦重成	1万石	本佐倉城	千葉県印旛郡酒々井町本佐倉	徳本：上総国本納城とする.
木曾義昌	1万石	網戸城	千葉県旭市網戸字城之内	
久野宗能	1万石	〈不明〉		徳本：記載無し．三本：「下総佐倉領」とする．『寛政重修諸家譜』は元佐倉城とする.
上野国				
井伊直政	12万石	箕輪城	群馬県箕郷町西明屋	
榊原康政	10万石	館林城	群馬県館林市城町	
平岩親吉	3万石	厩橋城	群馬県前橋市旧北曲輪町・曲輪町・南曲輪町	
芦田(松平)康貞	3万石	(藤岡城)	群馬県藤岡市藤岡字城屋敷	
酒井家次	3万石	松井田城	群馬県碓氷郡松井田町	通説は下総国臼井城.
奥平信昌	2万石	(小幡城)	群馬県甘楽郡甘楽町小幡	国峯城との関係は不明.
本多広孝	2万石	白井城	群馬県北群馬郡子持村白井	
牧野康成	2万石	大胡城	群馬県勢多郡大胡町大胡	
菅沼定利	2万石	(吉井陣屋カ)	群馬県多野郡吉井町吉井字旧陣	
諏訪頼忠	1万2千石	〈不明〉		徳本：「上州総社」とする.
松平家乗	1万石	那波城	群馬県伊勢崎市堀口町	
下野国				
皆川広照	1万石	皆川町	栃木県栃木市皆川城内町	武・三・東本：記載無し.

注：省略方法
武…『武徳編年集成』
徳…「徳川幕府家譜」
東…「東照宮御事蹟」
三…『改正三河後風土記』

参考文献

『日本城郭体系4　茨城・栃木・群馬』(新人物往来社，1979)
『日本城郭体系5　埼玉・東京』(新人物往来社，1979)
『日本城郭体系6　千葉・神奈川』(新人物往来社，1980)
『埼玉県の中世城館』(埼玉県教育委員会，1988)
『千葉県所在中近世城館跡詳細分布調査報告書Ⅰ――旧下総国地域』(千葉県文化財保護協会，1995)
『千葉県所在中近世城館跡詳細分布調査報告書Ⅱ――旧上総・安房国地域』(千葉県文化財保護協会，1996)
『千葉県の歴史　資料編中世Ⅰ』(千葉県，1998)
『静岡県の中世城館跡』(静岡県文化財保存協会，1981)
『安保氏館跡』(埼玉県児玉郡神川町遺跡調査会，1995)

表10-1　復原「関東御入国御知行割」

人　　名		城　館　名	城　館　所　在　地	備　　考
武蔵国				
大久保忠隣	1万石	羽生城	埼玉県羽生市城沼	
高力清長	2万石	岩槻城	埼玉県岩槻市太田	
松平康重	2万石	私市城	埼玉県騎西町根小屋・牛重	
菅沼定盈	1万石	安保氏館	埼玉県児玉郡神川町元阿保	
松平康長	1万石	東方城	埼玉県深谷市東方	
松平清宗	1万石	雉ヶ岡城	埼玉県児玉町八幡山	
松平家忠	1万石	忍城	埼玉県行田市本丸	
松平家広	1万石	松山城	埼玉県比企郡吉見町南吉見・北吉見	
松平康直	1万石	深谷城	埼玉県深谷市谷田	
小笠原信嶺	1万石	本庄城	埼玉県本庄市本庄	
酒井重忠	1万石	川越城	埼玉県川越市郭町	
相模国				
大久保忠世	4万石	小田原城	神奈川県小田原市	
本多正信	1万石	玉縄城	神奈川県鎌倉市城廻	徳本：上総国長南城とする.
伊豆国				
内藤信成	1万石	韮山城	静岡県田方郡韮山町韮山字天主	武本：記載無し.
上総国				
本多忠勝	10万石	大多喜城	千葉県夷隅郡大多喜町大多喜	
鳥居元忠	4万石	大崎城	千葉県佐原市大崎字城内	
大須賀忠政	3万石	久留里城	千葉県君津市久留里字内山	
内藤家長	2万石	佐貫城	千葉県富津市佐貫字城山・城跡	東本：伊豆国下田城とするが，恐らく誤り.
石川康通	2万石	成東城	千葉県山武郡成東町成東字入道山	
下総国				
小笠原秀政	2万石	古河城	茨城県古河市中央町	
松平康元	2万石	関宿城	千葉県東葛飾郡関宿町久世曲輪	
岡部長盛	1万2千石	山崎城	千葉県野田市山崎字梅台	通説に依拠．徳本：「下総松戸」．三本：「下総松藤」．東本：記載無し.
保科正光	1万石	(松平氏陣屋カ)	千葉県香取郡多古町字高野前	
土岐(菅沼)定正	1万石	守谷城	茨城県北相馬郡守谷町守谷字城内	

と同じ空間で近世の守屋氏の支配が実現されていることになる。戦国期以来の「主殿」が空間的に機能していることを確認した時、先の経済・流通などの支配機構の掌握という論点が重みを増すといえるのではなかろうか。軍事的機能の喪失がそのまま戦国期城館の廃城に直結するのではないことを示している。さらにいえば戦国期城館の継承という問題において、軍事的要因は副次的要因とすら考えることができるのではなかろうか。この点は南部氏の根城（青森県八戸市）の事例や越後国「瀬波郡絵図」の表記も踏まえ、今後の課題とすべき点であろう。

このように概観してくると、恐らく八王子城や太田金山城も一定期間の継承を想定しなければならないだろう。八王子についてては大久保長安の関わりが知られている。太田金山城については文禄四年（一五九五）正月三日豊臣秀吉朱印状で、御番を務めるべき城と番衆として「一、にった　榊原式部太輔居城　日祢野おりへ」という記載がある。(56)このことは両城の存続を確定するものではないが、注意を要しよう。

以上のように整理すると、天正一八年の断絶論は止揚され、東国社会にあっても織豊期における存続と共通性が確認できることになる。

成果と課題

東国戦国大名武田氏や北条氏の城館は、織豊大名の入封に際に接収され、継続的に使用された。そのことが考古学的にいくつかの事例を伴って確認されたことが、近年の関東・山梨地域城館研究の大きな成果ではなかろうか。

そこで生まれる新たな論点として次の三点を掲げたい。

一つには、東国戦国大名と織豊大名の城館は、何が異なり、何が共通するのか。この点を再度点検することが必要である。

畿内の先進性を主張するのではなく、地域間で共有して保持される技術という普遍性を注目する必要があるのではないだろうか。織豊政権による全国統一は必然の結果ではなく、地域間のさまざまな連携の上に成り立った。この視点を持って再度、戦国期城館・織豊系城館を見直してみる必要を感じる。近年における関東・山梨の織豊期の城館研究はそのように問い掛けているのではなかろうか。

そして次の論点は、近世拠点の設定と旧城破棄という近世社会への転換の問題である。なぜ、箕輪城は高崎城に、唐沢山城は佐野城に移転しなければならなかったか。この点は戦国大名の滅亡がそのまま近世社会の形成を意味しなかったことを示している(57)。

東国では、織豊期の時間のなかで徐々に近世城館が生まれる。織豊大名が転封し、その直後に織豊系城郭が築かれるのではなく、箕輪城―高崎城、唐沢山城―佐野城、本佐倉城―佐倉城の関係のように一定の時間を経た後に移転した。加えて、八王子城や鉢形城が廃城となったことは、中世甲州街道から甲州街道へ、鎌倉街道・東山道から中山道への街道の付け替えとも関連するであろう。ここに中世社会の地域構造と近世社会の地域構造の相違を認めるのであるが、概して織豊期はその過渡期にあたることになる。つまり、戦国期から継承された何が、織豊期に至って淘汰されて、近世社会を生んだのか。戦国大名家の滅亡から江戸幕府開府までの城館の変化。山梨県にあっては二一年間、関東地方にあっては一三年間の変化は、今まで見過ごされていたのである。これが解明されるべき東国の課題に思える(58)。過渡的段階という評価には抵抗があるが、東国戦国大名期・織豊大名期・近世大名期そのそれぞれの時代の城館について、独自性が再度問われる必要があるのではなかろうか(59)。

最後の点は、既に前章でも指摘したことではあるが、いわゆる織豊大名の築城とは異なるレベルの移行期城館の問題である。一六世紀から一七世紀中頃まで存続した花蔵寺館跡(60)（群馬県高崎市）のような事例である。より村落に近いレベルで存続した城館の存在。あるいは安保館の事例も考古学的にはこの問題の範疇に入るのかもしれない。この織豊期の村落レベル城館の問題も移行期の問題としては追究すべき重要課題のはずである。

注

(1) この年代は織豊期城郭研究会が活動していた時期にあたる。なお本章の初出は同会の機関誌『織豊城郭』第一〇号が研究の総括をするにあたり、依頼により同号に掲載したものである。
(2) 中井均「織豊系城郭の画期――礎石建物・瓦・石垣の出現」(『中世城郭研究論集』新人物往来社、一九九〇)・同「織豊系城郭の特質について――石垣・瓦・礎石建物」(『織豊城郭』創刊号、一九九四)
(3) 中井均「城郭にみる石垣・瓦・礎石建物」(『戦国時代の考古学』高志書院、二〇〇三)
(4) 中井均「織豊系城郭の地域伝播と近世城郭の成立」(『新視点　中世城郭研究論集』新人物往来社、二〇〇二)
(5) 木島孝之「九州における織豊期城郭――縄張り構造にみる豊臣の九州経営」(『中世城郭研究』第六号、一九九二)
(6) 松岡進「伊達氏の城館――戦国期と豊臣期」(『織豊城郭』第九号、二〇〇二)
(7) 伊藤正彦「武田氏館跡の発掘調査」(シンポジウム『武田系城郭研究の最前線　資料集』山梨県考古学協会、二〇〇一)、数野雅彦「武田氏館跡の調査成果――居館から連郭式城郭への変遷を中心に」(『新府城と武田勝頼』新人物往来社、二〇〇一)、同「武田系城郭の枡形虎口について――発掘調査事例の検討」(『織豊城郭』第九号、二〇〇二)、志村憲一・佐々木満「武田氏館跡の織豊期における諸問題について」(『帝京大学山梨文化財研究所報』第三〇号、一九九七)、志村憲一「国指定武田氏館跡　西曲輪北側枡形虎口の調査」(『中世城郭研究』第一四号、二〇〇〇)など。
(8) 『史跡武田氏館跡Ⅳ』(甲府市教育委員会、一九九九)
(9) 前掲注(7)志村・佐々木論文
(10) 前掲注(7)数野論文
(11) 『史跡箕輪城跡Ⅰ――平成一一年度調査概要報告』(群馬県箕郷町教育委員会、二〇〇〇)・『史跡箕輪城跡Ⅱ――平成一二年度調査概要報告』(同、二〇〇一)・『史跡箕輪城跡Ⅲ――平成一三年度調査概要報告』(同、二〇〇二)ほか。

(12) 高崎市文化財調査報告書第二二九集『史跡箕輪城跡Ⅷ――史跡箕輪城跡内容確認調査報告書』(群馬県高崎市教育委員会、二〇〇八)
(13) 前掲注(11)参照
(14) 報告者は北条氏段階の石積みと大堀切のセット関係を想定し、井伊段階でもこの構造が規定的となったと指摘している。
(15) また平成一五年度には二の丸虎口で、平成一七年度には御前曲輪・通仲曲輪間にて二期の石垣を検出している。とりわけ後者は高さ三・一五m、長さ一三・五mの規模である。隅角部も三段が確認できる。
(16) 唐沢山城については、齋藤慎一『中世東国の領域と城館』(吉川弘文館、二〇〇二)を参照されたい。
(17)『唐沢山城跡　栃本大沢口試掘調査報告』(栃木県田沼町教育委員会、二〇〇〇)・『唐沢山城跡Ⅱ（大沢口)』(同、二〇〇一)・『唐沢山城跡Ⅲ（家中屋敷・隼人屋敷・和泉屋敷)』(同、二〇〇一)
(18) 上野川勝「唐沢山城下の遺構と遺物――根小屋の土塁と濠を中心に」(『歴史と文化』第一一号、二〇〇二)
(19) 角石の長短の比率は二対一以下で、長短を交互に組みながらも、一石を縦に積み上げる隅角部である。
(20) 積み方は野面積みから打込接に移行しつつある。
(21)『佐野城跡（春日岡城)』(佐野市、一九九九)
(22) 浅倉直美『後北条領国の地域的展開』(岩田書院、一九九七)
(23)『史跡鉢形城跡――平成九年度発掘調査概要報告』(寄居町教育委員会、一九九八)・『史跡鉢形城跡――平成一〇年度発掘調査概要報告』(同、二〇〇〇)・『史跡鉢形城跡　第1期保存整備事業発掘調査報告』(同、二〇〇六)
(24) 日光叢書『寛永諸家系図伝』第五巻（日光東照宮、一九九一）二三九～二四〇頁。
(25)『安保氏館跡』(神川町遺跡調査会、一九九五)
(26) 後述の『関東御入国御知行割』による。
(27)『津久井城の調査Ⅰ』(津久井城遺跡調査会・津久井町教育委員会、一九九七)・『津久井城の調査Ⅱ』(同、一九九八)・『津久井城の調査Ⅲ』(同、一九九九)・『津久井城の調査Ⅳ』(同、二〇〇〇)・『津久井城の調査Ⅴ』(同、二〇〇一)・『津久井城

の調査Ⅵ』（同、二〇〇二）・『津久井城の調査　一九九六―二〇〇一』（同、二〇〇三）
（28）かながわ考古学財団調査報告一六六『津久井城根小屋地区遺跡群』（かながわ考古学財団調査報告、二〇〇四）・かながわ考古学財団調査報告二三九『津久井城跡（本城曲輪群地区）』（同、二〇〇九）
（29）山頂部の調査は平成一八年度より開始されており、石材を多用した遺構が検出されている（前掲注（28）報告書参照）。現状では戦国期段階の遺構を想定しているようであるが、山麓部の調査との整合的理解には至っていない。石材の利用にも相違が見られ、今後に検証を期待したい。
（30）出土瓦から戦後の翌天正一九年（一五九一）まで使用したとの説もある。
（31）『史跡石垣山Ⅰ――一九八八年度測量調査報告』（小田原市教育委員会、一九九一）・『史跡石垣山Ⅱ――一九八九年度詳細分布調査報告』（同、一九九二）・『史跡石垣山Ⅲ――一九九〇年度詳細分布調査』（同、一九九三）
（32）『小田原市史　別編　城郭』（小田原市、一九九五）
（33）小田原城郭研究会「国指定史跡石垣山一夜城跡現況調査報告」（『小田原市郷土文化館研究報告第二五〔人文科学編第一三〕』、一九八九）
（34）『大日本古文書　家わけ十一　小早川家文書一』三一五頁
（35）馬屋曲輪西方壁面下に箭穴がある巨石が散乱しているが、以前から後代の可能性が指摘されている（前掲注（33）報告）。同じ斜面上西方の丁場に符号石が存在することや、伊豆の近世初頭の石切丁場の現況を踏まえるならば、慶長期以降の石切丁場の痕跡と考えるのが妥当であろう。
（36）石垣山城の本格的な石垣調査は今後に委ねられる。本文で指摘した裏込石の問題のほか、高石垣についても階段状構造を化粧で一面に見せていると考えられる場所もあり、エレベーション図の作成などの調査が期待される。
（37）『小田原城三の丸東堀　第2地点発掘調査報告書』（東京電力株式会社・玉川文化財研究所、一九九五）
（38）齋藤慎一「中世東国の石工と石積み」（『織豊城郭』第四号、一九九七。のちに前掲注（16）書に一部修正・追加の上、収録）

(39)『史跡金山城跡環境整備報告書　発掘調査編』(太田市教育委員会、二〇〇一)・宮田毅「東国戦国期石垣の実像――太田金山城跡を中心に」(『戦国時代の考古学』高志書院、二〇〇三)
(40) 先に触れた箕輪城平成一七年度調査で検出された御前曲輪・通仲曲輪間の石垣にも関連する技法が見られた。
(41) 前掲注(16)書
(42) 本文で触れたように、著者による所見のため不確定ながら石垣山城にもこの問題は関連する。
(43) この点は前掲注(41)書でも述べた。
(44)『騎西町史　考古資料編1』(騎西町教育委員会、二〇〇一)
(45)『岩槻城跡土塁調査報告』(埼玉県岩槻市教育委員会、一九八〇)・『岩槻城関連遺跡群発掘調査報告書一』(同、一九九六)・『岩槻城関連遺跡群発掘調査報告書二』(同、一九九七)
(46)『深谷城』(埼玉県埋蔵文化財調査事業団、一九九六)ほか。
(47)『千葉県所在中近世城館跡詳細分布調査報告書Ⅰ』(千葉県文化財保護協会、一九九五)
(48)『玉縄城跡発掘調査報告書』(玉縄城跡発掘調査団、一九九四)
(49)『本佐倉城跡発掘調査報告書』(印旛郡市文化財センター、一九九五)
(50)『守谷城址発掘調査報告書』(守谷町教育委員会、一九九六)
(51) 前掲注(10)論文
(52) 八巻孝夫「織豊系転封大名の本拠」(『中世城郭研究』第六号、一九九二)
(53) 中井均「新庄城の構造――特に発掘調査成果と織豊系城郭の変遷について」(『新庄城遺跡』財団法人滋賀県文化財保護協会、一九九一)
(54)「関東御入国御知行割」は写本で伝えられる。「徳川幕府家譜」(『徳川諸家系譜』第一、続群書類従完成会、一九七〇)・「東照宮御事蹟」(『朝野舊聞裒藁』汲古書院、一九八三)・「武徳編年集成」(名著出版、一九七六)・『改正三河後風土記』(秋田書店、一九七六)などに引用される。しかし異同が見られ、若干の年次の違いが予想される。詳細な分析は今後に委ねられる。

(55)『小田原市』八二一・八二二
(56)『高崎市』六一三『浅野家文書』。なお本文書については宮武正登氏の示教を受けた。
(57)この点については詳述するに至らなかった。検討事例として佐野城を掲げておきたい。
(58)この点は平山優「甲府城の史的位置——甲斐国織豊期研究序説」(『山梨県立考古博物館・山梨埋蔵文化財センター研究紀要』第九号、一九九三)と問題意識を共有する。
(59)以上二点の問題について、木島孝之「九州における織豊期城郭——縄張り構造にみる豊臣の九州経営」(『中世城郭研究』第六号、一九九二)および同『城郭の縄張り構造と大名権力』(九州大学出版会、二〇〇一)は、縄張り研究から九州地方を事例に論じている。
(60)『井出地区遺跡群』(群馬県群馬町教育委員会、一九九九)

本章を成すにあたり、秋本太郎・石塚三夫・数野雅彦・佐々木健策・佐々木満・宮里学の諸氏にご教示をいただいた。記して感謝致したい。

第Ⅲ部　道と拠点

第一一章　拠点と道の移転

　第Ⅰ部において街道を、第Ⅱ部において都市と城館について論じてきた。中世のさまざまな土地の広がり、領域、地域、群域、郷域など、これらを総じて空間という語で括った時、その空間は多様な構成要素で成り立っていることは間違いない。そのなかで空間の構造を理解するためには主要道と都市・城館の相互関係で考えるのが有効ではないかと考えている。主要道と都市・城館の相互関係がいかなる空間を作り出したか。その関係を明らかにすることが一定の中世地域社会の歴史像を明らかにする筋道であろう。

　第Ⅲ部はその視点で構成されている。まず最初に中世前期の下野国小山を取り上げたい。

　小山氏に関する研究として、特筆すべきはやはり『小山市史』[1]であろう。小山氏の歴史を編年的に詳述し、研究の基点になっている。鎌倉御家人の譲状としては古い時期のものである寛喜二年（一二三〇）二月二〇日の小山朝政譲状[2]を分析し、鎌倉期小山氏の所領構造を分析したことは、鎌倉御家人小山氏の存在形態を示すものとして注目される。しかしこの『市史』の段階では鎌倉期小山氏の本拠の空間がどこに所在し、どのような構造になっていたかという点については論述するには至らなかった。

　小山氏本拠の議論としては、続く小川信の所論が注目される[3]。小川は古代国府との連続面を重視し、国府の後進と考えられる中世府中・守護所・守護館を分析するという視点から、下野府中の規模と空間構成について論じる。その結論において以下のように論じる。

中世の下野府中は、小山氏が国衙の最有力者として下野大掾職、権大介職、さらに守護職をもってする一国支配の合法的・公的中心領域として形成した国府郡の後身であった。したがって、東は国分寺、西は勝光寺を含む約六キロの空間を占める府中域の中央部に守護館と推定される上館があり、その周囲に直属被官集団の集住地区が街区を形成して、東小路・西小路等の呼称を伝え、かつこの地区には星宮・法蔵寺等の神社・寺院も存在した。一方その北方に位置する下野惣社の境内に接して国衙在庁の居住地区や国衙付属の倉庫群、番匠・鋳物師集団の工房、および惣社に属する馬場・猿楽料田等が、いまひとつの街区を形成する地区として展開した。かつ交通・物流の発展にともない、駅路にかわって惣社の北を通過する街道が開かれ、この街道筋に間宿・明宿や大塚宿等の宿が形成された。以上の複合的な都市構造をもつ空間が下野府中の中核をなし、東辺には講集団の組織した国分寺薬師堂があり、西辺には北城・中城・御城（実城）という一連の城郭が小山氏の領域の北北西の防衛施設として構築され、本宿・新宿の呼称を有する街区よりなる根小屋地区も成立したのである。

小川は守護館の所在地を現在の栃木県栃木市田村町付近としている。小川の復原した府中域は地名調査を基本としており、さまざまな時代の要素も含み込んでいる。北北西の防衛施設と評価する城館とその根小屋地区はおそらくは戦国期の所産であろう。古代国衙段階や中世前期の段階にあっても府中の移転を想定しなければならないことから、その検証にあたっては考古学的資料による作業も必要である。しかし、現段階に至っても小川の所論を検証する考古学的情報は欠如しており、年代的な不安定さを伴ってはいる。しかしその視角は十分に継承されるべき視点であろう(4)。

小川の下野府中論が公表された頃、小山氏研究は大きく発展する。鷲城の保存運動が展開し、この運動と並行して研究が進展したためである。鷲城は小山義政の乱に伴って登場することから、同時期の文書に登場する祇園城・鷲城・義政屋敷などが検討対象となり、南北朝期後半を中心とした小山氏本拠の様相が語られたのである。その時の成果は鷲城跡の保存をすすめる会が四冊の報告書を刊行し、記録している(5)。

この時の一連の研究のなかで、市村高男が小山氏の本拠＝都市空間について論じた。先の小川説に対して、市村は中世府中の存在や範囲について賛意をしめしつつも、小山氏の居館＝守護所の存在については不確定であると批判し、以下のように主張する(6)。

このような発展をとげた小山の都市があって、そして先ほど申しました府中がどうもぱっとしない。どうしてそういう対照的な状況が出てきたのかということを考えますと、おそらく下野の中世府中の中心機能の欠如、それに対して小山氏の私領の中心である小山郷の卓越した地位、これはすでに小山氏が府中の、国衙機能を吸収し、国衙のほうに特別な重点をおかなくても、本領・私領の中で支配を展開できるような体制になっていたのではないかと考えます。そしてその現在の都市小山の中心となったのが天王宿であるというふうに考えますと、その天王宿が、逆に中世都市府中の都市的な場のかたがわりをしていたのではないかというふうにみることができます。ですから中世の下野の府中の核となる都市的な場があったかなかったかということを考えるよりも、むしろ府中と、小山氏の本領の中核部分との比較検討と、それを統一的にとらえるなかから、はじめて中世の府中と守護所の関係が出てくる、というふうに考えておりますし、おそらく私はこの神鳥谷の曲輪のほうに実質的な守護所があったのではないかと考えております。

そしてこの主張に先立って、「天王宿を、神鳥谷曲輪に住んでいた小山氏が、鷲城・祇園城などと一体的に支配して、小山氏の中心地、中枢部を形成したわけです。これが中世都市小山のありかたではないかと存じます」と述べている。市村は文献に現れる付近に「夫玉宿」を「天王宿」の誤写であるとして、「天王宿」が須賀神社（元須賀神社）付近に存在したと説き、さらに小山市民病院から出土した中世墳墓との関係から、中世都市小山を復原するに至っている。

また、市村は次のようにも述べている(7)。

中世都市小山は、四つの城館や複数の宿・港津、墓域や山林・田畑などを含む南北四㎞、東西二㎞に及ぶ都市領域を形成していた。小山氏は、これを小山領内の特殊領域として掌握し、特別の支配を展開していたが、その要となるのが居館＝「曲輪」館跡であり、それは同時に守護所でもあり、下野の政治の中心となるところであった。

市村の論説は鷲城の保存運動の中という時間との戦いの中で生まれた学術的な成果である。政治的な取り組みに流されることなく堅実に学術的な成果を上げたことに多大な敬意を払いたい。しかしここで一つだけ注意しておきたい点は、市村の描いた歴史像が〝小山義政の乱〟と〝鷲城〟の二つのキーワードを背景とする運動状況の中から生まれたということである。その点は小川が意図する年代とのズレを持っており、下野府中の意義や機能を低くとらえるところに立脚点を持っている。

小川と市村の両説は一見相反するようであるが、小山氏の拠点に関する重要な研究成果であることは動かない。本章ではこの二者の成果を踏まえ、鎌倉期から南北朝期の小山氏の拠点をどのように理解するか。このことを課題とする。

1　二つの拠点

鎌倉期から南北朝期の小山氏の拠点を考える上で、まず基点となるのは『小山市史　通史編』(8)も注目した小山朝政譲状である。

【史料1】小山朝政譲状(9)

譲渡　生西所領所職事

嫡孫五郎長村分

合

一下野国

権大介職

寒河御厨(10)　号小山庄、重代屋敷也

（A）

国府郡内(11)

日向野郷(12)　菅田郷(13)　蕗嶋郷(14)　古国府(15)　大光寺(16)

国分寺敷地(17)　惣社(18)　敷地同惣社野荒居　宮目社(19)

大塚野(20)

東武家郷(21)

中泉庄加納(22)

（B）

一武蔵国

上須賀郷(23)

一陸奥国

菊田庄(24)　加湯竃郷定、

一尾張国

海東三箇庄(25)　除太山寺定、

一播磨国

守護奉行職(26)

高岡庄(27)

（C）

高岡北条郷(28)

右、件所領所職等、云生西重代相伝、云　将軍家之御恩賜、知行無相違、然嫡男左衛門尉朝長在生時、譲与之処、早世畢、然朝長子息之中、以五郎長村、立嫡男、可令相継家業之由、平生之時令計置畢、仍任其趣、為長村嫡々相承、件所領所職等、云重代相伝証文、云　将軍家代々御下文、調度之、以所譲与也、但生西一期之間、可進退知行也、於没後者任譲状、無他妨長村可令領掌知行之状、所譲渡如件、

寛喜二年　二月　廿日　（花押）

前下野守藤原朝政入道生西

小山政光の子で鎌倉幕府草創期の小山氏の当主である小山朝政（一一五八～一二三八）の譲状が本状である。石井進が守護領を考察する史料として取り上げ(29)、その後、鎌倉時代の小山氏の所領構成を示す文書として注目された。『市史　通史編』も詳述し、先に紹介した小川および市村もこの史料を基点としている。

大きな構成は小山氏根本所領としての分類A、府中近辺の分類B、そして新恩の散在所領として分類C、この三種類に分けられる。

分類Aは「号小山庄、重代屋敷也」の文言が付与されることから、根本所領であることは動かない。中世初頭段階より、小山氏は思川東岸の寒河御厨の地に本拠を定めていたことは間違いのないことになる。なお、この注書は小山氏所領目録(30)では「号小山庄、重代居城也(31)」と「屋敷」が「居城」に言い換えられている。本拠の城館があった場所という認識がうかがえよう。仮にこの分類Aに所在した小山氏の拠点を本章では小山拠点と呼称する。

他方、分類Bは思川西岸にあたる。この分類に属する所領について、『市史　通史編』は「小山氏の領主制の展開は、この有力在庁官人としての地位を梃子として行われた」とし、鎌倉期に守護が国府近傍の国衙領、とりわけ要衝の地を守護領化していく傾向があったとする先の石井の研究を援用し、「平安期以来国衙機構を掌握していた小山氏

は、国衙周辺地域にとりわけ強固な基盤を形成していったものと考えられる」と評価している。この分類B付近が下野府中の周辺にあたる。(32)

この下野府中は先に触れた小川信が分析した空間である。小川によれば下野府中は現在の栃木県栃木市田村町付近とし、同所の上館が小山氏の居館と推定している。居館の推定の是非については今後の研究に委ねられなくてはならないが、小山氏が下野府中内に拠点となる屋敷を構えていたことは間違いないであろう。小川は、『介』級最有力在庁の支配体制が、開発領主としての固有の所領を維持・拡大するための『家』と、『介』として『政ヲ取行』う『庁』＝『館』という性格を異にする二つの拠点をそれぞれ中心としていたことを示すという点からも注目すべきであろう。

と論じている。小川も注目するように下野府中と小山拠点という中世初頭の小山氏拠点構成は、まさに『今昔物語集』巻二六に描かれた「陸奥国府官大夫介子語」の姿そのものである。

そしてこの下野府中は一三世紀末までも継続していた徴証がある。遊行上人他阿真教の小山来訪である。永仁五年（一二九七）六月、他阿真教は下野国小山の新善光寺を訪れ、如来堂に暫く逗留した。このことは『遊行上人絵伝』・『時宗二祖他阿上人法語』・『他阿上人和歌集』(33)に記載される。新善光寺は小山市卒島に所在する寺院である。またこの時、他阿真教は思川西岸の小山市塩沢に拠点を持つと推測される塩沢入道と接触している。いずれも思川西岸での出来事となる。

卒島は下野府中と小山拠点を結ぶ中間に位置する。時宗寺院は都市の中に建立されるという一般的な認識とはやや異なった空間構成を示している。しかし、二極の双方を意識した上での立地と考えれば、その例外にも説明が付与できるのではなかろうか。鎌倉時代にあっても下野府中が都市として機能していた徴証である。

下野府中の政治都市機能の存続については当面の課題ではないので、深入りは避けたいが、中世において下野府中が政治的な中心地であるならば、主要な道は前代以来の東山道を継承した道であり、この地を経由していたと考えるのが自然であろう(34)。

すなわちこの道は第Ⅰ部第二章で論じた鎌倉街道上道下野線であり、古江から岩船山・大平山の南東山麓を進み、現在の栃木市を越えていたことになる。

鎌倉時代の小山氏は小山拠点と下野府中に設定された二極の拠点と鎌倉屋地の三極で所領経営を行っていた。本章の視点はその内の下野国内の二極の拠点の関係である。

2 「小山城」の存在

鎌倉時代前期において二極化していた小山氏の拠点は、その後、文献資料ではどのように確認できるであろうか。まず注意を払いたいのは、祇園城と鷲城の中間に所在する長福寺である。この寺院は常陸国小田法雲寺の復庵宗己を開山とすることが『法雲雑記便覧法雲濫觴雑記(35)』に明らかである。同書によれば復庵宗己は延文三年（一三五八）九月二六日に七九歳で示寂することから、長福寺も一四世紀前半の創建であることは間違いない(36)。都市である以上、寺院は存在する。長福寺が中世都市「小山」と関連する寺院であるならば、この創建年代は中世都市「小山」の成立を考える際のポイントであろう。

さて、視点を小山氏の拠点に戻そう。建武三年（一三三六）以降、「小山城合戦」と文書に記載される合戦があった。合戦に先立ち、宇都宮が南朝方拠点であったため、九月二一日に横田原（宇都宮市東横田町・上横田町）で、一一月三日には毛原（宇都宮市茂原）で合戦が起きた(37)。両所は祇園城から宇都宮に至る奥大道の途上に所在する。北朝方は小山を拠点と定め、茂木明阿（知貞）らが小山に赴いている。なお、この時の文書の記載は「小山館」である。

【史料2】斯波家長奉書[38]

常陸国中郡庄事、度々軍忠異于他上、構城郭致忠節之間、自将軍家被仰下之程、所被預置也、仍可被致所務之状、依仰執達如件、

建武三年十月廿八日　　源（花押）

小山大後家殿

建武四年三月には小山攻めが本格化し始めたようで、三月五日には北畠顕家が宇都宮を拠点に南下を始め[39]、三月五日には宇都宮南方の「下条下原」（宇都宮市下河原か）、四月一日には「宇都宮々隠原」で激戦があった[40]。南朝方は春日顕国・多田木工介入道以下の軍勢が小山城を打ち囲み、七月四日には鷲城南方の「小山庄内乙妻・真々田両郷」（小山市乙女・間々田）では合戦が起きている[41]。

北畠顕家の軍勢が小山攻めを敢行したのは建武四年九月であった。この時の小山方の拠点は「小山城」であると史料に記載されている[42]。『関城繹史』はこの時の状況について、「小山朝郷拠小山城不降、官軍囲攻十三昼夜、竟抜之、殺賊無算」と記載する[43]。

この「小山城」はどこであったかについて、現状では確定は困難である。しかし、戦場が「奥大道」に添う、「下条下河原」「横田原」「毛原」のほか、とりわけ「小山庄内乙妻・真々田両郷」であることから、「小山城」は奥大道上に位置する可能性は高い。

次いで貞治二年（一三六三）八月、足利基氏は武蔵国苦林で宇都宮方の芳賀禅可（高名）と戦い撃破する。さらに追撃する基氏は宇都宮勢を追って小山に至る。この時の小山の場所について、『喜連川判鑑』及び『太平記』[44]は「小山ガ館」と記載する。さらに、小山義政の乱に際しても「小山城」の文言は散見する[45]。

すなわち、範囲や位置などの実態は判明しないが[46]、「小山城」と呼称される小山氏の城館がおおよそ南北朝期を通

じて小山拠点に存在したことは間違いない[47]。なおこの段階での文献史料では、二極化の様相はみることはできないことには特に注意を払っておきたい。

3　中世都市「小山」の考古学的起源

考古学的に二極化の側面を検討する際、下野府中の問題を扱わなくてはならない。しかし現時点では下野府中に検討素材はない。他方、小山拠点では拠点として検討すべきは遺跡として祇園城・鷲城そして神鳥谷の曲輪がある。

このうち、研究史上で小山氏の比較的古い段階の本拠と目されているのは神鳥谷の曲輪である。『小山市史　史料編』[48]では「面積、地形、位置等より推定して鎌倉時代の地方豪族の館跡と考えられる。そしてこの地域にこのような巨大館跡を作りうるものは、小山一族以外にはありえないと思われる」と評価している。また小山義政の乱に際して文書に見られる「義政屋敷[49]」についても多くの論者がこの神鳥谷の曲輪と考えている。小山氏に関連する城館であることはまず間違いなかろうが、小山氏の本拠の居館（＝日常的な居住地）と決するには、残念ながら現時点では検証できる報告がなされていないため、確定できない。したがって本章においても検討を除外し、今後の研究に委ねざるをえない。

中核と考えられる遺跡を除外するのであるから、小山拠点の構造の詳細は不明とせざるをえないが、以下に祇園城ほかの遺跡の調査を資料として、年代的な問題について触れてみたい。

祇園城の文献での初見は、『空華日用工夫略集』一二月二日条の「関東飛脚至、小山鷲城破、潜移入祇園城、一族降者多矣」という記事になる[50]。そして小山義政の乱の時期を通じて「祇園城」の文言が確認できることは詳述するまでもなかろう。

考古学調査による祇園城の変遷は『小山市城跡範囲確認調査報告書Ⅰ』[51]において、下記のように考察している。

第Ⅰ・Ⅱ期　一四世紀代を中心
第Ⅲ期　一五世紀代
第Ⅳ期　一六世紀前半　旧表土下
第Ⅴ期　一六世紀後半以降　後北条氏と推定される盛土以降

「御殿広場」の調査のため、祇園城全体を網羅した上での年代観ではなく、今後の調査によりさらに深められるべきであるが、『祇園城跡Ⅰ』[52]においてもこの時期区分は踏襲されている。したがって祇園城の年代についての現段階における理解となろう。

一四世紀代を中心とする第Ⅰ・Ⅱ期はカワラケの器形で区分けされているが、遺構によって峻別される段階ではなく、かつ時期的にも渾然としている。当該期の遺構としては堀（N—トSD1）があり、カワラケのほかには常滑甕（5～6a段階・一三世紀第1～4四半期）の破片が三片出土する。現段階では第Ⅰ・Ⅱ期の時期を詳細にすることは難しい。同遺跡より青磁碗は歴博分類龍泉窯系B0類とB1類がそれぞれ二片出土している。遺跡が一三世紀に遡ることを示唆する。

また『祇園城跡Ⅰ』では古瀬戸後期1・2（一四世紀後半～一五世紀初頭）の平碗ほかの製品が主体となっている。青磁碗は歴博分類龍泉窯Ⅰ一片のほか、龍泉窯系B0類二片・B1類数片が出土する。同じく遺跡が一三世紀に遡ることを示唆する。

これらのデータをもって祇園城が一三世紀に遡ると断言することには躊躇を覚えるが、報告書が指摘するように遅くとも一四世紀には考古学的には機能し始めたことは間違いない。注意して置きたいのは、隣接する天翁院および市民病院から出土した中世墓の史料である[53]。蔵骨器は一三世紀末が主体、板碑は一四世紀を中心に、渥美焼の壺など中世初頭にまで遡る遺物を含み多数の遺物が出土している。結論として「市民病院付近は、平安末から中世を通じての墓所であった」とし、立地から小山氏に関わる墳墓と推定している。[54]このように解するならば、先の小山朝政譲状も踏まえ、小山氏の拠点はこの中世墓付近にあった可能性は高い。しかし、祇園城に見る様相は現在のところこの点を積極的に裏付ける状況にない。

一方、小山義政の乱の舞台となった鷲城はどうであろうか。同城の文献資料での初見は永徳元年（一三八一）一〇月二日付の足利氏満感状となる。[55]あらためての確認は要しまいが、小山義政の乱の重要舞台が鷲城である。ところが、文献資料に登場する小山義政の乱の際の鷲城を、遺跡としての鷲城に比定することは、考古学的な調査が進展しておらず、現状では難しい。同定するためにはさらなる厳密な手続きを要する。過去に調査の一部が報告されるが、[56]いずれも一五世紀の遺物が出土しており、一四世紀に遡りえていない。[57]

現段階では中世墳墓を除き、鎌倉期に主たる時期を持つ遺跡がなく、鎌倉期に中世都市「小山」を積極的に語れる様相にはないことを確認しておきたい。

4　下古館遺跡

祇園城から北に約八㎞の位置に下古館遺跡がある。昭和五五年（一九八〇）から数年をかけて調査され、本報告も刊行されている。[58]同報告において調査者である田代隆は次のように述べ、小山氏との関連について指摘している。

発掘調査の結果からは明確にしえないが、交通の要所をしめることの権益は大なるものであったことは想像に難くない。また、こうした大規模な事業を推進し得たのは在地領主などの存在を抜きには考えにくい。当地においては、小山氏、宇都宮氏の両者が権勢を張っていたことは周知のことであり、当時の勢力範囲からみて小山氏が遺跡に関与した可能性は高いものと思われる。

「うしみち」と呼ばれる道を軸とした遺跡であることから「市」や「宿」との関係で論じられることが多かった。しかし指摘されるごとく二重方形大規模区画の遺構はまさに小山氏との関係を示唆するものであろう[59]。

報告書によれば下古館遺跡の時期は四段階に区分される。

第一から第三段階で注目すべきは「うしみち」から西に分岐する道である。この道に沿って台形区画も普請されており、「うしみち」が続く南方面より西方面へ続く道を意識した構造となっている。

第四段階では二重方形大規模区画が成立し、第一〜第三段階の道であった西への道が閉ざされ、「うしみち」しか通行できなくなると論じている。そして第四段階になったときに調査範囲西側にあった台形区画も西の街道沿いの地点から「うしみち」沿いに移転する。すなわち西方面より「うしみち」への交通路の変更・規制がなされたことが予測されている。

報告書刊行後、田代は考察を深め、下記の見解を公表している[60]。
一　遺跡は一三世紀中葉頃と推定される一号遺構の掘削を大きな画期とする。
二　一号遺構は「うしみち」以外の往来を制限することを大きな目的として設けられた可能性が高い。
三　一号掘削の時点で、それ以前から周辺に存在した台形区画（市か?）を一号内部に取り込んでいる。
四　一号内部は日常生活的な様相の強い空間と、宗教的な空間の両者が併存する。
五　「うしみち」は小山—宇都宮間の幹線道路と推定され、いわゆる「奥大道」と推定される。
この評価を踏まえるならば、一三世紀中葉[61]に西側に続く道を塞ぎ、基幹道路を「奥大道」と推定される「うしみち」に変更した。この交通路の変更を強制するために二重方形大規模区画を普請したと解せる。

以上のように二重方形大規模区画の成立は、道の規制・管理が伴い、地域空間の大きな変化が予想される。この画

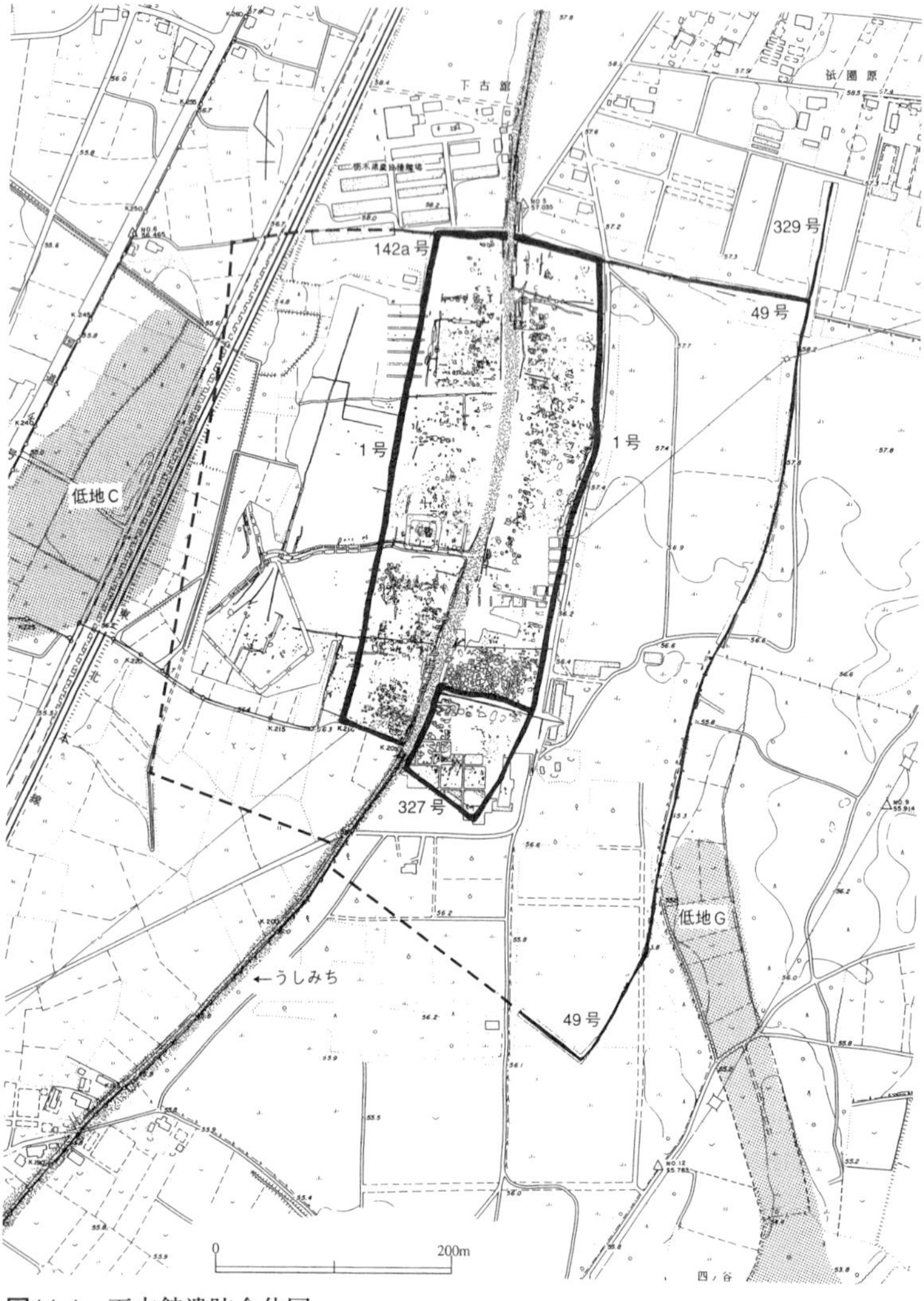

図11-1　下古館遺跡全体図

＊栃木県埋蔵文化財調査報告第166号『下古館遺跡』（栃木県教育委員会・財団法人栃木県文化振興事業団, 1995）より転載.

期は地域の領主である小山氏の大きな変化を示しているのではなかろうか。

従来、下古館遺跡については画期とされる第四段階に注目が集まっていた。性格が異なるとした時、それ以前はどのような条件が下古館遺跡に課されていたのであろうか。

下古館遺跡の第一〜第三段階には「うしみち」から西に分岐する道があり、遺跡はこの二つの道の合流点にも該当していた。そして遺跡の主体も西に向かう道に沿ってあったと指摘されている。この西に向かう道は地理的に下野府中に向かっていることになる。したがって西に向かう道は下野府中が政治的中心であった段階の幹線道路と結ばれていたことは間違いなく、むしろ少なくとも一三世紀前半においては鎌倉街道上道下野線の延長であった可能性はすこぶる高い。そして第四段階はこの西への街道を廃道にするための機能を持っていたことは報告者が指摘していた。とするならば、下古館遺跡は下野国内の幹線道路を変更し、国内の交通体系を改変するために普請したことにならないだろうか。

5　本拠と道の変遷

下野府中が小山氏の拠点であると考えると、鎌倉街道上道下野線は小山城をその経路上に位置づけていないことに気づく。少なくとも祇園城が小山氏の本拠である段階ではそのようなことはあり得ない。そこで注目したいのは現在の国道五〇号線に沿う街道（図11－2中の新道）である。

街道上に所在する小玉宿[62]がポイントとなるが、街道の道筋は小山義政の乱に関わるさまざまな史料に確認できる。この道については第Ⅰ部第二章で触れたが、一点だけ史料を掲げたい。

【史料3】塩谷行蓮着到状[63]

着到

塩谷九郎入道行蓮申軍忠事、

武州白旗一揆

右、為小山下野守義政御退治、上方御発向之間、去年四月廿六日馳参天明御陣以来、於岩船山・小玉塚・本沢河原取陣、同六月廿六日千町谷御合戦之時、致戦功、同八月十二日鷲城陣取之時、抽忠節、就中近壁戸張口夜番・築山以下重役令勤仕之、凡於在々所々警固上者、早賜御証判、為備亀鏡、着到如件、

永徳二年二月　日
（一三八二）

「承了（花押）」
（異筆）

【史料3】は第二次合戦時のものである。前年康暦三年（一三八一）二月、足方氏満の軍勢に従った下野国の塩谷行蓮は四月二六日に天明御陣に馳せ参じ、その後、岩船山・小玉塚（大平町西水代字小玉）を経て、六月一二日に本沢河原（小山市上泉字本沢、巴波川の河原）[64]、六月二六日に千町谷御合戦（比定地不明。谷とあることから、思川の渡河点であろうか）に至る。おおよそ現在の国道五〇号線に沿った道での行軍である。

「鎌倉大日記」の貞治二年（一三六三）八月二六日条に「野州夫玉宿」[65]および「桜雲記」同日条に[66]「野州夫玉ノ宿」が見える。市村高男によれば、これらは小山の「天王宿」の誤写であるという[67]。誤写を認めるのであれば、「子」玉宿の可能性も生まれる。私見では「子」玉＝小玉に比定したい。

また享徳の乱にも小玉を見ることができ、国道五〇号線に沿う鎌倉街道上道下野線の付近で合戦があった[68]。中世後期の小山氏の本拠が祇園城であることは動かない。したがって小山氏の所領を貫く幹線道路は、下野府中を通過する道筋（図11－2中の旧道）から小玉宿を経る道（図11－2中の新道）へと、鎌倉街道上道下野線の路線変更があったことになる。

つまり鎌倉街道上道下野線は南に寄せて現在の国道五〇号線に近い道筋に変更するという街道移転があり、この変

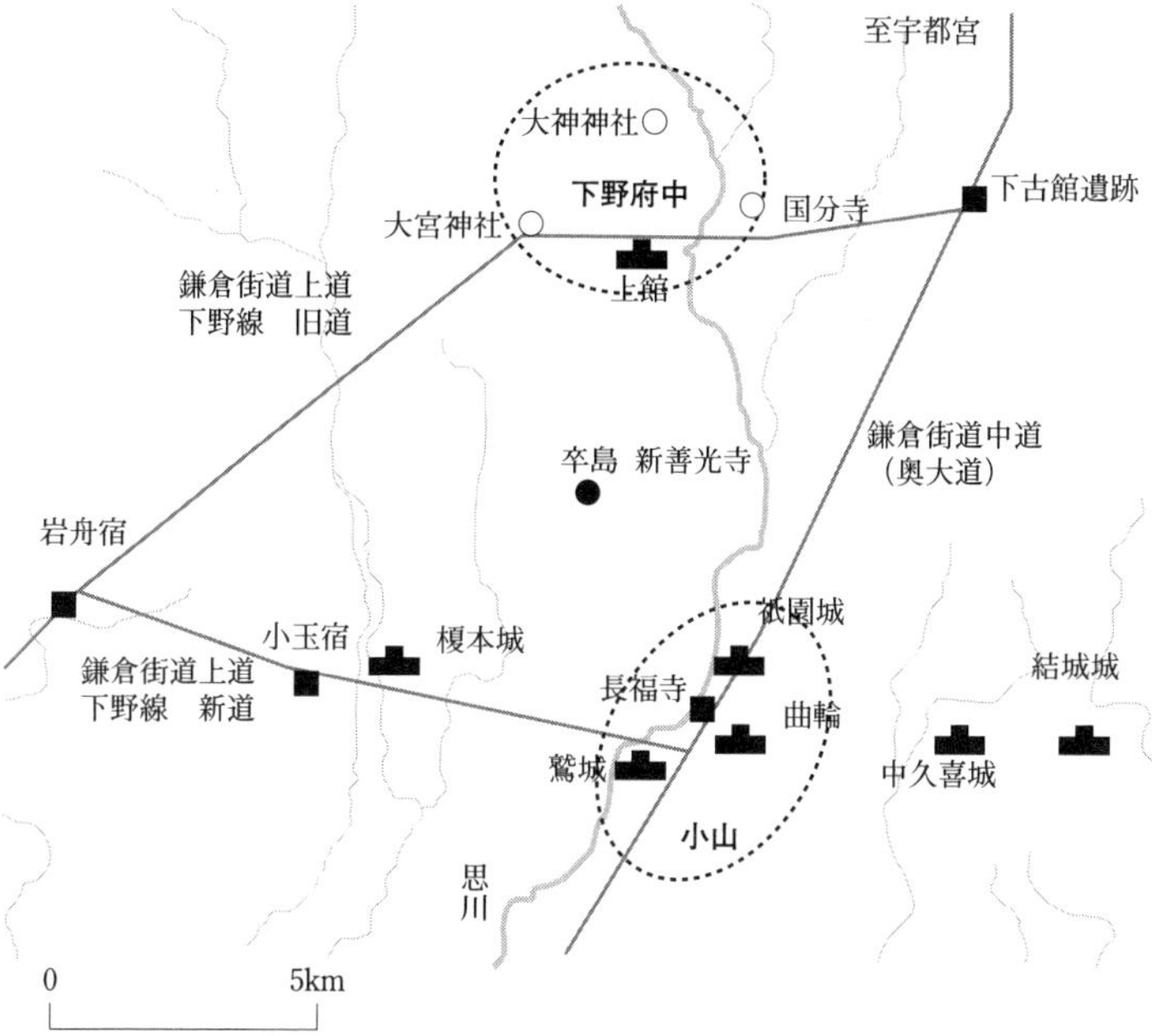

図11-2　下野府中・小山・下古館遺跡関係図

更は下古館遺跡第四段階の機能が交通路の変更・規制と関連することになろう。つまり小山氏が本拠の力点を下野府中から小山拠点へと移転させたことを示すことになる。下古館遺跡が旧道管理の役割を担ったという報告書の指摘がより鮮明に見えてくることになる[69]。

このように考えると下古館遺跡で二重方形大規模区画が成立した第四段階と考古学的に確認された祇園城の開始期（遅くとも一四世紀）や長福寺の創建が近接した時期であることは極めて重要となり、年代的なポイントは一三世紀後半であると推測されよう。この時期に二極から小山拠点への一元化がなされ、小山拠点の拡大・成長があった。つまり中世都市「小山」を形成せしめたはずである。当然の事ながら小山拠点は物流の基点にもなるのであり、搬入される陶磁器もこの時期以降に増大したはずである。そしてその延長線上には祇園城の築城・拡張が位置付くはずである。その現象を祇園城の調査は語り始めているのではなかろうか。

小結

中世初頭以来、小山拠点には小山氏の屋敷があり、本貫地であったことは間違いない。しかし小山氏の拠点とは政治的都市として古代以来の府中が残す二極の体制であった。その体制を一元化することは中世都市「小山」に帰結することであり、その具体的な行動は下古館遺跡の第四段階成立時に行われた。その延長線上に「小山城」は出現することになる。

このように考えるならば、小山拠点の中心は祇園城に近かったことも予想しなければならないのではなかろうか。注意しておきたい点は次の史料である。『神明鏡』が「小山祇園城」と記載していた。また祇園城が成立している段階にあっても、足利成氏が「小山下野守館」と記載する書状もある[70]。これらの点は小山拠点と「小山城」の関係を考察する上で留意する必要を促している。

考古学的調査が進展中の状況のなかで、小山氏の本拠、中世都市「小山」の様相も大きく変わるかもしれない。しかし現状においても下野国小山氏に関する事例は、中世前期における武家の本拠の展開と中世都市「府中」の関連を見通すことができる興味深い事例である。

注

（1）『小山市史　通史編Ⅰ　自然 原始・古代 中世』（小山市、一九八四）

（2）『小山市』一〇二

（3）小川信「下野の国府と府中について」（『栃木史学』第二号、一九八八。のちに『中世都市「府中」の展開』〔思文閣出版、二〇〇一〕に所収される）

（4）小川はこの鷲城の保存運動の際、この研究を踏まえて「このように小山氏の拠点は、鎌倉御家人から戦国大名になるまで続いて二つの中心をもっていましたが、一番の中心は小山市域の中心部にあったわけです」〔前掲注（3）の論文集〕と再論している。

（5）『中世小山の歴史と鷲城』（鷲城跡の保存をすすめる会、一九八九）・『鷲城跡をめぐる諸問題』（同、一九九〇）・『小山の過去・未来と文化』（同、一九九〇）・『鷲城・祇園城跡の世界』（同、一九九一）

（6）市村高男「下野国府中と守護所」（前掲注（5）『鷲城跡をめぐる諸問題』）

（7）市村高男「中世都市小山の実態」（小山市文化財調査報告第二五集『鷲城跡』、一九九〇）

（8）前掲注（1）書

（9）『小山市』一〇二

（10）都賀郡の思川左岸の御厨。小山氏の中核所領。

（11）都賀郡。

（12）栃木市田本付近。

（13）不明。

（14）不明。

（15）栃木市大光寺町古国府。

（16）栃木市大光寺町大光寺。

（17）国分寺町国分。

（18）栃木市総社町。

（19）栃木市田村町宮野辺神社。

（20）栃木市大塚町。
（21）大平町北武井に比定されている。
（22）栃木市中央南部、大平町、小山市西部の一部、岩舟町東部の一部。藤岡町北部にわたる荘園。加納については比定地不明。
（23）埼玉県南埼玉郡宮代町須賀。
（24）福島県いわき市勿来付近。
（25）愛知県海部郡北東部の荘園。
（26）小山朝政は正治元年（一一九九）一二月二九日に播磨国守護に任じられている（『吾妻鏡』同日条）。その後断絶するが、承久三年（一二二一）に再度、同職を得る。
（27）兵庫県福崎町。市川の支流七種川中流域に成立した荘園。
（28）兵庫県福崎町。市川西岸地域の北部。
（29）石井進『日本中世国家史の研究』（岩波書店、一九七〇）
（30）『小山市』二一六参考
（31）本状について峰岸純夫「小山文書についての覚書」（『小山市史研究』第一号、一九七八。のち『中世東国の荘園と宗教』〔吉川弘文館、二〇〇六〕に所収）は先の小山朝政譲状と観応元年（一三五〇）八月二〇日藤原秀親譲状（『小山市』二一六）およびその他の小山文書から抜き書きして作成したもので、一五世紀中葉以降に成立したものであるとしている。
（32）研究史上はCに属する東武家郷と中泉庄加納であるが、長沼宗政譲状（『小山市』一〇三）に見える小薬郷（小山市小薬）なども含め、B地区からさほど隔たった場所ではない。鎌倉初期の小山氏の家臣に中泉庄内真弓および水代を本貫とすると推測される武士が存在することを踏まえるならば、両地域をC地区に分類することよりはむしろB地区に含めるべきと考える。
（33）『小山市』一三七〜一三九
（34）このことを示唆するのが歌枕「室の八島」である。「室の八島」は府中域に属する大神神社（栃木市惣社町）の神域である。歌枕であるゆえに多くの人が『千載和歌集』（文治四年〔一一八八〕完成）にも源俊頼が歌を詠んでいる。また戦国期には宗長が同所をわざわざ訪れている（『東路のつと』）。中世にあっても名所として意識されていた。

（35）『小山市』二三五
（36）『長福城跡』（栃木県教育委員会ほか、一九九五）では中世瓦や石塔を掲載しており、中世長福寺の断片を報告している。
（37）『小山市』一六四・一七八
（38）『小山市』一六六
（39）『小山市』一六九
（40）『小山市』一七四・一七五
（41）『小山市』一七三～一七五
（42）『小山市』一七八・一七九
（43）『小山市』一八〇
（44）『小山市』二四一・二四三
（45）『小山市』二七〇・二七八・二九四
（46）「小山城」の文言と「祇園城」「鷲城」のそれが同時に記載されることはない。おそらく両者は次元を異にするもので前者はより大きな概念なのであろう。
（47）『神明鏡』（『小山市』二四二）は貞治二年（一三六二）八月の「小山ガ館」について「小山祇園城」とする。『神明鏡』は小山義政の乱の舞台については「小山城」と記載する。「小山城」と「祇園城」を考える重要な史料の可能性がある。しかし磯貝富士雄「南北朝期の小山氏の拠城について」（前掲注（5）『鷲城跡をめぐる諸問題』）は『神明鏡』の成立時期から祇園城説について否定する。
（48）『小山市史　史料編　中世』（小山市、一九八〇）
（49）『小山市』二六九
（50）『小山市』二八〇。「小山城」の文言との関連が考えられるが、詳細は後述するとして、文言の初見として考えておきたい。

(51) 小山市文化財報告書第五二集『小山市城跡範囲確認調査報告書Ⅰ』(小山市教育委員会、二〇〇一)
(52) 小山市文化財報告書第五五集『祇園城跡Ⅰ』(小山市教育委員会、二〇〇二)
(53) 小山市文化財調査報告第二三集『小山城址発掘調査報告書——板碑編』(小山市教育委員会、一九八九)および小山市文化財報告書第六三集『祇園城跡Ⅱ』(同、二〇〇七)
　板碑を除き詳細がまだ報告されていないが、現段階の史料は『小山市史　史料編　中世』に提示されている。
(54) 前掲注(1)書
(55)『小山市』二七六
(56)『小山市史　史料編　中世』(小山市、一九八〇)・小山市文化財調査報告第二五集『鷲城跡』(小山市教育委員会、一九九〇)・栃木県埋蔵文化財調査報告第一九一号『外城遺跡(鷲城跡)』(栃木県教育委員会・財団法人栃木県文化振興事業団、一九九七)・『小山市城跡範囲確認調査報告書Ⅰ』(小山市教育委員会、二〇〇一)など。
(57) 近年の調査では、鷲城付近に小山義政の乱の時期に相当する遺跡も確認している。今後の調査の進展に期待したい。
(58) 栃木県埋蔵文化財調査報告第一六六号『下古館遺跡』(栃木県教育委員会・財団法人栃木県文化振興事業団、一九九五)
(59) この視点に立つ場合、「宿城」の文言が史料に見られることに注意を払いたい(『小山市』二九一〜二九三)。下古館遺跡は調査の段階より交通に関わる遺跡であり、「宿」の遺跡であることが指摘されていた。他方、二重の堀が存在することなど、宿と考えるには釈然としない点もあった。小山氏との関連という視点が報告されている点も踏まえた時、「宿城」を下古館遺跡に想定することは十分に可能であろう。さらに下古館遺跡の存続年代は一五世紀にまでおよぶことが報告書に記載されているが、「宿城」は永享一二年(一四四〇)の段階でも存続している(『小山市』三六六)。下古館遺跡が「宿城」である可能性が高い点を指摘しておきたい。
(60) 田代隆「下古館遺跡について」(中世みちの研究会第四回研究集会『中世のみちと橋を探る』資料集、二〇〇一)
(61) 一三世紀中頃の年代観は、二重方形大型区画の外側(四九号)から出土したカワラケの年代観によるとされる。先行する第一段階に属する溝(一一二一号)には歴博分類龍泉窯系碗B1類や一四世紀代の白磁碗のほか年代について詳細な検討を要する常滑焼鉢が含まれる。出土層位を踏まえねばならないが、あるいは五〇年程度、時代が下る可能性がある。その場合、【史料2】の「構城郭致忠節」の文言との関連も浮上しよう。

(62) 史料では、「児玉」「児玉塚」「子玉塚」などと表記される。現在の大平町西水代に「小玉」に小字が残る。

(63)『小山市』二八四

(64) 日付は『小山市』二八二による。

(65)『埼玉県三』八六一頁

(66)『東松山市』五六六

(67) 前掲注(7)論文

(68)『松陰私語』(『群馬県』八一八〜八二〇頁)。第Ⅰ部第二章参照

(69) 街道整備の問題は「うしみち」=「奥大道」の問題も念頭に置く必要がある。近年、確認されつつある「うしみち」から南へ延長した地点で確認される街道(秋山隆雄「小山の城と奥大道」『東国の中世遺跡』随想社、二〇〇九)も、都市移転と街道整備の視点で考える必要があろう。

(70)『小山市』三九八

第一二章　武田信玄の境界認識

境目の城の諸形態を分析することを通じて、武田領国の境界の維持・管理はどのようであったかを分析する。領国支配の観点から境目の中世城館等を考察することが本章の課題である。

以前、境界の城館について関東平野の後北条氏の事例を中心に述べたことがある[1]。そこでは「境目の城」の実態を理念的に整理し、大きく三つに分類した。

①大名間戦争を想定した境界を維持する城館

〔事例〕松井田城（群馬県松井田町）、中久喜城（栃木県小山市）

②日常の境界の交通を管理する城館

〔事例〕愛宕山城（群馬県松井田町）、荒砥城（新潟県湯沢町）

③戦略的な必要から敵領内などに築かれた軍事的拠点の城館

〔事例〕中山城（群馬県高山村）

この整理に照らして、戦国大名武田氏の場合、特に武田信玄期の領国のあり方を検討してみたい。

現在、武田氏の領国がおよんだ地域では、様々な形で中世城館の悉皆調査が実施され、達成度の高い報告がなされている[2]。これらの報告による城館の数は膨大で、掲載された縄張図や測量図を見ても多様な城館が存在していたことをうかがい知ることができる。しかし、個々の城館についての詳細は今後さらに詰められるべきで、城館が持つ様々な情報、年代・機能・空間構成などが具体的に検討された上で論述はなされていない状況が浮かびあがっている[3]。すなわち、膨大な数を残しながらも具体的に「境目の城」を特定し、遺構の考察を加えるにはまだ時期尚早に思える。

ところで、武田領国の境界についての研究は以前より取り組まれている。従前は笹本正治「九一色郷特権の成立について[4]」や秋山敬「九筋の起源[5]」等の甲斐国内の領・筋などの領域単位と衆編成の関連から境界の問題が論じられていた。これらを踏まえた笹本正治「武田氏と国境[6]」は、甲斐国の国中・郡内及び信濃国の様相を検討し、交通の要衝に位置する地の名主層に諸役免許などをして、衆を組織して国境を守らせ、特に重要な地点についてはその地の有力武士を被官化して国境警備にあたらせていたと論じた。この論点は山下孝司「甲駿国境の城郭[7]」にも継承されている。武田領国の境界に関する研究の端緒は開かれている。

一方、武田氏の境界の城館に関わる問題としては、狼煙台研究が盛んであった。上野晴郎『戦国史叢書四　甲斐武田氏[8]』や八巻与志夫「中世城館の機能について[9]」、萩原三雄「中世戦国期における烽火台の特質と史的位置[10]」がその成果であろう。狼煙や鐘による情報伝達ネットワークの検出が大きな論点となるが、その際の視角は府中と領国境をいかに早く結ぶかであり、境界での維持・管理の視点は存在し難い。「境目の城」を分析の対象としないネットワーク論は武田軍の速やかな出陣を前提としており、正否は別として境界での日常的な活動を低く見るという歴史像を生んではいなかっただろうか。

以上のような性格の明確な遺構の量的な欠如、さらには境界論や狼煙台論も踏まえると、従前の武田領国の境界に関する研究は、役所や番所の存在は指摘するものの、「境目の城」のような境界での大名権力の存在を誇示するような機関・施設の存在を指摘してこなかったことが浮かびあがるのではなかろうか。本章を進める上での大きな前提となろう。

そのような前提の中で、近年、注目すべきは畑大介「戦国期における国境の一様相——本栖にみる城館・道付設阻塞・関所」[11]である。畑は本栖の山城や山麓の遺構を中心に境界の様相を考察し、国境の地である本栖の様相について「緩衝地帯の中の割石峠は言うならば意識上の境であり、本栖関所は関銭を徴収する経済的な境、あるいは平時における出入りを監視する警察的な境であり、その後方の本栖城や道付設石塁は軍事的な境である。境目の城の有無や順序はともかく、このような段階的な境をもつことが戦国期の国境の一つの特徴と考えられる」と指摘している。本栖については後述するが、武田領国の境界について新たな視点を提供している。

また、境目の城の立地について「相武口の牧野砦や長峰城をはじめとする城塞群、諏訪口の笹尾砦、河内路の白鳥山城と葛谷城、鎌倉往還の忍野鐘山と吉田城山、中道往還の本栖城などが境目の典型とされるが、秩父往還や青梅往還にはそれにあたる城がみあたらず、当時の極めて主要な外敵進入道路を中心に配置されたものとみられる」と述べる。個別の城の評価については問題を残すものの、全く城の存在しない交通路が存在することを指摘した点は、先の研究史上の論点と同一線上に捉えられ、興味深い指摘といえよう。

研究史をこのように辿ってみると、戦国大名武田氏は境界を維持・管理するという意志が弱かったのではないかと見通しが生まれてくる。この見通しを点検しつつ、冒頭の三分類を念頭に置いて武田信玄期の領国境界を考えて見ることにする。

1　国境の管理

武田領国の境界を論じる際、常に素材とされるのは富士川沿いの河内路と富士山の西側山麓を南下する中道往還の駿河・甲斐国境である[12]。この両所の研究史に導かれながら、国境の様相を確認してみたい。

（1）河内路

甲斐国の中央を流れる釜無川と笛吹川が合流し、駿河湾に向けて富士川が南流する。この川に沿って河内路は南北に開かれている。甲斐と駿河を結ぶ重要幹線であった。

【史料1】穴山信君伝馬手形写(13)

伝馬一疋無相違可出之者也、仍如件、

（天正八年〔一五八〇〕）辰八月十四日　朱印同右　源三申請

江尻、興津、由比、内房、万沢、南部、下山、岩間、甲府迄、

この史料は勝頼段階の天正八年の史料であるが、河内路の要衝を書き連ねている。江尻（静岡県清水市）を発って東海道を東に下り興津（静岡県清水市）から由比（静岡県由比町）へ。そして山間部へ入って内房《うつぶさ》（静岡県芝川町）に至る。直後に富士川に沿って甲斐国に入り、万沢（山梨県富沢町）に至る。その後、南部（山梨県南部町）、下山（山梨県身延町）、岩間（山梨県六郷町）を経て、甲府盆地に入り、甲府に至る道筋が確認される。河内路の谷間の重要地点は万沢・南部・下山・岩間であったことが理解される。

先に触れたとおり、笹本正治「武田氏と国境」はこの河内路について「万沢氏は武田氏の直接支配を受けながら、国境警固の任にあたっていた」と述べ、冒頭の結論を導いている。また山下孝司「甲駿国境の城郭」は「甲駿国境地域においては、河内地方では穴山氏の被官とされる福士の佐野氏や万沢の万沢氏などといった在地領主が国境警固に関わっていたと推定され、本栖では九一色衆や西之海衆がその任を負っていた」とし、さらに「その城郭の維持・経営に関しては、在地領主の存在や動向が大きな比重を占めていたものと思われる」と指摘している。河内路の国境管理については在地領主層が重要な鍵を握っていたことを両者ともに述べている。

【史料2】穴山信君判物(14)

（花押）伝馬法度

（中略）

一、下山江通候者、至申刻者南部ニ可一宿、駿河へ通候者ハ、酉刻以後南部ニ可令一宿事、

（中略）

右、条々相守之、自今以後、伝馬奉公可致之者也、仍如件、

天正五年（一五七七）丁丑

十二月廿一日

勝頼段階での史料であるが、下山および駿河国への往来について、時間を制限し、南部を中心に通行規制をしていた様相が確認できる。南部は河内路の中心的な町場であり、穴山氏がこの地に基礎を置いて境界の交通の規制を行っていたことを示している(15)。国境に関所を構えるというような近世の境目管理とは異なったイメージを提供している。

(2) 中道往還——本栖

中道往還の要衝である本栖については文献資料が伝えられ、かつ関連が推測される遺構が存在することから武田氏の境界に関する好事例とされ、先述した笹本・畑両氏も取り扱っている。まずは本栖の遺構を中心に境界の様相を考察してみたい。

図12－1に見るように本栖地域の遺構は本栖城を中心に展開している。本栖城は国道一三九号線に面した城山の東側尾根に築かれている。南南西約一㎞には本栖の集落が、そして南南西約四㎞には甲駿国境となる割石峠がある。山麓には石塁遺構が存在する。

全体の概況については前掲畑論文に譲るが、山城の構造について若干触れておきたい。山城は畑の分析に拠れば、

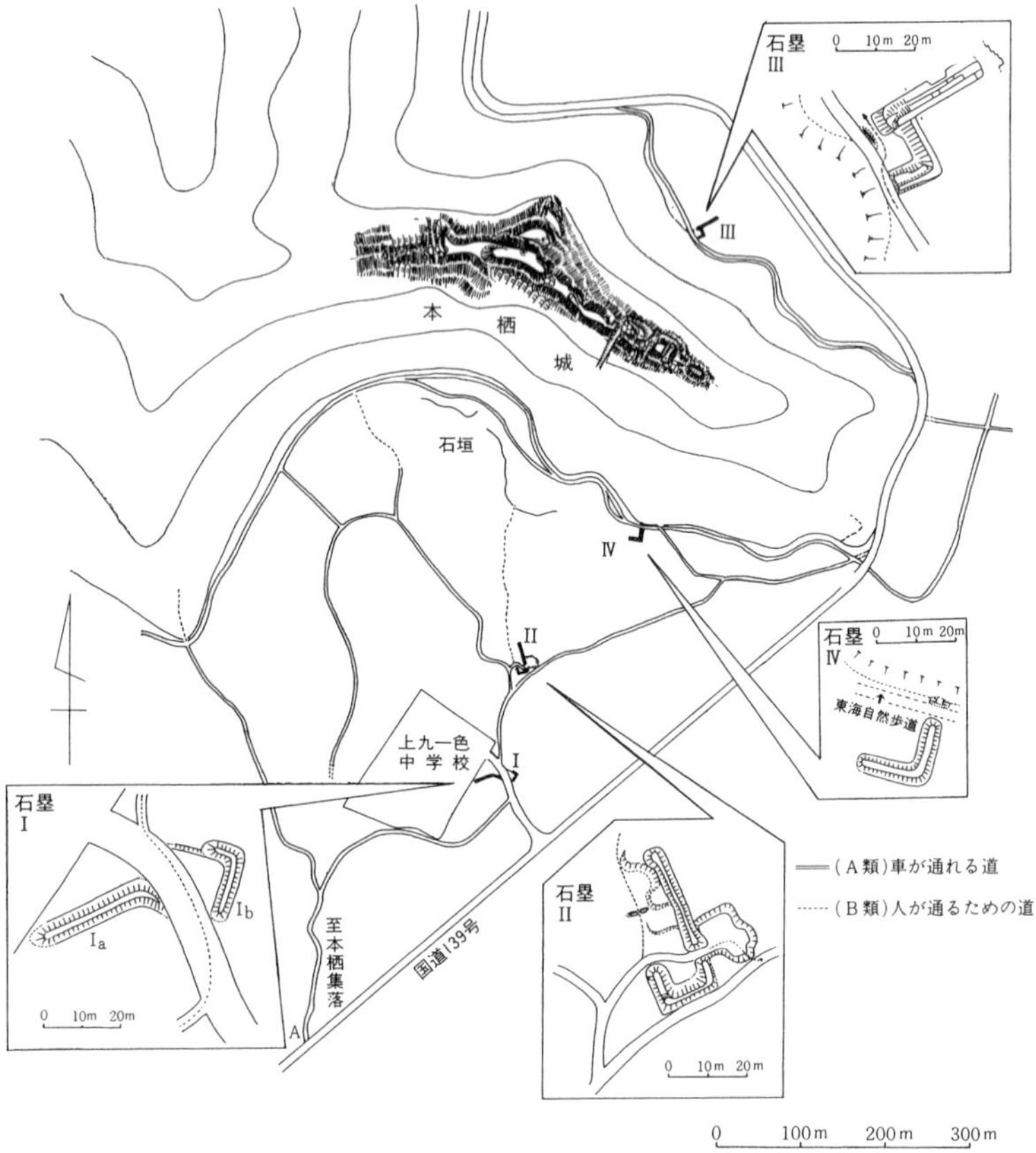

図12-1　本栖城周辺図

＊畑大介「戦国期における国境の一様相――本栖にみる城館・道付設阻塞・関所」(『戦国大名武田氏』名著出版, 1991) より転載.

石積みが顕著に普請されている特徴を有するが、削平地・堀切・竪堀の組み合わせの山城で、さほど規模の大きな城ではない。石積みや岩盤の掘割がなされていることから、普請にあたって石工が動員されていることが想定される。武田領国であることを踏まえれば、石積みの職人は石材産地の石工を想定するほかに金堀の存在も視野に含めなくてはならないだろう。しかし、石積みの存在は必ずしも築城主体が大名クラスであることを示さないことには注意を要する(16)。

また虎口にも象徴性が指摘されていないことを踏まえれば、この山城の築城主体を武田氏に限定する必要はないことになる。さらには規模から考えて、「村の城」も視野においた在地の領主層の要害と考えることも可能な山城といえる。
そもそも従来の議論がこの本栖城を「境目の城」の範疇に含めたのは古文書と地理的な要因であった。そこで関連する史料を検討してみたい。

【史料3】武田家朱印状(17)

（龍朱印）
西之海衆
　小林九郎左衛門尉
　同民部左衛門尉
　渡辺左近進
　同清左衛門尉
　同七郎左衛門尉
　同左近丞
　同縫殿右衛門尉
　同弥右衛門尉
　以上八人
右人数、勤本栖之番并材木等之奉公之間、富士之往復、不可有相違候、又諸役之事者、可為如十ケ年以来者也、
仍如件、
天文廿二癸丑年（一五五三）

五月晦日

【史料4】武田家朱印状写[18]

（龍朱印）
本栖之定番、可相勤之由申候間、都留郡之棟別役春秋六百文令免許者也、仍如件、

（永禄五年）（一五六二）
壬戌
三月四日

【史料5】武田勝頼書状[19]

御出馬以後者、当府御留守無何事罷在、御心易可被思召候、近日西上野御越山候歟、承度奉存候、爰許駿州境目本栖・河内用心等、不可由断之由、申遣候、美・尾・三・遠之様子も承届、為可致言上、大嶋にも飛脚差越候、定而一両日之内可罷帰之間、急度注進可申候、此等之旨宜預御披露候、恐惶謹言、

（天正八年カ）（一五八〇）
三月十三日　　四郎
　　　　　　　勝頼（花押）
跡部（勝忠）九郎右衛門尉殿

本栖に関する主な史料をまず年代順に掲げた。

本栖には先学が指摘するように西湖（山梨県足和田村）周辺の領主層が衆に編成され、西之海衆（もしくは西之海衆の上位集団とされる九一色衆）が警固にあたっていた。【史料3】に見るように西之海衆八名が「本栖之番」を行うように命じられている。西之海衆に属するかどうかは記載がなく、不明であるが【史料4】は宛所を欠くものの富士吉田市上吉田もしくは河口湖町に伝来したとされ、都留郡の棟別役が免許されることから、本栖近隣の領主宛であると推測することは許されるであろう。その宛先の人物が「本栖之定番」に任命されているのである。「本栖之番」

「本栖之定番」の語は直接に本栖城の在城を示すものではないが、本栖城を含めた本栖のある施設において警固役を務めると解することは間違いはない。本栖の警固番役は近隣の領主層によって担われていたことは研究史に指摘されるとおりである。

しかし注意しておきたいことは、西之海衆は【史料3】において「本栖之番幷材木等之奉公」の対価として「富士之往復」が安堵されていることである。この点は命禄元年（一五四〇）七月一〇日付、武田信虎朱印状[20]にも古関役所が免許されていることからも見られる如く、彼等が交通・流通に関わる集団であったことを示唆している[21]。加えて「材木等之奉公」と記載され、生産か流通であるかは不明であるが、周辺の林業に関わる存在であったことにも注意を向けておきたい。彼等について前掲の笹本正治「九一色郷特権の成立について」は「九一色衆は元来武田氏と直接被官関係を持つ同心衆ではなかったといえよう」と断じている。このように論じると、先の本栖城の構造が必ずしも武田氏の関与を示さず、「村の城」も視野においた在地の領主層の要害と考えることも可能な山城、と評価したことが意味を持つことにもなろう。

武田家による甲駿国境本栖の政策は、国境地域に存在した在地勢力を利用し、彼等の諸活動を援助しつつ、みずからの国境の維持・管理に組み込んだということになる[22]。そこには近世の関所による国境管理の様相は見えず、抽象的ながら緩やかな国境管理がイメージされるのではなかろうか。

以上のように武田氏による甲駿国境の管理は在地に依存してなされていたことが理解できた。国境を大名権力が直接に関所のような機関・施設で管理しなかったことは注意を要しよう。上杉景勝による上越国境の荒砥城と栗林政頼の関係で確認した[23]ような、大名による直接的な国境管理の事例とは大きく異なるのである。

しかし、国境における本栖の位置は確固たるものがあった。【史料5】には「爰許駿州境目本栖・河内用心等、不可由断之由、申遣候」と富士南麓に出陣した武田勝頼が甲斐府中で留守居を務める跡部勝忠に報じていることが確認できる。具体的な年次が確定できないが、本栖及び河内が北条氏に対する甲斐国境の拠点に位置付けられ、勝頼の代に至っても軍事的に重要な地点であることは不変であった。加えて、発給時期と推測される天正六〜一〇年（一五七八〜八二）の富士南山麓では沼津近辺が北条―武田の国境にあたっていた。後述するが分国境より遥かに領国内部にあたる甲駿国境の両所が重要地点として認識されていることは重要な点である。

2　境界紛争と城館

大名間の境界紛争は常に戦争を伴う。武田信玄は境界と城館の関係をどのように捉えていたかを考えるのが次なる課題である。

（1）上野・武蔵国境と高山城

永禄一一年（一五六八）八月には駿河国攻めの陣触がなされる。[24]同年一二月には信玄による駿河侵攻がなされ武田・北条・今川の三者で結ばれた三国同盟が決裂した。当面の戦場は駿河国内であったが、北条領国と武田領国は随所で境界を接しており、各地の国境で緊張が走った。史料の上で「御嶽筋」と表現される武蔵・上野国境では金讃御嶽城（埼玉県神川町）が争奪の的となった。[25]武田信玄は永禄一二年（一五六九）九月には同城を攻めており、[26]翌永禄一三年六月五日に攻め落とし、武田家の持ち城として普請を施した。[27]その後、甲・相同盟の復活に伴って元亀二年（一五七一）一一月六日に北条方へ返却している。[28]以上の推移で上武国境の様相は変化するが、基本的に国境であった神流川が領国境として意識されていることは間違いない。

そこで注目されるのが次の史料である。

【史料6】武田家朱印状写(29)

武上之境取出之地利、与浅利右馬助令談合、築之可在城、然者其方以調略被相集人数等、可為同心之旨、被仰出者也、仍如件、

永禄十二己巳歳

五月十七日　朱印　原隼人佐奉之

高山彦兵衛尉殿(定重)

宛所の高山定重は上野国高山御厨（群馬県藤岡市）の在地領主で、先の御嶽城から神流川を渡った地点に名字の地である高山があり、その地には後述する高山城(30)があった。付近には関東管領山内上杉氏の平井城もあり、政治的・経済的な重要な地点に本拠を持っていた。

また本文中に登場する浅利右馬助は（永禄一二年）閏五月一六日・武田信玄書状写に「然者武州筋為行、浅利右馬助箕輪へ遣候(31)」と見えており、信玄によって武蔵侵攻のキーマンとして派遣された人物と確認できる。したがって【史料6】の行動は一連の活動と位置付けられる。

すなわち武田家は高山定重に対して、浅利右馬助と談合して武蔵侵攻のための「境目の城」を築き、これに在城するよう命じたのである。浅利右馬助が在城まで命じられたかどうかは不明であるが、築城に関与したことは間違いない。武田家が御嶽筋攻めの準備として高山氏に築城を命じたことは、政治状況に照らして確実である。こうして武田家は軍事的な境界であっても在地の領主層の存在を基礎に据えて政策立案していたことが確認でき、河内路と本栖と同様な状況を看取することができる。

さて、この高山氏の本城である高山城は、群馬県藤岡市高山および金井に所在する。西から東へと流れる神流川の支流三名川と鏑川支流の鮎川に挟まれた、標高二八七・二ｍの独立した山に高山城は築かれていた。主郭部は山頂の

主郭を中心に削平地と堀切・竪堀で構成され、在地領主の本拠に相応しい構造を呈している。特徴的なのはその山塊から北西に向けて延びる尾根にも遺構が続く点である。

昭和六二年（一九八七）にゴルフ場開発にともなって城域内の各所で発掘調査が行われた[32]。注目すべきはその主郭から北西に向けての尾根の発掘調査が行われたことである。図12－2はその調査区にあたる。尾根の西側に沿って竪堀および横堀を線状に繋げた遺構である。明らかに北面を内側に、南面を外側としている。高山城の中心部分は山頂に向けての同心円構造であるのに対して、この区間は線状に内外を切り分ける異質な構造を示している。この二種類の構造が結合して高山城は成り立っているのである。

この部分の横堀はこの発掘調査によって確認されたものであるが、それ以前は完全に埋没していた。完掘された堀底からは高さ三ｍほどの畝が8ヵ所で検出され、畝堀であることが確認された。報告者は「高山氏は平井城主山内上杉氏の支配下にあったが、上杉憲政追放後は後北条氏、上杉謙信、武田信玄、滝川一益、再び後北条氏の勢力下に置かれ小田原の役で後北条氏と滅亡を共にした。本城郭は主にこの間に機能したものであろうが、出土遺物数が極めて少なく、遺物から遺構の構築および機能時期を類推し難い。検出された堀切・鞍部の横堀等の構築規模は高山氏級の土豪単独では成し難いものと考えられる」と指摘している[33]。

またこの報告に先立ち松岡進は高山城に関して触れている[34]。既述のラインの構造が山中城および下田城に類似すること、および天正一八年（一五九〇）二月五日付の小幡兵衛尉宛の北条氏直書状写[35]の「其元高山之在陣、別而苦労察入候」を取り上げ、「対豊臣戦の時期に後北条氏の直接的な支配のもとで使用されていたことが推定できる」とし、さらに「『領』の境目に対応する城だったかもしれない」と論じている。

藤岡市教育委員会の報告も松岡も線状の遺構が大名権力の関与であると論じており、この点は筆者も賛成するところである。加えて松岡は「後北条氏の直接的な支配のもとで使用」と述べているが、山中城および下田城と構造的に

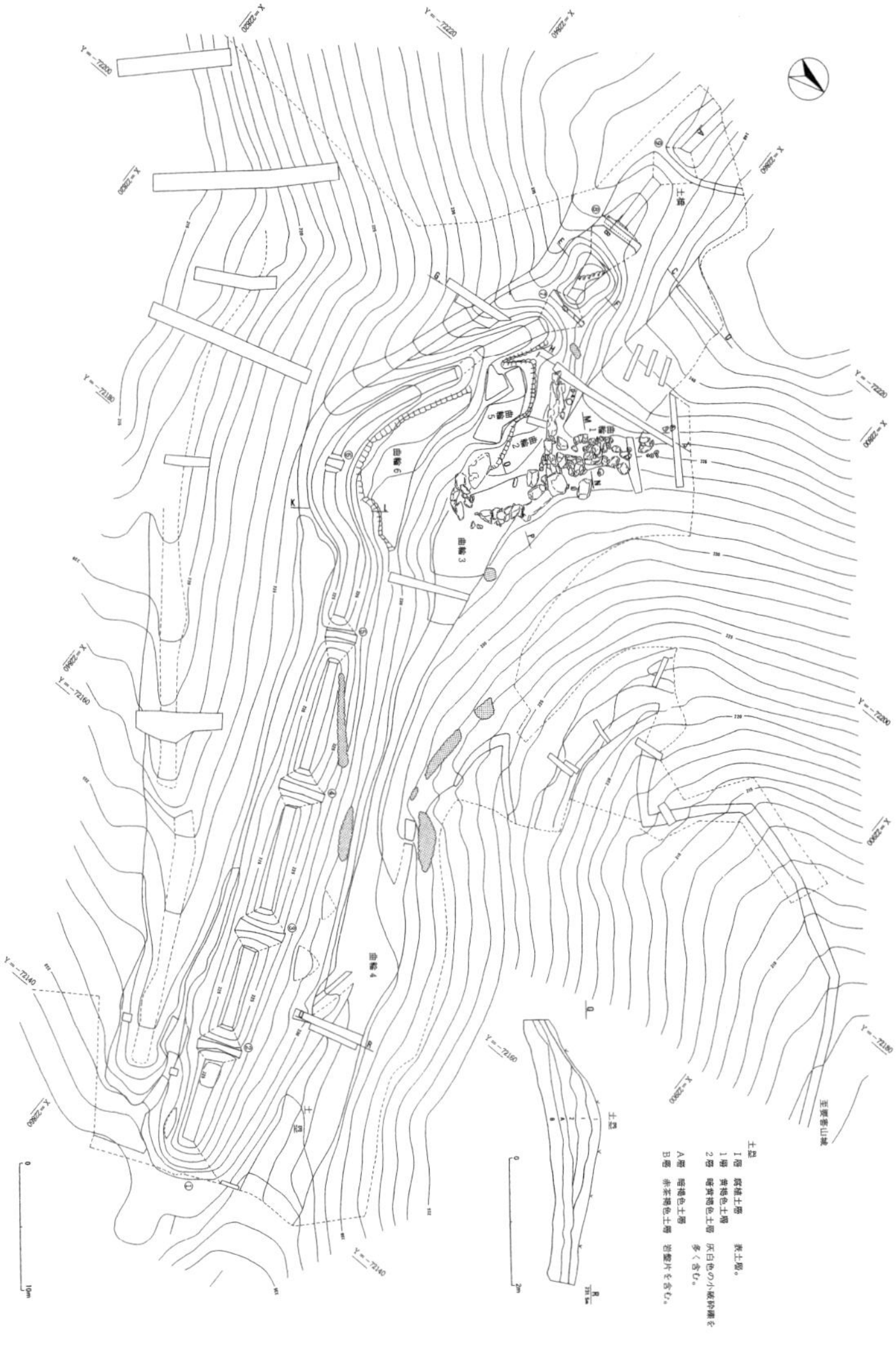

図12-2　高山城（東日野金井城跡）発掘調査区

＊『G2　東日野金井城跡』（群馬県藤岡市教育委員会，2004）より転載．

類似するとの論旨から、当該の線状の構造が後北条氏の直接的な支配のもとで普請されたことを意図していることは明らかである。再度、構造を確認すると、問題の線状構造は北面を内側に、南面を外側としていた。言い換えれば、上野国側を内として、武蔵国側すなわち北条領国内部を外としているのである。高山城は大名間戦争にも耐えられる規模の拠点的な山城であることから、この構造をもって北条氏の普請とすることには賛同しかねる。構造的な内外関係や先の【史料6】を踏まえたとき、当該の遺構は永禄一二年五月一七日以降に浅利右馬助の関与で普請されたと考える方が妥当ではなかろうか。この説が肯定されるならば、武田家は既存の高山氏の本城を基礎として線状の構造を普請して境目の城となし、在地の高山氏を城主として据えたことになろう。武田家の築城および拠点設定を考える上で重要な遺構といえるのではなかろうか。

少なくとも【史料6】からうかがえる永禄一二年五月の上武国境のあり方は、武田家が家臣を派遣して何らかの技術的な関与を加えながらも、在地領主の存在を基礎に「境目の城」を構えたことは間違いない。[36]「境目の城」の維持のあり方について、領国内部から期限を切った番を派遣する北条家のあり方とは大きく異なっていたことが確認できる。

（2）富士南山麓――大宮城と黄瀬川陣

永禄一一年一二月に三国同盟が決裂し、駿河国は武田氏の草刈り場と化す。[37]河内路および中道往還の結節点にあたる富士氏の大宮城（静岡県富士宮市）は甲斐国に向けての駿河国側の重要拠点としてクローズアップされた。大宮の地は戦国期以前より甲斐・駿河間の交通の要衝と理解されており、この地の領主である富士氏は境界の交通に深く関与していた。[38]武田信玄はこの大宮城について翌永禄一二年六月二五日より攻め始め、[39]七月二日には城を明け渡させ、[40]同三日には仕置きを命じて帰陣している。[41]以後、大宮城は富士南山麓における武田領国の中心的な位置を占めることになる。

信玄の富士南山麓への侵攻は予想された事態であったようで、北条方では対応を調えていた。今川氏真の遠州没落後の富士氏は北条氏への帰属を明確化し[42]、北条氏は次の史料に見るように当該地域の重要城館を確保していた。

【史料7】由良成繁書状[43]

（前略）相府之事、不被曲誓約之筋目、氏真為引立可有御申置、豆州三島張陣、駿州之内蒲原・興国寺・長久保・吉原ヲ為始、以豆・相之衆、堅固ニ被相抱候、（中略）

永禄十二之状

正月十六日　　由信

成繁

河豊

御宿所

上杉家の家臣河田長親宛に出された由良成繁の書状である。由良成繁は上野国新田庄の金山城にあって越相交渉の窓口になっていた。そのため書き記された情報は北条家からもたらされた情報と考えることができる。長久保城（静岡県長泉町）が実際に機能していたか疑問を残すが、興国寺城（静岡県沼津市）・吉原城（静岡県富士市）・蒲原城（静岡県蒲原町）は駿河湾に面し、富士南麓を東西に貫通する東海道に沿った、当該地域の重要な城館であった（図12―3参照）。北条方はこれらの城館を確保することにより東海道を掌中にし、静岡平野へ到達できるよう意図していたことが窺われる。したがって静岡平野を握っていた武田信玄はこれらの城館を落とし、北条方の駿河国への影響力を排除することが当面の目的となる。

大宮城を確保した信玄は永禄一二年一一月九日に蒲原・興国寺両城を攻略する旨の起請文を認め[44]、一二月六日には蒲原城を落城させる。この城攻めは激烈を極めたようで北条方では北条氏信ほか重臣も含め多数が討死した[45]。この落城について北条氏政は「今度蒲原之仕合、不及是非候、余令恐怖、其以来無音、背本意存候」と語っており、驚きを隠していない。

さてこの落城に先立ち、北条家では次のように戦況を分析している。

【史料8】北条氏政書状[46]

信玄駿州へ出張必然候、昨日迄者、本陣号冨士地ニ候、定向駿豆両国可為村押之働歟、不然者、可被築地利歟、此時輝虎一途御行専要候、信州衆者払者而立由申来候、猶自興国寺之註進状、其方為披見進之候、夜通倉内へ可有註進候、従是之飛脚労候者、可有続飛脚事専一候、恐々謹言、

十一月（永禄一二年）廿八日卯刻　　氏政（北条）（花押）

由良（成繁）信濃守殿

後半の文章や時刻までも付け加える点に、信玄の襲来に対する北条氏政の危機感が窺える。しかし、戦況としては駿河・伊豆両国の村押しか築城であろうと楽観的に理解していた。恐らく氏政は万全に準備をしていたと認識しており、蒲原落城は全く予想していなかったのだろう。ゆえに先の「今度蒲原之仕合、不及是非候、余令恐怖、其以来無音、背本意存候」に繋がるのであろう。

さて、北条氏政の得た情報に拠れば、一一月二七日の段階で、信玄は「富士地」すなわち大宮城を「本陣」としていたこと、そして出陣の目的が「築地利」すなわち戦略的な地への築城であろうと予測していることが確認される。この数日後に蒲原城が落城したことを勘案すると、信玄は蒲原城攻めの拠点として大宮城に在陣しており、それ以外に何らの戦略的な城館すなわち「境目の城」を保持していなかったことが推測できる。

蒲原落城の次の目標は起請文に見た如く興国寺城となる。そして伊豆国までも視野に入れ、富士浅間社に願文を捧げる[47]。この願文に先立ち吉原津までも信玄の勢力が及ぶところとなっており[48]、吉原城も何らかの形で武田家が把握するところとなっていたことが予測される。

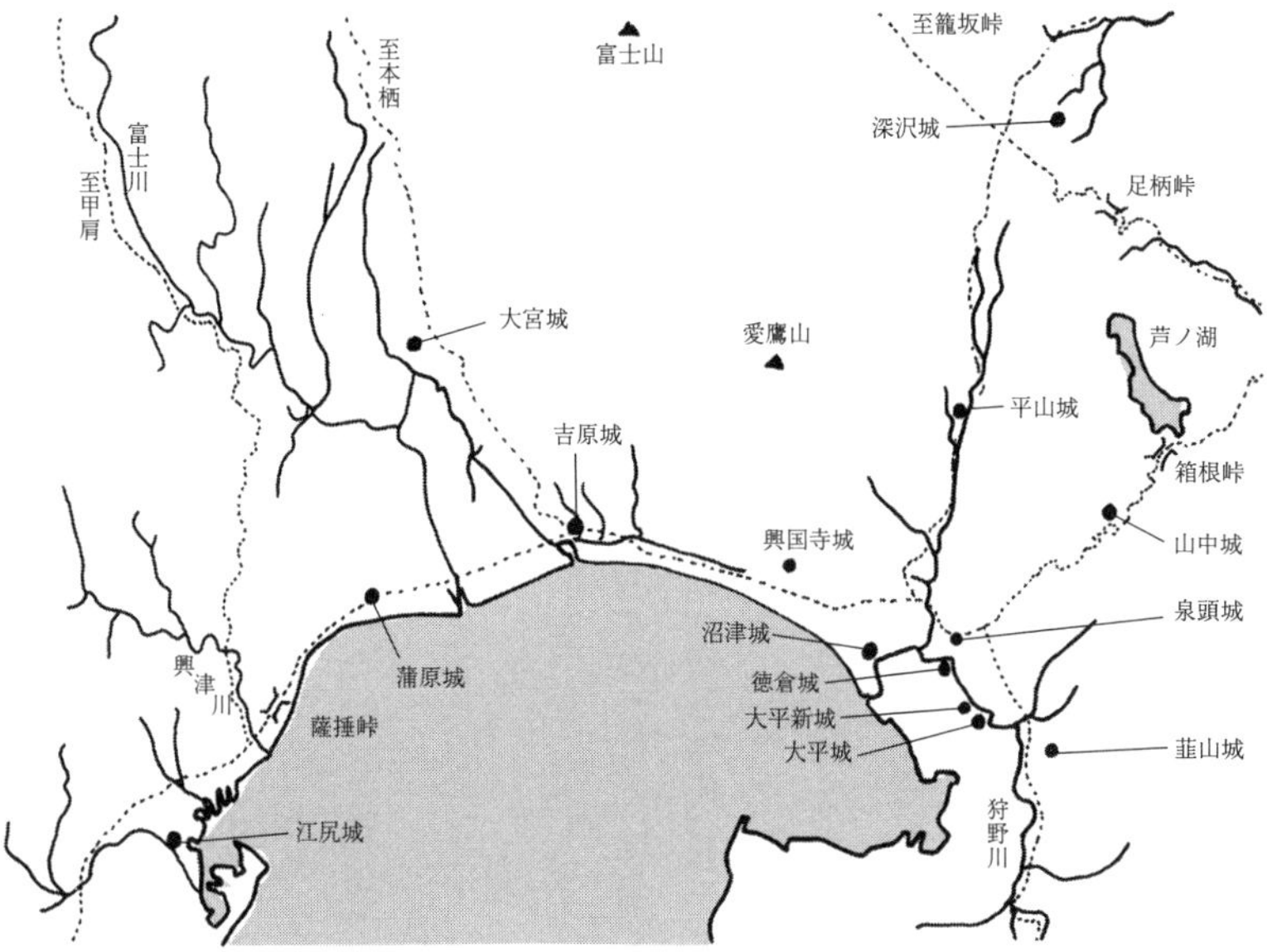

図12-3　富士見南山麓関係城館等位置図

【史料9】北条氏政書状写(49)

九日之注進状、今十二未刻到来、越府へ憑入脚力度々被差越由祝着候、然而敵者去年之陣庭喜瀬川ニ陣取、毎日向韮山・興国相働候、韮山者于今外宿も堅固ニ相拘候、於要害者、何も相違有間敷候、人衆無調于今打向、無念千万候、（中略）

氏政（花押）

（元亀元年（一五七〇））八月十二日

（北条高広）毛利丹後守殿

信玄の予定どおり興国寺城と伊豆国の中心である韮山城（静岡県韮山町）が標的とされている。注意しておきたいのは「去年之陣庭喜瀬川ニ陣取」とあって、去年の陣場である黄瀬川に陣を構えていると報じている点である。「地利を構え」などの表現が使用されず、「去年之陣庭」と記していることから、その場には「境目の城」が築かれてはいなかったと考えたい。同じ場を使用しながらも、陣所の域を出る施設ではなかったのである。

興国寺城はその後も武田勢に攻められるが(50)、落城することなく最終的には講和により元亀三年（一五七二）正月八日以前に武田家に引き渡されている。[51]この時点で信玄段階における富士南山麓での戦闘は終了する。

以上のように概観してきたが、富士南山麓での一連の展開の中で、支城網を確保して待ち受ける北条側に対して、武田信玄は明確な「境目の城」を持たなかったことを確認したい。冒頭で整理した③の「戦略的な必要から敵領内などに築かれた軍事的拠点の城館」のタイプが存在しなかったのである。信玄が拠点として使用したのは大宮城であり黄瀬川の陣場であった。このほか北条方より接収した城館を活用したことは確認できようが、主体的な行動から「境目の城」をこの地域では設定していないことに注意したい。境目に関する認識及び政策が、北条氏の状況と大きく異なっていたのである。

(3) 妻籠城

高山城の事例とは異なり、武田家が直接的に管理した「境目の城」もある。代表的事例は先述の笹本正治「武田氏と国境」が触れる妻籠城（長野県木曽郡南木曽町）である。妻籠城は旧中山道に面した標高四八四mの山を選地している。旧中山道と隣接して存在することから同街道は中世にあっても同所を通過していた可能性は極めて高い。

天正一二年（一五八四）の小牧・長久手の合戦に際して、秀吉方の木曽義昌が同城を整備し、家康方の菅沼定利が攻撃したとされる。[52]したがって今に残る遺構は武田信玄期の様相をそのまま表現しているのではないことは確かである。しかし主要道と山城が関連するという地理的な状況は、妻籠城の存在の規定的な要件であり、築城に際して選地の重要な条件であったと推測される。このことは以下の史料との関連からも納得できよう。

【史料10】武田家朱印状[53]

覚

（中略）

一、妻籠之番、如此間、可為松尾衆之事、
　付、肝要時節之事、
（中略）
以上
（元亀三年）八月十日
保科筑前守殿

この史料は軍令状などと呼ばれた長文の文書の一節である。この史料は奥野高広が紹介[54]した後、多くの論者が触れている[55]。武田信玄が遠江国から三河国方面に向けて攻め込むに際して、伊那谷を中心に指示を出した。その中に妻籠の番についての項目が含まれ、松尾衆（小笠原信嶺の軍勢）があたるよう命じられている。出陣中に背後から武田領国内への侵略がないように信玄が手配したことは明らかであろう。とするならば、ここの妻籠とは妻籠城にほかならない。この文書は武田家が東濃境については妻籠城を中心に管理していたことを窺わせ、その管理が領国内部からの番の派遣によって行われていたことが確認できる。この状況は勝頼段階も同様であったことは次の文書が示唆する。

【史料11】武田家朱印状写[56]

（龍朱印影）
覚
一、積翠寺之用心、厳重可申付之事、
（中略）

一、信越之境幷妻籠役所可申付事、
　付、員数各談合之上落着之事、
（中略）
（天正七年〔一五七九〕）十一月十六日
跡部美作守殿（勝忠）

【史料12】武田家朱印状(57)

其元ニ留置候商人拾五人幷荷物弐十駄、無異儀甲府へ可通候也、仍如件、

三月　（獅子朱印）
秋山宮内丞
奉之
妻籠在番衆

【史料11】中の「妻籠役所」が妻籠城そのものを指すかどうかは明言できないものの、全く異なる存在ではないだろう。その「妻籠役所」についての指示が「信越境」と並んで朱印状で出されており、武田領国規模での妻籠が東濃境目に位置付けられていることが如実に示されている。また年次未詳であるが【史料12】では妻籠在番衆が明らかに交通に関与し、関所的な機能を持っていたことを窺わせている。勝頼期の妻籠のあり方は、【史料10】の存在から信玄の時期にまで遡る可能性は十分にあると考えたい。

このように東濃境については、武上国境の高山のあり方や富士南山麓の状況とは大きく異なっていることが確認される(58)。この点の理解は後述したい。

3　境界の通行

境界の管理や紛争に伴う城館のあり方を以上のように探ってきた。さらに断片的な史料ながらいくつかの事例を通じて武田領国の境目の様相を確認してみたい。

【史料13】武田家朱印状[59]

甲・駿両国之通路不自由之間、如本栖地下人等、諸役御赦免之旨、被　仰出者也、仍如件、

永禄十一年（一五六八）戊辰　山県三郎右兵衛尉奉之

十一月三日（龍朱印）

六郎右衛門
源左衛門
甚左衛門
七郎左衛門
与三右衛門
四郎右衛門
清右衛門
与三左衛門
善右衛門

宗右衛門
源左衛門
与一右衛門
九郎右衛門

本状は山中湖村平野の寿徳寺に残された史料であり、以前は同所旧在の長田家に伝来した文書であると『山梨県史』は解説している(60)。したがって、本史料は籠坂峠を通過して富士北山麓と御殿場を結ぶ鎌倉街道に関連しての文書と推測される。

発給された状況は、三国同盟決裂の直前である。具体的な状況を知ることができないが、信玄の駿河侵攻一ヵ月以上前にして、往還に影響が出ていたことは間違いない。

文書の表現をどこまで読みとるかであるが、「口留」の語を使用せずに「甲・駿両国之通路不自由」と記しているのは、武田家の意図に反して交通状況が良くなかったことを示しているのではなかろうか。駿河・甲斐両国の紛争が予想されれば、境界地域にあって交通を支える人々は、現実的には戦乱を恐れて避難してしまう。また同様に戦乱を回避しての通行を自粛することも予想される。大名側の規制ではなく、戦乱の予測が在地での「通路不自由」、すなわち境界地域の通行忌避を生むことになる。そして交通がないために通行者に役が賦課できず、諸役が納められない状況が生まれる。それゆえに武田家に免除を要求し、許可を得る。本史料の「甲・駿両国之通路不自由」とはこのような状況を指していると考えられる。

また赦免の基準が「如本栖地下人等」とされていることも注目される。同様な事態が中道往還にも発生しており、先行して武田家による裁定が実施されていたことを示している。

反対に外交状況が好転すれば、境界の交通は活発化する。

【史料14】小山田信茂書状(61)

今度両国御和親付而、士峯参詣之導者、定数多可有之候、且為神慮且以寛宥、自今以後、郡中諸役所半関可申付候、其外惣別対導者、不可有新儀非法之擬候、以此趣能々旦那中江可被申断候、恐々謹言、

（一五七二）
（元亀三年）三月吉日　（小山田）信茂（花押）

刑部新七郎殿

この史料は「甲相一和」直後の史料である。外交状況の好転によって富士参詣が活発化することを予想している。恐らくは戦乱中に関東等での活動ができずに苦しんだ導者を庇護するため、半関に減じ、かつ新役を禁じる政策を打ち出したのであろう。関東等での導者の活動が活発化することを予想し、領主小山田氏が後押しした格好になっている。

この状況を逆に読めば、武田・北条両氏の戦争状況下では導者の活動は低調だったことになる。境界地帯に近い富士山へ参詣することは、当然のことながら忌避される行為であったに違いない。ここでも戦乱の予測が境界の通行を忌避させたことをみることができる。

また武田信玄期の領国が境界を閉ざしていなかったことは次の史料にうかがえる。

【史料15】北条高広書状(62)

（前略）仍信玄至于岩村田着陣ニ付而、箕輪之城主内藤修理亮為迎罷越候由、堺目之者於箕輪令見聞、昨戌刻告来候間、為御心得急度申上候、（中略）

猶々、信玄岩村田着陣之儀者、小幡・善・御嶽筋之説も同前ニ候、恐々、

「元亀元年」〔朱書〕（一五七〇）九月七日　辰刻　　北条丹後守
　　　　　　　　　　　　　　　　　　　　　　　　高広（花押）
山吉殿（山吉豊守）

三国同盟が決裂し、越相交渉が行われている最中に厩橋の北条高広が情勢を越後に伝えた文書である。このなかで岩村田（長野県佐久市）に着陣した武田信玄を箕輪城主内藤昌豊が迎えに出た。そのことを「堺目之者」が箕輪で見聞して報告に来たとしている。また同じ情報は小幡（群馬県甘楽町）・善（群馬県粕川村）・御嶽筋でも得られたと報じている。

武田領国の境目が大名によって管理され、情報が敵国に洩れないようにされていたとイメージされる状況とは裏腹に、信玄の軍事行動という極めて重要な情報までも、自由に境界を通過していた。武田領国の境界では口留などの政策的な境界交通の制限によってではなく、境界の交通を担う人々の主体的な判断によって交通は左右されていた。大名によって統制・管理のされない境界では重要な情報までも収集することが可能であった。つまり政治的緊張状態であっても武田信玄期の武田領国では境界は開かれていたといえるのではなかろうか。信玄の意図の及ばないところで境界の交通が動いていたのである。

展　望――勝頼の境界

武田信玄期の境界を領国の東部を中心に、主として北条氏と今川氏との関連で追究してきた。論じてきた境界の様相は冒頭の分類の様相とはやや異なったものであった。武田信玄期の武田領国東部は境界地域の在地勢力を活用することで境界を維持・管理していた。また境界に自ら主体的に関与して「境目の城」などの施設を設けない様相も確認できたのではなかろうか。富士南山麓の大宮城と黄瀬川陣のあり方は示唆的なものといえる。また以上の境界の管理と維持の様相は狼煙台研究を背後から確認していることにもなっているのではなかろうか。そして、外交的に境目が不安定になった時、境界を越える交通が途絶し、大名によって口留が実施された時と似たような状況が起きることも指摘できた。これらから見た武田信玄期の領国境には、様々な機能を有する「境目の城」などの施設が直接的に築かれることはほとんどなく、政策的には開放的な状態であったと結論づけられよう。

しかしその状況の中でも領国内部ではあるものの本栖や河内の位置は特別であった。武田領国の中心地の周辺に一時的な境界を設け、その外に大宮城・江尻城・箕輪城などといった拠点的な城館を中心とした領を配置し領国を構成する。領国総体の境は先にまとめた開放的な状況を呈していたのではなかろうか。

図式的に見ると、境界論から見た武田領国は二重同心円の構造をしていた。実線で表現される内円の線上には本栖・河内が位置付き、領国境を示す外側円の境界は点線で表現されるような開放的状態であった。そして二つの円の間には、拠点的な城館を中心とした領が単位として配置されていた。このように整理される。

この領国境の認識は勝頼段階では大きく変わる。

【史料16】武田勝頼書状[63]

以吉田・富永両口蒙仰旨、具得其意、誓詞等相認之、進之候、仍不図当口出馬、於豆州境新城相築候、普請任存分成就候間、可御心易候、委曲説与彼口上候間、不能具候、恐々謹言、

（天正七年）（一五七九）九月十七日　（武田）勝頼（花押）

（景勝）上杉殿

【史料17】武田勝頼書状写[64]

（前略）仍当口之備、如顕先書候、無相替義候、氏政于今三島在陣、号泉頭地普請半候、勝頼手前之備、無残所

明隙候条、内々雖可納馬候、義重御備之様子為可聞召、当時江尻在陣候、氏政陣前迄纔隔三四十里候、猶左馬助弁跡部大炊助可申候、委曲可企介使候条、不具候、恐々謹言、

十月八日《（天正七年〔一五七九〕）》[65]　勝頼

三楽斎

梶原源太殿

【史料18】北条氏政書状[66]

徳倉之普請、川一瀬ニ候間、則打越見届、大積を明鏡ニ致尤候、謹言、

八月十三日《（天正九年〔一五八一〕）》　氏政（花押）

岡本《（政秀）》越前守殿

御館の乱以降、北条氏と武田氏は関係を悪化させる。富士南山麓は再度、戦乱の渦中に巻き込まれる。天正七年八月、勝頼は富士南山麓へ出陣する。この時の状況を上杉景勝に報じたのが【史料16】である。これによれば出陣の主目的が「於豆州境新城相築候」にあることは明らかであろう。この豆州境の新城は沼津城であることは他の史料に明らかである[67]。この状況に対して北条氏政も【史料17】に見るように泉頭城（静岡県三島市）を築く。そして武田勝頼は【史料18】に見るように泉頭城を臨む徳倉に山城を築いた。「川一瀬ニ候間」とあるように狩野川を隔てて泉頭城と徳倉城が対陣する格好になった。さらに北条氏政は天正九年（一五八一）一一月に比定地不明[68]であるが、徳倉城に向けて城を築いている[69]。このほかにも武田方では比定地不明であるが、沢田[70]、天神ケ尾[71]などと記載された城館も使用していたようで、三島・沼津周辺では北条・武田領国の境界が「境目の城」の取り立てによって線的に把握されるようになった。冒頭の①及び②の類型に属する城館による境目の形成と評価できる。この様相は武田家滅亡まで継続

した[72]。

勝頼段階では点線の外円が実線として、しかも太線の様相を呈していたことが理解される。この状況は富士南山麓だけではない。次の史料も同じ境界の維持・管理の変化の中で捉えられるのではなかろうか。

【史料19】武田家朱印状[73]

落合の新佐衛門　大師の縫殿右衛門　小笠原の助右衛門　小笠原の源次郎　百々の四郎右衛門　今宿の新五左衛門
寺辺の孫右衛門　徳行の助右衛　曽根の新七郎　黒駒の新左衛門
右拾人岩殿令在城、御番・御普請等無粗略相勤之由候条、郷次之御普請役被成御赦免候間、自分之用所被申付之
由所被仰出也、仍如件、
天正九年（一五八一）辛巳
三月廿日　（龍朱印）　土屋右衛門尉
荻原豊前　奉之

郡内の岩殿山城へ番衆を派遣した文書である。年次から明らかに北条氏を意識して甲斐国境を維持するための措置と見なせる。岩殿山城の歴史は不明な点が多く、この史料は岩殿山城の具体像を語る数少ない史料である[74]。この文書から語られる岩殿山城は冒頭の①の類型に属する城館である。

武田領国境の状況は明らかに信玄段階と勝頼段階では異なっている。あるいは高天神城の位置付けも境界認識の変化の中で捉え直されるかもしれない。以上のように考えてくると【史料10】で検討した妻籠城の位置付けはより一層明確なものになるように思える。信玄段階から勝頼段階への過渡的な事例として位置付けられるのではなかろうか。

そもそも時代が一六世紀に移り変わる過程で領主による境界の維持・管理はどのように変化したのであろうか。少なくとも守護大名が自らが治める分国の境に「境目の城」を築いたという例は聞かない。戦国期に至るまで境界の維持・管理はどのようになっていたのだろうか。筆者は中世の長いレンジの中で次のように考えている。従来は畏怖する対象地として認識された境界を、戦国期に領主権力が維持、管理する対象地として認識し、近世の関所に連なる機関・施設を設置するようになる。そして徐々に境界を線として認識するようになっていく。このように考えている。

しかしその変化を具体的に、かつ動的に理解することは難しい。武田信玄期の領国東部にその実像を見ようとしたのが本章の意図であった。武田信玄期領国の境界を理解するためには、信濃国を中心とする領国西部・北部の様相を検討する課題が残されている。信濃国には関所・役所も多く、境界認識の変化を解く鍵が眠っているように思える。

注

（1）齋藤慎一「上野国中山城の一考察——中世城郭研究への一提言」（『中世城郭研究』創刊号、一九八七）、および「境界認識の変化——戦国期国境の維持と管理」（『信濃』第四六巻第一一号、一九九四）。いずれも『中世東国の領域と城館』（吉川弘文館、二〇〇二）に所収。

（2）武田領国を概観する主な城館調査として以下のものがある。
『日本城郭体系』（「第四巻　茨城・栃木・群馬」新人物往来社、一九七九・「第八巻　長野・山梨」同、一九八〇・「第九巻　静岡・愛知・岐阜」同、一九七九）。
郷土出版社より関係する地域の城館に関して以下の書籍が刊行されている。森本一雄編著『定本　飛騨の城』（一九八七）、高橋延年監修『定本　東三河の城』（一九九〇）、萩原三雄責任編集『定本　山梨県の城』（一九九一）、林春樹責任編集『図説　美濃の城』（一九九二）、小和田哲男監修『図説　駿河・伊豆の城』（一九九二）、小和田哲男監修『図説　遠江の城』（一九九四）、浅川清栄責任編集『図説　高島城と諏訪の城』（一九九五）、小林計一郎・湯本軍一監修『定本　北信濃の城』（一九九

六)、赤羽篤・石川正臣監修『伊那谷の城』(一九九六)、井出正義・臼田都雄・小渕武一・木内寛編集『定本　佐久の城』(一九九七)。

また自治体による調査報告書として、『群馬県の中世城館跡』(群馬県教育委員会、一九八八)、静岡県文化財調査報告書第二三集『静岡県の中世城館跡』(静岡県文化財保存協会、一九八一)、『山梨県の中世城館跡』(山梨県教育委員会、一九八六)、愛知県教育委員会『愛知県中世城館跡調査報告Ⅲ　東三河地区』(文化財図書普及会、一九九七)等が報告されている。

このほか山崎一『群馬県古城塁址の研究』上巻(群馬県文化事業振興会、一九七一)・下巻(同、一九七二)・補遺編上巻(同、一九七九)・補遺編下巻(同、一九七九)も武田氏に関連する城館を調査、報告している。

(3)その中で韮崎市教育委員会・白山城跡学術調査研究会『白山城の総合研究』(韮崎市教育委員会、一九九九)の調査は注目される。

(4)『磯貝正義先生古希記念論文集　甲斐の地域史的展開』(雄山閣出版、一九八二)

(5)前注(4)参照

(6)『甲府盆地――その歴史と地域性』(雄山閣出版、一九八四)、後に笹本正治『戦国大名武田氏の研究』(思文閣出版、一九九三)に所収。

(7)山下孝司「甲駿国境の城郭」(『甲斐路』第九七号、二〇〇〇)

(8)上野晴郎『戦国史叢書4　甲斐武田氏』(新人物往来社、一九七二)

(9)八巻与志夫「中世城館の機能について」(『月刊文化財』第八号、一九八八)

(10)萩原三雄「中世戦国期における烽火台の特質と史的位置」(『信濃』第四一巻第一一号、一九八九)

(11)畑大介「戦国期における国境の一様相――本栖にみる城館・道付設阻塞・関所」(佐藤八郎先生頌寿記念論文集刊行会編『戦国大名武田氏』名著出版、一九九一)

(12)近年では前掲の山下孝司「甲駿国境の城郭」が、河内路と中道往還の甲斐・駿河国境の城郭について考察する。内路では、真篠城・福士の城山・切久保の畝状空堀群・白鳥山城・葛谷峰砦、中道往還では本栖城・樹海内石塁を素材としている。個々の城館については先述したように指摘する遺構の年代・機能・空間構成を踏まえ、さらに検討が深められる必要性を感じる。

(13)『山梨県二』九

(14)『山梨県二』一一九五

(15)同様な状況は、天正一一年（一五八三）三月二一日付、武田穴山勝千代朱印状（『山梨県一』一二〇〇）でも確認できる。

(16)前掲注(1)書参照

(17)『山梨県二』一六三六

(18)『山梨県二』一四九二

(19)『静岡県四』一二九〇

(20)『山梨県二』一六三五

(21)前掲の笹本正治「九一色郷特権の成立について」は『甲斐国志』は九一色衆の一人土橋左衛門尉を説明する中で『永禄四辛酉五月十日、就本栖在城鳴沢六月関役之内三分一出置候云云、小林九郎右衛門尉・渡辺平右衛門尉・同清左衛門尉・土橋九郎右衛門尉』という文書を掲げている。「このように、本栖の警固には西之海衆を含む九一色衆全体が動員され、その代償に関所の自由通行が許されていたのである」と指摘している。

(22)「高白斎記」には武田家が往還の中継地および陣所として活用していたことが散見し、交通上の重要地と認識していたことは確認される。

(23)前掲注(1)書

(24)（永禄一二年）八月一六日付、武田勝頼書状（『甲府市』四三二）

(25)この当時の情勢については、柴辻俊六「越相同盟と武田氏の武蔵侵攻」（『武田氏研究』第二二号、二〇〇〇）が詳しい。

(26)『戦国』一三一七

(27)『静岡県四』三九。なお同文書は永禄一二年に比定されており、浅倉直美「御嶽・三ツ山城主長井氏に関する基礎的考察」（『駒沢史学』三九・四〇、一九八八）も本史料により御嶽落城を永禄一二年としていた。しかし、『静岡県四』一七・一八・

二〇七との関連から永禄一三年に比定した方が妥当と判断したため、同城落城を永禄一三年とした。
(28)『群馬県』二六七二
(29)『群馬県』二四八〇
(30)高山城は東日野金井城、天屋城などとも呼称される。本章では高山城の名称をもちいる。
(31)『静岡県四』一七
(32)本報告の『G2　東日野金井城（天屋城）跡』（群馬県藤岡市教育委員会、二〇〇四）は初出後に刊行された。
(33)「G2　東日野金井城（天屋城）跡」（群馬県藤岡市教育委員会『年報⑷』、一九八九）。
(34)松岡進「戦国期城館遺構の史料的利用をめぐって」（『中世城郭研究』第二号、一九八八）
(35)『群馬県』三五八八
(36)『中世東国の領域と城館』（吉川弘文館、二〇〇二）
(37)以下、叙述にあたって黒田基樹「北条氏の駿河防衛と諸城」（『武田氏研究』第一七号、一九九六）を参考にした。
(38)観応二年（一三五一）正月一八日付、上杉憲将奉書（『静岡県二』四二五）では、富士大宮司宛に一族で「甲斐国通路」を警固することが命じられている。
(39)『静岡県四』三八
(40)『静岡県四』四八
(41)『静岡県四』四九
(42)『静岡県三』三五二四・三五二五
(43)『静岡県三』三五七七
(44)『静岡県四』一〇四
(45)『静岡県四』一三四
(46)『新潟県』四二八

(47)『静岡県四』二〇七
(48)『歴代古案』六四五
(49)『静岡県四』二四四
(50)『静岡県四』二九二
(51)『沼津市』四六七
(52)『日本城郭体系　第八巻　長野・山梨』(新人物往来社、一九八〇)
(53)『山梨県一』二〇九
(54)「武田信玄最後の作戦」(『日本歴史』第三九三号、一九八一)
(55)山下孝司「戦国大名武田氏の地域防衛と民衆」(『帝京大学山梨文化財研究所研究報告』第五集、一九九四)
(56)『山梨県一』一〇三
(57)『山梨県二上』一五六六
(58)信濃国内には随所に武田家の設置した関所があることが指摘されている(『長野県史　通史編』、一九八七)。あるいは領国の中で対応が異なっていたことを、もっと多様に想定する必要があるのかもしれない。
(59)『山梨県一』一五七〇
(60)『山梨県一』二五八頁
(61)『山梨県一』一四八七
(62)『新潟県』二〇一八
(63)『新潟県』六六四
(64)『静岡県四』一二三四
(65)年次は【史料16】および『静岡県史』四―一四七一の関連から天正七年と判断した。
(66)『裾野市』八七六

(67)『静岡県四』一二二〇
(68)『沼津市』五九〇では、この「地利」を大平新城（静岡県沼津市・同清水町）とする。その可能性は高い。
(69)『静岡県四』一四五六
(70)『山梨県一』四四一
(71)『沼津市』五九九
(72)『静岡県四』一四九四・一五〇二・『沼津市』五九九で、武田氏滅亡当時の富士南山麓の状況が報じられている。
(73)『都留市』二三〇
(74)「岩殿城」（前掲注(2)、萩原三雄責任編集『定本　山梨県の城』）

第一三章　戦国期「由井」の政治的位置

一六世紀の武蔵国南部（東京都域）には東西２ヵ所に都市が存在した。東は江戸を中心とした地域であり、西は都市「八王子」(1)である。この都市「八王子」の場合、戦国大名後北条氏の領国においては北条氏照が滝山城・八王子城の城主として、また北条氏照以前は大石氏が本拠を構えて、領を形成していた。本章はこの大石氏の時代から北条氏照初期にいたるまでの都市「八王子」空間を分析することが目的である。

分析の視角として、第一に北条氏照の大石氏継承・滝山城入城の問題がある。通説では、氏照は天文七年（一五三八）に大石定久の養子となり、滝山城の城主になったとされる。この年次についての再検討が必要であると考えている。

滝山城入城について、下山治久は天文二三年（一五五四）から永禄二年（一五五九）の準備期間を経て、由井領における虎朱印状の終見である弘治三年（一五五七）から、「如意成就」印文書が発給された永禄二年に北条氏照は滝山城に入城したとする。(2)基本的にこの下山論文の主張は継承され、加藤哲は大石・三田領の接収を視角として八王子領成立を論じた。(3)さらに加藤は北条氏綱の南武蔵進出について政治史的に検討を加え、氏照の滝山城入城について、長尾景虎(4)（上杉謙信）来襲の際に氏照の滝山入城の痕跡がないこと、および大江文書の二点を根拠として、永禄四年（一五六一）七月～翌五年五月として、年代をやや下げた。(5)この分析が現在の達成となっている。再検討とはこの年代設定の可否である。

次に、都市空間の問題である。土井義夫は一連の研究で、八王子城と八王子城下の町場についての考察を基点として、中世八日市場の存在を発掘した。そしてこの由井八日市場の空間を復原し、同所が八王子城の城下に取り込まれたと指摘した(6)。鎌倉期以来の由井本郷の地に、八王子城に先行する都市が存在したことを明らかにしたのである。土井論文を継承し、由井八日市場を含む由井の八王子城以前について、都市「八王子」における位置づけを模索することが第二の分析視角である。

第三番目であるが、大石氏の本拠の問題である。通説では高月城（八王子市）から滝山城へと移り変わったとされている。この説は「木曽大石氏系図」・『新編武蔵風土記稿』などの近世文献を根拠としている。

このうち、「木曽大石氏系図」については研究が蓄積された。まず、村野廣子が軍記物等の記録に見える大石氏の考察を通して、「木曽大石氏系図」の疑問に初めて触れた(7)。その後に岩崎学が文書整理から大石信重・憲重の動向を分析し、系図の史料的問題を論じた。系図の信重は聖賢・道守の二代の事績が凝縮されて作成されたこと、石見守道伯と憲重は別人であること、さらには聖賢・道守と道伯・憲重の家系は別系統であること等を分析して、史料批判を深化させた(8)。

これらの蓄積を経て、大石氏の研究を重ねた湯山学は「木曽大石氏系図」の史料性に疑問を呈し、各世代の検討を行った。結論として「系図」は大石氏を考察する史料として適切でないと評価した(9)。

以上から、大石氏研究は「木曽大石氏系図」に基づかずに、再度点検し直す必要性が生まれたことになる。その事項の一つに通説となっている大石氏の本拠の変遷がある。大石氏の本拠は高月から滝山へと変わったとされるが、批判的に通説を受けとめた際、後述するごとく、『新編武蔵風土記稿』の記事にも混乱のあることが明らかになる。この変遷論も再点検を要するのは間違いなかろう。

以上の三点を視角として、一六世紀初頭から中頃に至るまでの都市「八王子」について分析する。

1　北条氏照の滝山入城

（1）滝山の初見

まず、視角の第一番目に示した滝山入城時期の再検討である。最初に古文書での滝山の初見を次の史料に確認したい。

【史料1】北条氏照印判状[10]

宮寺郷（埼玉県所沢市・入間市）志村分卯歳御検知之上、改而被定置御年貢之辻、

五拾弐貫八百十六文　本増之高辻

此内

弐貫文　宿屋敷

一貫四百卅二文　社領

五百文　定使給

六貫文　夫銭一疋一人之分ニ引

弐貫文　同郡代夫

此外　四貫文　□

五貫文　百姓堪忍分

拾弐貫文　□　辻

以上廿八貫九百卅二文

廿三貫八百八十四文　滝山御蔵江可納申辻

此内

拾二貫文　本年貢

拾壱貫八百八十四文　卯増

以上

合弐拾三貫八百八十四文

（永禄一〇年〔一五六七〕）

卯　九月十七日（印文「如意成就」）

志村分

代官

検地により、宮寺郷志村分の総年貢高を確定し、「滝山御蔵」に納入する高を、北条氏照の「如意成就」印で明示した史料である。明らかに滝山が本年貢の収納先になっており、北条氏照が城主となっている滝山城の存在が確認できる。

しかし、年次が永禄一〇年とされており、永禄四年七月～翌五年五月とする加藤説に若干の違和感を覚える。

次の史料は由井郷大幡の宝生寺の移転に関する古文書である。

【史料2】　北条氏照判物[11]

大幡宝生寺新造之伽藍、滝山へ被相移候、門葉之各住寺令同意造畢、可取持、或対住寺纔成儀、以当座遺恨之由与申、或仮俗縁之権柄、募旦那之威勢、彼寺家江令無沙汰者不取合理非、可被払御分国、既本寺之栄輝、令傍見儀、罪科不軽故者也、仍状如件、

永禄十年丁卯霜月十二日　氏照（花押）

宝生寺

この宝生寺は、応永三四年（一四二七）八月一七日円福寺大般若経奥書写に「由井郷大幡観音堂号宝生寺」(12)と見ることができ、一五世紀前半にはすでに「由井郷大幡」に存在したことが確認され、その場所は現在の宝生寺の地と考えられている。この古刹が滝山城下に移転したことを示すのが本史料である。冒頭に末寺同意の上に大幡宝生寺が滝山に移転して、新伽藍を構えたことが明示されている。

しかし移転は順調に行われたのではなく、寺内でかなりの抵抗があった。「大幡にあった宝生寺の伽藍が滝山に移された。これについては、寺に属する僧が同意して造った」とある。しかし、滝山に移ったことについて反対する寺僧が抵抗したため、その一掃が氏照の手に委ねられた。氏照が裁許を下して、「決定に従わなければ御分国から追放する」と命じた。その裁定が本状となる。

そして、移転先の滝山を主体として移転を評価するならば、移転場所の詳細は不明であるが、城下を構成する一寺院の移転であるため、滝山の城下整備を想定することが可能である。そしてこの裁定が、永禄一〇年霜月一二日付となっていることから、実際の宝生寺の移転はこの年からさほど隔たらない時期と考えてよい。

以上の二点は永禄一〇年の文書であるが、片方は初見文書であり、今一方は城下整備を物語る史料である。この二点は滝山城の成立が永禄一〇年を遡ることさほど古くない時点であったことを示唆している可能性が高い。したがって城下の移転は【史料1】の初見の年代に近いころと考えられる。経過から詳説すると、三田領を接収し、直後に移

転準備が開始された可能性があり、移転の実施は拠点としての由井が終見である永禄六年（一五六三）四月以降[13]で、永禄一〇年九月に近い頃に完了したと考えられるのではなかろうか。

（2）越山と滝山城

そこで、次に上杉謙信の越山の状況を検討してみたい。先に加藤哲が永禄四年の上杉謙信の越山の折、氏照の滝山城入城の痕跡がないと述べていることを紹介した[14]。加藤は大石氏の本城は滝山城であるとの認識に立っていると思われるが、この指摘は重要である。事実、来襲時に氏照が滝山城に入城した痕跡はない。とするならば、従来大石氏及び北条氏照の本城としてきた滝山城の、この時点での機能を再検討する必要も生じてくるのではなかろうか。

次の史料は滝山の空間構成の一端を示している。

【史料3】新編武蔵風土記稿　巻之百六　多磨郡之十八　○平村[15]

渡津　古渡　多磨川にあり、昔北条氏照が領せし比は、この所小田原より川越への往還にかゝりて、この渡もその往還の内なり、

現在の八王子市街地から国道一六号線を北に進むと、多摩川の手前で左入の交差点に至る。左入を左折すると旧の滝山城下となる。この交差点から北に進み、多摩川の段丘に至ると、現在の国道は左折して、拝島橋に至る。一方、古道は丘陵上を右折して丘陵を下ると、多摩川右岸の大字平（八王子市）に至る。この場所の対岸が大神（昭島市）に当たる。引用する渡津はこの大神─平間に相当する。大神に渡河すると多摩川の流れに沿って街道は二手に分かれ、左折して勝沼・鉢形・上野国方面、右折して武蔵府中方面へ至る。この渡河点は交通の要所に当たる。

八王子から当麻を経て小田原に至る街道は利用頻度も高いようで、後北条領国の重要幹線であった。つまり後北条領国の幹線街道沿いに平の渡が位置していたのである。詳述は避けるが、滝山城は北面を多摩川に接し、城下域の東

端に平の渡を位置付けている。まさに多摩川の渡河点を抑える位置に滝山城は築かれていたのである。すなわち領国の南北交通の要地に滝山城は位置していたことになる。

上杉謙信は小田原攻めに際して、都市「八王子」を通過したと考えられる。以下の史料は通過の推測をより確かなものとする。

【史料4】北条氏照朱印状写(16)

由木上下之強人相談、敵動付而之〔者カ〕出合可討留、万乙忠信申者ニハ、随望恩賞可被下、此旨各ニ為申聞、可相稼者也、仍如件、

（永禄四年〔一五六一〕）
酉
正月廿一日（印文「如意成就」）　横地奉

小田野源太左衛門尉殿

写のため、多分に不安な点を残すものの、由木(17)は八王子市由木にあたり、宛所の小田野氏は八王子市西寺方町に小田野の地名が残り、この地と関連が推測される。上杉謙信の通過に先立って、氏照が領内通過を想定し、対策を施していることが窺える。

同様に都市「八王子」の近隣に制札等が出されていることも下記のように確認される。

表13－1の史料に見るように、北条氏照のみならず上杉謙信もこの地域に文書を発給しており、上杉謙信の小田原攻めに際して都市「八王子」には著しい緊張状態が創出されていたことが確認される。

上杉謙信は三月三日以前には相模国当麻（神奈川県相模原市）に到達している(18)。当麻と都市「八王子」近隣は小田原への経路として同一線上に位置し、恐らくは二月下旬に都市「八王子」を通過したものと思われる。

表13-1 「八王子」に関連する上杉謙信越山関係文書

年月日	文書名	所蔵	出典
永禄三年一二月二一日	北条氏照朱印状	落合文書	八王子城主・北条氏照　三
永禄三年一二月二八日	北条氏康判物	薬王院文書	「北条氏照と八王子城」図録
永禄四年　二月　晦日	太田資正制札	薬王院文書	『埼玉県二』二九六
永禄四年　二月　晦日	太田資正制札	薬王院文書	『埼玉県二』二九七
永禄四年　二月　日	長尾景虎制札	薬王院文書	『新潟県』四〇二八
永禄四年　二月　日	長尾景虎制札	薬王院文書	『新潟県』四〇二九
(永禄四年)三月　二日	北条氏照判物	薬王院文書	八王子城主・北条氏照　五
(永禄四年)三月　三日	北条氏照書状	加藤文書	『福生市』一二〇
永禄四年　三月　六日	北条氏照奉行人連署制札写	宮田文書	八王子城主・北条氏照　八
永禄四年　三月　六日	北条氏照奉行人連署制札	石川文書	八王子城主・北条氏照　九
(永禄四年カ)三月二〇日	北条家朱印状写	集古文書	『戦国』六八四

滝山の空間構成、制札等の文書発給状況等々、いずれもが永禄四年の越山に際して、上杉謙信が滝山城付近を通過したことを示唆している。にもかかわらず、滝山城の存在が確認されず、同城が機能していたことを疑わせしめる状況にある。

滝山城が実際に機能していたかどうか疑問視することは、この時点に留まるものではない。最初の上杉謙信越山の事後処理として後北条氏は、上杉方となった杣保（現在の青梅市周辺）の領主三田氏の討伐を行う。次の史料はその際のものである。

【史料5】武田信玄書状写(19)

如来意、今度上蔵（長野県飯山市）落居、此次而向越府雖可成動候、賀州・越中両国之大坂門徒衆、当月十六・七之間、越後へ乱入之由候条、其砌当手も為可成動、此度延引、

一、敵三田（青梅市）之内築新地之由候、然者、氏康由井在陣、敵味方之間、隔三十里之様ニ聞届候処ニ、無行徒ニ在陣、

如何様之備候哉、幸其方滞留候条、風聞之分可有注進候、
一、其方于今由井在陣、如何様之仕合候哉、不審之条々、以早飛脚、可被申越候、恐々謹言、
（永禄四年（一五六一））七月十日　　信玄（花押影）
加藤丹後守（信景）殿

後北条氏による討伐に際して、三田氏側は新城を築いたとしている。これに対して、北条氏康は由井に在陣し、三〇里ほどを隔てて対陣していた、と武田信玄は把握している。この由井の陣には信玄が派遣した加藤丹後守も在陣していたことが確認される。杣保と由井で対陣しているのであるが、この時に滝山城の存在は見えない。渡河点や多摩川を前面に抱き、交通上の要地である滝山城の位置こそ三田攻めの重要拠点であるにもかかわらず、北条氏康はより遠い場所である由井に在陣しているのである。滝山城の機能がこの時点でも疑われるのである。

最初の越山から一年後、再度、上杉謙信の越山に北条氏照は脅かされる。

【史料6】北条氏照書状[20]

去四日御注進状、同六日到着、然者、長尾弾正少弼（景虎＝上杉謙信）向其地雖相動候、御備堅固故、無其功退散、誠以拙者一身満足候、
一自小田原之返札両通進置之候、一此度其地へ敵取懸候処、後詰送候、心安之由蒙仰候、近比無御企之儀候、雖然、敵向其地相働之由、従忍申□間、翌日後詰之有躰、成下申合可致之由存、杣谷へ相移候、然者、甲州衆も小山田・加藤半途へ雖打出、敵退散之間被打□候、一氏康ニ其地敵詰陣ニ仕候而者、以夜続日可申廻候、河越へ打出、厩橋へ可及後詰由、雖被申越候、隔堺和田川陣取之由候間、出馬遅々之処ニ、敵敗北無是非候、努々非無沙汰候、
（中略）

（永禄五年）三月十四日　源三 氏照（花押）

天徳寺

参机下

天徳寺佐野房綱に状況を報じた文書の一部である。この書状の中で、上杉謙信が佐野を攻めると忍から連絡があったので、佐野への後詰めのために、そして忍城主成田長泰と申し合わせるために氏照自身が杣谷に移ったと報じている。杣谷とは現在の青梅市付近に当たり、具体的には勝沼城を指すと考えられる。佐野（栃木県佐野市）・忍（埼玉県行田市）と杣谷の三者間を考えたとき、滝山から指呼の間である杣谷に移ったことが氏照の後詰めの表現であると解するには余りにも移動距離が少なく、疑問を抱かざるを得ない。滝山を基点として後詰めに出陣したとすることに疑問を抱かざるを得ないのである。

以上、加藤の指摘に導かれて、滝山城について検討してきた。加藤は永禄四年七月〜翌五年五月に北条氏照が滝山城に入城したとしたが、この時点になっても同城が機能していたと考えることは難しいと指摘してきた。このことは同時に氏照入城以前に大石家が滝山城を本城としていたとする通説に再検討を迫るものでもある。

そこで次の課題となるのが【史料5】に見た「由井」である。この上杉謙信越山から三田領併合にいたるまでの一連の事態の結末について、武田信玄は小山田氏に「就由井筋之義、自氏康之書状披見、其以後彼口無事候哉、聞届度候」[21]と申し送っている。「由井筋」「彼口」と表現しており、北条氏康が本陣とした「由井」が意味を持っていることが窺われる。この地域の中心的な地として「由井」が存在することを示唆するものと考える。

2　由井の構成要素

中世由井郷は鎌倉時代より存在を確認でき、江戸時代の寺方村、上・下壱分方村、弐分方村一帯の広域に比定されている。土井義夫はこの広がりの内で「一筋の街道に沿って区画された大楽寺」が「諏訪神社を真中に、東はずれに住吉神社、西はずれに日吉山王社」という空間構成をとることに注目し、「由井八日市」をこの地に想定していた。

現在、この地域を貫通する街道は陣馬街道の名で親しまれており、八王子市街地の追分で甲州街道と分かれ、中世由井郷を通り抜け、和田峠を経て甲斐国に至っている。この街道は中世では「案下通」と呼ばれたようで、武・甲間の重要幹線であったことは間違いない。

【史料7】北条氏忠過所[22]

川口（山梨県都留郡）之御師浄坊、為旦那廻、武州（武蔵国）へ通候、役所無相違可通馬壱疋三人也、仍如件、

九月廿日（天正一〇年（一五八二））　氏忠（北条）（花押）

案下通

諸役所中

この史料は甲斐国より武蔵国への道筋が案下通であり、かつ交通の監視をする「諸役所」が案下通の武蔵国側に設けられていたことを示している。つまり、由井郷は武・甲間交通に関連を持って存在していたことになる。先述の史料において武田信玄が「由井筋」「彼口」と表現したことも、あるいはこの点と関わるかもしれない。

そして、戦国期には「由井」の地名が散見する。先の【史料5】では由井が陣所にされていた。交通の要所である上に、軍事的な機能をも担っていたことになる。

由井の軍事的な機能としては次の二点の史料が注目される。

【史料8】北条氏政書状写[23]

駿州へ信玄出張ニ付而、乗向候、然間為由井之留守居、栗橋（茨城県五霞町）衆召寄度候、彼動之間、栗橋之留守居頼入候、委細

源三可申候、恐々謹言、

（永禄一二年〔一五六九〕）
七月朔日　　　　　氏政（花押）

野田殿

【史料9】北条氏照書状写(24)

其以後者、遥々不申達候、然者駿州之内富士屋敷へ信玄取懸被相攻候、悪地誠ニ雖屋敷同前之地ニ候、城衆堅固ニ相拘、敵二千余人手負・死人仕出候、依之自身氏政出馬、無二可被遂一戦兵談候、然間方々ニ被指置人数、手元へ悉被召寄候、愚拙人数之事も払而召連候、以栗橋衆当地留守居可申付旨被申付候、彼地之事、動中御移可有之由氏政被申候、御同意可為簡要候、委細山本口上ニ申含候、恐々謹言、

（永禄一二年〔一五六九〕）
七月四日　　　　源三
　　　　　　　　氏照（花押影）

右馬助殿 御宿所

両通とも、永禄一二年に武田信玄が伊豆・駿河国に出陣したことに関連した文書である。この出兵に対応して北条氏政及び氏照は駿河国に出陣する。そこで武・甲間国境の警備が重要となる。【史料8】においてはこの警備を「由井之留守居」と称し、栗橋衆が当てられることが明示されている。この書状の末尾には「委細源三可申候」と書き加えられており、これに対応するのが【史料9】という関係になる。【史料9】では氏照自身も出馬するため、氏政より「以栗橋衆当地留守居可申付旨」が命じられたとあり、先の【史料8】と対応している。すなわち、当初は氏照自身が「由井之留守居」に相当する任に当たっていたが、氏照が出馬するために栗橋衆が「由井之留守居」をするようにと氏政が命じたことが判明する。

この「由井之留守居」の対象となる施設は、武・甲国境の緊張に伴う施設であり、当初は氏照自身が、そして後に

は軍事的に編成された「衆」が詰めることから、城館であることは間違いない。すなわち由井には国境地帯における大名間戦争を想定した城館＝由井城が存在したことを示している。さらにはこの由井城は【史料7】にみた「案下通諸役所中」のうちの一つの役所に当たる施設と考えてまず間違いなかろう。

3　由井と浄福寺城

(1)　大石氏と浄福寺城

文献資料から由井城の存在を確認した時、その実態をどこに比定するかが問題となる。当該地域で先述の規定に該当する城館としてはまず八王子城の存在があげられようが、永禄一二年（一五六九）という年次および案下通との関連から無理があると考える。[25]とすれば、遺跡名称で「浄福寺城」と呼称される城館が次の候補として挙げられる。

【史料10】新編武蔵風土記稿　巻之百四　多磨郡之十六　○下恩方村

寺院　浄福寺　境内除地、一万千三百九十一坪半、松嶽にあり、千手山普門院と号す、真義真言宗にて、横見郡御所村息障院の末なり、開山を広恵大師と云、

（中略）

①大永年中木曽義仲の苗裔、大石源左衛門尉入道道俊と云もの当所に居城を構へし此、継嗣あらざることを深く痛み、この像に一男を設んことを祈りしほどに、果して一子を産す、②是源四郎憲重也、後に石見守と改名せり、かゝる霊験を得て、道俊感喜之余り、そこばくの田地を寄附して、信心いよいよ深かりしとなり、③然るに大永四年十二月十四日の夜、上杉憲政襲来りて城郭を放火せし時、堂塔僧坊も片時の間に烏有となれり、④大石父子は利を失ひて相州小田原なる北条氏康に投じけるが、翌年二月中旬氏康が羽翼によりて、再び当所に帰り来りて、同

舎以下をも造立せり、然るにこの地狭隘にして、戦争の利よろしからざるまゝに、⑤大石父子は更に地をえらみて、滝山に城をとり立て移り住せり、天文・永禄年間の記録に滝山城といへるは是なり、⑥昔の城跡は本堂の後背、上り四丁余にあり、礎石・升形・本丸・外郭等の跡、今尚まのあたり存せり、

『新編武蔵風土記稿』には大永年間に大石道俊が居城として使用していたが、後に滝山城に移ったと記述されている。①に大石定久とせず「大石源左衛門尉入道道俊」と記している点、②に子息を「源四郎憲重」としている点は他の古文書に比して肯定できる点があり、また③〜⑥に高月城から滝山城への変遷という通説と異なる記述を含むなど、示唆的な点を含む資料である。他事はさておき、①・④・⑤など浄福寺城が大石氏の居城であったとする点にのみ着目してみたい。

この浄福寺城大石氏居城説の立場に立ってみると、当該城の周辺には大石道俊関係寺社が多いことに気づく。『新編武蔵風土記稿』記載を中心に大石氏関係寺社を列挙してみると三八〇頁の表13−2の通りである（「　」は『新編武蔵風土記稿』からの引用を示す）。

大石氏に関連する記載はないが、【史料2】の宝生寺も近隣に当たり、注意する必要がある。表中で皎月院・浄福寺・心源院・城光院は明確に道俊・憲重関連の寺院であり、これらを含む表記載の寺社が浄福寺城付近に確認されることは注目して良い。特に、古文書に見ることができる「道俊」の名が確認されることは、通説が「定久」の名を重視することに比して、興味深い。

また、更に注目したい点として、武蔵国の刀工である下原鍛冶の存在がある。初期の下原鍛冶について後藤安孝は「康重家文書に『武州多摩郡下恩方村辺名《へんな》』に居住し、その後下原に移ったとあるが、辺名と下原は隣接の地で、辺名には金山神社はあるが刀工遺跡としての鉄滓が発見されていない。下原の地は高月城、滝山城のいわゆる城下町でなく、大石道俊が別城としていた『浄福寺城（新城《にいじょう》）』の城下にあたる」と述べ、さらに「下原鍛冶は、大石道俊・

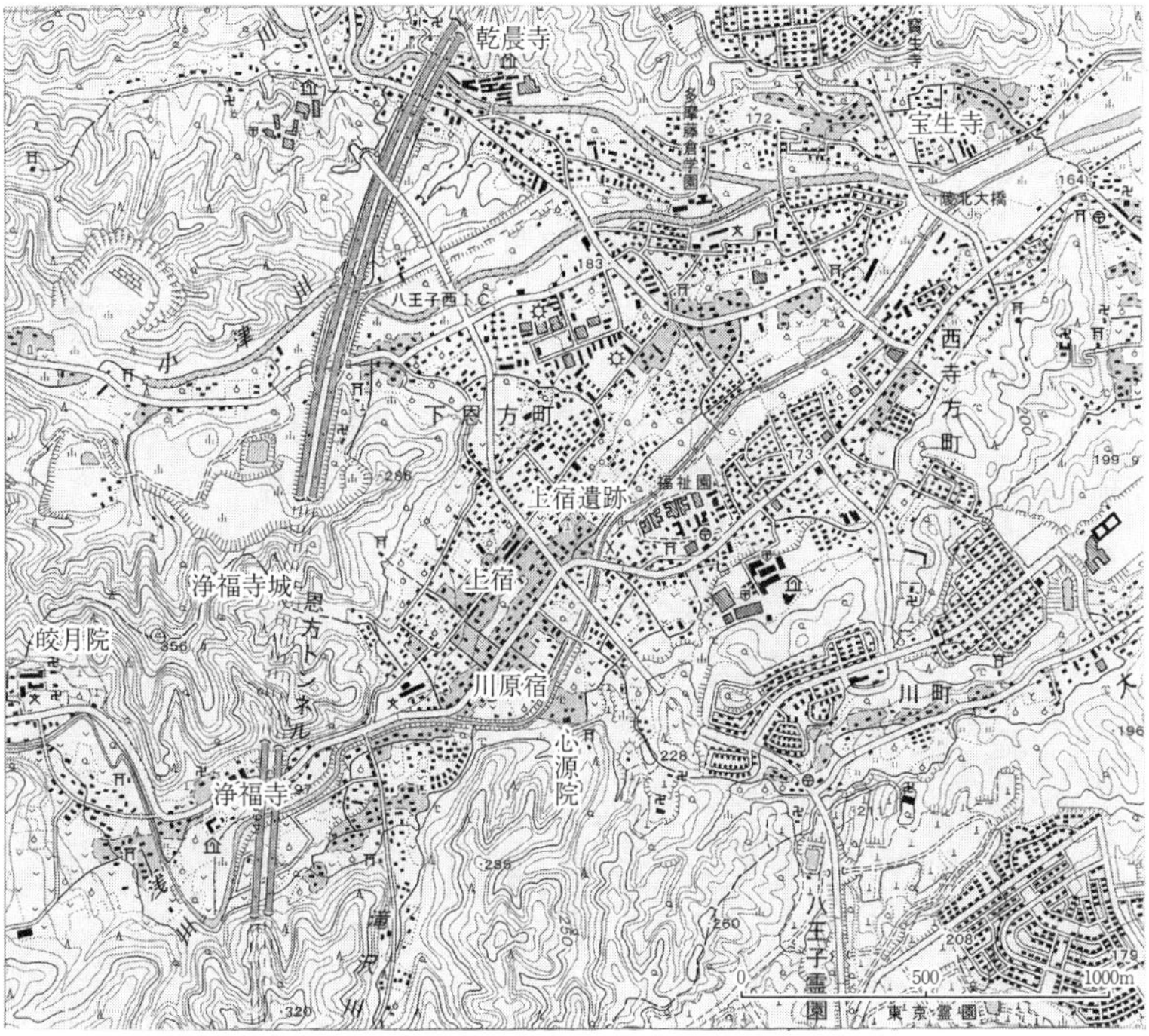

図13-1　浄福寺城周辺図

＊国土地理院発行1:25,000地形図「拝島」を基に，加筆．

憲重父子が上杉管領家に属して浄福寺城に拠っていた大永年間に下原の地に居住したと考える。その後大石氏の動向のなかで初代周重の『周』は、大石綱周の一字を受けたものであろう」と指摘している[26]。浄福寺城と大石氏の関連を考える上で重要な視点を提供している。

浄福寺城・関連寺院・下原鍛冶、これらの事項を総括するならば、近世地誌の記述には立脚してはいるものの、一六世紀前半の浄福寺城周辺に都市的な様相を想定することが可能であろう。問題はその後の北条氏照治下の「由井」との連続の確認ということになる。

以上のように、「由井」は武・甲間交通の重要地点であり、軍事上の要所でもあった。そのため後北条氏は由井城を構えていたことが確認された。この由井城は現在残る城館から比定した場合、浄福寺城である

表13-2　『新編武蔵風土記稿』所載大石氏関連寺社

巻之百四　多磨郡十六　○上恩方村	
熊野社	天文二十二年八月十九日　大石道俊判物を記載する。八王子市上恩方町上案下。背後の本宮山に旧在。
住吉社	「本地十一面観音木の坐像、長五寸許、裏に大永八年八月しつきと記せり、此像常には別当東福院に置く」とある。大石氏との関係は明確ではないものの同時代の記載である。
皎月院	「開基は皎月院英岩道俊と云ふ、これ滝山城主大石源左衛門尉定久が法謚なり」と記載。
巻之百四　多磨郡十六　○下恩方村	
浄福寺	【史料10】に引用。『武蔵史料銘記集』に浄福寺棟札銘が所載。[27] 観音堂内厨子（東京都指定文化財）は室町時代末期。
心源院	「開基は大石遠江守にて、法謚を英岩道俊といふ則石見守憲重が父にて、始め源左衛門と称せし人なり」
城光院	「開基大石源四郎憲重、法謚は浄光院殿月峯恵輪大禅定門、没年詳ならず」八王子市下恩方町松竹に旧在。
巻之百四　多磨郡十七　○山入村	
乾晨寺	「開基滝山城主大石遠江守、法名甲久院草原栄種居士、卒年詳ならず」八王子市美山町に所在。永禄年間創建とも伝える。

可能性が極めて高い。さらに浄福寺城は『新編武蔵風土記稿』の記載によると大石道俊の居城であり、かつ同書は周辺に大石氏関連の寺院が数多く存在することを掲載している。加えて大石氏と関連がある下原鍛冶も浄福寺城下に拠点を構えていた。高月城—滝山城移動説を再検討する時、浄福寺城と大石氏に注目する必要があることは明らかであろう。

由井城が浄福寺城であるかどうか、そして大石氏と浄福寺城との関連を確定するため、城館の構造を分析することが必要となる。発掘調査の履歴はないが、現状においても遺構がよく観察されることから、遺構観察による構造分析を行うこととする。

（2）浄福寺城の構造

浄福寺城は陣馬街道（案下通）が平野部から山地にかかる地点にある。山城の北を小津川が、南を北浅川が流れる。西の武甲国境から続く尾根が平野で途切れる直前の標高三五六・四mの山頂を選地している。比較的細い尾根が分岐する山に、広域にわたって築かれている山城である。浄福寺城のほか、千手山城・松竹城・案下城・恩方城などさまざまに呼称されている。

『日本城郭体系』[28]には簡略な図が掲載され、概要が述べられているが、この後に構造分析を進めたのは倉員保海である[29]。倉員は浄福寺城の遺構は、従来より東南方向に広がることを確認し、浄福寺からの「本丸直登ルート」が大手道であることを否定し、川原宿からの登城路を想定した。また北条段階では八王子城の支城であるが、叙述では明言はしていないものの大石氏段階では拠点的な城館であった可能性を模索している。浄福寺城の理解について、興味深い示唆を行った点は評価できよう。

さらに八巻孝夫は浄福寺城の縄張図を作成して、浄福寺城の構造についての理解を一段と引き上げた[30]。縄張研究による浄福寺城の研究は一定の到達を見たと言ってよい。また歴史的には大石氏段階で「甲斐に通じる古案下道の確保」を指摘しており、天正一〇年以降の八王子城支城として再度の取り立てという二段階を提案した。大石氏段階の指摘は傾聴に値しよう。

しかし、八巻は倉員の指摘した大手道の問題については触れることはなく、全体的な評価について「この城の特徴は、曲輪をほとんどとらず、防御線のみをとろうとしていることがあげられよう。これは、この城が純軍事的な存在で、居住などをそれほど考慮していなかったためと思われる。全く機能専一の城で、八王子城の出丸と考えてもよいほどである」と結論付け、北条氏照のみならず大石氏段階においても軍事的な支城としての浄福寺城を強調し、倉員が模索した拠点的な城館としての浄福寺城という視点を著しく後退させた。

浄福寺城の構造の把握はこの両説当否から始まる。

八巻が指摘するように、城内各所に堀切が普請される。堀切の規模は大きく、進入を阻止する「遮断の堀切」が多く認められる。また連続竪堀・堀切も城内3ヵ所に見受けられ、軍事的に優れた技法を取り入れた城館であることは肯定できる。

次に道筋の復原である。主郭から順次見ていきたい。

図13－2は主郭南の虎口（仮称虎口1）である（矢印は外から内の方向を示す）。この虎口は西側尾根続き及び浄福寺からの登山道と接続している。尾根の西側スロープを上りつつ、九〇度回転して主郭内にはいる。虎口西端には土塁と壁面に挟まれた地点があり、門の構造物を想定させる。虎口に接する主郭の南端は監視・威嚇の機能をもった櫓台に相当する地点と考えられる。

西側及び浄福寺につながる道筋では、構造的に明確な虎口はこの主郭南虎口のみである。

主郭にはこのほかに東側にも虎口（仮称虎口2）が存在する（図13－3参照）。主郭の東端に土塁で囲まれた枡形の空間が存在する。現状の道筋は枡形の空間の東北端から尾根上を降るが、同空間の南側に開口部があり、尾根に沿うように小径が確認される。図13－3に登城路と虎口を復原した。虎口を出た道は九十九折れとなって下り、堀切に到る。この道筋は主郭東の仮称虎口2部分を除き明確な道筋となっている。また東北端の堀切も壁が険しく聳え、遮断の堀切と評価できる。

また図中Aの地点の郭（第二郭と仮称）から降る道筋は、浄福寺に続く尾根の東側に隣接する尾根へと下る道筋となっている。当該の尾根を登ってきた場合、中心部に到達した際に山城の中枢部の東側を迂回するように道付けされている。

中心部より図中Aの地点の西側下に到達した道は図13－4に見るように第二郭を迂回し、北側の堀切底を横断し、山の東側斜面に到る。この道筋はやや不明確な残存状況であるが、図13－3で確認した道筋及び図13－5に示す虎口へのアクセスを前提に復原した。したがって第二郭は北東方面の中心的な郭となる。

図13－5は図13－4の道筋に接続する部分で、中心部より東に延びる尾根である。内側から仮称虎口3・橋（木橋）・仮称虎口4を連結させる。道筋は尾根沿いをさらに東へと接続させる。このうち仮称虎口4は二折れする道筋に竪堀・スロープを組み合わせ、一折目と二折目の間には門の構造物を配置したと推定される。遺構の状況から権威を表す門であったことが推定される。

図13－6は図13－5の東側にある遺構で堀切が残ることから城館の遺構の一部と判断される。遺構の詳細は不明であるが、規模の大きな虎口の空間と判断される。道筋もやや不明な箇所があるが、現在の道に則して復原した。この空間は城内の他の空間に比べて広い空間を占めてい

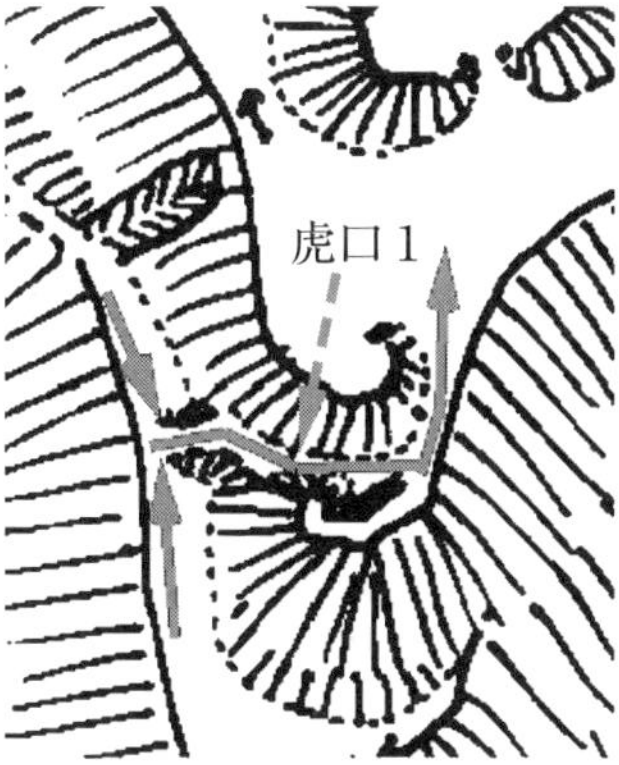

図13-2　主郭南虎口

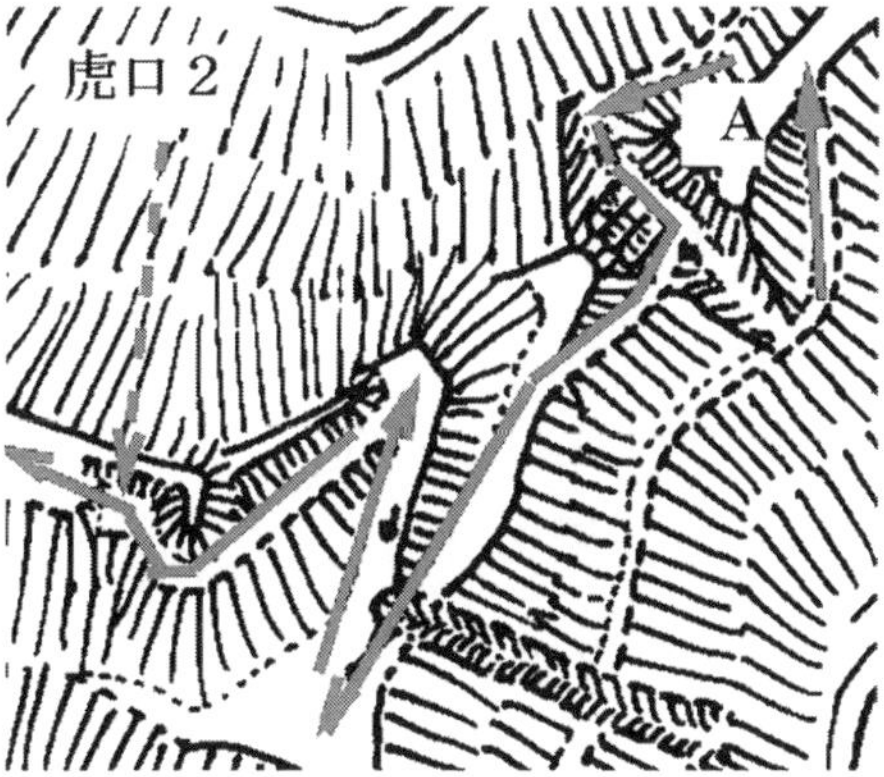

図13-3　主郭東虎口付近

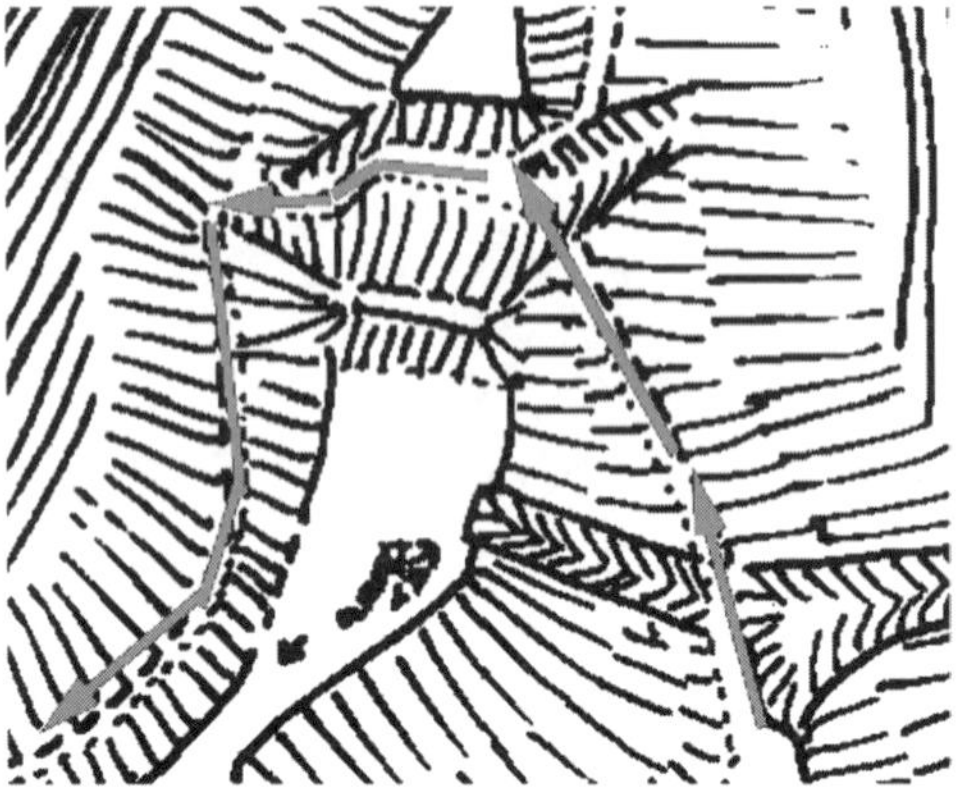
図13-4　中心部北側付近

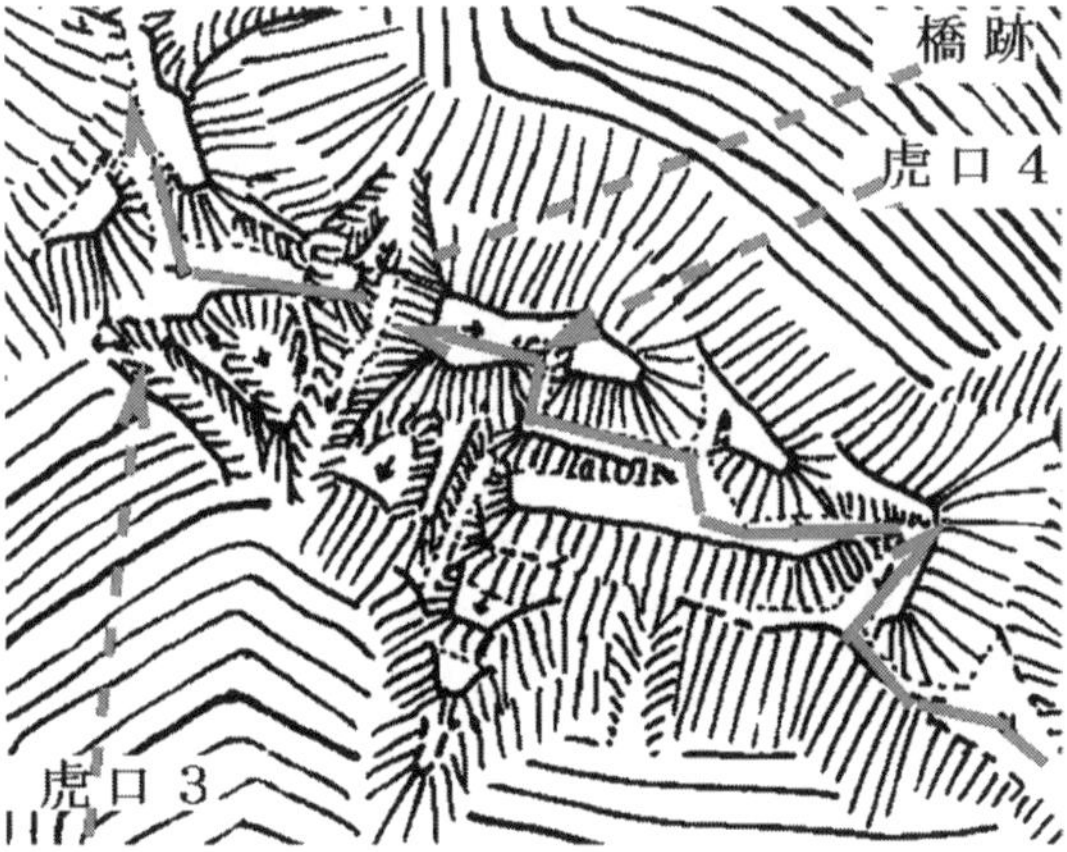

図13-5　東側尾根付近

ることが注目される。

この空間をさらに東へと進むと小さな頂部に突き当たり、地形は北と東へという二方向に尾根は分かれる。現在の登山路は東の尾根を降るが、遺構の残存から主たる道筋は北へと続くと判断される。その接続は図13－7となる。

現状は僅かながら虎口と観察される遺構を含み、道は東北へと続く。山麓近くでは線の短い竪堀と組み合わさって、登口を形成している。なおこの地点には戦国期の五輪塔が存在する。

以上、虎口と道筋を中心に遺構を概観した。普請の明確な虎口を持つ道筋は二筋あることが確認され、虎口1の方向は虎口が1ヵ所のみであることに対して、図13－3から図13－7に到る道筋は複数の虎口を連続させる。特に仮称虎口2・4は構造的にも優れた虎口であり、また迂回させる道筋の設定など、普請の計画段階で熟考したことが観察される。すなわち図13－3から図13－7に至る道筋こそ大手道にあたると判断して間違いない。

権威を示す門の存在や遺構で山頂から山麓にまで至って確認される大手道の存在、城域の規模などは、浄福寺城が軍事目的のみの存在と評価させることを躊躇させる。[31]

そして、大手筋の東の延長に川原宿が存在することは見落とせない。現状では陣馬街道が通過する川原宿があり、同宿に平行して上宿の街路、そしてその北側に一筋の道筋が東西方向に通る。この三本の道筋は昭和三一年（一九五六）撮影の空撮にも確認され、三本の道筋を街路とした城下町の存在が推測される。

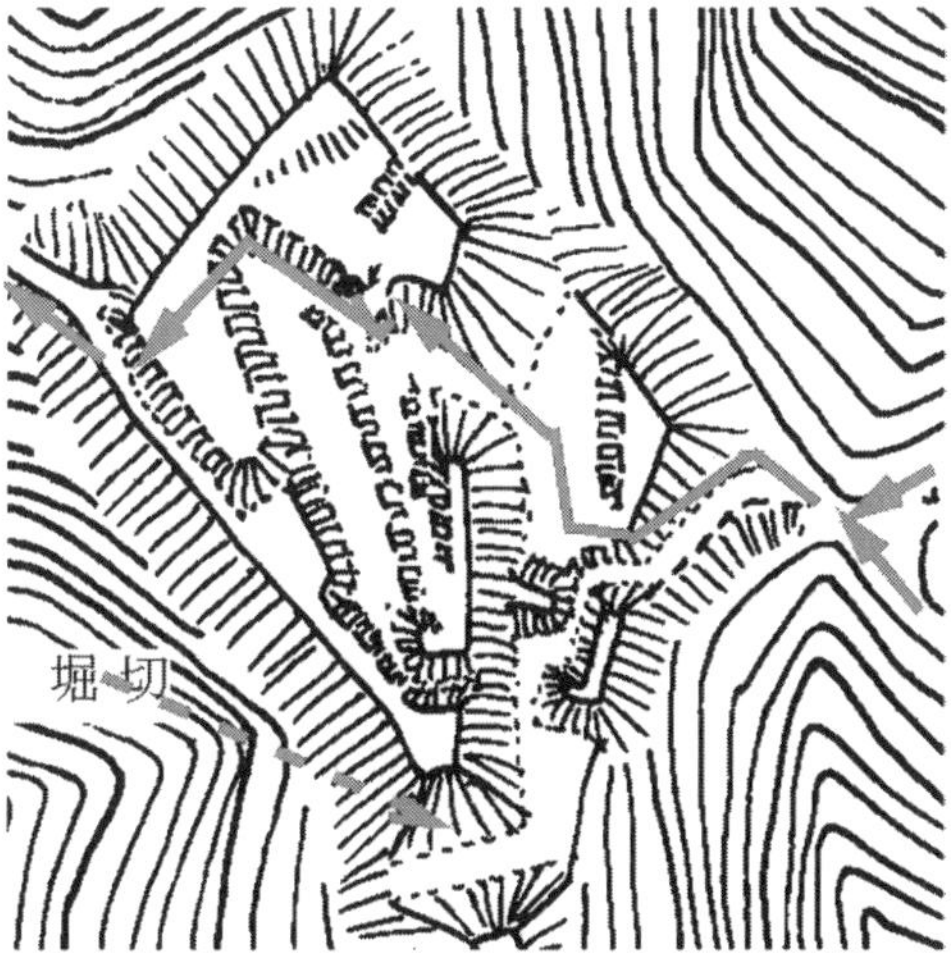

図13-6　東側虎口の空間付近

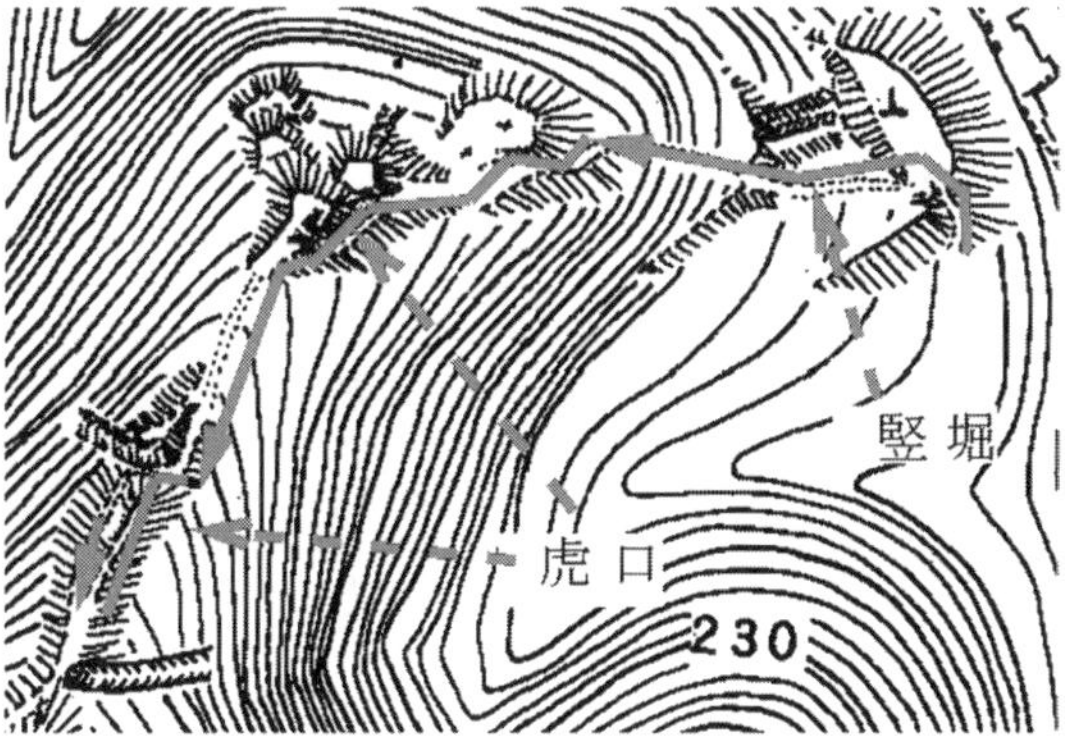

図13-7　東山麓付近

この浄福寺城下は上宿遺跡と把握される埋蔵文化財包蔵地であり、城下の東端と想定される地点で道路建設に伴う発掘調査が行われている。[32]

調査地点は城下三本の道筋が平行する終末点付近で、上宿の街路とその北側の街路の中間である。

中世の遺物としては端反白磁皿・古瀬戸後期縁釉皿、瀬戸大窯丸皿、常滑甕（中野編年11形式）

のほか、阿弥陀三尊図像板碑を含む七点の板碑片が出土している。遺物から早ければ一五世紀、少なくとも一六世紀前半には存在した遺跡であることは確実である。

また、長方形の調査区の長辺に接して上部幅約四m、下部幅約一m、深さ約一mの溝状遺構が検出された。調査所見では、「現時点では構築時期については、中世まで遡る可能性を示唆しつつ、一応近世以降としておきたい」と慎重に判断しているが、城下の端に当たり、【史料10】中の「外郭」と関連する可能性もあり、興味深い遺構である。

このように城下域の戦国期における痕跡は考古学的に確認されている。

浄福寺城の構造を分析してきたが、概括すると以下のようになる。

虎口が技巧的であり、少なくとも戦国期の遺構であることは間違いない。城内の道筋も明確であり、遮断と通路のメリハリがしっかりとしている。東側山麓を城下としていることが想定され、地域支配を視野においた拠点的な城館と考えられる。全体的に規模も大きく、八巻が指摘するような軍事的な目的のみの城館という性格ではない。また地理的に武甲国境を通過する案下通を抑える機能を有する城館であり、国境管理の目的が浄福寺城に考えられることから、城主はある程度の広域的な領主であると想定できる。すなわち、構造的には【史料8】の「由井之留守居」に当たる城館であることを否定しないのである。

浄福寺城の遺構の分析は、文献で確認した「由井城」の機能と矛盾する点はない。さらに『新編武蔵風土記稿』で確認した浄福寺城関連の記事をも踏まえれば、他に比較できうる城館が存在しないことから、浄福寺城と「由井城」は同一である可能性が一段と高くなる。

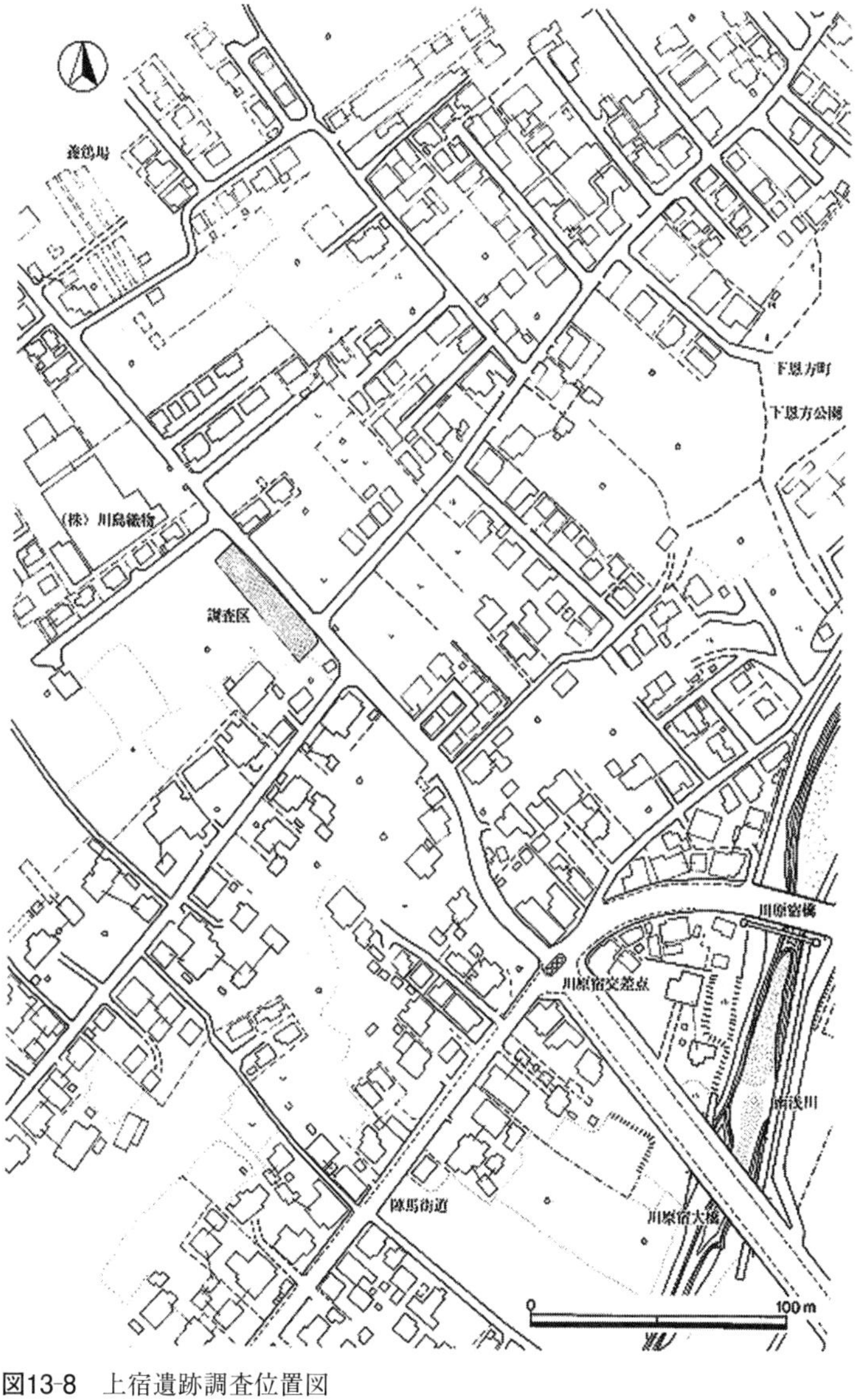

図13-8　上宿遺跡調査位置図

＊『東京都八王子市上宿遺跡』（八王子市上宿遺跡発掘調査団，1995）より転載.

4　由井と氏照

北条氏照治下の由井に「由井城」が存在したことを【史料8】【史料9】から分析した。しかし当該の史料は永禄一二年の史料であり、滝山初見以後の段階である。由井城の位置は滝山城の支城であると言うことは論を待たない。しかし、由井城の存在と浄福寺城の問題をイコールで結んだ際、問題は深化する。浄福寺城という空間と武・甲間の要所である都市「由井」が一致するとした時、少なくとも従来の通説である大石氏本拠変遷説が想定し得なかった地域像が存在することになる。戦国期「由井」の位置を再度捉え直す必要があることは明らかではなかろうか。

戦国期「由井」を考える際、『所領役帳』に糸口がある。

【史料11】『小田原衆所領役帳』他国衆(33)

（前略）

一　油井領

七拾弐貫四百廿三文　久良岐郡　富部臨江寺分

五拾貫文　小山田庄内　小野地

東郡　溝上下　今ハ中山（山中）彦四郎

同　座間

同　粟飯原四ケ村

同　落合

武州　小山田之内四ケ村

（後略）

『所領役帳』所載の油井領（由井領）の記事について、湯山学は由井領は椚田城（現八王子市椚田）を本拠とした長井氏の所領を継承しているとし、長井―大石―氏照の継承関係を主張している[34]。しかしこれに先だって加藤哲は氏綱期の南武蔵進出について政治史的に述べ、由井領については『役帳』記載の由井領は旧来の大石領とは異なった氏照の当初の所領と指摘している[35]。長井氏本城である椚田城を山内上杉氏が落城させ、その後十分に維持できないままでいたところ、北条早雲が確保したという経緯から考えて、後者が支持されると考えられる。

特に加藤が由井領が大石家本来の領と氏照のいわば持参所領との両者で成り立っていたことに注意を払っていることは重要であろう。『所領役帳』は氏照が既に大石家に入嗣した後の成立であるにもかかわらず、由井領は依然として「他国衆」に編成され、大石家本来の領が含まれていない。このことはこの段階にあっても大石家が一定の自立性を保持していたことを反映していると考えられる。そして、両者全体を由井領と呼称していることは、『所領役帳』の他の領記載の表現から類推して、由井領の中心が由井にあったことの表現であり、大石家本来の領の中心が由井であったと考えることができる。

同様に「由井衆」なる語の存在も史料に確認できる。

【史料12】北条氏照印判状写[36]

十壱貫五百四十四文　　知行之辻
　　弐人　　上下
　鑓　　　壱本長柄
　大立物
以上改而被仰付条々

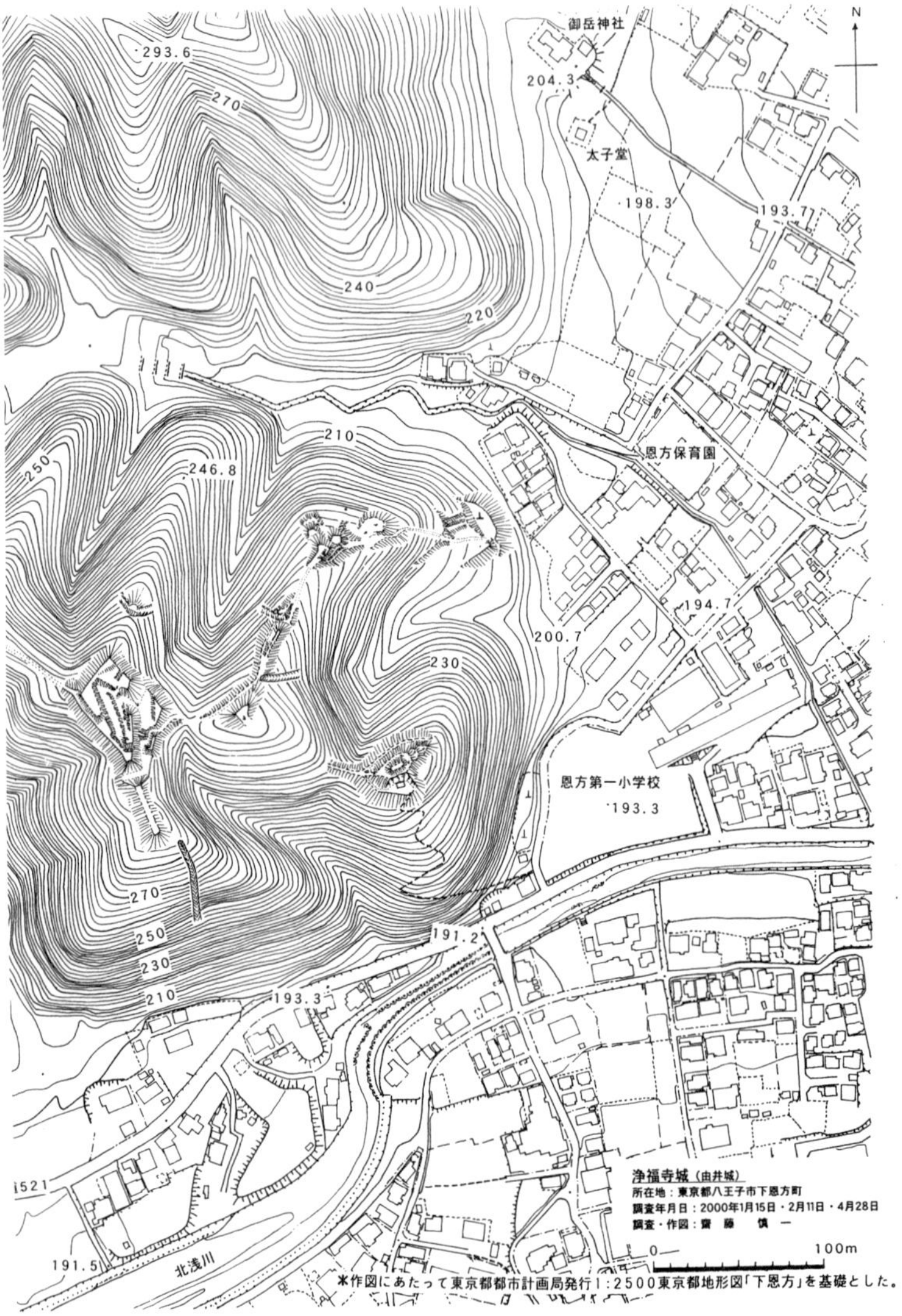
御岳神社
N
293.6
270
204.3
太子堂
198.3
193.7
240
220
210
250
246.8
恩方保育園
194.7
200.7
230
恩方第一小学校
193.3
270
250
230
210
191.2
193.3
北浅川
191.5
浄福寺城（由井城）
所在地：東京都八王子市下恩方町
調査年月日：2000年1月15日・2月11日・4月28日
調査・作図：齋藤　慎一
0
100m
*作図にあたって東京都都市計画局発行1:2500東京都地形図「下恩方」を基礎とした。

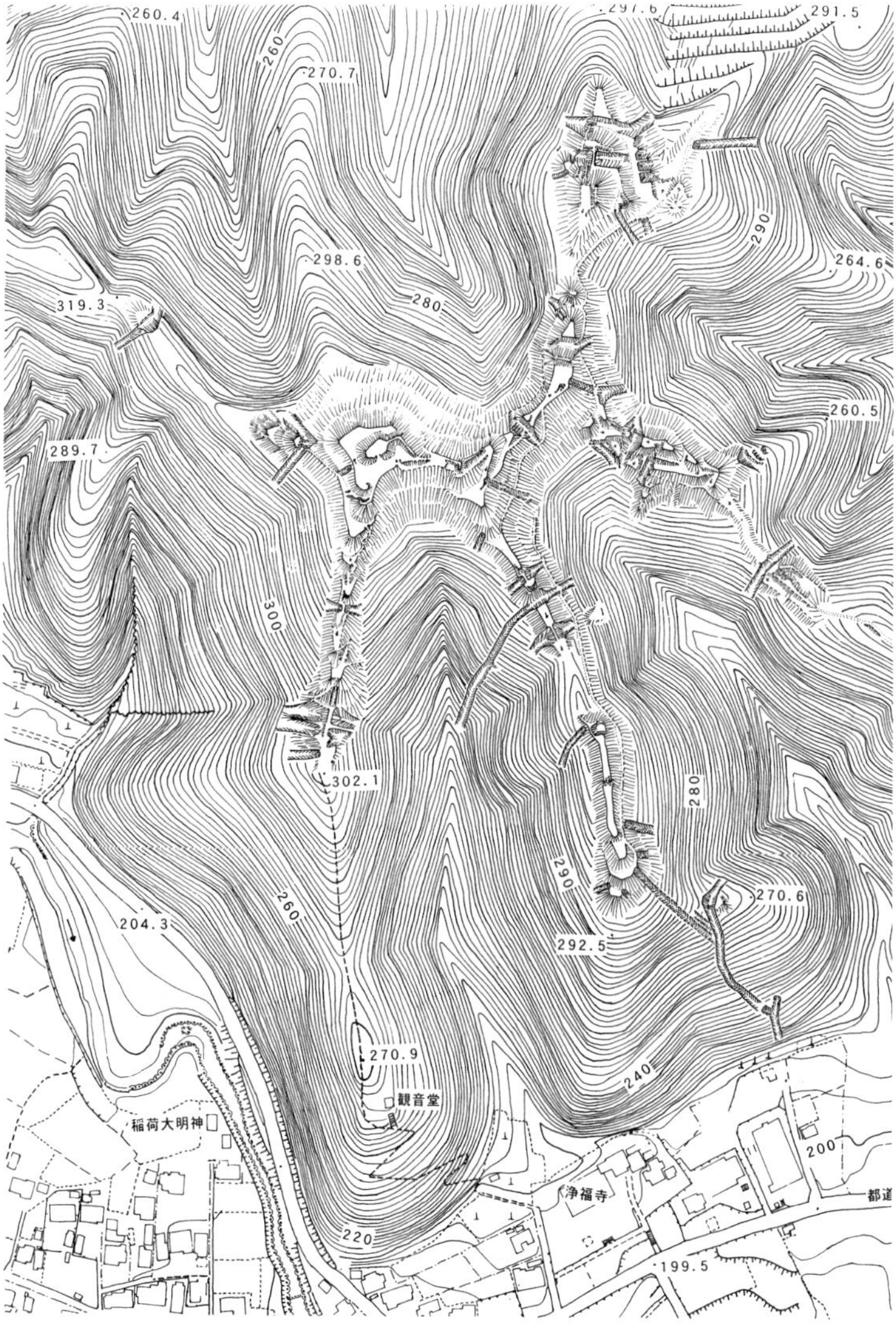

図13-9　由井（浄福寺）城概念図

一　竹鑓御法度之事、付、はくおさる鑓御法度之事、
一　二重して策紙可致之、長さ可為六寸七寸事、
一　鑓持歩者にかわ笠きすへき事、
一　道具廿より内之者ニ為持間敷事、
一　無立物甲、雖軍法ニ候、由井衆不立者も有之、見合ニ打而可被捨、於来秋可致大立物事、
右、着到知行役候処、毎陣令不足候、無是非候、来秋不足之儀ニ有之者、知行を可被召上、御断度々重上、於来秋被指置間敷者也、仍如件、

（永禄九年）寅（一五六六）

六月廿一日（印文「如意成就」）

来住野大炊助殿

北条氏照が発給した軍役に関わる史料である。本状中に「由井衆」の語を見ることができ、文意から明らかに軍事的に編成された集団である。

以上のように所領単位としての「由井領」、軍事的編成の単位としての「由井衆」を確認した。先に武・甲国境の「由井城」を指摘したが、これらの「由井」の一致は偶然でなく、少なくとも『所領役帳』以前に領域の拠点としての「由井」が存在したことを示している。しかもその地は大石氏領の中心であると推定されることになる。

そこで次の史料に注目したい。

【史料13】北条家朱印状写(37)

金子屋敷・桑〔ママ〕良屋共免許之事、

一、棟別銭・官〔反カ〕銭先方借銭来候事、印判無之而押立・伝馬等之事、

右、川越江送迎之儀、昼夜走廻付、御赦〔免カ〕見之御判被下之、

但、三田郡之内万事、雖由井下知可走廻者也、仍如件、

永禄六年（一五六三）癸亥卯月八日　大道寺駿河守〔資観〕奉之

金子大蔵少輔殿

小田原から出された役に関する朱印状の写である。受給者金子氏は現埼玉県入間市付近に所領を持っており、北条氏照領内に属していた。それゆえに小田原からの命令ではなく、「雖由井下知可走廻者也」と記載されている関係になる。問題はこの「由井」の表現であるが、北条氏照を指すことは明らかであるが、従来は名字と考えられていた。確かに時代は下るが（永禄一一年）極月二四日本庄繁長書状写(38)では宛所が「由井源三殿」となっており、その可能性はある。

そもそも氏照と由井氏の関係を論じたのは奥野高広(39)であった。奥野は天野文書の関東下知状(40)の「由比本郷内源三郎屋敷」を由井源三郎とし、北条氏照をその継承者としている。しかし加藤は、氏照は直接に大石氏を継承し、由井の領主になった、故に「由井源三」と呼ばれることがあったとする。そして氏照自身が「由井源三(41)」を称したことはなく、また戦国期に由井氏が存在したことそのものが疑問だとしている(42)。積極的に賛意を示したい。

そもそも奥野が指摘する関東下知状記載の源三郎が、由井姓であるとする根拠はない。また源三氏照が源三郎を名乗ったこともなく、「郎」を付加する根拠は無い。また戦国期八王子に由井氏という在地領主の存在したことは未論証であり、問題とされる由井郷は関東下知状の段階では天野氏の所領であったことは明らかである。従って「由比本

郷内源三郎屋敷」と「由井源三」は関連づけることはできず、偶然の一致と判断される。

北条家出身の氏照が大石家を継承し、大石姓を一時的といえども名乗ったのは事実である。その関係に加えて由井家継承を想定したために、初期段階の氏照についての説明に困難が生じた。この研究史の影響が氏照と由井の問題を複雑化させたと考えたい(43)。

そこで【史料13】中の「由井下知」の由井を地名と考えたい。同様な事例は「鉢形御印判(44)」が挙げられる。氏照を地名の由井で表現するならば、氏照と由井の関係は緊密なものであり、大石氏を継承したことを含め、由井が氏照の本拠としてあったことを裏付けることになる。

滝山の語の初見を先に指摘したが、この点と【史料13】の「由井下知」とを関連させた時、永禄六年卯月（由井終見(45)）～永禄一〇年九月（滝山初見）の間に由井から滝山へ移転が行われたことが想定されることになる。

由井城から滝山城への本拠の移転を想定した場合、【史料2】の宝生寺の移転もさらに合理的に解釈できることになる。宝生寺は由井郷に所在したが、滝山城への移転に伴って(46)、宝生寺も引かれたと考えることができる。

また八日市についても同様なことが指摘できる。土井義夫が指摘したように由井本郷に八日市が存在した。

【史料14】北条家朱印状(47)

寺中棟別之事、指置畢、不可有相違者也、仍如件、

弘治三年（一五五七）丁巳十一月廿七日（印文「禄寿応穏」）

八日市場

西連寺

【史料15】北条氏康書状(48)

大須賀信濃守其地へ被移付者、同刻可被打立候、江城（江戸城）返無用候、自岩付（埼玉県岩槻市）直滝山へ移、由井八日市へ可被打着候、
八王子筋へ、甲衆出張由申候、彼地一切無人数候間、一段無心元候、一刻も早速可被急候、恐々謹言、
（永禄一二年）（一五六九）
五月八日　　　　　　　　氏康（花押）
　　富永孫四郎殿

二つの史料はいずれも由井本郷内の八日市に関する史料であるが、【史料13】は既に先学に引用されており、滝山城に先行して八日市場が存在することを示すものである。【史料14】は「由井・八日市」と並列に解釈されることがあったが、文意や地理関係から由井の八日市と解釈することが妥当であろう。つまり、滝山城が機能している永禄一二年にも存在していることがわかる。そのまま土井が指摘するように八王子城の町場につながる存在であろう。

しかし、八日市は滝山城下に字としても確認される。この地は隣接する字横山とともに滝山城下の町場の地であった。また字滝山の中には小字八幡宿・八幡宿前の地名が残っている。この八日市・横山・八幡は一体になって存続し、後の八王子城下、さらには現在に連なる八王子宿の基本的な構成となっている。詳細は次章で論じるが、滝山で構成された町場がそのまま継承されているのである(49)。基本的な町場の一つである八日市の地名が由井郷内に存在するとした時、滝山城下の創出に際して分割されて移転したことを想起せしめる。

このように由井からの滝山への連続面が指摘でき、滝山城下の形成に伴って由井からの移転が想定されるのである。また氏照の復姓の問題にも注意を払っておきたい。明らかに「大石源三氏照（花押）」(50)と署名した氏照が北条に復姓する。その初見は（永禄一一年）一二月一九日北条氏照書状(51)の「平氏照（花押）」であろう。大石氏は源姓であるため、この平姓の使用は北条復姓を意味すると考えられる。この年代は滝山移転以後となる。すなわち、改姓の背景には滝山城移転が由井領における大石家の影響力を払拭させ、由井領を北条領国としての領に転換させたことの影響が考えられることになる。

小結

由井は甲斐国に通じる重要幹線「案下通」の武蔵国最西端にあたり、戦国期には政治的・経済的・軍事的に重要な位置にあった。少なくとも一六世紀前半においては八王子地域の中心都市であった。そしてその由井を把握していたのが大石源左衛門道俊であった。同家の本拠は通説に言われていたように高月城から滝山城ではなく、由井（浄福寺）城であった。そして北条氏照は大石家を継承し、滝山城入城以前は由井（浄福寺）城を本城として、由井領の経営に当たっていた[52]。

天文二三年の北条・武田・今川の三国同盟成立以前、北条氏にとっては甲斐対策は政治的課題であり、武・甲国境の要所である由井を本拠とする大石氏を把握することは極めて重要な意味を持ったことは間違いない。その具体的な手段として大石領の北条領国への併合があり、その延長線上に案下通を抑える大石家本城の由井（浄福寺）城を北条領国の「境目の城」として位置づけるという政策が存在したと考えられる。このように考えると、当初における大石氏の由井（浄福寺）城築城は山内上杉家による対甲斐国政策が背景にあったのではなかろうかという八巻の指摘も十分に意味を持つ。

そして由井城が大石氏及び北条氏照の本城であった時期は永禄六年四月以降、同一〇年九月の間に滝山城移転があり[53]、その後に同城は滝山城の支城の位置づけとなった[54]。

この滝山城への移転はおそらくは上杉謙信越山に対応したもので、由井領が対甲斐から対北関東に視点を向けざるを得なくなった状況と関連する。由井が武・甲国境の「境目の城」であったのに対し、滝山城は南北に貫通する領国の幹線道路の多摩川渡河点を抑えているという空間構成が如実に語っている。甲斐を意識する由井（浄福寺）城の地理的位置は政治的課題に照らして不適合となった。より北関東情勢に対応できる場が求められた。そこで滝山城が成立するのである。つまり、滝山城は北条氏照の領の本拠の城館であると同時に、北関東の政治情勢が背景にあって成立した戦国大名北条家の支城なのである。

最後に由井（浄福寺）城の空間構成について付言しておきたい。既に触れたごとく、由井（浄福寺）城は山城と東側山麓の城下がセットであったと考えられるが、その外縁部に由井八日市と宝生寺を位置づけていると把握しておきたい。由井八日市は前代以来の経済的な中心地であり、宝生寺は地域の宗教的な核である。この両者を空間に位置づけて由井は成立していたと考えたい。

この空間構成は、土井義夫が小島道裕の説(55)を引用して論じた八王子城の城下構成を考えた理論的枠組み(56)が、由井（浄福寺）城設定段階まで遡ることを示している。つまり、都市「八王子」での領主による町場把握は、八王子城への移転という一六世紀の第4四半期段階の問題ではなく、由井（浄福寺）城築城段階（一六世紀前半(57)）の問題であったことになる。そして、滝山城への移転時に宝生寺や八日市の一部が移転していることを踏まえるならば、由井における領主と町場の力関係が徐々に領主側に傾斜していったと言い得るのではなかろうか。すなわち由井段階と滝山段階では、都市の内部構造の面でも差が存在するのである。

注

（1）戦国時代から近世初頭にいたるまで、当該地域の都市は、分析の対象としている由井も含め、滝山・八王子（元八王子）、そして近世の八王子宿へと中心を移動させている。本章および次章ではこれらを総称する地名として都市「八王子」を使用する。

（2）「北条氏照の由井領支配の開始――滝山城の入城時期について」（『歴史手帖』三―七、一九七五）

(3)「北条氏照による八王子城支配の確立」(『國學院大學大学院紀要』第八輯、一九七七)
(4) 以下、上杉謙信に関しては煩雑なため、上杉謙信に統一する。
(5)「後北条氏の南武蔵進出をめぐって」(『戦国史研究』第六号、一九八三)。なお、加藤はその後の「武蔵野の武将と領国」(『武蔵野』第五九巻第二号、一九八一)において「氏照の滝山入城時期については判然としないものの、まず後北条氏による直接支配が軌道に乗った永禄初年以降のこととして間違いなかろう」としている。
(6)「大楽寺と八日市場——八王子城と市と町覚書(一)」(『多摩のあゆみ』第四〇号、一九八五)・「大楽寺と八日市場——八王子城と市と町覚書(二)」(『多摩のあゆみ』第六〇号、一九九〇)・「地域史研究と中世城館——武蔵・八王子城を素材として」(石井進・萩原三雄編『中世の城と考古学』新人物往来社、一九九一)
(7)「合戦史に現れた武蔵目代大石氏について」(『駒沢史学』第二二号、一九七五)
(8)「武蔵守護代大石氏に関する二、三の考察——信重・憲重を中心に」(『史学研究集録』第一四号、一九八九)
(9)「山内上杉氏の守護代大石氏再考——『木曽大石氏系図』の史料批判」(『多摩のあゆみ』第七三号、一九九三)
(10)『福生市』一六一
(11)『福生市』一六二
(12)「熊野山沢泉院円福寺蔵大般若経写本奥書集」三〇(『多摩文化』第一一号、一九六二)
(13) 後掲【史料13】永禄六年卯月八日付北条家朱印状写(『東村山市』三三八)による。
(14) 前掲注(5)「後北条氏の南武蔵進出をめぐって」
(15) 大日本地誌体系『新編武蔵風土記稿』(雄山閣出版、一九七〇)。以下、新編武蔵風土記稿からの引用は同書による。
(16)『戦国』六六二
(17) あるいは「由井」の誤写であろうか。
(18)『戦国』六七〇
(19)『都留市』一一五

(20)『群馬県』二一六二
(21)『都留市』一二〇。同史料集は「永禄六年カ」とする。
(22)『戦国』二四一六
(23)『戦国』一二七二
(24)『戦国』一二七七
(25)『新編武蔵風土記稿』巻之百四　多磨郡之十六　○元八王子村　宗関寺の項には、「武州由井城主大石左金吾日遠江守定久英巌居士道俊」の記載が見られ、明らかに「八王子城」と使い分けている。
(26)後藤安孝「武州下原刀」（福生市郷土資料室特別展『武州下原刀展』図録、一九九八）
(27)『武蔵史料銘記集』五六三

大檀那大石源左衛門入道道俊弁子息憲重、当別当権少僧都長尊、
大永五年十二月十三日　小工清水宗八
大工瀬沼左衛門允

武州吉見岩殿山光明寺息障院長義大和尚附法受、同当寺千手山城福寺中興開基本願権少僧都長尊、東寺意教之御流也、為末世濁乱之世至興隆仏法也、仰願父母師匠一仏浄土之無疑者也、
大永五年乙酉十二月十三日　金資長尊

(28)『日本城郭体系　第五巻　埼玉・東京』（新人物往来社、一九七九）
(29)「八王子浄福寺城に関する新考察」（『多摩のあゆみ』第四〇号、一九八五）
(30)村田修三編『図説中世城郭事典』第一巻（新人物往来社、一九八七）のうち【東京都】松竹城の項。
(31)八巻は山城内部に居住空間がないことを軍事的目的のみとする根拠の一つとしているが、居住空間は必ずしも山城内部に求められなければならない必然性はなく、八巻の指摘の根拠とはなり得ない。むしろ居住空間は後述する城下の内に存在したと考える方が一般的ではなかろうか。

(32)『東京都八王子市上宿遺跡』(八王子市上宿遺跡発掘調査団、一九九五)

(33)『小田原衆所領役帳　戦国遺文　後北条氏編別巻』一五七頁

(34)「相模国座間郷と大江姓長井氏――『由井領』の成立をめぐって」(『多摩のあゆみ』第四三号、一九八六)

(35)前掲注(5)「後北条氏の南武蔵進出をめぐって」

(36)『福生市』五三

(37)『東村山市』三三八

(38)『福生市』一六六

(39)「由比源三郎と北条氏照」(『府中市史資料集』第五集、一九六四)

(40)長文であるが、参考のために以下に掲げる。

天野肥後左衛門尉景茂法師法名観景今者死去、女子尼是勝本名尊勝代泰知与兄次郎左衛門尉景広代盛直・同弟三郎左衛門尉顕茂代朝親等相論由比尼是心観景姑遺領遠江国大結・福沢両郷・避前村・武蔵国由比郷内田畠・在家源三郎作事、右、就訴陳状、欲有其沙汰之処、各和平畢、如朝親去月廿五日状者、由比尼是心遺跡武蔵国由比本郷内源三郎屋敷顕茂知行分・遠江国避前村等中分事、右、就于是心養女尼是勝訴訟、番訴陳、雖遂問答、以和与之儀、源三郎屋敷除打越地定、炭釜一口内三分一弁避前村等半分、巨細載目六畢、避与尼是勝者也、但避前村代官屋敷者、可為顕茂分、同村内中辺名代官屋敷者、可為是勝分、若彼屋敷交量避前屋敷之処、不足者、於不足分者、以顕茂分可入立之、又諏方社号大宮、・毘沙門堂等者、可為顕茂分、八幡宮号西宮・十二所権現者、可為是勝分、次源三郎屋敷内社一所号二十四所宮、者、可為顕茂分、御堂壱所是心墓所者、可為是勝分、然則、云顕茂○分注文、云是勝分注文、為後証、両方所令加判也、於自今以後者、任彼状、相互無違乱可領知云々、如泰知同状者、子細同前云々、如盛直同廿七日状者、由比尼是心遺領武蔵国由比本郷内源三郎屋敷・田畠・在家弁炭釜景広知行分、遠江国大結・福沢両村等中分事、右、就是心養女尼是勝訴訟、番訴陳、雖遂問答、以和与之儀、所去渡源三郎屋敷内田畠・在家景広知行分弁大結・福沢半分於是勝也、但今無坪付以下委細目六之間、召上地下之注文、無後煩之様、来月中可書渡是勝方、次是心跡炭釜一口内六分壱可為是勝分云々、如泰知同状者、子細同前、此上不及異儀、早任彼状、

可致沙汰之状、依鎌倉殿仰、下知如件、

文保元季六月七日

相模守平朝臣（北条高時）（花押）

武蔵守平朝臣（金沢貞顕）（花押）

（『増訂鎌倉幕府裁許状集上』二七二）

(41) 管見では先述したとおり（永禄一一年）極月二四日本庄繁長書状写（前掲注(38)文書）の宛所に「謹上由井源三殿」と見えるのみ。

(42) 「『油井領』の性格」（『戦国史研究』第一六号、一九八八）

(43) 歴代古案に見られる「由井源三殿」の解釈も何らかの別の説明をする必要があると考える。本章の立場としては地名との関連であると考えるが、現状では積極的な解釈を持ち得ていないため、判断を保留としたい。

(44) 『戦国』二二一六

(45) 由井の語は、「由井領」などの語が存続し、江戸時代になっても『新編武蔵国風土記稿』などにも残るため、終見を設定しがたい。【史料12】「由井衆」も永禄九年六月の年次を持っており、都合がよいと考えられるが、「由井領」と関連して単位として継続する個別名称の可能性があるため、終見としては除外した。

(46) 前掲注(6)参照

(47) 『戦国』五六六

(48) 『戦国』一二一八

(49) 『新編武蔵風土記稿』巻の百一　多磨郡之十三　○八王子横山十五宿付滝山

(50) （永禄四年）三月三日北条氏照書状（『戦国』六七〇）

(51) 『戦国遺文』一一二七

(52) 加藤哲「後北条氏の南武蔵進出をめぐって」（前掲注(5)）は、永禄五年（一五六二）以前は相模国当麻に本拠を定めていた可能性を指摘している。この点は今後の課題としておきたい。
(53) 論じたように、その時期のなかでも永禄一〇年に近い時期であろう。
(54) 従来、滝山城は大石家の本拠と考えられており、滝山城は新規築城であるかどうかという点があらためて重要な問題として残る。文献資料および考古学的資料による裏付けを持たないが、現状の遺構を観察すると、全体の作りに比して、主郭の周辺部がやや小さな作りの構造を呈している。この点を踏まえれば、当初の城館を氏照が改修した可能性は残る。
(55) 「戦国期城下町の構造」(『日本史研究』第二五七号、一九八四)、「織豊期の都市法と都市遺構」(『国立歴史民俗博物館研究報告』第八集、一九八五)、「戦国期城下町から織豊期城下町へ」(『年報都市史研究』第一号、一九九三)ほか。のちに『戦国・織豊期の都市と地域』(青史出版、二〇〇五)に収録。
(56) 前掲注(6)参照
(57) 由井(浄福寺)城の築城年代は確定できないが、いくつかの史料が大永年間(一五二一〜二八)の年次を示しており、この年代以前であると考えておきたい。

第一四章　戦国期八王子の変遷

　ＪＲ八王子駅の北、国道二〇号線沿いの市街地は、江戸時代の甲州街道の宿場として栄えた。以来、現在に至るまで八王子の中心地である。国道二〇号線と一六号線の結節点でもあり、東西と南北の重要幹線が交わる交通上の要地となっている。

　しかし、戦国時代に遡るといかがであろうか。例えば、八王子城や滝山城はいずれも現在の八王子市街地より離れた地にあり、現代的な感覚では東西および南北の街道の結節点にあたると、即座には言い得ない。その背景には個々の時代毎の理由があると考えられるが、八王子における城と都市の移転は主要道の問題と関連して、その理由を明確にしてこなかった。研究史上の問題点である。戦国期の八王子の都市・城館と主要道はどのように関連していたのだろうか。

　八王子の都市・城館に関しては、前章において由井城（八王子市下恩方町）の問題を指摘した。そこでは滝山城への本拠移転は通説のように高月城からではなく、遺跡名称で浄福寺城・松竹城・千手山城などと呼ばれた由井城からであると述べた。そして滝山の本格的な城下町設定は北条氏照によってなされたと考えた。したがって滝山城の城下空間の復元は都市「八王子」を考える上でも重要な論点にもなろう。

　本章は滝山城の空間を明らかにし、都市と街道の変遷を関連させて理解することが課題である。

1　町の伝承

江戸時代の地誌、『新編武蔵風土記稿』[1]の記述の中に八王子宿の起源に関する伝承が含まれている。長文であるが、以下にまず引用したい。

【史料1】新編武蔵風土記稿

多磨郡之十三　柚木領

○八王子横山十五宿附滝山　八王子横山十五宿は、郡の中央より南の方にて、甲州街道の駅亭なり、江戸日本橋より行程十二里に及べり、十五宿の内横山宿其第一なるを以て、総て此所を横山宿と呼ぶ、抑横山の名は、古より多磨の横山などゝ聞えて、著名の地なれど、正さしく其所をしらす、当所横山党の旧蹟ならんと云ことは、此所に其地名遺りしなるべけれど、土地にさせる山もなければ、実にも此所より起りし地名とも思はれず、古書に横山の名見えしことは、既に庄名の説に弁したれば照し見るべし、①又此宿は元八王子城下より茲に移せし故八王子とも号せり、②宿の沿革を尋ぬるに、昔管領上杉家分国の比は、其家の老臣大石源左衛門定久この辺を総て領せり、其此定久郡中滝山に居住せしとき、当宿は其城下町にて、只横山・八日市・八幡宿の三町のみなりしと云、今も滝山村古城跡の辺に三町の名遺れり、定久が養子陸奥守氏照、天正年中に城を今の元八王子の内慈根寺と云所へ移し、八王子の権現を祀りて城の鎮守とせり、仍て八王子の城と号せり、此時滝山の城下町をも八王子城下へうつしたり、いくほどなく天正十八年六月二十三日八王子城陥しとき、横山以下三町の商人所々に逃隠けり、

【史料2】新編武蔵風土記稿

○滝山村　滝山村は滝山郷谷地庄に属す、滝山と云地名は、此辺の総名にて、ことにふるき唱なるゆへ、北条陸

奥守が当所の居城をも滝山ノ城といひしなり、氏照居城の比は、こゝの村名をば八幡宿といひしとぞ、然るに氏照居城を慈根寺へうつせしときより、八幡宿をもかの地へうつせしにより、其後いつとなく総名滝山をもて村名とせしといへり、家数すべて二十四軒、村の四境は、飛地多きを以もつともわかちがたし、其大抵は東の方八日市村に隣り、南は梅坪村にて、西は丹木村なり、北は多磨川を限とす、東西四町ほど、南北五町許、村の地半は山林にて、田畑は各四分の一に過ず、当所は上杉家の家老大石源左衛門定久が家にて、先祖より領せしを後に北条氏康が次男氏照を養子として譲りあたへけり、天正十八年氏照滅亡の後、後入国ありて、遙の後川村某に賜はり、今その子孫富五郎知行せり、

【史料1】の①には、今の市街地にある横山宿、八王子一五宿は以前は八王子城下にあったと記載する。移転したために甲州街道沿いの宿が八王子と呼称されるようになった。それ故に、八王子城下にあった城下の八王子が元八王子と称するようになったことも読みとれる。ここでまず確認しておきたい点は、都市「八王子」は八王子城下にあったという点である。

そして②の「宿の沿革を尋ぬるに」と続く記載には注目すべき伝承を書き留める。その昔、滝山城の頃には横山も滝山城下にあり、江戸時代の八王子宿の中核であった横山・八日町・八幡がともに滝山城下にあって、滝山城の城下町はその三町で構成されていた。しかも、その三町は今も滝山城下に地名を留めると記載する。この【史料1】では、この三町は北条氏照が八王子城を築いたとき、滝山から移転したという伝承を書き記している。

同様の記載は【史料2】の滝山城下にあたる滝山村の項にも見えている。記載内容は八幡宿に関する記載で、同宿も北条氏照が八王子城を築いたとき、滝山から移転したと記している。

引用は2ヵ所であるが、『新編武蔵風土記稿』は、他所においても横山・八日町・八幡の三町は当初は滝山城下にあり、氏照の八王子築城にともなって現在の元八王子に移転し、城下町を形成したことを伝えている。そして江戸時

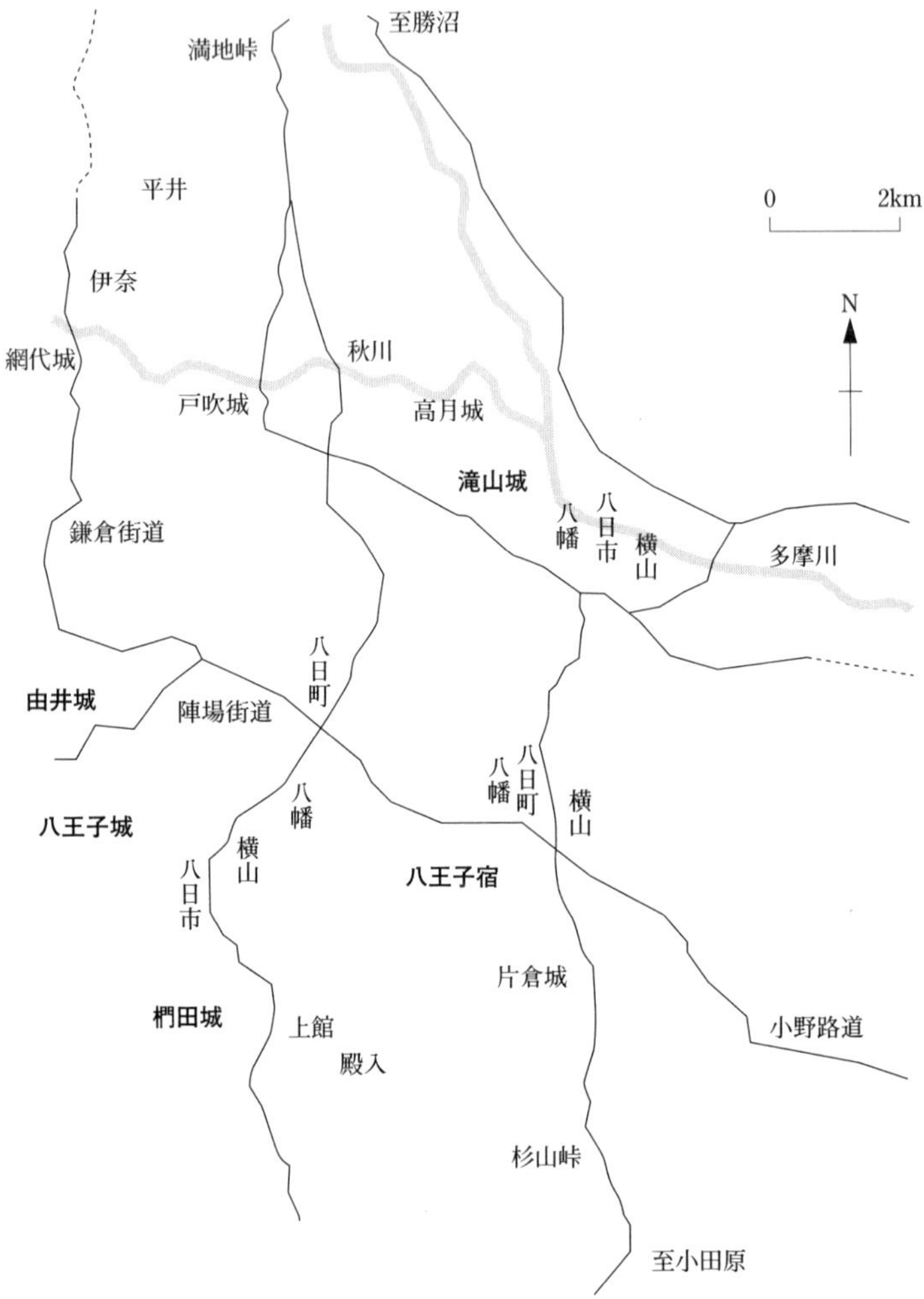
至勝沼
満地峠
平井
0　2km
伊奈
N
網代城
秋川
戸吹城
高月城
滝山城
八幡
八日市
横山
鎌倉街道
多摩川
八日町
由井城
陣場街道
八日町
八幡
八幡
横山
八王子城
横山
八日市
八王子宿
片倉城
椚田城
上館
小野路道
殿入
杉山峠
至小田原

図14-1　八王子周辺図

代になって甲州街道沿いの現在の地に移転したのである。

『新編武蔵風土記稿』の記載は江戸時代の伝承であるため、史料としての確実性には慎重を期さねばならない。しかし、同書も指摘するように、滝山城下には現在も三町の地名、八幡・八日市・横山を確認することができる。[(2)] 図14－1は中世から近世への八王子の主要な城・都市と横山・八日町・八幡の地名などの所在を記した図である。図14－1の滝山城の南東方向に三町が並んでいたことが窺える。同じように八王子城下においても八幡・八日市・横山の地名を確認できる。

現在に残る地名は小字や旧名の場合などで、必ずしも同じ条件で残っているわけではない。しかし『新編武蔵風土記稿』が指摘するように確実に三町の地名が確認できる。したがってこの三町移転の伝承は史実と判断できよう。

2　滝山城下町の構造

由井[(3)]から滝山への移転の時期であるが、前章にも指摘したように、確実な時期は不明であり、永禄六年（一五六三）四月〜同一〇年（一五六七）四月の間となる。

滝山城下であるが、どのような空間構造であったのだろうか。近年、滝山城城下に関する地名・地籍に関する調査が創価大学考古学研究会によって報告された。[(4)] 以下の城下構造の分析はこの成果に依拠するところが大きい。この結果に『新編武蔵風土記稿』の記載および現地踏査を加味して、城下の様相を図14－2に示した。

研究史上、滝山城の城下町について八巻孝夫が興味深い指摘をしている。[(5)] 八巻は滝山城のすぐ左下、図14－2で○を付した3ヵ所に注目した。道路が折れ曲がっており、城下町の構造を示していると指摘した。八巻はこの部分にのみ着目するが、先に触れた『新編武蔵風土記稿』などの記載を踏まえると、今少し広い空間の中で滝山城の城下を考

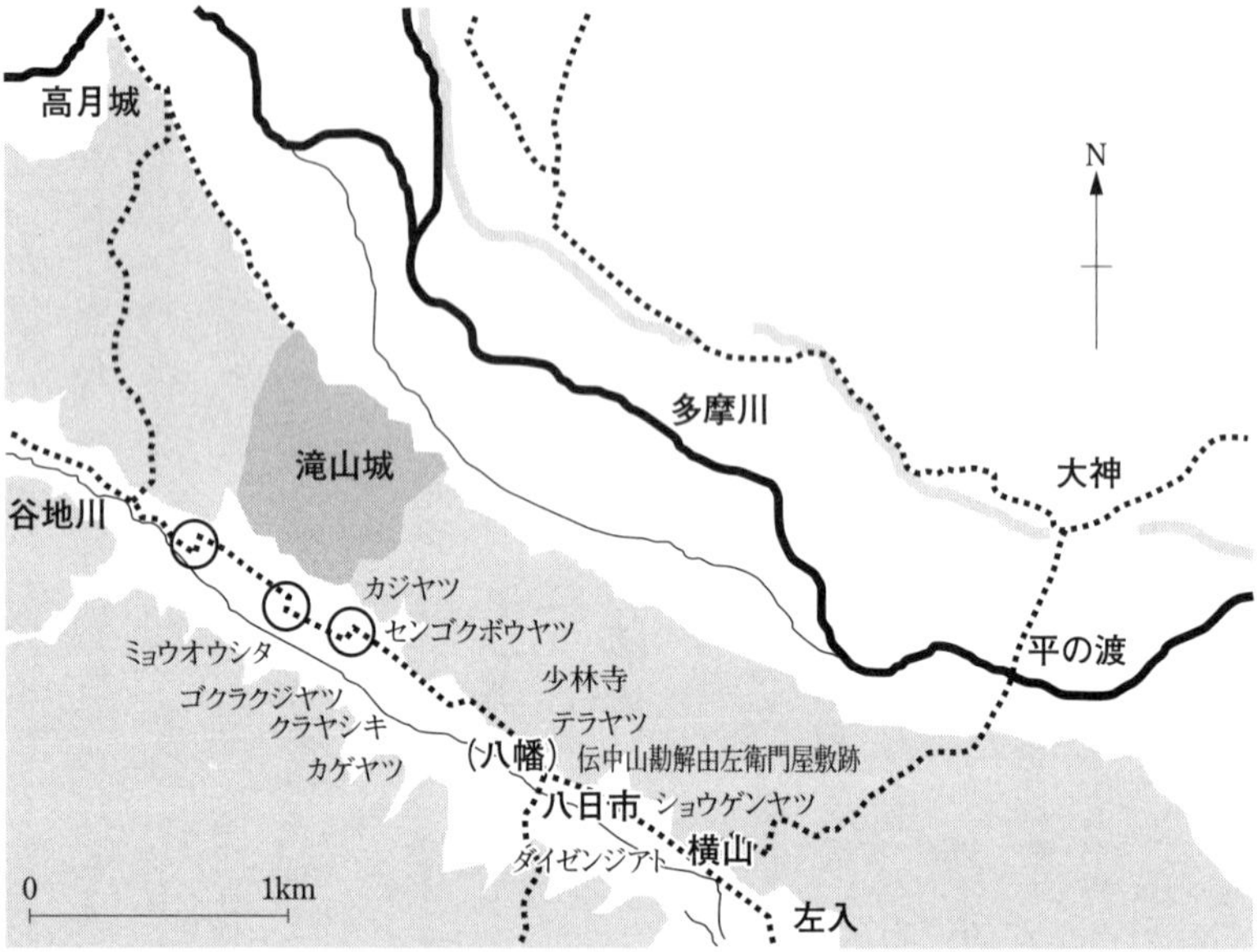

図14-2　滝山城および城下概念図

えるべきだろう。おそらくは八巻の指摘する場所は、近年の城下町の構造論(6)を踏まえると、小島道裕の指摘するイエに包摂されたより領主に近い職人や家臣・商職人などの集団が住んでいる場所、また市村高男が内宿と考える場所であろう。以後、この空間を滝山城の内宿空間と仮称したい。

これに対応する外宿空間（仮称）にあたる場所が八幡・八日市・横山の場所となる。したがって、滝山城の城下の町場空間は内宿空間と外宿空間の両者から成り立っていたことになる。そしてこの二つの空間を、谷地川に沿って道が貫通する。創価大学考古学研究会の調査(7)によれば、この道沿いには短冊形の地割が並び、城下町の様相を呈している。

さらにいくつかの地点について触れたい。滝山城に隣接して少し東の地点にカジヤツという地名がある。鍛冶の存在を示唆する。考察する材料は地名だけのため、年代等の詳細はわからない。しかし、滝山城の場合、注意しなければならない点は、由井城下で庇護されていた刀工の下原鍛冶の存在である。滝山城時代における下原鍛冶の所在地は明確ではない。しかし同鍛冶は代を重ねており、城下の一角で御用鍛冶として作刀していたことは間違いない。したがって、この地名は下原鍛冶との関連を考えさせる地名となる。

次にカジヤツの南西隣にセンゴクボウヤツという地名がある。『新編武蔵風土記稿』には専国院という修験の寺院の存在を記載する。

台地沿いの東にテラヤツと呼ばれる場所がある。そのテラヤツの奥には、現在も少林寺が所在する。『新編武蔵風土記稿』所載の寺伝に拠れば、同寺は北条氏照が弘治元年（一五五五）の秋に開基したとする。創建年代と滝山城の築城年代がやや前後するため、開基の年代に関する評価は慎重にならざるを得ない。あるいは由井より移転してきたのかもしれない。しかし、同寺境内には戦国時代の五輪塔も散見され、城下の一角にあった寺院であったことは間違いないであろう。

テラヤツの谷の出口付近には中山勘解由左衛門の屋敷があったと『新編武蔵風土記稿』は記載する。現在は畠地として平場が残る。また中山の屋敷は内宿空間の一角にも想定され、伝承にはやや混乱があるようである。

テラヤツ出口のさらに東側にはショウゲンヤツという地名がある。将監にあたると考えられるが、その主は今のところ不明である。氏照の家臣である可能性は高い。

以上が谷地川の北岸であるが、南岸にも関連する地名は所在する。テラヤツの対岸にダイゼンジアトがある。大善寺跡にあたり、江戸時代、八王子宿の一角を占めた大善寺の故地であろう。同寺は八王子城下においても重要な寺院となる。三町とともに、滝山から元八王子、八王子へと移転した都市「八王子」の重要な構成要素である。

内宿空間の南にクラヤシキと呼ばれる場所がある(8)。単独で蔵屋敷という地名が出てきただけでは、あまり注目する必要はないと思われるが、滝山の場合は注意しておきたい。なぜならば同所が内宿空間に近い場所であること、北条領国の年貢を収納の蔵の一つが滝山にあったということのためである。蔵については前章の【史料1】で確認したとおりである。蔵は年貢を収納すると同時に、飢饉の際などの領主の活動の基点となる場所でもあり、戦国大名研究の重要な視点となっている。しかし空間に占める位置についてはさほど検討はなされていない。豊後国の戦国大名大友氏の場合は、館の近くに蔵といわれている場所があり、館と同じ規模の面積を占めている。あるいはこの内宿空間に見えるクラヤシキは「滝山御蔵」と関係する地名かもしれない。

クラヤシキ南方にはカゲヤツという地名がある。『新編武蔵風土記稿』は勘解由を充て、先に触れたように中山勘解由を想定している。内宿空間の一角であるので、位置的には先の横山の一角よりは相応しい地点に思える。

クラヤシキの西にはゴクラクジヤツという地名がある。漢字は極楽寺谷にあたる。先の大善寺とならび都市「八王子」の重要構成要素であった極楽寺が所在した場所であろう。

大善寺と極楽寺という二つの寺院は江戸時代はともに八王子宿内の寺院であり、極楽寺は現在も江戸時代以来の場所に所在する。『新編武蔵風土記稿』は、八王子の城下に旧在したことを書き留める。この大善寺と極楽寺について、土井義夫は興味深い仮説を提起する。[9] 由井の街道沿いの大楽寺町の中に、滝山上・滝山下という地名が現在も残る。この滝山が大善寺と極楽寺の故地であり、この大楽寺の大は大善寺から、楽は極楽寺からとった合成地名ではないかと推測する。なぜ滝山上・滝山下の地名が伝わるか検討すべき点を残すが、両寺が由井から滝山へ移転したことに関連して興味深い。

またゴクラクジヤツの西にはミョウオウシタという地名がある。漢字は明王と推定され、同所にも寺院が所在したことが推測される。前章の【史料2】で注目した宝生寺について『新編武蔵風土記稿』は「本尊不動明王坐像にして、長二尺余」と記載することから、同所が宝生寺の旧在地であった可能性がある。

このほかにも善能寺・本立寺・善隆寺の3ヵ寺が、滝山の城下にあったと報告されている。[10]

また『新編武蔵風土記稿』は多摩川の渡河点についても触れている。平の集落に「平の渡」という渡河点を記載し、北条氏照の頃の渡河点として紹介している。この記事に従えば滝山城と関連する幹線道路がこの地を渡河していたことになる。

以上のように不確定要素も含みながらではあるが、滝山城と城下を確認してきた。滝山城が谷地川の谷の西奥の丘陵上に所在する。北には多摩川を背負う。谷地川の谷には、滝山城の南東に連なって二つの町場がある。3ヵ所の鉤がある内宿空間と、八幡・八日市・横山三町を中心とする外宿空間である。この二つの町場を一本の道が谷地川に沿って東西方向に貫く。そして二つの町場を囲うように、谷底の山際にはいくつか寺院があった。

また滝山には南北方向に通じる道が貫通していた。北の方向は平の渡を越える。南方向は八幡と八日市の境付近から南へ向かう道があり、この道を地元では鎌倉街道と呼称している(11)。この南へ向かう街道は間違いなく小田原に繋がっており、滝山城下は東西交通と南北交通の結節点となっていた。次の史料はこの点に関連する。

【史料3】北条氏照書状(12)

遥々不申通候条、馳一翰候、先日枕流斎（北条氏政）帰路以後、早々可及御返答処、敵動故遅々、重而以枕流斎可申入候、雖然、如聞得者、越中口為御静謐、于今彼口ニ被立御馬之由候条、先山吉方訖（迄）内義申届候、此飛脚ニ案内者被指副、無相違被相透可給候、万一飛脚以下越山就被相留者、自其地山吉方へ之一札被相届、彼回報早々可給置候、憑入候、抑今度信玄不虞ニ至于武・相出張候、臼井峠打越、不移時日当城へ寄来候、信・甲之者、年来覚悟を存、弱敵ニ候条、宿三口へ出人数、両日共ニ終日遂戦、度々得勝利、敵無際限討捕、手負之儀不知其数候、両日陣取、三日目ニハ夜中当地を引離、武・相之境ニ候号杉山峠山を取越候、其上首尾一理ニ至于相州令一動、去五日、津久井筋退散候、（中略）恐々謹言、

拾月廿四日　　氏照（花押）

河田伯耆守殿

参

永禄一二年（一五六九）に武田信玄が小田原攻めをした際の史料である。信玄は碓氷峠から南下して、滝山城を攻める。防戦に際して氏照は「宿三口」に軍勢を派遣したと記載する。ここに滝山の町場からの出入り口が少なくとも3ヵ所あることが確認できる。谷地川に沿った道の東西の2ヵ所がまず該当する。残る1ヵ所であるが、八幡と八日市の境付近から南へ向かう伝鎌倉街道に考えるのが妥当であろう。

信玄は滝山城を三日間攻めた後、落城させることなく滝山を引き払い小田原を目指す。その際に武田勢は武蔵・相模国境の杉山峠を越えたと記している。杉山峠は現在の国道一六号線に沿った御殿峠にあたる。したがって、信玄はおおよそ現在の国道一六号線に沿って南下したことになる。八幡と八日市の境付近から南へ向かう伝鎌倉街道は杉山峠を越えて小田原に繋がっていたのである。

以上のように滝山城と城下の空間を確認すると、滝山は戦国期の都市として綿密に設計されていたということが浮かび上がってこよう。城館の遺構とともに戦国時代の都市の景観を今に伝える重要な遺跡であるということが指摘できる。

3　椚田城と城下

由井・滝山・八王子そして八王子宿へと都市「八王子」が変遷してきたのであるが、戦国期初頭以前についても若干ながら考察が可能である。むろん由井の町場も鎌倉期まで遡るが、それ以外に椚田（八王子市初沢町・椚田町付近）がこの地域の拠点であった。

中心となったのは椚田城で現在のＪＲ高尾駅南方に所在する。この椚田城を拠点とした領主は長井氏で、鎌倉期から一六世紀初頭までこの地域を治めた。椚田城の西にある高乗寺は長井氏縁の寺院である。

椚田の地は、小田原・糟屋（神奈川県伊勢原市）などの相模国西部と山内上杉氏の本拠地である武蔵国鉢形（埼玉県寄居町）を結ぶ中間点に位置した。山内上杉氏と扇谷上杉氏が争った長享・永正年間において、長井氏は扇谷上杉氏と関係が深く、西武蔵の南端にあって、山内上杉氏の南下を食い止める役割を担っていた。そのため、永正元年（一五〇四）、山内上杉顕定は越後上杉氏の援軍を受け、椚田を攻撃し、長井氏を滅亡させる。

【史料4】上杉房能書状(13)

去朔日、武州椚田要害攻落候、被官被疵之条、神妙之至候、謹言、

（永正元年（一五〇四））十二月十日　房能（花押）

発智六郎右衛門尉殿

この史料は山内上杉方の椚田城攻めを示すもので、発給者は援軍を送った越後国守護上杉房能、受給者は従軍した越後国の国人発智氏である。落城により椚田は山内上杉氏の勢力範囲となる。

【史料5】上杉顕定書状(14)

就向其口《（勝沼）》敵相動、注進只今戌刻到来、火手見候迄無心元候間、長尾修理亮《（顕忠）》其外至于高倉《（入間市）》差越候処、敵入馬候由、告来候間、至于酉刻帰陣、今日刷之次第、被露紙面候、無是非候、椚田事大切候、彼地へ動候者、即被馳籠、堅固之備、肝要候、恐々謹言、

（永正二年（一五〇五）カ）三月晦日　顕定（花押）

三田弾正忠殿

【史料4】は長井氏滅亡直後の様相と思われ、山内上杉顕定が勝沼（東京都青梅市）の三田氏宗に対して椚田を維持するように書き送っている。永正元年に実際に椚田城を攻撃したのは越後国守護代長尾能景であり、能景は椚田を

落とした後、相模国にまで侵入し、扇谷上杉氏の重臣上田氏が籠もる真田城を攻め落としている。(15)ところが山内上杉氏が独力で椚田を維持するには困難があったらしい。そのため、椚田の維持を三田氏に依頼している。

図14－1に示されるように、勝沼から多摩川を渡河し、平井・伊奈（東京都あきる野市）、もしくは満地峠を越えて南下したところに椚田は位置する。勝沼と椚田は一本の道で結ばれていたことになる。勝沼と椚田は至近の距離にあったわけであり、それゆえに山内上杉顕定より三田氏宗に援助の命令が出ることになる。

とりわけ文中に「椚田事大切候」と明記していることは、山内上杉顕定の認識を示しており、注目される。しかし、現実には椚田維持は困難であったらしい。そのことを示すのが次の史料である。

【史料6】上杉顕定可諄書状写(16)

去三日之書状、同七日到来、再三披見、抑伊勢宗瑞至于武州出張、既椚田自落、無人数之間、不可拘之段、兼日議定故、普請等及五六年止之間、城主由井移候歟、然間彼地翌日指懸之処、出合遂矢師、数多討捕由令注進候旨、雖不始事、石井帯刀左衛門尉働神妙候、定而可為同意候事、

（中略）

恐々謹言、

（一五一〇）永正七年六月十二日　（上杉顕定）可諄

（景長）「長尾但馬守殿」

山内上杉氏は維持出来なくなった椚田を放棄する。その状況について、兼ねて議定したことであるので、普請などを五・六年の間やっていなかったと記している。「議定」により山内上杉方は椚田より由井まで撤退し、同所を拠点に定めた。空き家状態となった椚田を伊勢宗瑞の軍勢が拠点化していた。山内上杉家と伊勢家の勢力が八王子付近を境界としてせめぎ合っていたことになる。

さて、この椚田であるが、山内上杉顕定が重要性を指摘していること、伊勢宗瑞が拠点としたこと、さらには長井氏の本拠であったことから、山城を中心とし、城下をもった都市であったと推定される。鉢形・勝沼から西相模に至る交通上の要地であったことも、この点を支持する。したがって、【史料6】の記載に依拠するならば、都市「八王子」は椚田から由井へ、そして由井から滝山へという変遷を辿ったことになる。

椚田周辺は長井氏が支配した地域であったが、長井氏はこの地域を和田義盛の乱の勲功で与えられた。それ以前は横山党の一族が、平安末から鎌倉時代の初めにかけて勢力を誇っていた。和田義盛の乱に際して横山時兼は義盛に与同して横山一族は滅びてしまう。その与同した「横山人々」の中には椚田太郎ほかの椚田一族がいた(17)。そして、この場所を鎌倉幕府の要職にあった大江氏、その系譜である長井氏が継承したという関係になる。

椚田の一角に「殿入」「上館」の地名が残る。この付近の館町遺跡では発掘調査が実施され、報告書が刊行されている(18)。同地では武家の屋敷地の一部と考えられる遺構を検出している。少ないながらも遺物から年代は一二世紀～一三世紀前半と考えられる。おそらく横山氏に関連する遺構、さらに言えば椚田氏の屋敷であろう。注目すべき点は遺物が一三世紀前半で途切れ、横山氏滅亡との関連を示唆していることである。少なくともこの場所を長井氏は継承していないらしい。

広い意味で見れば、椚田の中に横山氏に関係した屋敷地が1ヵ所あり、そして戦国時代の初めには長井氏が椚田を拠点として使っていた。一二世紀以来、椚田は八王子地域の中心的な場所、都市的な場所の一つと考えられる場所であったことは間違いない。

都市「八王子」の変遷を概観してきたが、道はどのようになっていただろうか。まずは周辺の主要道を東西方向と南北方向に分けて把握してみたい。なお検討する道は、文献資料による道の通過および遺跡（主として城館）の存在等を前提とし、明治期の地図で無理のない線を描く街道を基本とし、図14－1に復元した。

4　道の変遷と町

江戸時代、八王子の主要道として最重要であるのは甲州街道である。しかし中世において甲斐国に至る道は小仏峠を越えず、和田峠を越える陣場街道であったと考えられている。この道に接して由井城や由井の町場があることは前章で触れたとおりである。現在の陣場街道は八王子市街地の西方の追分で甲州街道に合流する。しかし、無理な曲り角を回避して、素直な道筋を辿ると、道はさらに南東方向へ進む野猿街道に接続する。その後、八王子市内の北野・野猿峠を越え、町田市小野路へと至る。この付近で鎌倉街道上道に合流する。『八王子市史』ではこの道に小野路道の名称を与えている。従って、この道は鎌倉街道上道甲斐線とでも呼称できるものであり、中世に遡る道とみて間違いない。

今一本、注目しておきたい道がある。滝山城下を貫通する道である。西方向は谷地川に沿って戸吹城に至り、後述する南北の主要道に合流する。東方向は谷地川の流れに沿って宇津木を経て、日野・府中方面に至ると推定される。道筋が残らず、明らかにはならないが、滝山城が機能していた段階において、この東西街道は重要な役割を担っていた街道と予想される。(19)

南北方向であるが、八王子市街地付近より南で二本、北で三本の道が重要である。

まずは楢田を南北に通過する道である。道筋の流れから、宮前を経て、由井の陣場街道との交差点を経て、やや北東方向へ振って北進し、滝山城下を貫通する道と合流する。戸吹城付近で秋川を渡河し、あきる野市瀬戸岡付近を通過し、満地峠を越えて青梅に至る。このような道が想定される。

由井城が機能する段階には、由井城下を南北方向の道も通過していたと考えられる。椚田から由井の交差点を陣場街道にはいり、城下に至る。城下から北進し、萩園・田守と山間部を北に向かい、網代城付近で秋川を渡河し、伊奈・平井に至り、青梅へと至る。(20)

次はこの道に関連する史料で、由井と青梅の関連を示唆している。

【史料7】武田信玄書状写(21)（長野県飯山市）

如来意、今度上蔵落居、此次而向越荷雖可成動候、賀州・越中両国之大坂門徒衆、当月十六・七之間、越後へ乱入之由候条、其砌当手も為可成動、此度延引、

一、敵三田（青梅市）之内築新地之由候、然者、氏康由井在陣、敵味方之間、隔三十里之様ニ聞届候処ニ、無行徒ニ在陣、如何様之備候哉、幸其方滞留候条、風聞之分可有注進候、

一、其方于今由井在陣、如何様之仕合候哉、不審之条々、以早飛脚、可被申越候、恐々謹言、

（永禄四年（一五六一））七月十日　信玄（花押影）

加藤丹後守（信景）殿

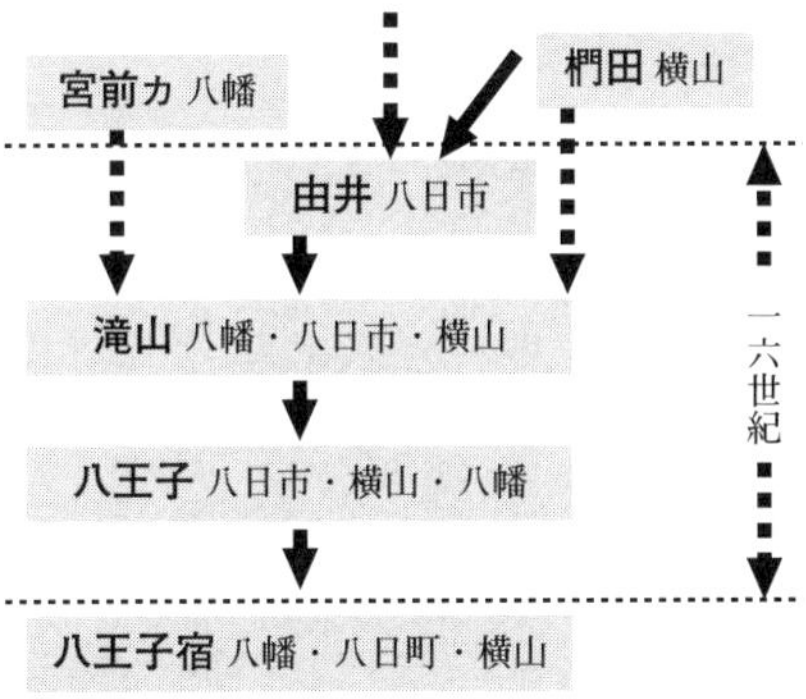

図14-3　八王子の変遷図

永禄期の史料であるが、上杉謙信が三田（青梅市）に新城を築いて拠点化するのに対し、北条方は由井に在陣し、三〇里を隔てて対陣しているという認識が示されている。現在でこそ五日市の山並みが両地を隔てるが、対陣と表現す

る以上、何らかの交通上のつながりをもって両地は対置していたことを示している。

由井と青梅を繋ぐ中間の位置が伊奈・平井となるが、両所に伝馬が課されていたことを示すのが次の史料である。発給者の北条氏照が両所を幹線の一角に据えていたことになる。年代的にも永禄五年（一五六二）であり、由井城が本拠として機能していた時期に合致する。

【史料8】北条氏照朱印状(22)

虎御印判を以、如被仰出、伊那・平井両郷にて伝馬隔番ニ可致之者也、仍如件、

戌　（朱印「如意成就」）
六月廿一日
両郷代官
百姓中

滝山城と関連する南北道はこれらの東にある。先に触れた杉山峠から国道一六号線に沿って北進し、片倉城（八王子市片倉町）の裾を通過する。その後滝山城下に至り、平の渡で多摩川を渡河する。ここからは多摩川の段丘にそって青梅方向に向かう道と箱根ヶ崎を通過する道が推定される(23)。

以上のように道を概観すると、滝山城築城は交通大系の整備のうえでも大きな意味があるということが看取できるのではなかろうか。滝山城以前の都市というのは、既に触れてきたとおり椚田であり、由井であった。そこには椚田を通過して戸吹城付近もしくは網代城付近を渡河する主要道が通過していた。おそらく戸吹城付近を通過する道が古く、由井城築城にともなって網代城を通過する道が設定されたと考えられる。両道はおそらくは勝沼と関連した場所であろう。しかしこの二本の南北道は滝山城を通過しない。

滝山城が機能した段階では、さきに【史料3】で確認したとおり、滝山城下と杉山峠を結ぶ道が幹線であった。空

間構成の上では滝山城下を東西に貫通する道を前提として設定され、南北の道が新たに設定されたのであろう。注目したい点は、新たな南北の幹線道路が従来の南北の道より、大きく東へ移転していることである。本城が移転したのであるから、主要道も大きく変わるのは必然であろうが、この変化は周辺の町場や村に与える影響は大きかったと考えられる。滝山城段階で南北を結ぶ主要道は小田原に直結していたはずであり、その影響は領国規模の問題であった可能性もある。さらに言えば、由井城から滝山城へという城館と主要道の移転は、小田原の意志の存在も想定できるかもしれない。いずれにせよ、現代の国道一六号線もこの滝山城を結ぶ南北道とほど近い場所で同じ方向性をもっており、歴史的に関連することは間違いない。その意味では滝山城移転にともなう主要道設定は現代にまで影響を与えている。

さて、都市の移転にともなう主要道の変遷を以上のように捉えると、滝山城移転の意味がいかに重要なことであったかが見えてくるのではなかろうか。

そこで再度、八幡・八日市・横山の問題を考えてみたい。滝山城下の中心を構成した三町は、以後の八王子城下および江戸時代の八王子宿でも町の基軸となっていた。では滝山以前はどのようであったのだろうか。そもそも、町名は何を意味しているのだろうか。

まず三町の内、八日市については由井との関係が考えられる。滝山城以前のこの地域の拠点は由井城であったが、その城下の機能を担った由井の町場には八日市があった。やや時代は下るが戦国期の由井に八日市があったことは次の史料が明示している。

【史料9】北条氏康書状[24]

大須賀信濃守其地へ被移付者、同刻可被打立候、江城返無用候、自岩付（埼玉県岩槻市）直滝山へ移、由井八日市へ可被打着候、八王子筋へ、甲衆出張由申候、彼地一切無人数候間、一段無心元候、一刻も早速可被急候、恐々謹言、

（永禄一二年〔一五六九〕）
五月八日　　　　氏康（花押）
　　富永孫四郎殿

由井八日市の場所は、図14－1の陣場街道と戸吹城に至る南北道の交差点付近である。大幡宝生寺の滝山移転については前章で詳説したが、この点を踏まえると由井の八日市が滝山へと移転したことは間違いなかろう。

次に横山であるが、中世の横山庄由緒の地名であることは論を待たない。庄鎮守の横山八幡は現在の市街地にあるが、これは江戸時代になっての横山の移転と関連するのであるから、故地に比定することはできない。では横山の故地はどこになるか。結論から言えば、具体的な場所は不明であるが、椚田付近であると考えたい。横山一族が領した横山庄を継承したのは長井氏であり、その拠点は椚田であった。そして長井氏のころには椚田は都市として考え得る場所であったことは既に指摘してきたとおりである。したがって椚田の町場が横山の呼称で表現されていると考えたい。

最後に残るのは八幡となる。八幡はまさに八幡神社になるわけで、中世武士と関係の深い神社である。そこで中世武士と関連し、八王子周辺で注目しなければならない八幡神社はどこかという論点が、滝山城下にあった八幡との関係を考える糸口になる。一つには横山八幡神社があるが、先に触れたとおり当該の地は近世での移転先なので除外となる。すると、八王子城下の宮前の八幡神社が浮上する。この八幡神社は室町時代に周辺を領した梶原氏に関する八幡神社であるとされ、『新編武蔵風土記稿』には「相伝ふ昔鎌倉将軍時代、梶原平三景時此辺を領せし頃、鶴ケ岡の八幡をこゝに勧請せしなりと云」と記す。八幡神社の北側には梶原谷と称する谷がある。あるいは梶原氏の屋敷が構えられた谷であろうか。また八幡西方には御霊社がある。御霊信仰は梶原政景との関係を考えさせる。従って宮前付近は梶原氏の本拠地であることは間違いない。

このように考えると、興味深い事実が指摘できる。椚田を通過する南北の街道は、椚田の横山・宮前の八幡・由井の八日市の三町を、全て通過するという点である。先に滝山城への移転は主要道の大きな付け替えであることを指摘したが、付け替えられると、当然のことながらこの三町は衰退を余儀なくされる。現在の旧道とバイパスの関係を見れば明らかであろう。従って、これら三町は北条氏照の滝山城への移転に際して、政治的に滝山城下へ移転させられ、城下の核に位置づけられたと考えられるのではなかろうか。この八王子における城下町の創出は、織田領国などで小島道裕が描いた町の独立を重視した様相とは著しく異なり、領主による主導的な城下の形成という実像が浮かび上がってくる。

5　八王子の変遷の背景

城館と主要道の変遷を以上のように把握したときに、次に問題となるのは、都市「八王子」はなぜこのような変遷を辿ったかということであろう。問題はとりわけ北条氏照の段階ということになる。その際の論点は当時の政治情勢との関連である。本拠の城館を中心に概略は表14－1のとおりにまとめられる。

表14-1　都市八王子の空間理解

	本城	西口	北口
第一期	由井	由井	勝沼
第二期	滝山	由井	滝山
第三期	滝山	八王子	滝山
第四期	八王子	八王子	‖
江戸期	‖	八王子宿	

①第一期

最初の段階は由井に本拠があった段階である。この時は陣馬街道に沿って城館が設定されることから、まずは武蔵・甲斐国境を固めるという視点があったのではなかろうか。南北の主要道は由井で北西に折れて陣馬街道と重なることから、由井城の設定に伴って従来の主要道から西の方向に付け替えて、伊奈・平井を通過するようにしたと考えたい。つまり東西方向の主要道の存在を優先させたのである。

由井城設定の当初、同城は山内上杉方の城館の一つという位置づけのため、北武蔵・上野国を本拠地とする同氏にとっては、北の方向を固めるという必然性はなかった。逆に由井城は南への最前線という「境目の城」の機能を有していた。

大石氏の北条氏への帰属以後は、南北の勢力関係が逆転するため一転して北方向の「境目の城」となる。その関係は【史料7】に見たとおりである。北への警戒は上杉謙信の越山開始以後になると、さらに高まる。当初は上杉方であった勝沼が永禄四年（一五六一）に落城すると、北条にとっての勝沼の重要性が高まる。先述したが、勝沼は椚田・由井を通過する南北道が北へ進むと至る地である。この先には有力支城の鉢形城がある。北条氏にとっての重要幹線である[25]。

【史料10】北条氏照書状[26]

去四日御注進状、同六日到着、然者、長尾弾正少弼向其地雖相動候、御備堅固故、無其功退散、誠以拙者一身満足候、

一、自小田原之返札両通進置之候、一、此度其地へ敵取懸候処、後詰送候、心安之由、蒙仰候、近比無御企之儀候、雖然、敵向其地相働之由、従忍申□間、翌日後詰之有躰、成下申合可致之由存、杣谷へ相移候、然者、甲州衆も小山田・加藤牛途へ雖打出、敵退散之間被打□候、（中略）猶於珍儀者、切々御注進可為専肝候、恐々敬白、

（永禄五年）三月十四日　源三
氏照（花押）

天徳寺

三田氏滅亡後、三田領は北条氏照領となる。しかし三田領を対北条の最前線に据えていた上杉謙信の脅威は衰えることはなく、北条氏はより北への備えを充実しなければならなかった。そこで取り立てられたのが勝沼城ということになる。【史料10】の傍線部は上杉謙信への対策の申し合わせを行うため、成田下総守長泰が杣谷に移ってきたと記している。杣谷は武蔵国杣保を指し、青梅市霞川沿いに広がる保である。したがってその中心は勝沼城となる。成田氏は北条氏照と談合するために相応しい場所は勝沼城であり(27)、成田氏は勝沼城にやってきたと考えてよいであろう。したがって、氏照による由井の北方の拠点として勝沼城が利用されていたと予想される。

南北の主要道は平井・伊奈から北進し、山を越えて長渕（青梅市）に至る。この地点は多摩川の渡河が可能な場所だった。この地点より上流の多摩川は岸壁が高くなる。地形の制約を受け、渡河できる場所は少なくなる。この長渕で渡河すると真北におよそ一・四㎞で勝沼城に到着する。街道の要衝に勝沼城が位置していたことになる。

つまり、第一段階では由井に本城を置き、西口の警固には由井城が務める。他方、北口の警固は勝沼が当たるという段階だった。

②第二期

永禄三年（一五六〇）以降天正二年（一五七四）に至るまで、上杉謙信の越山は頻繁に行われるようになる。おそらく、それに対応して滝山城が取り立てられたと考えられる。滝山城の北には多摩川が流れ、多摩川が形成する段丘が自然の障壁になっている。滝山城の選地は自然の要害性を重視して決定されたと思われる。

永禄一二年には、さらに北の北条氏邦領で鉢形城が取り立てられる。鉢形城も基本的に滝山城と同様な選地をする（第I部第二章参照）。荒川と荒川の形成する段丘を障壁に見立て、その段丘縁の一角に鉢形城の中心部が位置する。城館の東には内宿空間が隣接し、北側の段丘に沿って外宿空間にあたる鉢形の町場が東方向へ折れ曲がるように接続する。渡河は下船渡の渡し場が考えられている。また外宿空間の北には立ケ瀬という地名が所在しており、荒川を渡る瀬があったことになる。

河川・道・渡河点・町場・城館、これらの位置関係は、滝山と鉢形が近似した空間設計によって成り立っていることがわかる。すなわち、滝山と鉢形、氏照と氏邦の拠点は、小田原の北条宗家の指導として、領国規模の問題として設定されたことを示唆している。当然、上杉謙信への備えという政治条件の反映である。

拠点の町を移転させ、北への防備を強化する。由井から滝山へと氏照が本拠を移転させる背景はこのようであったと考えられる。

では西口はどのようになったであろうか。

【史料11】北条氏政書状写(28)

駿州へ信玄出張ニ付而、乗向候、然間、為由井之留守居、栗橋（茨城県五霞町）衆召寄度候、彼動候間、栗橋之留守居頼入候、委細源三可申候、恐々謹言、

（永禄一二年〔一五六九〕）
七月朔日　　氏政（花押）

野田殿

永禄一二年の武田信玄が駿河に侵攻した際の史料である。氏政が今川氏の救援に向かうに際して、「由井之留守居」が問題となっている。先にも触れたとおり、由井は陣馬街道の要衝であり、武蔵・甲斐国境を固める重要な位置にあたる。甲斐方面と政治的緊張関係が惹起した場合、由井城はその影響を直接に受ける場所にあたる。その反映がこの「由井之留守居」となる。永禄一二年はすでに滝山城が氏照の本拠として機能していた段階であり、その時点でも由井城が機能していたことは、当時の八王子周辺において由井が西口を固める機能を有していたことを示している。すなわち第二段階では、北方面に対しては本拠滝山城が、西方面に対しては由井城が、それぞれ警固にあたってい

たことになる。

付言するならば、滝山城の北にはさらに鉢形城があった。領国の課題としては、滝山と鉢形をいち早く結ぶ必要がある。平の渡を渡河し、箱根ヶ崎を通過する道は、由井から北へ進む山間部を経る道に比べ、著しく時間を短縮するものであったろう。新主要道設定の背景をこのように予想したい。同時に新しい道は勝沼を経ていない。より北に大きな鉢形城を持ったことは、勝沼城の必要性を減じたと思われる。北条氏にとっての勝沼城の有用性はおそらく五年程度ということになろう。

③第三期

第三期は、八王子城築城の直前にあたる。永禄一二年に武田信玄が北条領に侵攻した際、一部の武田勢が直接に武蔵国に侵攻した。この時、陣馬街道沿いに軍勢を配置していたところ、武田勢は小仏峠を越えたという。この点の事実関係は明確にならないが、江戸期の甲州街道は小仏峠を越えることから、武蔵・甲斐間の峠越えは、陣馬街道の和田峠から徐々に小仏峠へと移行していったと考えられる。

小仏峠の利用度が高まると、西口の抑えは谷筋の異なる由井城では十分に機能を果たし得なくなる。小仏峠越えの道と和田峠越えの陣馬街道の両街道に対応することが可能な場所として、八王子城の重要性が生じたと推測される。

【史料12】北条氏照印判状(29)

　　　　書出

一小山番従先番卅日番ニ定置候、然ニ八王子番故延来候、五日之内立可遣候、重而明日可立、今日、可及触候、急ニ可令支度事、（中略）

右三ケ条、存其旨、早々令支度、必五日内可被相着候条、重而一左右次第、御差図之地へ可相集旨、被仰出者也、仍如件、

巳
二月九日（印文未詳）
並木殿

天正九年（一五八一）の段階の文書であるが、明らかに八王子城に番が派遣されていた。すでに先学も指摘しているが、この段階で八王子城は存在していたのである。ただし、番が送られていた点を踏まえるならば、やはり本城としてではなく、西口の境目の城であったと見なすべきであろう。したがって本城は北向きの滝山城でありながら、西口の守りが由井から八王子へ変化した段階があったと考えたい。

④第四期

続く第四期は八王子城が本城となった段階で、おおよそ天正一〇年代（一五八二〜九一）にあたる。西方面に豊臣の脅威が増大した時期にあたる。八王子城に従前よりの機能に加えて本城の機能を付加した段階と見なされる。他方、北向きは滝山城が存続した可能性は残るものの、上杉謙信の脅威がなくなり、また領国がより北へと拡大し、北武蔵に鉢形城が存在することから、八王子付近に北向きの警固の必要性が減じたと考えたい。

北条氏照の本城移転を北条領国規模で検討すると、政治情勢から以上のように考えられるのではなかろうか。隣国からの脅威を踏まえて、城館が築かれ、町が移転していったのである。

そして、江戸時代になって、それらの脅威が減じた段階ということで、山から離れ、平野部の八王子、しかも南北と東西の数本の交通路の接点に、町場が設定された。戦国時代という戦乱の世の終焉は軍事性を低下させた町場を生んだことになる。

小結

滝山築城は現代につながる大きな意味を持っていた。由井などから町場が移転されて規模の大きな町が形成される。この滝山城下の軸となった三つの町は、その後、八王子城下・八王子宿へと移り変わり、現代にまで連なっている。同様に国道一六号線の起源となる主要道も滝山築城に関係していたと考えられる。これらのことはまず間違いない。

さらに滝山で整えられた町場は由井城の段階と比べて、コンパクトになっている点も重要であろう。膝下に内宿空間の町場を持ち、やや離れた位置にある前代以来の由井の町場を外宿空間に位置づけた。この段階は小島道裕が描く城下町像に近い。その構造を大きく変えた滝山城下が形成されたことは都市「八王子」を考える上でも大きな画期となろう。

この滝山城が八王子城に移転した際、八王子城下はどのようになるであろうか。その詳細は他日を期したいが、滝山城下と似た構造を持っていたという点のみ指摘しておきたい。西端に山城を据えた八王子城は東向きに城下を整えていく。由井の交差点に向けて八日市・横山・八幡の町が谷に沿って並んでいることが、まず確認される。

一角に宮前の八幡社が今でも建つが、この八幡の森の近くに、極楽寺と大善寺があったと『新編武蔵風土記稿』は書き記している。付近には霊宝寺谷という谷があって、霊宝寺という寺がここにあったという記載もある。つまり、この界隈に寺社があるということがまず考えられる。

三町と山城の間には中宿の地名がある。従来はこの中宿を上宿、中宿・下宿の中宿にあたるだろうと考えていた。しかし滝山城と構造の比較をしたとき、この中宿は上・中・下ではなく、内外の内を意味する中という具合に考えたほうがよい。外宿空間にあたるのが外側の三町で、内宿空間にあたるのが内側という意味で「中」の文字を使用する中宿という関係である。滝山城の内宿空間が移転した場所が、この中宿に対応すると考えられる。すなわち町場の滝山から八王子への移転は基本的な空間の関係を維持したままで設計、移転されたということになるのではなかろうか。

城館の移転を年代軸として、町場と道の移転を考察したのが本章である。八王子城と城下の構造との比較が課題として残されたが、滝山に成立した城とその城下が基本的に現代にもたらした遺産の大きさは明らかにできたのではなかろうか。

その意味で今後、滝山城の城下の考古学的調査の積み重ねが必要である。滝山城は国指定史跡である。対応する城下もしかるべき施策がとられるのは急務と感じられる。

注

（1）以下、『新編武蔵風土記稿』の記述は、大日本地誌体系『新編武蔵風土記稿』第五巻および第六巻（雄山閣出版、一九七〇）による。

（2）現在、八幡の地名は滝山二丁目に小字で残る。

（3）由井は西端に由井城が存在し、東側山麓に膝下の町場、そして東側の上壱分方町から大楽寺町に至る道沿いの町場で構成されている。

（4）『創価考古』創刊号（二〇〇一）

（5）八巻孝夫「北条氏照の城郭――後北条氏の城郭における氏照系城郭試論」（『中世城郭研究』第七号、一九九三）

（6）小島道裕「戦国期城下町の構造」（『日本史研究』第二五七号、一九八四）、「織豊期の都市法と都市遺構」（『国立歴史民俗博物館研究報告』第八集、一九八五）、「戦国期城下町から織豊期城下町へ」（『年報都市史研究』第一号、一九九三）、以上の小島論文は、のちに『戦国・織豊期の都市と地域』（青史出版、二〇〇五）に収録。市村高男『戦国期東国の都市と権力』（思

文閣史学叢書、一九九四）ほか
（7）原田倫子「滝山城周辺の地籍図について」（『創価考古』創刊号、二〇〇一）
（8）現在は、屋号として残っているのみであるが、『新編武蔵風土記稿』の段階では、地名として残っていた。
（9）土井義夫「大楽寺と八日市場――八王子城と市と町覚書（一）」（『多摩のあゆみ』第四〇号、一九八五）、「大楽寺と八日市場――八王子城と市と町覚書（二）」（『多摩のあゆみ』第六〇号、一九九〇）、「地域史研究と中世城館――武蔵・八王子城を素材として」（石井進・萩原三雄編『中世の城と考古学』新人物往来社、一九九一）
（10）広瀬良弘「多摩仏教の展開と曹洞禅宗の名僧たち」（『多摩のあゆみ』第一〇四号、二〇〇一）
（11）中田正光の示教による。
（12）『新潟県』四六六
（13）『新潟県』一六三四
（14）『東村山市』四二三
（15）『東松山市』七三三ほか
（16）『北区』二七二
（17）『吾妻鏡』建保元年（一二一三）五月六日条
（18）八王子市館町遺跡調査団『館町遺跡』Ⅰ～Ⅳ（一九八五～八七・二〇〇一）、館町龍見寺地区試掘調査団『館町龍見寺経塚』（一九九七）
（19）この道について『八王子市史』では石川（八王子市）から繋がるとし、戸吹より先は「秋川に沿って五日市―檜原―数馬―小河内―丹波山―大菩薩峠を越えて甲州勝沼を経、甲斐府中に至った」と指摘し、古甲州街道と呼んでいる。しかしこの経路での交通を示した史料は管見の限りでは確認できなかった。
（20）『八王子市史』は大筋で同じながら、やや異なった道を推定し、鎌倉街道の名称を与えている。いくつかの差異については今後の課題であるが、由井城下を通過している点は重視したい。

(21)『都留市』一一五
(22)『福生市』一二六
(23)あるいは滝山城移転当初は、北への道は異なっていた可能性がある。城下を貫通する道を西に進み、戸吹城付近で南北道に合流して、旧来の道を使用していたかもしれない。そして平の渡が設定されて、北方向が変化し、最終的にこの平の渡を通過する南北道となったと考えられる。
(24)『小田原市』八三二
(25)第Ⅰ部第四章参照
(26)『藤岡町』六七
(27)あるいは今井城など別の城館の可能性も残るが、目下のところ検討する材料がないため、地域の中心的な城館である勝沼城を考えておきたい。
(28)『小田原市』八七二
(29)『藤岡町』一二四

第一五章　中近世移行期の都市江戸

江戸城を望む代表的な景観と問えば、どのようなイメージを思い浮かべるだろうか。おそらく一場面は三の丸南東隅から巽二重櫓・桔梗門そして富士見三重櫓を遠望する景観や伏見櫓を遠くに見る皇居二重橋の景観などであろう。あるいは大手門と応える人もいるかもしれない。現在に残る遺構から思い浮かべる江戸城の景観はこのようなところであろう。

江戸時代初めに日比谷の入り江が干拓されて城下町の町割りが行われ、いわゆる〝大江戸〟の空間が創出された。国立歴史民俗博物館に所蔵される『江戸図屛風』が典型的に示すように江戸の空間は東側から西に向かって天守や本丸を仰ぐような空間で設計されている。石垣に注目するならば、本丸・二の丸・三の丸が東に向けて階段状に普請され、石垣面が東に向けて屹立するように普請されている。対する西面は本丸こそ高石垣がめぐるが、吹上や北の丸などは鉢巻石垣である。あきらかに城の表側と裏側を意識したような石垣である。東側正面という認識が、江戸城の代表的な景観であるとして、今日に至るまで深く影響を与えているのではなかろうか。

しかし、考えてみればこのような空間構成は日比谷入り江の埋め立てが行われ、東海道が日本橋から南に敷設されて以後である。おおよそ織豊大名徳川家康の江戸城の空間構成は異なっていることは間違いない。この点にあまり注意は払われていなかった。

江戸は徳川将軍家の府として飛躍的発展を遂げた。その変化は寒村から大都市へというもので、この変化が通説として理解されてきた。事実、江戸以降の発展は動かしようのない事実である。しかし、他方において大きな変化には徳川家の功績をたたえた伝説が加味されており、実のところ中世に達成した一定の成果の上に家康の江戸入城は成り立ったものであるとする見解が相次いでいる(1)。

江戸時代に至るまでの江戸城について、大きく分けてみると、太田道灌を含む扇谷上杉氏の段階、戦国大名北条氏の段階、そして豊臣大名徳川家康が入封した当時の近世初頭段階の三段階が想定される。この三段階の相違を明らかにした研究が望まれるところであるが、現時点ではこれらを峻別して歴史像を描くには十分な蓄積があるとは思えない。加えてその前段階でもある江戸氏の段階の城館と都市空間の理解についてはほとんど手がついていない。

中世の江戸と江戸城の研究は菊池山哉(2)の研究が重要な画期となった。菊池の研究は建築史の分野に大きな影響を与えている。そのような研究状況のなかで鈴木理生(3)は新しい視野を開いた。大きくはこのような経過を辿るが、当初段階においてすでに文献資料はほぼ網羅されており、すでに史料解釈による歴史像の相違が問われる段階になっていた。

このことは研究状況を概観した平野明夫(4)の研究に示されている。例えば、平野は検討対象とする史料について、龍統と万里は江戸城を実見しているが、対象史料は「道灌の江戸城ひいては道灌その人をたたえるために作られた文学」であり、「必ずしも実像を描写しているとは限らない」と指摘している点に端的に示されている。

そして平野の研究は中世考古学による研究が始まった段階に位置していることも時期的な意味を持つ。学際的な研究をスタートさせるにあたっての文献史学研究の定点を与えたことになる。

一九八〇年代以降、地域史研究は学際的な研究動向につつまれる。考古学・建築史学など、従前の文献史学のみによる地域史の解明ではなく、さまざまな方法論を駆使しての研究である。江戸もその動向に洩れず、考古学の分野からは東京国立近代美術館遺跡（竹橋門）の調査(5)、建築史からは玉井哲雄(6)の研究が投げかけられている。

以上の動向のなかで、中世江戸の研究はいくつかの当面の課題が見え始めている。注目すべき課題として以下を掲げたい。

①地域空間のなかで中世江戸と江戸城を位置づける方向性。

②手薄な後北条期の研究。

③中近世移行期の変遷についての解明。

この問題すべてに即座に対応するだけの用意は現時点ではないが、この三点を踏まえて、戦国期を中心に中世江戸と江戸城の再検討を行うのが本章の課題である(7)。

1　太田道灌期の構造

江戸城の起源として重視されるのはやはり太田道灌による築城であろう。太田道灌が江戸城を築いたのは長禄元年（一四五七）とされ、『赤城神社年代記録』は三月一日、『鎌倉大日記』は四月一八日の日付を記している。ともに年代記の記述である。この道灌築城によって江戸の様相は大きく変わることになる。

江戸城内部の様相は「寄題江戸城静勝軒詩序」に記載される。

【史料1】江戸城静勝軒詩序並江亭記等写(8)

寄題江戸城静勝軒詩序洛

武州江戸城者、太田左金吾道灌源公所肇築也、（中略）夫城之為地、海陸之饒、舟車之会、他州異郡、蔑以加焉、塁之高十余丈、懸崖峭立、周以繚垣者数十里許、外有巨溝浚塹、咸徹泉脈、潴以黝碧、架巨材為之橋、以為出入之備、而鉄其門、右其墻、磴其径、左盤右紆、聿升其塁、公之軒峙其中、閣距其後、直舎翼其側、戍樓保障庫廋廄廠之属、為屋者若干、西望則逾原野而雪嶺界天、如三万丈白玉屏風者、東視則阻墟落、而瀛海蘸天、如三万頃碧瑠璃之田者、南嚮則浩乎原野寛舒広衍、平蕪菌布、一目千里、野与海接、海与天連者、是皆公几案間一物耳、以故軒之南名静勝、東名泊船、西名含雪、公息斯遊斯、則一日早午脱之異、一年春夏秋之変、千態万状、拍机可翫者、雖互出更呈、而所以出呈焉者、凡三焉、東瀛晨霞之絢如、南野薫風之楓如、西嶺秋月之皎如者、天之所与也、遠而漚波曙兮島嶼分、鴉背臙兮岡巒紫、近而腴田旁環、陂水常足、某林可樵、某叢可蕘者、地之所献也、

平野が「必ずしも実像を描写しているとは限らない」と指摘するように、この文章には多分に誇張がある。塁壁が「高十余丈」、垣が「数十里許」はまさにその典型であろう。その文を割り引く必要がある。

　基本的な構造としては切岸と塁そして水堀が周囲を廻っており、そのなかに太田道灌の居所があったことになる。日常の空間である「静勝軒」とその背後に構えられた「閣」がある。そして「静勝軒」の側面には「直舎」が建てられていた。そのほかに櫓、番所、倉庫、厩屋などの建物が若干であったと記載する。

　この江戸城の様相は近年の考古学調査と比較が可能である。具体的には大久保山遺跡（埼玉県本庄市）である[9]。主殿に想定される建物の西側には「直舎」に相当する長細い建物が翼のように建てられている。大久保山の場合、この二棟を中心に複数の建物群が溝に囲まれている。まさに「江戸城静勝軒詩序並江亭記等写」の様相を重ね合わせることができる。つまり、太田道灌の江戸城とは鎌倉時代以来の御家人が構えた屋敷に系譜を引く構造であったと評価できることになろう。

　しかしすでに注目されているが、江戸城の構造はこの記載だけではなかった。『梅花無尽蔵』はやや広い空間を描写している。

【史料2】梅花無尽蔵[10]

倉廩紅陳之富、栽栗而雑皁莢、市鄽交易之楽城門前設市場、担薪而換柳絮、僉日、一却会也、城中之五六井、雖大旱、其水無縮、其塁営之為形、日子城、日中城、日外城、凡三重、有二十又五之石門、各掛飛橋、懸崖千万仞、而下

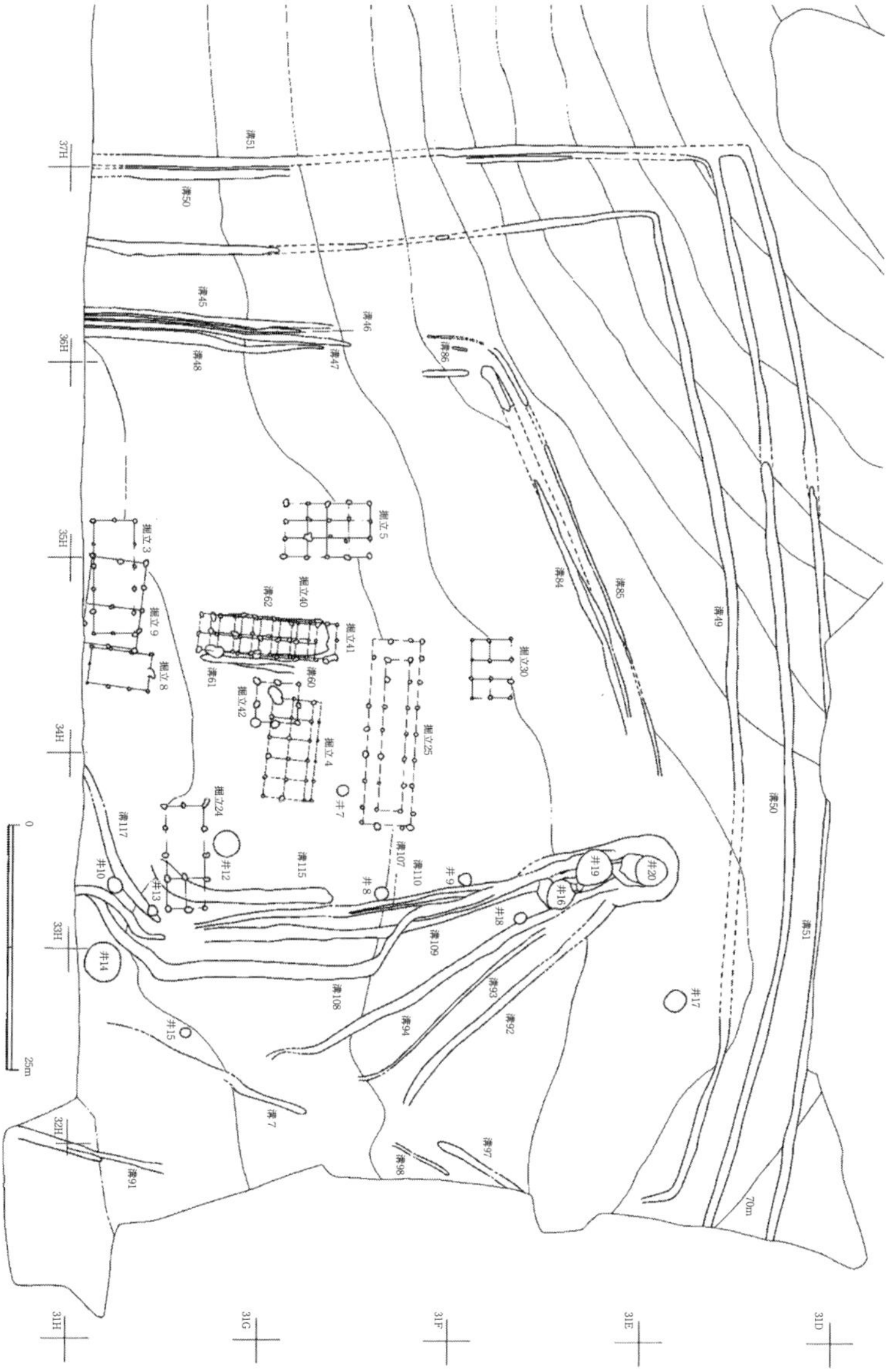

図15-1　大久保山遺跡　ⅢA地区

＊『大久保山Ⅵ』（早稲田大学本庄校地文化財調査室，1998）より転載，加筆．

臨無地、築弓場、毎旦駆幕下之士数百人、試其弓手、分上中下、有着甲冑踴躍而射者、有袒裼而射者、有蹋踏而射者、及怠則罰金三百片、命有司貯以為試射之茶資、一月之中、操戈撃鉦、閲士卒両三四其令甚厳也、

城門の前には市場が設けられていることに加え、塁の構成は子城・中城・外城の三重の構造であったと記載している。従前は本丸南端の富士見三重櫓付近を子城にあて、北に向けて台地上を堀切で区画された中城と外城の空間が連結する連郭式の城館が考えられていた。しかし、記載は三連ではなく三重である。

加えて、子城・中城・外城の語彙は東アジアでの都城制で使用される語である。『梅花無尽蔵』の作者は五山僧の万里集九であることを踏まえれば、方形区画を意識した三重の構成を考えるべきであろう。すなわち三重の区画が堀で仕切られ、門と橋で結ばれていた。ただし、門と橋は25ヵ所あったと記載されるが、あまりに多く、この数も誇張と考えるべきであろう。

2　城下の様相

道灌当時の江戸の町についても、先の「江戸城静勝軒詩序並江亭記等写」に記載がある。

【史料3】江戸城静勝軒詩序並江亭記等写(11)

城之東畔有河、其流屈折而南入海、商旅大小之風帆、漁獵来去之夜篝、隠見出没於竹樹烟雲之際、至高橋下、繋纜閣櫂、鱗集蚊合、日々成市、則房之米、常之茶、信之銅、越之竹箭、相之旗旄騎卒、泉之珠犀異香、至醢魚漆枲、卮茜筋膠、薬餌之衆、無不彙聚区別者、人之所頼也、

城の東畔には川が流れており、南の海に注ぐ。河口には高橋が架かっていた。その橋の付近には商船・漁船が繋留され、日々市をなしていた。安房・常陸・信濃・越後・相模・和泉などから渡来品ほかさまざまな物資がもたらされ、

多くの人々が集まっていた。詩文中の表現であるので多分に誇張を含んでいるであろうが、先学が指摘するように市の立つ場があったことは間違いない。

この記述のなかでの大きな問題は高橋の場所である。

古くは隅田川に架かるとする説があったが、近年では菊池山哉の大橋（常盤橋）説が有力となっていた。この説は、村井益男[12]・内藤昌[13]・小松和博[14]等の建築史家に指示され、都市空間復原の前提として扱われていた。これに対して鈴木理生は「大橋は家康期の架橋。平川は日比谷入江に注ぐ」と述べ、大橋説を否定した[15]。しかし具体的に高橋の場所に関する論述はない。この状況を受け、平野[16]は「高橋の位置については、いくつかの説が提示されているが、この文から読みとることは不可能である」とまとめる。

【史料2】『梅花無尽蔵』が記載する「城門前設市場」と【史料3】「江戸城静勝軒詩序並江亭記等写」の景観描写は一致していると考えられよう。すなわち江戸城の門前に中心的な城下の町場がある。この町は北条段階にも続く平川の町場であることは間違いない。加えて、地形図を詳細に見ると、大橋を通過する平川の河道は神田山の山裾を切り通していることが明らかであり、人為的な河道であることが考えられる。この河道がいつ設定されたかが大きな問題であるが、平川の町場を城下町の中心とし、江戸城平河門付近が当該地とするならば、町場と橋と河口が一致する叙述であることから、平川の流れは竹橋門から大手門付近で日比谷入り江に注いでいたことになる。とするならば高橋は平川の河口、すなわち城下平川に架けられていたと考えるべきであろう。おそらくは平川南岸の江戸城と北岸の城下町平川を結んでいた道の橋であろう。すなわち日比谷入り江に注ぐ平川の河口付近、近世江戸城の平河門外側の一橋付近に太田道灌期の江戸城の城下平川があったと考えたい。

さて、城下の町場には商業空間だけでなく寺社も営まれていたはずである。江戸時代の記録や伝承には、平川より移転した寺社の存在を伝えている。

平川天満宮　とりわけ著名なものは、千代田区平河町に移転している平河天満宮である。同宮は文明一〇年（一四七八）六月二五日、太田道灌が建立した(17)。棟札写の「豊島郡江戸平河城内」の記載はやや読解に苦慮するが、天満宮は平川に建立されたことは読める。同宮の描写は『梅花無尽蔵』にもある。

【史料4】梅花無尽蔵(18)

花下晩歩詩并叙　在武蔵作、

身居関左、而名搏海内者、大田二千石静勝灌公而已、公宴坐一室、午睡之中、夢見接管丞相（菅原道真）、其翌早、有人卒然来、献丞相所自筆之画像、可謂霊夢也、遂建廟於江戸城之北畔、寄数十頃之美田、歳時鳴祭鼓、栽培梅数百株、頗似錦城之梅花海也、前年丙午（一四八六）之春、共公遊廟下、詩之評也、歌之講也、爛漫花前、無愧洛社之会也、孟秋二十六、公逝矣、余作文以祭焉、今茲丁未孟春下澣、率数輩之緇侶、徘徊廟下、追憶前年遊事、豈非夢之一覚邪、歎息不止、作是詩、投贈源六資康、

太田道灌を尋ねた万里集九は平川天満宮が「江戸城之北畔」に建っていたと記す。この場所には菅原道真に相応しく梅が数百株ほど栽培されていたことも記載する。この景観が梅林坂の語源となったのだろう。江戸城本丸の上梅林門から二の丸の下梅林門を下るとすぐ三の丸の平河門となり、門外は東京メトロ竹橋駅付近に至る。道灌当時の空間構成が今に伝えられたことになる。

吉祥寺（曹洞宗）　平川の東端付近と推測される場所である和田倉には吉祥寺があった。江戸築城の頃、太田道灌が諏訪明神の境内地に建立したと縁起は語る。すなわちこの付近に諏訪明神があったことも窺える。同寺は第五代古河公方足利義氏の母で北条氏綱娘であった芳春院の位牌寺であり、両家から手厚い保護を受けていた(19)。

平河山法恩寺（日蓮宗）　京都六条本圀寺の直末であった法恩寺も中世には平川にあった。大永四年（一五二四）には北条氏綱が陣衆不入と諸役停止を認める(20)ほか所領を寄進する(21)。天文一七年（一五四八）には太田康資が所領を寄進

している。この時の宛先は「江戸平川法恩寺」となっており、確実に平川に所在したことを示す[22]。

平河山浄土寺（浄土宗）　文亀三年（一五〇三）創建の伝承がある。

善龍山楞厳寺（天台宗）　同寺は天文九年（一五四〇）一一月二六日に山門派別当宣慶が勅を受けて寺号を与えられている[23]。同文書中に「武蔵国豊島郡江戸平川　善龍山楞厳寺」と記載され、平川所在は間違いない。

これらの寺社は江戸時代初頭に大名屋敷地を確保するために移転を迫られることになる。しかし法恩寺や浄土寺は山号に平河を冠しており、故地との結びつきを表現している。天満宮においては名称そのものである。寺社が多数存在した点は都市との関係が存在したということを前提にする必要がある。つまり平川は商業地としての側面だけでなく、宗教的な構成要素までをも持っていたといえよう。

その江戸城下町の平川の縁辺は吉祥寺周辺であったらしい。吉祥寺の故地である千代田区大手町付近には江戸時代初頭に至るまで墓地があった。

昭和二九年（一九五四）、千代田区大手町一丁目のビル工事で二基の板碑と銅製碗が採集された。応永四年の題目板碑と永正二年もしくは六年（一五〇五もしくは一五〇九）八月八日付の阿弥陀一尊種子板碑である[24]。また、東京駅八重洲北口遺跡（千代田区丸の内一丁目八）の発掘調査では慶長一七年（一六一二）以前の一〇基のキリシタン墓が発掘された。いずれも墓地の存在を示している[25]。あるいは将門塚の存在も、将門伝説を切り離せば想定される墓地群の一角であり、中世墓地の一部であったという再評価が可能であろう。

そして吉祥寺はこの墓地群に隣接していた。曹洞宗は戦国期に葬送と関連を持つようになっている。とりわけ吉祥寺は古河公方足利義氏生母の芳春院の位牌寺であった。すなわち江戸城下である平川の縁辺にある墓地群と吉祥寺が関係すると考えておきたい。すなわち戦国時代にあって、江戸城大手門正面から東京駅付近にかけては中世墓地が広がっていた。そして墓地の存在は江戸城下平川の縁辺がどこであったかも明らかにする。

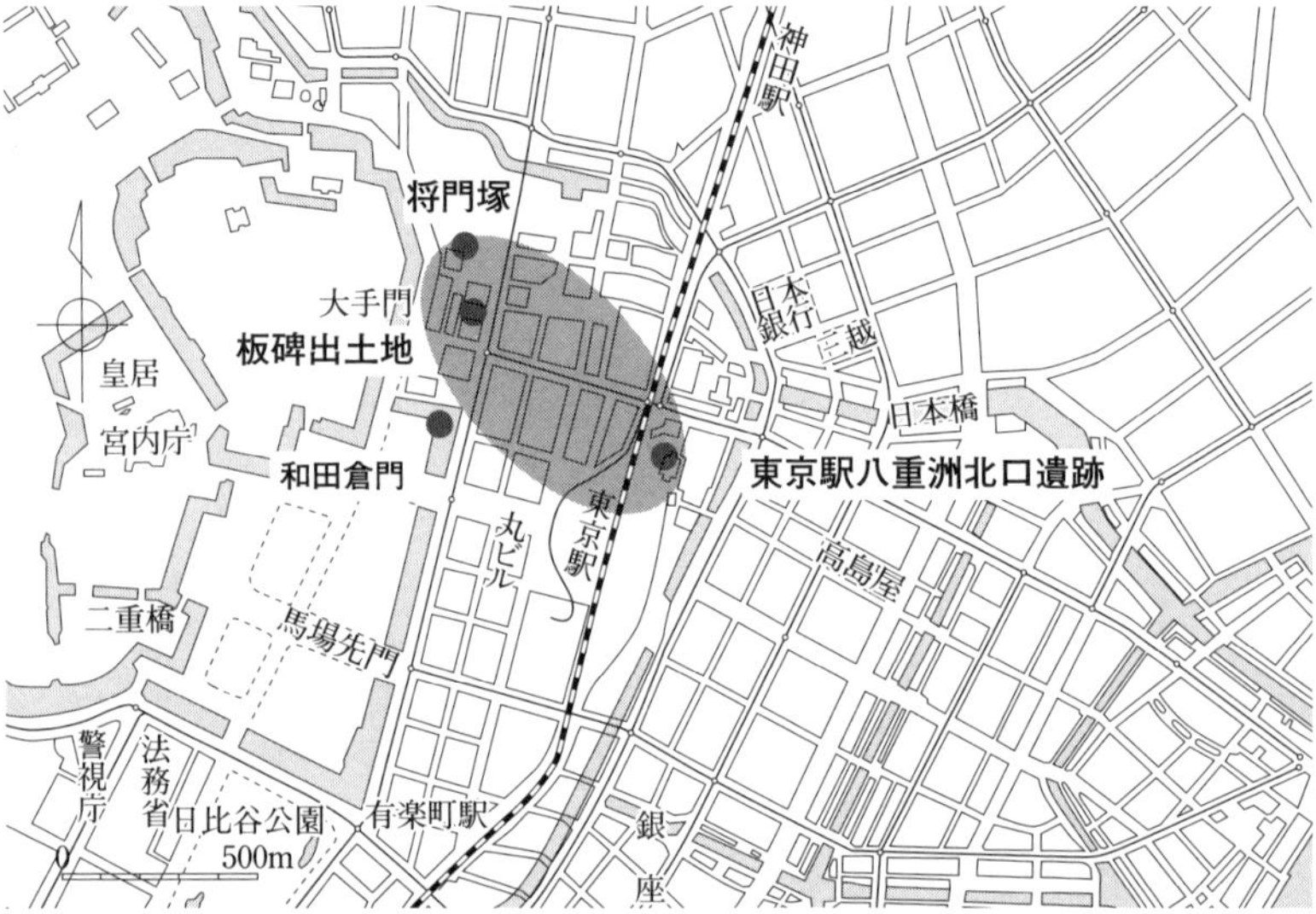

図15-2　大手町の想定中世墓地

＊後藤宏樹「江戸の原型と都市開発」（『国立歴史民俗博物館研究報告』第118号，2004）所収図に加筆．

そして、大永四年、江戸城を接収した北条氏綱は平川の把握に務めた。この当時、平川は上下二つの地区に分かれていたらしい。その下平川に代官を派遣している(26)。北条段階に至って城下平川の拡大も考えることになる。

太田道灌が築いた江戸城は城下の平川とセットになっており、この構造は扇谷上杉氏さらには北条氏へと引き継がれたことになる。

3　家康と江戸城

そもそも、徳川家康と江戸城の関係は年代的にどのようにとらえればよいであろうか。通説的な理解に立てば、天正一八年（一五九〇）八月朔日に家康は江戸入城を果たし、以後、江戸城は徳川家の本拠としての地位を確立した。その後、征夷大将軍となるに及び徳川幕府の拠点となった、ということであろう。

しかし、細かく点検してみると征夷大将軍任官は伏見城であり、当時、国政の中心は豊臣秀吉の遺命により伏見であった。その中核に徳川家康はいた。徳川幕府の機能は当初は伏見にあったと考えることも可能である。続いて、慶長一〇年（一六〇五）に将軍職を秀忠に譲り、自らは駿府城を拠点に定める。大御所として実権を握っていたことは周知のごとくである。江戸と駿府の二元的な状況が生み出され、その構造はその後にも影響を与えていた。とするならば江戸が所与の幕府の中心地であるとする点は結果論から導き出されており、室町幕府が当初において鎌倉に拠点を定めようと検討していたこととも関連し、疑ってみる必要もあるのではなかろうか。極論すれば、江戸城が政権の中心地として確立されたのは家康没後ということになる。家康在世時の江戸城とは、織豊大名徳川家の本拠から徳川幕府の中心拠点にいたる過程にあったということになろう。

幕政における江戸城の位置については本章の意図する範囲を越えるので、これ以上は立ち入らないが、家康在城の江戸城を限定的に考える場合、年代的には天正一八年から慶長一〇年というわずか一五年の間ということになる。無論、近世江戸城の本格的な改修は慶長一一年（一六〇六）の本丸改修に開始され、この時に家康の関与が多大にあったことは間違いない。以下では、天正一八年から慶長一〇年という時期を中心に、その前後も含めて当時の江戸城の実像に迫ってみたい。

その際にまず確認しておきたい点がある。それは現状における史料は決して豊かではないという点である。そして文献資料は必ずしも整った環境にない。加えて考古学的な情報はさらに状況が悪いことである。それは家康期の江戸城の生活面は、その後の多大な盛土が覆っており、以後の江戸期の遺構が存在している。そのため考古学的に徳川家康期の江戸城主体部を明らかにした調査はまだないし、今後においてもあまり期待できない。したがって家康の居城江戸城を論じることは極めて困難なのである。

4　道と江戸城

現在の日比谷から丸の内あたりは南から入り込む日比谷入り江という海であった。鍛冶橋から銀座あたりは前島と呼ぶ半島状の微高地で、その東側明石町から八丁堀あたりにも南から切れ込む入り江があった。日本橋より南側の陸地が慶長期の埋め立てで成立したとすると、それ以前の江戸町の様相は、徳川家康が入部した当時を含め、かなり違っていたことになる。そして、先述のように江戸時代初頭に至るまで前島には墓地があった。江戸時代の町場はこのような墓地群の上に町割りされた。家康以前の江戸の景観は著しく異なっていた。

中近世移行期の江戸の空間について、興味深い研究を行ったのは玉井哲雄である[27]。沽券図の分析から、本町通りの町割りが行われた段階では、「日本橋通りよりも本町通りのほうが主要な街路」であったとし、後に主要街路が入れ替わったと指摘する。そして「武州豊島群江戸庄図」の分析から、この正方形の街区を特徴とする町割りは徳川家康が関東に入部した天正一八年以降、征夷大将軍の宣下を受ける慶長八年（一六〇三）以前に行われたと述べつつも、先行する中世江戸城から浅草に抜ける原本町通り沿いに町場があり、その存在に規定されて町割りが行われたと指摘している。つまり、中世江戸城―本町通り―（常盤橋＝大橋）―浅草という主要道があり、この主要道に関連して中世江戸城は存在したことになる。

玉井の見解を裏付けるような屛風がある。「江戸天下祭図屛風」という、山王祭を描いた最古の屛風である[28]。右隻右端の山王権現（現在の最高裁判所の地）から発した行列が、麴町門（半蔵門）から江戸城内に入り、吹上の紀州徳川家邸北側、本丸北側を通過し、竹橋門を経て、左隻左端の常盤橋門を出るさまを描く。画題には天守も描かれており、明暦の大火以前であることは明らかな屛風である。祭礼の行列が進む道はまさに江戸の伝統的な、かつ主要な道であると読めるのではなかろうか。

この玉井の見解を中世文書で検証するとどうなるであろうか。まず、「江戸宿」という町場の存在が気になる[29]。天正一二年（一五八四）三月、沼尻の合戦への出陣を決めた北条家は、戦費調達をはかるために棟別銭の一部について先行徴収を命じる。その一部が「江戸宿」に負荷されている。この「江戸宿」であるが、江戸城下を示す語であるが、具体的な場所などの実態はわからない。しかし、平川の地名を使用しないことから、前代の江戸城下の平川とは異なる江戸城下「江戸宿」が成立していたと考えてもよいであろう。

では、その「江戸宿」とはどこであろうか。永禄一一年（一五六八）一二月、武田・今川・北条同盟が崩壊し、北条家は上杉謙信との同盟を模索する。同時に北条家は常総方面の守りを固める。その一環で北条氏政が下総小金領の高城胤辰に対して「江城大橋宿」に移るように命じる[30]。「江城」（＝江戸城）が冠せられていることから、大橋宿は城下にあたる。先に「江戸宿」との相関関係は具体的には不明であるが、極めて近い関係であると考えてよいであろう。問題はその場所である。

大橋とは常盤橋の旧称にあたる。すなわち大橋宿は常盤橋門付近にあったことになる。常盤橋門の外は玉井が慶長期に町割りされたと指摘した本町通りである。「大橋宿」が常盤橋門の内外どちらかは不明であるが、玉井の想定した「原本町通」の先行する町場との接点であることは間違いない。

江戸城の城下は当初の平川、戦国時代後半から近世初頭の大橋宿・本町通り、そして日本橋通りへとゆるやかに変遷したことになろう。この変化は都市江戸の膨張の様子を如実に語っている。

では、この東西道はどのような意味を持ったのであろうか。東方向は玉井の指摘にもあるように浅草につながり、その先は隅田川を渡り房総方面に至る。いわゆる鎌倉街道下道である。では西側はどうなるか。そのヒントは先の「江戸天下祭図屏風」が与えている。まずは祭礼の西端は麹町門（半蔵門）だった点である。

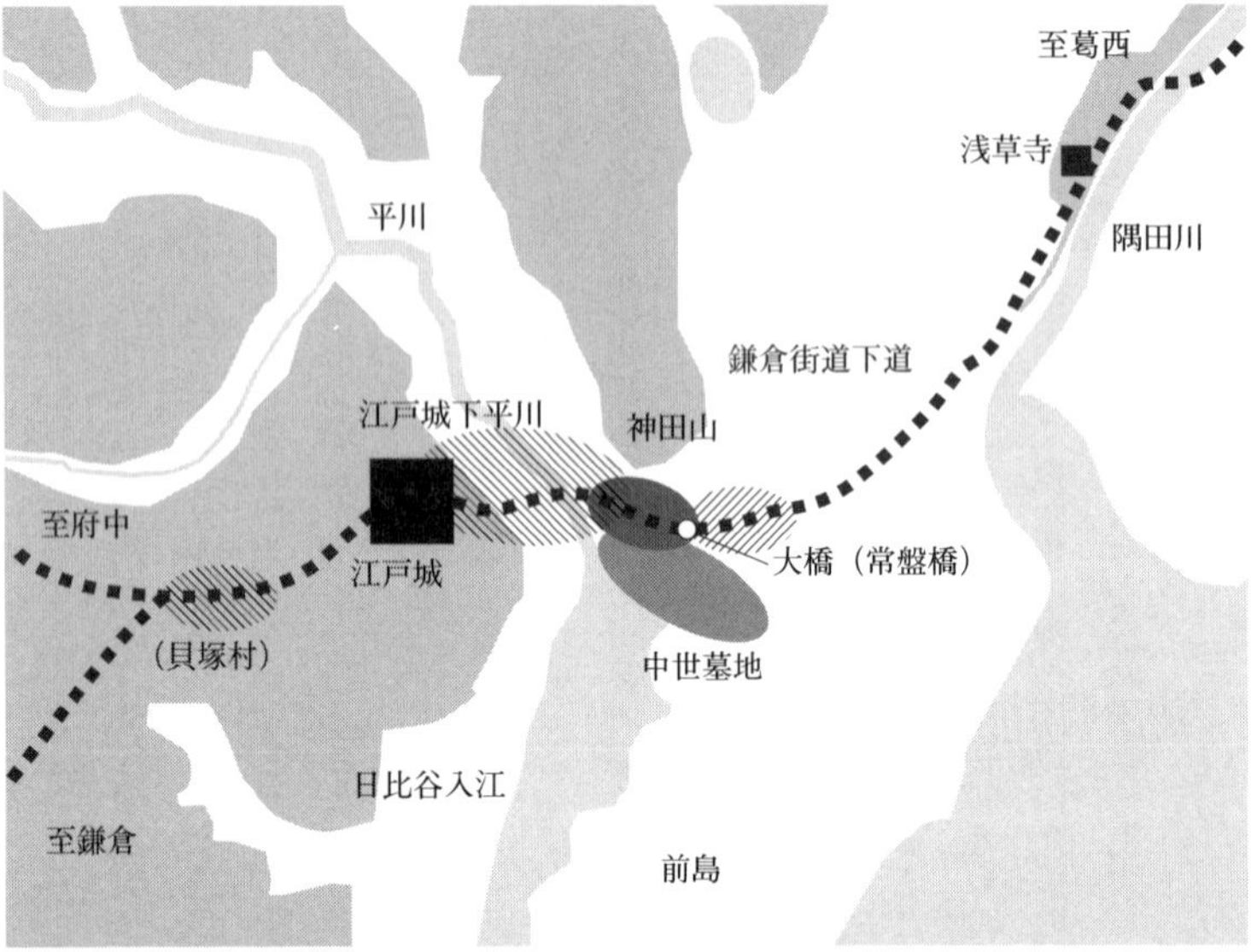

図15-3　中世江戸の概念図

そもそも麴町の地名の由来は国府に至る道＝コウジミチであるという説がある。国府はまま「コウ」と発音された。現在の麴町の地名も新宿通り（甲州街道）沿いに細長く続く。その説を重視すれば麴町門（半蔵門）からは武蔵府中につながっていたことになる。また鎌倉街道下道であった点は、青山通りとの関係が重視される。鎌倉への接続も考えねばならない。さらに足柄峠を越えた矢倉沢往還が江戸につながっていたと第Ⅰ部第三章で論じた。足柄峠は東国の入り口であり、東海道の要衝である。すなわち、江戸の西口は武蔵府中・鎌倉・京都に向いていたことになる。

この視点に立った時、喰違門と赤坂御所内の鎌倉街道の問題も新たな論点がある。

喰違門は石垣によって固められたほかの見附とは異なり、土づくりの門である。後藤宏樹[31]によれば、小幡景憲によって慶長一七年に設計された家康段階の門と指摘されている。現在の青山通りは外苑前交差点のやや東北で、くの字に折れ曲がっている。渋谷から折れ曲がらずに直線上に江戸城に向かうと赤坂御苑に至る。同所内に鎌倉街道と伝承される道筋があることを芳賀善次郎[32]が報告している。さらに直線を延長するとこの道は喰違門に至る。

つまり、喰違門は鎌倉街道が通過する江戸城の門であり、喰違門から鎌倉街道中道と下道の分岐点である青山まで直線で結ばれていたことになる。そして増上寺・青松寺ともに貝塚（半蔵門の西側でかつ四谷から赤坂付近）、すなわち喰違門付近に旧在したと伝えられるが、この伝承も喰違門付近の重要性と関連すると考えられる。現状から推測すると、鎌倉街道下道（青山道り）は南に屈曲させられて赤坂門を通過するようになったということになる。

そして鎌倉街道のみならず、国府路道も喰違門を通過していた可能性を後藤は指摘する。つまり喰違門を通過した主要道の機能が赤坂門と四谷門に分散され、二本の街道へと付け替えられたことになる。その結果、喰違門が従前の機能を失ったため、増上寺・青松寺は新しい地へと移転した。このようになるのではなかろうか。この変化が一連のことであるならば、日本橋の架橋にともなう大規模な都市空間の変更によって起きた事態と考えられる。

このように考えると、果たして中世段階の正面は西と東のどちらだろうか。自ずから西とならざるを得ない。「江戸天下祭図屏風」において麴町門（半蔵門）を通過した祭礼行列は紀州徳川家邸北側を通過した。歴博本「江戸図屏風」は紀州邸のほかに水戸邸・尾張邸も吹上に描く。街道北側に面した北の丸の一角には駿河大納言徳川忠長邸もある。「江戸・京都絵図屏風」（江戸東京博物館蔵）には半蔵門より城内に入り、東に直進する道が記載される。この道は尾張邸と水戸邸の間を通る道で、西の丸の堀端でT字路となる。御三家の屋敷は西の丸と向かい合っており、その間には大きな直線道路（大道通と呼称）がある。堀端を北の丸に向けて進むと先の祭礼の道に合流する。徳川一門がこの道に沿って屋敷を構える。「江戸図屏風」に描かれる彼らの邸宅は優美であり、江戸の華やかさの一翼を担っている。およそ江戸城の周辺に屋敷を割り当てるに際して、優先して一門が割り当てられ、徳川の本拠地である江戸を荘厳する装置として位置づけられたはずである。日本橋方面を江戸の正面と考える現代的な感覚とは相違する位置、いわば裏手とイメージされる位置に彼らは屋敷を有している。日本橋を起点とする南北道を主要街道とする論理とは異なり、東西方向に江戸を貫く鎌倉街道下道を主要道とする論理のなかで、徳川一門の屋敷が構えられていることになる。

天正一八年、江戸城に入城した徳川家康は江戸城の修築を行う。その時に手をつけたのは西の丸の普請であったとされている。『家忠日記』の文禄元年（一五九二）三月二九日条にご隠居の御城の堀を担当したという記載がある。西の丸も現在は東から望むのが正面であろうが、文禄年間、東側はまだ日比谷の入り江がある。東西道が主であったとすれば、西側の台地続きに大きな普請があったと考えるのが自然であろう。すなわち道灌堀と呼ばれる西側を画する堀の普請である可能性が高い。本丸の西側前面に西の丸を普請することは、西側が正面であると意識してこそ、普請の意味が理解できる。「江戸図屏風」ではこの西の丸を先の徳川一門の屋敷と本丸の間に描いている。本丸、西の丸そして徳川一門の屋敷地という空間配置は一族の階層に一致する。

江戸城の位置をこの様相から軍事的に評すると、江戸城は武蔵国の東端にあり、常総方面の境界を抑える城として取り立てられていたと評価できる。

ところで国立近代美術館遺跡の遺物を概観すると、江戸城の地が中世段階のどの時期に機能していたかが推測できる。

江戸城はやはり鎌倉御家人にもなった、秩父平氏の江戸氏の館が起点なのだろう。時代は平安時代末になる。埼玉県北部を根拠地として荒川沿いに勢力を拡大した秩父平氏は、一族に畠山氏、川越氏、葛西氏、豊島氏などがおり、いずれも鎌倉御家人として中世の関東に勢力を誇った。江戸氏もその一族として江戸に基盤を置き、源頼朝も一目を置くほどだったとされている。

名字でもあることから、江戸氏の根拠地は江戸郷に置かれたことは間違いない。そして、その場所が江戸城の地であったと長年にわたり考えられていたことも自然のことである。事実、国立近代美術館遺跡の出土品には一三世紀前半の遺物が含まれており、江戸氏が関係したことを予測させている。

しかし、丁寧に国立近代美術館遺跡の遺物を観察すると、少なくとも一四世紀後半から一五世紀前半の遺物がやや欠落する。その後、一五世紀の中頃から遺物が増加しており、この事実は太田道灌の長禄元年（一四五七）築城という状況に見合う。

江戸氏に限って見た場合、この動向は一五世紀の前半までは確実に活動が認められる江戸氏の動向とあわない。加えて、江戸氏は一二世紀後半にはすでに江戸を基盤としていたのであり、その時期の遺物も見られないという問題点もある。発掘調査の情報は決して十分ではないが、江戸氏の惣領家が平安時代末以来、江戸城の地に基盤をおいたとする説は今後の検討課題となるように思える。しかし、戦国期は確実に竹橋門付近に江戸城があった。

さらに先の【史料4】『梅花無尽蔵』を再検討すると、興味深い仮説が浮かびあがる。描写する景観は平河門から下梅林門・上梅林門を経て本丸に至る梅林坂である。先にも触れたが、この道筋が太田道灌の江戸城の登城路と関係する可能性は頗る高い。他方、本丸西壁から吹上方面には西桔橋がある。この付近は城内でも古い時期の石垣であると指摘されている。石垣普請の状況および西側正面説の立場から考えると慶長一一年段階での重要な登城路となる。梅林坂から西桔橋までを一本の道筋が復原できる。この道は慶長段階では本丸北側に隣接する北曲輪のなかを通過し、「江戸天下祭図屏風」が描く道筋に平行する道筋となる。この梅林坂から西桔橋を結ぶ道も、現状では具体的な線としては把握はできていないが鎌倉街道下道の道筋と関連する道筋ではないだろうか。とするならば、中世江戸城はこの街道に接するように存在したことになろう。おそらくは芳賀も指摘するように[33]、鎌倉街道の北側にあったと考えることが相応しく、国立近代美術館遺跡は道灌期の江戸城の中心部であったことになる。もっとも北桔橋付近もその一角にあたり、江戸時代の江戸城の堀・石垣の普請のため中世段階の江戸城中心部は失われてしまったことになるが。

おわりに

太田道灌期の江戸城を概観してきたが、その構造は従前の想定と大きく異なるものだったのではなかろうか。鎌倉時代以来の御家人が構えた屋敷に系譜を引く江戸城の中核部。平川の流れの南側にある江戸城と北側にある平川の城下町。江戸城と城下平川を東西に貫く鎌倉街道下道。西側を正面とする江戸。さらには喰違門の重要性。これらは失われた中世江戸の空間のわずかな記憶である。近世江戸に残された中世の残像を丹念に拾い上げれば、さらに中世江戸の空間を豊かなものにできるかもしれない。

注

（1）岡野友彦『家康はなぜ江戸を選んだか』（教育出版、一九九九）、拙稿は第一部第三章に所収。
（2）菊池山哉『五百年前の東京』（東京史談会、一九五六）
（3）鈴木理生「幻の江戸百年」（筑摩書房、一九九一、後にちくま学芸文庫『江戸はこうして造られた』〔二〇〇〇〕に改題・発行）
（4）平野明夫「太田道灌と江戸城」（東京都教育委員会『文化財の保護』二一、一九八九）
（5）『竹橋門　江戸城址北丸竹橋門地区発掘調査報告』（東京国立近代美術館遺跡調査委員会、一九九一）
（6）玉井哲雄『江戸　失われた都市空間を読む』（平凡社、一九八六）
（7）近年、戦国時代前半の城館に注目が集まっていることにも留意したい。杉山城（埼玉県嵐山町）の研究動向が象徴的な事例であるが、考古学調査の進展により屋代城（長野県）・横地城（静岡県菊川市）・勝間田城（静岡県榛原市）・茅ヶ崎城（神奈川県横浜市）などで、縄張論と主張された戦国時代後半の年代観が遡る時代に書き換えられる事例が頻出している。それにともない戦国時代前半の城館の具体像が求められる事態となっている。江戸城は一五世紀後半の文献資料がある希有な城館であり、求められる具体像に寄与できる可能性を秘めた事例である。

（8）『北区』記録四一
（9）『大久保山Ⅵ』（早稲田大学本庄校地文化財調査室、一九九八）
（10）『北区』記録四六
（11）『北区』記録四一
（12）村井益男『江戸城　将軍家の生活』（中公新書、一九六四）
（13）内藤昌『江戸と江戸城』（鹿島出版会ＳＤ選書、一九六六）
（14）小松和博『江戸城　その歴史と構造』（名著出版、一九八五）
（15）前掲注（3）書
（16）前掲注（4）書
（17）『北区』二一八
（18）『北区』記録四一
（19）『北区』四二四
（20）『北区』二九七
（21）『北区』二九八
（22）『北区』三五六
（23）『北区』三三四
（24）古泉弘「中世江戸の景観」（東京都教育委員会『文化財の保護』二一、一九八九）。なお、同遺物は江戸東京たてもの園所蔵。
（25）『東京駅八重洲北口遺跡』（千代田区・東京駅八重洲北口遺跡調査会、二〇〇三）

(26)『北区』三一〇
(27)前掲注(6)書
(28)『國華』一二三七号（一九九八）
(29)『北区』四八九
(30)『北区』四二一
(31)後藤宏樹「発掘調査からみた江戸城」(『東京都江戸東京博物館研究報告』第一四号、二〇〇八)
(32)芳賀善次郎『旧鎌倉街道　探索の旅　中道編』(さきたま出版会、一九八一)
(33)前掲注(32)書

結――課題と展望

冒頭に本書は関東平野を中心とした東国社会に関する研究と述べ、その分析の視角として道、城館、都市、空間を主たるキーワードとして掲げた。論文集の常であろうが、細かな戦略があって個々の論文を書きための訳ではなかった。その集成としていかなる歴史像が描けたかを構成で問うた。そこで得られた組立てが、東国社会のなかの独立する単位である都市・城館とそれらを連結する道だった。

無論、研究過程での産物であり、明確な結論が得られたとは言い難いが、現時点での課題と展望を以下に論じ、結論にかえたい。

道論

第一章で河川水量と渡河を論じた。初出の当時、水運論が華やいでおり、陸上交通論は後景に退いていた。そのなかで河川の水量変化の問題に気づいた。現代でこそダムによる水量の管理が行われているが、前近代においては水量の影響を強く受けたはずである。当然、洪水の問題も派生するため、藤木久志・峰岸純夫による災害論の影響も受けた。水量の変化は流通に季節性を与えたはずである。これが中世交通の限界点ではなかろうか。ここに問題意識の出発点があった。

当初は水運論をと考察を始めたが、次第に渡河点の問題が大きくなり、そして陸上交通へと視点が移った。その成果が第一章であり、そこで得られた関東平野では渡河点が限定されているという視点が、鎌倉街道の見直しへと向かわせた。

従来、一枚の地図で把握される関東平野の中世主要道すなわち鎌倉街道という位置づけは、河川や水量の問題を意識しないで描かれていた。ゆえに見直しの意義があった。そのなかでもたらされたのは鎌倉街道上道の優位性だった。

本書の鎌倉街道論はむしろ鎌倉街道上道論である。中道及び下道の問題は丁寧に取り扱っていない。ゆえに課題として示したなかで、「④そもそも鎌倉街道とは何か。その名称付与は妥当だろうか」を後日の課題とした。また中世東海道の問題もある。中公新書『中世の東海道をゆく　京から鎌倉へ、旅路の風景』(1)も上梓された。加えて、片岡正人により読売新聞紙面(2)でも取り上げられたが、中世東海道も古代そして近世とは異なった道筋を選択していた。道の変遷は明らかである。既に山の辺の道の存在については指摘したが、総体として中世主要道と鎌倉幕府・鎌倉府との関係を考えた時、鎌倉街道という概念は再検討を必要とすることは間違いなかろう。少なくとも上道・中道・下道だけを指し示す呼称ではないはずである。

この概念の再検討とも関連するが、本書において上道の優越性を論じ、中道の機能について疑問を投げかけた。この議論について、佐久間弘行(3)、荒川善夫(4)、江田郁夫(5)等よりご批判を頂戴している。いずれも鎌倉街道中道の重要性を論じるものである。本来ならば、本書にて対応すべきところであるが、鎌倉街道中道について論じる中でお応えすべきと考え、本書では触れていない。鎌倉街道中道の機能については本書でも一部論じたが、現在のＪＲ宇都宮線に沿った道筋で計画され、様々な普請が実施されたであろう。しかしその存続については疑問を持っている。何よりも具体的な道利用の資料を得ていない。原因は武蔵国北東部での河川の様々な影響であろう。それゆえに計画路線の代替も必要となり、どのような形で設定されていたかについても試論を持つに至っている。鎌倉街道中道と下道の問題は、関東平野全体の視野で交通上の大きな問題を持っている。

鎌倉街道上道を中心とした関東地方の中世街道について限界を踏まえて動的に把握し、戦国期への変遷を示したのが本書の到達点となろう。

さらに道論についてもより深く論ずるべきであろうが、その点は拙著『中世を道から読む』(6)に譲りたい。そこでの論点は〝すべての道は有料道路だった〟という点である。しかも江戸時代が公的管理と表現するならば、中世道の多くは民間管理だった。武家権力が介在していないから民間によるという表現が正しくないことは十分に承知している。しかし敢えて比喩的に述べるならば、幕府などは民間活力を導入して道を管理させた。そこに中世国家の姿も投影されているように思える。比喩的な表現ではあるが中世版「小さな政府」を考える道筋がそこにある。

城館論

本書での論点は戦国期前半の城館の解明にあった。前著『中世東国の領域と城館』(吉川弘文館、二〇〇二)において一五世紀中頃の画期を主張したことに関連し、考察を深めることに意図があった。その意味で第五章から第七章の関連は明らかであろう。

本論のなかでの新たな視角となったのは、築城を支える知識や技術の淵源と系譜をどのように考えるかであった。第Ⅱ部第八章から第一〇章に至る主張は、戦国期から近世初頭にいたるまで特定の大名家のみに独占されることがない知識や技術の在り方だった。地域や列島の広がりのなかでそれらは共有されたと論じた。近年の戦国大名系城郭論さらには織豊城郭論への批判である。

前著から本書にいたる間、『中世武士の城』(7)を上梓した。その中では開発領主に系譜を引く武家の本拠を論じた。

そこでの課題は同書に記載したが、本書においてはその課題に取り組んでいない。したがってさらに両書をどのようにつなぐかということが新たな課題となる。その点は本書第Ⅱ部第七章が鍵になると考えている。同章を発展させることで課せられた問題に当たりたい。

とりわけ第Ⅱ部第七章から第九章までは、時宜に適った議論を提示することができた。戦国時代前半の城館はいかなるものだったかという杉山城をめぐる議論[8]に寄与できた点である。とりわけ第七章の論考は事情により多くの人の目に触れるものではなかったが、本書において広く読まれることを期待したい。

ところで、前著『中世武士の城』において、城館研究の重要な研究課題として「〝城〟とは何か！」があると力説した。研究史整理のなかでの主張であったが、今一度、確認しておきたい。

一九九〇年代の初頭、青森県浪岡町に所在する浪岡城のシンポジウムのなかで、石井進は次のような発言をしている[9]。

中世の城とは決して単なる軍事的要塞というだけのものではない。むしろ中世における集落、都市の一種でもある。一見すると、「えっ、これが本当に城なの」と思われるところに実は浪岡城の大変大きな意味があるのだ、何故ならそれによって、中世の城の重要な側面が明らかになる、それを通じて都市や集落がそのような性格を帯びざるを得なかった、中世という時代の特色が明らかになるのだと、私は申し上げたいのです。

この発言に先立って、網野善彦・石井両氏は北海道上ノ国町の勝山城を素材とした鼎談[10]の中で、（網野）「だからこれまでの城に対する捉え方は根底から考え直す必要がある」（一二四頁）、（石井）「まさにそうだ！　従来の城の捉え方は、簡単にいえば軍事的拠点論一本槍であり、それがただちに階級支配の拠点論にスライドしていくんですよね」（一二四頁）と、城館のイメージの再検討を促している。

発言の舞台となった浪岡城と勝山館は、志苔館（北海道函館市）・根城（青森県八戸市）とならび、道南・青森県に所在する城館である。これらの城館は一乗谷朝倉遺跡（福井県福井市）の取り組みに続いて実施された中世遺跡の調査・整備の実践例であり、列島全体の中では先駆的な取り組みをしている遺跡と評価されている。

戦後にいたるまで、城館研究は縄張を軍事的に観察する方法、いわゆる縄張論が主流であった。戦後の城館研究史を考える際に沼舘愛三や山崎一の業績を忘れることはできない[11]。

この研究動向に関連して、中井均は「こうした城郭の研究、とりわけ構造論に取り組んだ組織のひとつが陸軍であった。陸軍は築城本部内に本邦築城史編纂所を設置し、約一二年を費やして日本全国の城跡調査を実施した。（中略）そのなかには戦国時代の山城の縄張図が掲載されているが、その作図の視点は現在と何ら遜色ないものである」[12]と述べ、研究史について筆者と理解を異にする千田嘉博ですら、「これまでの城郭の研究史を縄張り研究を軸に概観」して、「第二次世界大戦後、いわば学界とは無縁に形成されてきた城郭研究」と述べ、戦後以前から存在した城郭研究（縄張研究）の現代への連続を説いている[13]。松岡進は「縄張図の源流をたどっていくと」として筆を起こし、沼舘や山崎を「その間（戦前から戦後にかけて・齋藤注）に急速にわすれられていく城館の跡を訪ね、独自の方法でそれを図化していった数人の在野の研究者」と取り上げ、「時代思潮の激変する中で、失われていく文化財を愛惜し、記録に残そうとした彼らの営みにこそ、今日の出発点がある」と評している[14]。評価に多少の相違はあるが、論者いずれもが現代につながる縄張研究による城館研究を跡づけている。考古学による調査が始まる以前、縄張研究が遺跡としての城館を考察する唯一とも言い得る研究方法だった。

この縄張論の持つ役割は現時点でも有効であることは間違いない。しかし、二〇世紀の終わりに近づいた頃、一乗谷朝倉遺跡や葛西城（東京都葛飾区）などの考古学的調査が実施され、考古学が中世の分野を解明し始めると、中世考古学の役割に期待が寄せられるようになり、様々な事実を明らかにし始めた。一九九〇年代は成果が各地のシンポジウムで問いかけられた時代だった。

「〝城〟とは何か！」

この黙して多くを語らない考古学調査からのメッセージを、積極的に受け止め、声を大にして発言したのが、文献史学者である石井進であり、網野善彦だった。彼らをリーダーとして従来の城館研究を見直そうではないかと考古学・文献史学が提起した。この重要性は今も変わらない。

無論、城館構造を軍事的に考察することの有効性は大である。今後も構造を考える上で進めるべき方法論であろう。今ここで確認しておきたい点は、軍事的視点のみに限定してしまうことは、研究史の逆行につながる点である。縄張を軍事的視点のみで見ることでは、石井・網野が発したの「〝城〟とは何か！」の問いには応えられないだろう。

杉山城に関する議論は、当初は遺跡の年代観の問題であった。それが次第に問題が拡大し、縄張論の有効性へと発展し、現在は歴史認識の問題までに拡大している。不用意に議論を拡大しても生産性はないが、他方で議論の拡大は歴史学が負うべき課題を無意識のうちに浮き上がらせている。

城は軍事的な産物であると言い切る前に、「〝城〟とは何か！」の問いに向かい合ってはいかがだろうか。縄張研究にも多様な視点が求められていると私には感じられる。

都市移転と道

第Ⅲ部において道と都市・城館を組み合わせることにより、空間を理解した。本書の特徴と考えている。概括的には第Ⅰ部で鎌倉街道から戦国期の道への変遷で概略を論じたが、具体的には中世前期の小山、戦国期の八王子、近世初頭の江戸を素材とした。拠点と主要道の設定は密接不可分の関係があり、一定の空間の構造に変更を迫るものであったことを明らかにした。従前の研究史の論点は、単体での拠点城館や都市の移転であったが、中心拠点の移動は主要道および周辺拠点の移動を不可分にし、領域的な構造変更を政治的にもたらすことを不可避にすることを確認した。例えば、八王子の移転の状況は、単に八王子のみでとどまらなかった。戦国大名北条家の八王子拠点化は山の辺の道の設定とセットであることは明らかであろう。逆説すれば、戦国大名北条領国の主要道として山の辺の道を選択したからこそ、八王子さらには鉢形が拠点として選択されたことを意味する。領国規模での広域的な設計のもとで道と拠点が設定されていることが理解される。

そして時代が下り徳川家康によって江戸が本拠地とされると、小田原がその位置から転落し、領国規模での空間の変更が不可避となる。いわゆる近世五街道への変更が行われ、従前の小田原を起点とする交通大系が否定されるのである。そして主要道変更にともない八王子・鉢形が支城の地位から転落し、廃城が必然となってしまう。領国規模の空間設計の相違が見えてくる。

道と都市・城館を連関させることにより、より広い空間での歴史像が把握できることが明らかになる。なお、この空間設計の把握は、縄張論を有効に活用する方法論になると考えている。裏返せば空間のなかで城館を理解することであり、城館と空間の機能の一致は、一定の年代を与え得る。その空間は必ずしも軍事的な空間だけではない。この構想のおおよそは松岡進の提起(15)と共通性を持つ。

しかし、この新しい空間の設計はまさに権力的指向である。そのことに対する地域の反応は検討課題となろう。例えば、滝山城下の横山・八日市・八幡である。第Ⅲ部第一四章において従前はより西にある山の辺の道に点在する町場と推定した。この点在する町が主要道の東への移設により、移転を余儀なくされる。その結果、滝山城下の中心町場を構成する。そこには西国で見られたような都市の自立性は見られない。この点はどのように評価すべきであろうか。事例を積み重ね検討を続けたい。

そして境界認識の問題も武田信玄について検討し、勝頼段階との対比を示した。前著で論じた維持・管理すべき境界の論点を深めた。この点も先の街道と都市・城館の設計に関わる点である。今後の大きな課題であろう。なお、この点について、渡河点とともに拙著『中世を道から読む』[16]で関連する内容を論じた。

近年の自らの取り組みを振り返ると、一つ脱落している視点がある。坂東三十三所などの中世寺院論である。この寺院論も従前の研究史とは異なり、空間の中での位置づけを模索したものである。拙著『中世武士の城』[17]で触れたが、本拠の空間で構成要素となるなどの視点である。本書の問題意識と共通する点が多い。また、拙稿「東国武士と中世坂東三十三所」[18]では、鎌倉幕府の東国の領域支配政策との関連で坂東三十三所を論じた。城館・都市・道に引き続いて、寺院のキーワードを組み込むことにより中世東国社会の空間をより鮮明にし、その特質を明らかにしたいと考えている。

注

(1) 榎原雅治『中世の東海道をゆく　京から鎌倉へ、旅路の風景』(中公新書、二〇〇八)
(2) 片岡正人「中世の箱根路 意外に立派」(「読売新聞」二〇〇九年五月二二日付朝刊「記者ノート」)
(3) 佐久間弘行「小山義政の乱と鷲城・祇園城」(橋本澄朗・千田孝明編『知られざる下野の中世』随想社、二〇〇五)
(4) 荒川善夫「中世小山の城館と鎌倉道」(『中世小山への招待』小山市・小山市教育委員会、二〇〇六)
(5) 江田郁夫「中世東国の大道について」(『栃木県立文書館研究紀要』第一一号、二〇〇七)
(6) 齋藤慎一『中世を道から読む』(講談社現代新書、二〇一〇)
(7) 齋藤慎一『中世武士の城』(吉川弘文館歴史文化ライブラリー、二〇〇六)
(8) 「杉山城問題」と呼称された議論であるが、内容を詳細に点検してみると、縄張研究から永禄年間の城館であるとする論拠が提示されておらず、生産的な議論になり得ていないことは、本書第五章でも明らかにした。しかし、この議論が惹起されたことにより、縄張論の方法論的な限界、戦国時代前半の城館の実像、戦国大名による築城の在り方など、あらたな研究テーマが掘り起こされた。このことは大きな意義だと考える。
(9) 石井進「中世と考古学」(中世の里シンポジウム実行委員会編『北の中世』日本エディタースクール出版部、一九九二)
(10) 網野善彦・石井進・福田豊彦『沈黙の中世』(平凡社、一九九〇)
(11) 代表的な成果として、山崎一『群馬県古城塁址の研究　上巻』(群馬県文化事業振興会、一九七一)・同『群馬県古城塁址の研究　下巻』(同、一九七二)、そして沼舘愛三編著『出羽諸城の研究』(伊吉書院、一九八〇)・同『会津・仙道・海道地方諸城の研究』(同、一九八〇)・同『津軽諸城の研究』(同、一九八一)・同『南部諸城の研究』(同、一九八一)・同『伊達諸城の研究』(同、一九八一)を挙げておきたい。なお、沼舘愛三は一九五〇年に逝去。
(12) 中井均「検出遺構よりみた城郭構造の年代観」(峰岸純夫・萩原三雄編『戦国時代の城　年代を考える』高志書院、二〇〇九)
(13) 千田嘉博『織豊系城郭の形成』(東京大学出版会、二〇〇〇)
(14) 松岡進『戦国期城館群の景観』(校倉書房、二〇〇二)
(15) 松岡進「軍事施設としての中世城郭」(前掲注(11)書)
(16) 前掲注(6)書
(17) 前掲注(7)書
(18) 齋藤慎一「東国武士と中世坂東三十三所」(埼玉県立嵐山史跡の博物館編『東国武士と中世寺院』高志書院、二〇〇八)

あとがき

前著『中世東国の領域と城館』のとりまとめ作業を行ったのは、およそ一〇年前だった。原稿改稿のため、二〇年前に執筆した論文を引き出した。執筆当時の懐かしさに浸りつつ、また色褪せた写真を見て驚いた。流れた時間の長さに。はたして、公刊後はこの論文にどのくらいの寿命があるだろうかと不安にもなった。もし、次があるとすれば、できるだけ早めに意味のあるものを出したい。そのためには何か新しい問題意識も必要だろう。当時、そのようなことを思った。

縁あって一九九六年より栃木県藤岡町の町史の編纂事業に加わっていた。近代史において渡良瀬川鉱毒事件で有名な谷中村がある自治体である。参画した当初、「中世は何もないところだから、文献・石造物・城館で資料集をつくり、通史編を作って欲しい」と依頼され、大した覚悟もなく携わった。ところがどうだろう。個人的には二つの大きな財産を得た。ひとつは沼尻の合戦だった。すでに中公新書『戦国時代の終焉』に結びついたが、戦国時代末の政治史の仕事ができた。そして今ひとつが、河川の問題だった。中世でも洪水を描かねば。渡良瀬川・利根川・思川という関東平野の代表的な河川に関連する地だった。江戸時代以降は洪水が頻発する地帯だった。だったら中世でも同じはず。その思いで河川に関する史料を集めはじめていた。ところが次第に水運の問題に視点が移った。関東平野内陸部は河口からの河川水運の終点といいえる地域だった。さらに渡河の問題にインパクトを受け、陸上交通に興味が向かっていった。そのようなことを考える過程でできたのが本書の巻頭論文だった。この論文を契機として街道の研究が始まったのだった。その先は本書のとおりである。『藤岡町史』の編纂作業はこの二つのテーマを私に与えてくれた。私にとって大きな転機となる仕事となった。

ところで、水運の研究が進まなかった原因のひとつには、当然のことながら史料の少なさがある。民俗の視点を導入する必要はあるのではなどと考えていた。ところが、その後にいくつかの興味深い出会いがあった。

二〇〇七年、平泉の世界遺産登録に向けての取り組みで、ある検討会に参加した。その会において山口博之氏より最上川の報告を聞いた。その内容に驚いた。報告内容はまだ活字化されていないが、河川交通の限界の話であった。中世では河川交通が全面開花したような研究が活況を呈しているなかで、河川水運の限界はどこにあるかを語っていた。拙論と共有する視点が刺激になった。

その後、具体的な遺跡で中世水運が確認できないだろうかと思っていた。二〇〇八年四月、ライン川を訪れる機会を得た。観光案内書に川の中にたたずむ関所の建物の写真があった。これが見たい。不慣れな外国に、しかも一人で。さらに時間の合間を見つけてのことだった。しかし気持ちは高ぶった。まだ肌寒い四月に川下りの船に乗り込んだ。恥ずかしながら、有名なライン川古城めぐりのメインコースだったことは、乗船の直前に知った。城ファンなら一度は行きたいコースである。しかし自分には全く無縁のものと、以前より思っていた。まさかこのような形であの景観を見ることができるとは思ってもみなかった。船からは関所の建物、古城、町、そしてローレライの写真を撮りまくった。その景観にはいくつものヒントがあるようだった。いつかまた訪れて、今度は古城に泊まってみたい。そしてケルンまで下ってみたい。

その余韻が忘れられなかったのだろうか、その後はずいぶんと国内で船に乗った。川船だけでなく瀬戸内海の連絡船にも。乗船すれば何かが得られるかもしれない。そのような思いだった。

二〇〇九年のゴールデンウィーク。家族で鬼怒川の磨崖仏を見に出かけた。先の山口報告に関連する遺跡だと想像したからである。景観的に状況は予想どおりだった。「遠出するときには、どこに行くの」と友達に聞かれ、「お寺!」と応え、大笑いされた娘は「またしても!」と、当初は不平の限りだったが、磨崖仏の大きさに圧倒されたためか、感動しきりの様子だった（もっともアウトレットモールの人参をぶら下げていたのだが）。この磨崖仏も鬼怒川の交通に関係したものに違いない。

これらどれもがまだヒントの状態で、具体的な組み立てには至っていない。しかし、河川交通・渡河点・宗教・難所、これらが中世の河川交通を紐解くキーワードになると今は考えている。少ない史料からどこまで迫れるかはわからない。しかし本書で避けて通ったゆえに、これからの宿題にしたい。

本来なら、今少し早くに刊行するはずだった。思いもよらず、勤務先の江戸東京博物館で特別展を担当することになったため、作業が遅れ遅れになってしまった。特別展『珠玉の輿——江戸と乗物』である。篤姫ブームで湧いた二〇〇八年に、「篤姫の女乗物発見！」で話題となったこの展覧会を実施できたことは、この上ない幸運だった。展覧会に関連した取材をしてくれた報道関係者は、「生涯の運をすべて使い果たしたのでは」と評してくれたほどだった。しかし、なんとか本書を刊行できた。まだまだ運は残っていると思いたい。この運を支えてくれた増田三男さん、依田浩司さんには心から感謝したい。家族、そして天界から見守ってくれている父にも。

二〇一〇年四月吉日

齋藤　慎一

初出一覧

序――東国中世史の視角

一部に浅野晴樹・齋藤慎一編『中世東国の世界1　北関東』高志書院、二〇〇三）・同編『中世東国の世界3　戦国大名北条氏』（同、二〇〇八）の序論を抄録し、新稿とした。

第Ⅰ部　中世東国の道

第一章　河川水量と渡河

原題「中世東国における河川水量と渡河」（『東京都江戸東京博物館研究報告』第四号、一九九九）

第二章　鎌倉街道上道と北関東

原題　同（浅野晴樹・齋藤慎一編『中世東国の世界1　北関東』高志書院、二〇〇三）

第三章　南関東の都市と道

原題「南関東の都市と街道」（浅野晴樹・齋藤慎一編『中世東国の世界2　南関東』高志書院、二〇〇四）

第四章　道の機能と変遷

原題「中世東国の街道とその変遷」（埼玉県立歴史資料館編『戦国の城』高志書院、二〇〇五）

第Ⅱ部　地域のなかの城館

第五章　御家人と拠点

原題「文献資料にみる横地城と横地氏――横地氏における性格の変化と築城」(『静岡県指定史跡横地城跡――総合調査報告書』静岡県菊川町教育委員会、一九九九)

第六章　遠江国沿岸荘園の空間

原題「遠江国沿岸荘園の空間構造」(小野正敏・藤澤良祐編『出土遺物が語る社会　中世の伊豆・駿河・遠江』高志書院、二〇〇五)

第七章　戦国時代前期の城館構造

原題「初期金山城の構造」(『史跡金山城跡環境整備報告書　整備編――史跡金山城跡環境整備事業(ふるさと歴史の広場事業)』太田市教育委員会、二〇〇一)

第八章　戦国大名と城館

原題「戦国期城館論覚書」(小野正敏・萩原三雄編『戦国時代の考古学』高志書院、二〇〇三)

第九章　戦国大名北条家と城館

原題　同(浅野晴樹・齋藤慎一編『中世東国の世界3　戦国大名北条氏』高志書院、二〇〇八)

第一〇章　中近世移行期の断絶と継承

原題『関東・山梨における織豊期城郭研究10年の現状と課題――東国戦国大名から織豊大名への断絶と継承』(『織豊城郭』第一〇号、二〇〇三)

第Ⅲ部　道と拠点

第一一章　拠点と道の移転

新稿

第一二章　武田信玄の境界認識
原題同（萩原三雄・笹本正治編『定本 武田信玄　21世紀の戦国大名論』高志書院、二〇〇二）

第一三章　戦国期「由井」の政治的位置
原題同（『東京都江戸東京博物館研究報告』第六号、二〇〇一）

第一四章　戦国期八王子の変遷
原題「戦国期八王子の城と町の変遷」（『郷土資料館研究紀要　八王子の歴史と文化』第一八号、八王子市郷土資料館、二〇〇六）

第一五章　中近世移行期の都市江戸
以下の論考を元に作成。「江戸の中世から近世」（『UP』第四一一号、二〇〇七）・「江戸城と江戸――家康の本拠地と居城」（別冊歴史読本『信長・秀吉・家康の城　戦国の城から天下人の城へ』新人物往来社、二〇〇七）・「太田道灌と江戸城」（『東京都江戸東京博物館研究報告』第一五号、二〇〇九）

結――課題と展望
新稿

索　引

さ　行

た　行

図版一覧

著者略歴
1961年　東京都に生れる.
1989年　明治大学大学院文学研究科博士後期課程中退.
2001年　史学博士.
現　在　公益財団法人東京都歴史文化財団江戸東京博物館学芸員.

主要著書
『中世東国の領域と城館』(2002年, 吉川弘文館)
『戦国時代の終焉』(2005年, 中公新書)
『中世武士の城』(2006年, 吉川歴史文化ライブラリー)
『中世を道から読む』(2010年, 講談社現代新書)
『図解・日本の中世遺跡』(共著, 2001年, 東京大学出版会)

中世東国の道と城館

2010年5月27日　初　版

[検印廃止]

著　者　齋藤慎一《さいとうしんいち》

発行者　財団法人　東京大学出版会
代 表 者　長谷川寿一
113-8654　東京都文京区本郷7-3-1 東大構内
http://www.utp.or.jp/
電話 03-3811-8814　FAX 03-3812-6958
振替 00160-6-59964

印刷所　株式会社平文社
製本所　矢嶋製本株式会社

ISBN 978-4-13-020147-6　Printed in Japan